공감 선언

더 나은 인간 더 좋은 사회를 위한

공감 선언

피터 바잘게트 지음 · **박여진** 옮김

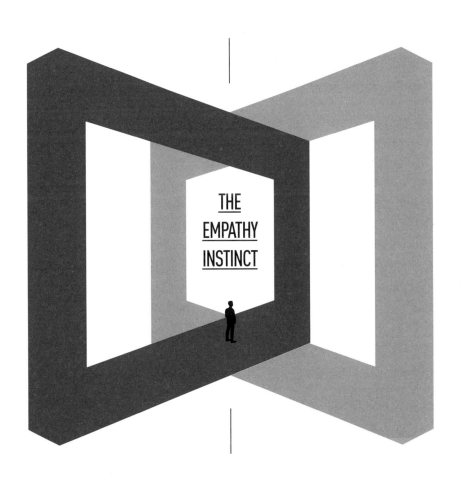

THE
EMPATHY
INSTINCT

예문아카이브

일러두기

- 외국 인명·지명의 독음은 외래어 표기법을 따르는 것을 원칙으로 했으나, 비영어권 국가의 경우 현지 발음에 최대한 가깝게 표기했습니다.

- 책 제목은 《 》, 신문·방송·잡지·논문·작품·연극·영화·노래·게임·웹사이트명은 〈 〉, 신문·잡지의 기사·연구 제목은 " "로 묶어서 표기했습니다.

- 한국어판이 출간된 외서의 경우 원서명을 제외했습니다.

노벨상 수상자이자 자기 공명 영상(MRI) 연구로 공감 본능을 알게 해준
폴 로터버(Paul Lauterbur)와
피터 맨스필드(Peter Mansfield)에게 이 책을 바칩니다.

1973년 〈네이처(Nature)〉는 자기 공명 이미지를 최초로 소개하며 새 역사의 장을 열었다. 잡지에 게재된 이미지는 물이 채워진 좁은 두 개의 관이었다. 1970년대 중반까지 과학자들은 경쟁이라도 하듯 더욱 복잡한 주제들을 다뤘다. 권위 있는 학술지들은 쥐, 손가락, 레몬, 손목, 심지어는 인간의 머리를 단면 촬영한 이미지를 실었다. 1980년대에 이르자 눈깜박할 사이에 더욱 다양한 대상을 촬영할 수 있게 됐다. 머지않아 신체 기관과 조직을 촬영하는 수준을 넘어 뇌 혈류를 관찰해 뇌 특정 부위를 탐지하는 수준에 이르렀다. '기능적 자기 공명 영상(functional Magnetic Resonance Imaging, 이하 fMRI)'이 탄생한 것이다.[1]

1990년대까지 fMRI는 뇌 영상 분야의 혁명이었다. 이 기술은 인간이 신체를 이해하는 방식을 바꿔놓았을 뿐 아니라 인간의 마음을 깊이 통찰할 수 있는 기회를 제공했다. 기능적 뇌 이미지를 이용해 인간의 감정을 영상화하는 기술도 현재 활발히 진행 중이며 해를 거듭할수록 수준이 날로 발전하고 있다. 이는 인간의 본질 자체에 대한 이해를 완전히 바꾸는 놀라운 기술이다.

특히 '사람과 사람이 어떻게 감정적으로 연결돼 있는가'에 관한 발견은 의미가 더욱 깊다. '공감(empathy)'은 거의 모든 인간에게 있는 놀라운 특징이다. 공감이 발화돼 상호작용을 하려면 뇌에 있는 수많은 다양한 회로들이 동원된다. 이 기능이 얼마나 잘 작동하는지 여부에 따라 어떤 사람은 공감 능력이 뛰어나고 어떤 사람은 그렇지 못한지에 대한 이유를 설명할 수 있다. 많은 사람이 공감 능력이 뛰어나다면 우리의 미래도 보다 낙관적일 것이다.

현재 기술 단계에서는 공감 능력이 제대로 작동하지 않을 때, 이를테면 자폐증이나 정신질환이 있을 때 뇌에서 무슨 일이 벌어지는지를 알 수 있다. 예전에는 뇌의 물리적인 발달이 어린 시절에 끝난다고 믿었지만, 성인이 돼서도 뇌가 지속적으로 발달한다는 사실이 현대에 들어와서 밝혀졌다. 우리 뇌는 성인이 돼도 이전에 작동하지 않았던 회로를 치유하며 성장한다. 집에 있을 때나 직장에 있을 때, 또는 놀 때도 모두에게 도움이 되는 방식으로 상호작용을 넓힐 수 있다. 이것이 '공감 본능(Empathy Instinct)'이다.

내가 공감 본능을 생각하게 된 것은 아주 우연한 계기였다. 2014년 영국 총리에게서 홀로코스트 위원회(Holocaust Commission)의 위원장직을 맡아달라는 제안을 받았다. 미래 세대에게 나치가 자행한 유대인 대학살 문제를 어떻게 가르칠지, 그리고 생존자들이 목격했던 참상을 어떻게 전달할지를 고민해보라는 내용이었다. 이후 나는 위원회의 이념인 희생자들을 기리고 과거 사실을 알리는 교육 사업을 추진하는 영국 홀로코스트 추모 재단(UK Holocaust Memorial Foundation)의 의장 자리를 맡게 됐다. 당시만 해도 나는 홀로코스트에 관해 잘 안다고 생각했다. 하지만 유럽 중심부에 있는 수용소를 방문하고 생존자들을 만나면서 내 지식이 얼마나 부족했는지를 깨달았다.

우선 나는 "20세기 중반 독일 대부분이 어떻게, 왜 공감 능력이 없는 사회가 됐는가?"라는 질문에서 출발했다.

역사학자들은 정치와 경제 상황을 학문적으로 분석하며 답을 찾기 위해 논쟁을 벌인다. 우리 역시 암흑기였던 유럽의 역사를 인류학적인 측면에서 접근할 필요가 있다. 많은 이들의 연구는 사회에 공감이 근본적으로 중요하다는 사실을 보여준다. 공감은 가족과 공동체, 사회와 국가에 기능과 도움을 주는 방식으로 우리를 이어주는 유대감이다.

또한 나는 2013년부터 영국예술위원회(Arts Council England)의 회장직도 맡고 있다. 이곳은 예술과 문화에 공적 자금을 투자한다. 당시 영국 정부는 긴축재정을 펼치면서 문화와 예술 분야의 예산을 삭감했다. 우리는 예술 기금이 유지돼야만 하는 가장 강력한 명분을 주장하기 위한 계획을 세워야 했다. 이때부터 '공감 능력이 있는 시민'에 대한 담론이 시작됐다. 예술과 문화의 핵심 기능은 '인간의 조건'에 관한 이야기를 들려주는 것이며, 예술과 문화가 공감 본능에 의존하면서 인간이 가진 특별한 본능을 살찌운다는 것이 담론의 핵심이었다.

나는 TV 프로듀서가 되기 전에도 드라마든 다큐멘터리든 TV 프로그램이 사람들의 정서와 맞닿을 때 큰 영향을 미친다는 사실을 알고 있었다. TV 매체는 대중예술을 강화하기 위해 사람들의 공감 능력에 의지했고, 대중예술은 다시 사람들의 공감 능력을 강화한다고 생각했다. 미국의 전 대통령 버락 오바마(Barack Obama)는 2006년 연설에서 이렇게 말했다.

우리 시대의 도덕적 기준을 충족하길 바란다면 우리는 공감 부족에 관해 더 많은 이야기를 나눠야 한다. 공감은 다른 사람의 입장이 되어 다른 사람의 관점으로 세상을 바라보는 능력이다.[2]

오바마에게 공감은 상대방의 생각과 감정을 풍부하게 헤아리고 이해하는 능력이다. 공감은 인간의 기본적인 특징이며 공감이 없는 사회는 제 기능을 할 수 없다고 말했다. 하지만 인간은 본질적으로 집단을 형성하는 종족이다. 자신이 속한 집단 사람들에게는 신경을 쓰지만 집단 외부의 사람들에게는 적대적인 성향을 보인다. 이는 우리 사회에서 공감이 부족한 이유 중 하나로 이미 많은 문제를 야기하고 있다. 인구가 늘어나면서 자원의 유한성은 더욱 커지고, 상대적으로 빈곤과 전쟁에 시달리는 사람들도 늘고 있다. 디지털과 이동수단이 발달하면서 사회의 상호작용은 무한히 복잡해졌고, 우리의 인내심과 동정심은 끊임없이 위협당하고 있다. 또 기존의 복지 정책을 유지하고 있는 상황에서 복지 서비스에 대한 요구가 끝도 없이 커지고 있다.

우리는 이제 겨우 디지털 밀레니엄 시대의 시작점에 있을 뿐이다. 사회적 문제보다 신속한 소통, 풍부한 정보, 새로운 산업과 경제 등 이 시대의 수많은 장점들을 이야기하는 이들도 있다. 하지만 이러한 축복의 이면에는 어둠도 있다. 우리는 그 어둠 속을 아주 희미하게만 볼 수 있을 뿐 어떤 장애물이 있는지는 아직 모른다.

스마트폰으로 손쉽게 볼 수 있는 포르노는 13세 아이들에게 어떤 영향을 미칠까? 자기 방에 틀어박혀 점점 괴팍해지는 외로운 십대들을 어떻게 대해야 할까? 악성 댓글로 사람들에게 상처를 주는 네티즌과 블로거에게 거대한 소셜 네트워크에 관해 어떤 교육을 해야 할까? 정치나 공적인 토론이 분노를 넘어 폭력적인 수준까지 치닫는 상황을 어떻게 막을 수 있을까?

이 문제들은 공감 부족이 야기한 새로운 문제로, 성공한 사회가 늘 극복해야 했던 문제에 더해진 또 다른 문제다. 왜 인간은 본능적으로 인종차별주의자인가? 어떻게 우리는 이 문제와 싸우고 있는가? 환자를 존중하지 않는 간호사와 간병인 문제를 해결하려면 어떻게 해야 할까? 어떻게 하면 반복해서 범죄를 저지르는 사람을 선량한 시민으로 교화시키고 그들이 상처를 준 피해자의 마음을 이해하게 할 수 있을까? 어떻게 하면 아이들이 공감과 연민의 감정을 갖도록 교육할 수 있을까? 이 모든 것은 공감의 문제이며 결과적으로 실천 방안이 있어야 하는 문제다.

우리는 이제 막 20세기를 지나왔다. 20세기는 문명사회가 마주해야 했던 가장 끔찍한 3명의 괴물들이 지배했던 시대기도 하다. 그 괴물들은 아돌프 히틀러(Adolf Hitler), 마오쩌둥(毛澤東), 이오시프 스탈린(Joseph Stalin)이다. 그들은 수억 명의 시민을 학살했다. 소설가 줄리언 반스(Julian Barnes)는 《10 1/2장으로 쓴 세계 역사》에서 공감 능력이 있는 리더와 폭군의 가장 뚜렷한 차이를 구분했다.

"상상력을 발휘한 연민이 없다면, 세상을 다른 사람의 관점에서 보지 않는다면, 누군가를 사랑할 수 없다. 이 능력 없이는 다정한 연인도, 뛰어난 예술가도, 훌륭한 정치인도 되지 못한다. 사랑이 넘치는 폭군이 있다면 말해보라."

반스는 공감을 '상상력을 발휘한 연민(imaginative sympathy)'이라고 표현했다. 21세기로 접어들기 전에 많은 사상가가 현재 우리가 '공감'이라고 부르는 단어를 '연민'이라고 표현하곤 했다. 하지만 이 책에서는 '연민'을 '다른 사람의 고통을 가엾게 여기는 감정'의 의미로만 사용할 것이다.[3] '공감'은 보다 광범위한 의미로 사용할 것이다. 공감은 '다른 사람의 감정과 경험을 이해하고 감정 이입하는 능력'을 의미한다.[4] 일부 심리학자들은 이 정의에 '적절한 방식으로 대응하는 능력'을 덧붙이기도 한다. 하지만 공감이 반드시 동정심이나 측은지심을 발휘하는 행동으로 이어질 필요는 없다. 나는 이것을 분리해서 다룰 것이다. 또한 이 책에서 '본능'은 '외부 자극에 대한 복잡하고 구체적인 대응으로 동물들의 타고난 행동 방식'이자 '무의식적으로 상황을 조절하는 행동 방식'을 의미한다.[5]

나는 과학자도 심리학자도 아니다. 내 관심사는 지난 25년간 우리가 학습한 '공감 능력을 가정에, 더 넓게는 유용한 공공정책에 어떻게 적용할 수 있는가' 하는 부분이다. 진화생물학자들과 영장류동물학자들은 어떻게 인간의 협동 능력이 발달했는지를 연구하고 있으며 유인원과 돌고래, 코끼리 같은 동물 실험을 통해 보다 깊은 통찰력을 얻기 위해 끊임없이 노력하고 있다. 오늘날 신경과학자, 심리학자, 유전학자 등은 인간의 뇌 일부가 공감 능력과 연민에 특히 깊은 관련이 있다는 사실을 알고 있으며, 이러한 사실을 토대로 공감 능력과 연민의 정서를 넓히는 방법을 연구 중이다. 또한 예술과 대중문화는 인간적인 모습이 깃든 '이야기'로 공감 본능을 충족시키고 이를 연마하도록 도와준다.

그렇다면 공감이 가진 특별하게 긍정적인 힘을 사회를 더욱 발전시키는 데 활용할 수 있다는 이야기가 된다. 이 책은 과학자에서부터 사회 활동가에 이르기까지, 공무원에서부터 예술가에 이르기까지, 각계각층에서 가장 최근에 논의되고 있는 담론은 물론 새로운 개념을 포괄적으로 다룬다. 또한 종교적 갈등과 인종차별, 건강보험, 사회복지, 사법제도, 인공지능 등 새로운 사고방식에 위협받는 공감을 위한 헌장을 발표하며 마무리한다. 실행에 옮겨지기만 한다면 공감 능력은 대단히 막강한 개념이다. 이미 우리는 이를 실천하기 위한 첫걸음을 내딛었다. 이제는 개념에 머물러 있던 공감 본능을 실현해야 할 때다.

차례

제1장

공감 없는 사회

우리는 자신과 피부색이 같은 사람, 같은 언어를 쓰는 사람,

심지어 같은 사투리를 사용하는 고향 사람을 무의식중에 선호한다.

청년 튀르크와 나치, 그리고 후투족 민병대는

인간의 본능을 교묘하고도 기술적으로 이용했다.

적을 만들고, 불공정하다는 인식과 소외감, 철저한 혐오를 부추기면서

대학살의 조건을 만들었다.

공감은 가족, 친구, 단체, 그리고 종교나 인종 등 비슷한 점을 공유하는 집단에서 가장 강력하게 발휘된다. 만약 집단을 초월한 공감 능력이 발동한다면 이는 가장 문명화된 힘일 것이다. 하지만 종족 내에 강한 유대감이 존재하는 것과 같은 이유로 종족 외 사람에게는 적대감이 존재하며, 이것이 극단적으로 나타날 때 사회 전체가 공감 없는 사회가 된다. 영장류동물학자인 프란스 드 발(Frans de Waal)은 말했다.

우리는 적을 미워하고, 잘 알지 못하는 사람을 무시하며, 우리와 다른 생김새의 사람을 역겨워하며 진화해왔다. 인간들은 공동체 내에서는 대체로 협동적이지만 낯선 이들에게는 전혀 다른 동물이 된다.[1]

20세기, 공감이라는 긍정적인 본능의 부정적인 면이 무시무시한 결과를 낳았다. 나는 1930년대 독일, 20세기 초 아르메니아, 세기말 르완다에서 벌어진 일들에 대해 이야기하려 한다. 세 곳의 이야기는 거의 비슷하다. 이곳 모두 공감 능력이 거의 버려지다시피 했으며 그 와중에 목숨을 걸고 공감 본능을 지킨 소수의 사람들이 있었다.

1938년 11월 7일 파리 대사로 근무하던 독일의 외교관 에른스트 폼 라스(Ernst vom Rath)가 유대인 난민이 쏜 총에 맞고 치명상을 입었다. 유대인 청년이 자신의 부모가 하노버에서 추방당한 것에 항거하며 폼 라스에게 총을 쏜 것이었다.

베를린에서는 이를 계기로 독일 나치의 비밀국가경찰인 게슈타포(Gestapo)의 우두머리이자 나치 정권의 주도적 인물인 라인하르트 하이드리히(Reinhard Heydrich)가 즉시 유대인의 집과 기업, 학교, 병원, 유대교 예배당 등을 공격하고, 불 지르고, 파괴하는 프로그램을 발동했다. 그러고는 경찰서와 소방서에 방화와 파괴에 개입하지 말라는 내용의 전보를 보냈다. 이 악명 높은 사건이 바로 '크리스탈나흐트(Kristallnacht)'다. 번역하면 '수정의 밤'이란 의미다(나치 대원들이 부순 유대인 상점의 깨진 유리 파편들이 아침 햇살에 수정처럼 빛났다고 해서 붙여졌다_옮긴이).

정부가 허가한 폭력으로 48시간 동안 수백 명의 유대인들이 살해당했고, 수많은 유대인이 일자리에서 쫓겨났으며, 2만 명의 유대인이 체포돼 강제 수용소로 보내졌다. 민족성을 이유로 가해진 최초의 고립이자 배타적 행위였다.

1939년 아돌프 히틀러는 독일 의회에서 연설하며 유럽의 강대국들에게 '독일 내 유대인의 절멸'을 의미하는 전쟁이 있을 것이라고 경고했다. 15년 전 그는 자서전《나의 투쟁(Mein Kampf)》을 출간했다. 그는 이 책에서 쇼펜하우어(Schopenhauer)가 유대인을 '거짓말의 달인'이라고 표현한 것을 인용하며 "모든 악의 상징인 악마를 의인화하면 살아있는 유대인의 형상이 된다"고 말했다.[2]

1933년부터 요제프 괴벨스(Joseph Goebbels)는 선전부 장관 직위를 이용해 모든 매체를 장악하려 했으며 극단적인 반유대주의의 씨앗을 뿌렸다. 그는 유대인을 두고 "해충이자 바이러스이며 흡혈 기생충이고 죄수의 피가 섞인 잡종 인간들"이라고 지칭했다. 이 시기 나치는 로마 시민들 또한 "동성애자"라고 부르며 악마로 묘사했다. 하지만 나치는 유대인에 대해 가장 잔혹하고 끔찍한 분노를 품고 있었다. 그들은 유대인을 국가의 부를 훔치는 자본가들이며 자본주의를 부식시키는 볼셰비키(Bolsheviki)라고 믿었다. 그들은 '1929년의 대공황'을 유대인 탓으로 돌렸으며, 바이마르공화국(Weimar Republic)의 빈곤과 실업 문제 역시 유대인 때문이라고 여겼다. 1935년 뉘른베르크의 국가사회주의 노동자당 회의에서 괴벨스는 이렇게 말했다.

"볼셰비키 정책은 문화적으로 전세계 인간을 종속시키려는 유대인이 주도하는 전쟁 선포다."

이전부터 차별과 학살의 대상이었던 이방인들, 즉 소수 민족들은 사회에서 온전한 역할과 상업 활동에서 배제됐다. 이는 거의 모든 대학살에서 공통적으로 나타나는 요소들이다. 그러나 정치 과학자 데이비드 골드하겐(David Goldhagen)은 대학살을 자행하면서 드러나는 여러 감정들이 다르다는 점에 주목한다. 대학살을 주도하는 집단은 보통 비인간화되거나(도덕적으로 역겨운 대상을 정함), 악마화되거나(도덕적으로 분노할 대상을 정함), 아니면 둘 다다.[3]

1915~1917년 사이에 벌어진 아르메니아 대학살(Armenian massacre)에서 정부의 국수주의자인 '청년 튀르크(Young Turks)'는 희생자들에게 "역겨운 해충"이라는 꼬리표를 붙였다.

1955년 스레브레니차 학살(Srebrenica genocide)은 보스니아계 세르비아인이 유엔이 지정한 피난민 지역인 스레브레니차에서 보스니아계 무슬림을 학살한 사건이다. 유고슬라비아의 붕괴 이후 보스니아계 세르비아인들은 무슬림이 다른 인종을 희생시켜가며 보스니아의 통치를 추구하는 정치적 약탈자로 보이길 원했다. 그러려면 자신들이 선제공격을 당해야 했다. 나치는 어떤 것도 운에 맡기지 않았다. 세르비아인과 나치 둘 다 유대인을 악마('악마의 인격화')로 취급했으며 그들을 인간 이하('고리대금업자, 흡혈귀 등으로 비인격화')로 다뤘다. 이 두 가지는 가장 선동적인 조합으로, 1994년 르완다에서 일어난 투치족(Tutsis) 대학살을 자행한 후투족(Hutu)의 지도자가 사용했던 전략이기도 하다.

하버드대학교의 심리학자 스티븐 핑커(Steven Pinker)는 우리 모두가 이러한 부류가 될 용의선상에 있다고 주장한다.

> (대학살의 대상인) 사람들을 제거하는 일은 인간의 연민 감정이 대상을 어떻게 분류화 하느냐에 따라 켜지기도 하고 꺼지기도 한다는 사실이 심리적으로 확장된 형태에 지나지 않는다.[4]

나치 친위대장이었던 하인리히 힘믈러(Heinrich Himmler)는 아내 마르가에게 편지를 보내 아우슈비츠 수용소를 방문하러 떠난다는 이야기를 아무렇지 않게 건조한 말투로 설명했고, "딸과 즐거운 나날 보내기를. 사랑과 키스를 가득 담아!"라는 말로 마무리했다.[5]

일단 아르메니아 대학살을 간략하게 살펴보자. 그전에 아르메니아 대학살의 주범인 이슬람계 튀르크인(Turks)과 나치 사이에는 중요한 차이점이 있다는 사실을 짚고 넘어가야 한다.

튀르크인의 경우 이웃 국가인 러시아가 아르메니아를 침략할 구실로 이용하고 있었기 때문에 급진적인 동기뿐 아니라 뚜렷한 정치적 동기도 있었다. 독일의 유대인들은 이런 방식으로 외국 세력과 연합하지 않았다. 나치는 사람들의 생각을 좀먹는 이데올로기를 20년에 걸쳐 치밀하게 만들었고 현대식 매체 기술을 이용해 널리 확산시켰다. 그 다음에는 대륙 전체에서 한 인종 전체를 말살할 목적으로 국가 기관을 이용했고, 그 기관을 운영하기 위한 정교한 관료주의와 기술도 만들었다. 바로 이런 이유로 유대인 대학살은 전례를 찾아볼 수 없으며 다른 국가의 대학살과는 비교되지 않는 어마어마한 국제적 범죄다.

1938년 11월 전쟁이 발발하기 9개월 전, 나치 친위대 소식지 〈다스 슈바르츠 코아(Das Schwarze Korps)〉는 이런 문구를 게재했다.

독일 내 유대인들의 실질적이고 궁극적인 종말, 완전한 제거.[6]

이를 성취할 수 있는 수단은 이미 궤도에 올라 있었다. 1939년 7월부터 T4 안락사 프로그램이 장애인 요양병원에서 실행됐다. '생존에 부적합'하다고 판단되는 사람들은 가스에 질식되거나 총살당했다. 폴란드 침공 후인 1940년까지 폴란드와 독일 양국에서 실시된 T4프로그램으로 한 달에 5,000명의 환자들이 살해당했다. 또한 폴란드와 체코슬로바키아, 우크라이나 같은 침략지의 유대인들은 SS 기갑사단의 독단적이고 기회주의적인 광기에 휩쓸려 모두 한곳에 모인 뒤 살해당했다. 1941년 7월 공군 총사령관이자 나치 2인자였던 헤르만 괴링(Hermann Goring)에 의해 악명 높은 '허가(Ermächtigung)'가 이뤄졌다.

나는 게슈타포와 보안경찰 SD의 수장인 라인하르트 하이드리히에게 독일

점령 하에 있는 유럽 전역에서 유대인 문제에 대한 완전한 해결책을 용이하게 도모하기 위한 모든 조직적·실행적·재정적 준비 임무를 수여한다.[7]

1941년 유대인들을 가축처럼 가두기 위한 거주 지역이 만들어졌다. 그곳에서 유대인들은 형언할 수 없는 굶주림과 질병으로 고통받았다. 유대인 거주 지역에 들어가지 않은 유대인들은 강제 노동 수용소로 보내졌다. 그리고 그해 11월 독일은 특수 실험을 목적으로 하는 최초의 강제 수용소를 폴란드의 루블린 인근에 있는 벨제크에 만들었다. 얼마 지나지 않아 아우슈비츠 수용소도 가동됐다. 그곳에서 독가스인 '치클론 B'가 사용되기 시작했다. 이것이 소름끼치게 만연한 나치의 폭력과 정부 주도의 실험이 이뤄지기 시작한 티핑 포인트였다. 일련의 모든 행위는 무서울 정도로 침착하고 건조한 언어인 '유대인 문제의 최종 해결책(Endlosung der Judenfrage)'으로 표현됐다.

1942년 1월 20일 베를린 외곽의 한 고급 저택에서 하이드리히가 회의를 소집했다. 그는 체코의 보헤미아와 모하비아 지역의 총독으로 그곳에서 유대인 고립 정책을 무자비하게 실시하고 있었다. 하이드리히의 지휘 하에 있던 나치 관료 조직은 냉담한 태도로 강제 수용소에 있는 유럽의 유대인들의 대학살 계획을 세세하게 구상했다. 바로 이것이 잘 알려진 '반제 회의(Wannsee Conference)'이며 헤르만 괴링과 하인리히 힘믈러의 '최종 계획'이 만들어졌다. 막스 해스팅스(Max Hastings)는 제2차 대전에 관한 자신의 책 《고삐 풀린 모든 지옥(All Hell Let Loose)》에서 최종 계획이 잔인하게 빠른 속도로 진행됐다고 말했다.

1942년 3월 중순 학살 대상이 된 유대인 중 4분의 3은 여전히 살아있었다. 하지만 11개월 후 그들은 모두 죽었다. 몇 달 후 프라하에서 하이드리히가 총에 맞아 암살됐을 때 힘믈러는 이렇게 말했다.

하이드리히는 불굴의 정의감으로 충만한 사람이었다. 충직하고 고결한 사람들은 늘 그의 용감한 정신과 인간적인 이해심에 기댈 수 있었다.[8]

1933년 유럽의 유대인은 900만 명이었다. 1945년까지 사망한 유대인은 600만 명이었다. 질병이나 굶주림으로 사망한 이들도 일부 있었지만 대부분 나치와 나치에 협조적인 이들의 거대한 계획에 살해당했다. 나치가 점령한 모든 지역의 시민들은 유럽의 유대인에 가해지는 공격에 적극 가담하거나 방관했다. 그럼에도 대다수 시민들과 다른 인간의 본성을 보여준 소수의 시민들도 있었다. 우리는 소수의 독일인들이 보여준 수많은 용감한 행위와 희생을 잘 알고 있다. 오스카 쉰들러(Oskar Schindler), 니콜라스 윈턴(Nicholas Winton)처럼 수백 명의 유대인을 구한 용감한 다른 나라의 사람들에 대해서도 잘 알고 있다.

이처럼 나치의 만행에 가담하거나 방관하지 않았던 두 폴란드인의 이야기에 주목해보자. 폴란드에서도 독일과 마찬가지로 반유대인 정책과 정서가 팽배했다. 1941년 10월 나치는 유대인 거주 지역에 생존해 있는 유대인을 모두 사형할 것이라고 포고했다. 또한 유대인에게 은신처를 제공해준 사람은 누구든지 똑같은 처형을 당할 것이라고 덧붙였다. (전쟁이 끝난 후에도) 유대인을 숨겨주다 발각된 사람은 폴란드인의 손에 죽는 경우가 많았다.

요세프 플라체크(Josef Placzek)는 폴란드 남부에 있는 보볼리체 마을 인근에 사는 건축가였다. 그는 특수하게 설계된 천장 다락방에 지젤 즈보로프스키(Zissel Zborowski)와 그녀의 두 아들과 딸을 20개월간 숨겨줬다. 플라체크는 하루에 한 번씩 방에 둔 용변기를 비워주고 소식을 전해줬다. 목숨을 잃을 수도 있는 위험한 이 일에 플라체크의 아내와 딸도 동참했다. 1943년부터 1944년 8월까지 가족 외 다른 사람을 4명이나 더 건사해야 한다는 것은 당시로서는 큰 희생이었다. 어느 날 경찰관 한 명이 그에게 와서 그가 유대인을 은밀하게 숨겨주고 있다는 소문이 퍼지고 있다고 귀띔해줬다. 플라체크의 다락방에 있던 유대인 가족은 즉시 거처를 옮겼다. 1주일 뒤 경찰들이 그의 집을 기습 수색했고 플라체크와 유대인 가족은 무사히 이 위기를 넘길 수 있었다. 지젤 즈보로프스키는 전쟁에서 살아남았다.[9]

조피아 코삭(Zofia Kossak)은 전쟁이 일어나기 전 베스트셀러 작가이자 폴란드 재건을 위한 가톨릭 전선(Catholic Front for the Reborn Poland)의 대표였다. 직함이 어쩐지 불길한 느낌을 주지 않는가? 그렇다. 코삭은 반유대주의자로 유대인은 폴란드의 적이라고 말했던 인물이다. 그럼에도 코삭은 유대인에 행해지는 나치의 야만적인 행위를 참을 수가 없었다. 1942년 8월 코삭은 대중 매체에서 다음과 같이 호소했다.

이미 사망한 유대인 수가 100만 명을 넘어섰고 매일매일 그 숫자가 늘어나고 있습니다. 누구나 죽습니다. 부유한 사람도, 가난한 사람도, 노인도, 여자도, 남자도, 젊은이도, 아기도… 학살에 맞서 침묵하는 자는 살인자의 조력자입니다. 비난하지 않는 자는 동의하는 것이나 다름없습니다.[10]

한 달 뒤 코삭은 비밀 유대인 지원 단체인 '제고타(Zegota)'에 합류하게 된다. 제고타는 유대인 거주 지역에서 아이들을 몰래 빼내 고아원과 수녀원, 개인 집으로 보내서 수천 명의 목숨을 구했다. 제고타 회원 중 일부는 체포돼 고문을 당한 후 아우슈비츠로 보내졌는데 코삭도 포함돼 있었다. 코삭은 고문을 당해 다리가 부러졌지만 살아남았고 동료들의 정보에 대해서도 절대 입을 열지 않았다. 역사가 마틴 길버트(Martin Gilbert)는 《옳음(The Righteous)》에서 홀로코스트에서 수많은 목숨을 구한 용감한 의인들에게 경의를 표했다.

> 나치주의와 나치의 인종차별적인 사상을 혐오하고, 그들에게 굴복하기를 거부하며, 강한 권력의 압박에도 그들과 함께 만행을 저지르기를 거부하고, 악이 승리하도록 내버려두지 않은 이들은 편견과 체면을 경멸한다. 그들은 가능한 한, 심지어는 바람직한 구조 행위를 통해 그 역할을 했다.[11]

오늘날 영국에 남아 있는 강제 수용소 생존자들은 학교를 방문하여 다음 세대에게 자신들이 목도한 참상을 전하고 있다. 그들 대부분은 90대이며 대다수는 이미 사망했다. 2013년 영국 총리 데이비드 캐머런(David Cameron)은 생존자들이 모두 세상을 떠난 뒤에도 홀로코스트를 기념할 수 있도록 위원회를 설립했다. 나 역시 이 위원회 구성원이다. 위원회는 런던 중심부에 새 추모비를 세울 것, 새로운 교육 프로그램으로 개정할 것, 당시 목격자들의 증언을 기록할 것을 권고했다.

> 젊은이들에게 홀로코스트에 대해 교육함으로써 영국은 모든 형태의 편견과 증오에 맞서는 헌신적인 노력을 기울일 것을 재확인한다. 상으로 다른 사람의 신념과 문화에 관대한 공감 능력이 있는 시민들을 얻게 될 것이다. 하지만 모든 세대에게 이런 생각을 심어주기 위해서는 끊임없이 깨어 있어야 한다.[12]

2016년 90대의 생존자들 가운데 처음으로 입을 연 사람은 사라 손자 그리핀(Sara Sonja Griffin)이었다. 그리핀은 어린 시절 나치가 네덜란드를 점령할 당시 도시 하를렘에 숨어 있었다. 그녀의 이야기에는 뜻밖의 감동이 포함돼 있었다. 그리핀은 전쟁에서 살아남았으며 현재 멋진 손자손녀들을 두고 있다.

당시 우리는 어느 집에 숨어 살았어요. 그곳에는 우리 말고 다른 유대인들도 숨어 있었지요. 아이였던 저는 곧잘 울곤 해서 사람들이 잠을 제대로 못 자겠다며 불만을 터뜨렸어요. 그래서 어머니는 저를 지붕 밑 다락방으로 데리고 갔었어요. 그런 상황에서 불시에 단속반이 들이닥쳐 그곳에 있던 사람들을 모두 데리고 간 거죠. 한 독일 병사가 사다리를 타고 다락방으로 올라와 나와 어머니를 발견했어요. 어머니는 내 입을 틀어막고 있었지요. 그 병사는 내 입에서 어머니의 손을 떼어 놓더니 이렇게 소리쳤어요. "여긴 아무도 없습니다!" 그렇게 그는 나와 어머니를 남겨두고 갔어요. 이후 나는 그 사람 꿈을 꾸곤 했어요.[13]

_____ **히틀러, 스탈린, 마오쩌둥**

소설가 장융(張戎)은 자전적 소설 《대륙의 딸들》에서 1966~1976년 마오쩌둥의 문화대혁명(文化大革命)이 일어나는 동안의 빈곤과 박해의 참상을 그렸다. 내 딸이 열두 살이 되던 해 이 책을 읽고 내게 왜 '위대한 지도자'가 국민을 굶주리게 하고 고문하는지를 물었다. 딸의 논리적인 사고로는 마오쩌둥의 폭정과 잔학성을 이해할 수 없었다. 마오쩌둥, 스탈린, 히틀러에게 살해당한 사람의 수가 1억 명이 넘는다는 사실을 비춰 볼 때 만족스러운 답변을 내놓기에는 그 질문이 너무도 거대하고 너무도 끔찍했다.

하지만 심리적인 측면으로는 대답할 수 있다. 마오쩌둥과 히틀러, 스탈린은 전형적인 사이코패스다. 뒤에서 자세히 살펴보겠지만, 사이코패스인 이들에게는 인간에게 결정적으로 중요한 요소인 공감 능력이 결여돼 있다. 케임브리지대학교의 심리학자 사이먼 배런 코언(Simon Baron Cohen)은 《공감 제로》에서 사이코패스 기질이 포함된 반사회적 인격 장애가 있는 사람들의 특징을 설명했다.[14]

- 사회 법규를 준수하지 못한다.
- 기만한다.
- 충동적이며 계획을 세우지 못한다.
- 화를 잘 내고 공격적이다.
- 타인 또는 자신의 안전을 무모할 정도로 무시한다.
- 늘 무책임하다.
- 자비심 결여됐다.

현대에는 좋은 진단 장비들이 많다. 특히 fMRI를 이용한다면 독재자들의 뇌에서 치명적인 이상을 찾을 수 있을지도 모른다. 마오쩌둥의 주치의와 그의 유일한 친구는 "마오쩌둥은 아첨을 좋아하고 성에 탐욕적이었으며 따뜻한 마음이나 동정심은 결여된 사람"이라고 말했다.[15]

소설가 사이먼 시백 몬티피오리(Simon Sebag Montefiore)는 스탈린 전기에서 형언할 수 없을 정도로 '어마어마한 공포' 정치를 하는 동안 스탈린이 차갑고 냉정한 태도로 수천 명의 무고한 공무원들의 학살을 주도했다고 설명한다. 한 예로 스탈린이 휘갈겨 쓴 쪽지에는 이런 문구가 아무렿지도 않게 적혀 있었다.

138명 전원 사살.[16]

역사가 휴 트레버 로퍼(Hugh Trevor-Roper)는 1946년에 히틀러의 건축가 알베르트 슈페어(Albert Speer)를 인터뷰하면서 어떻게 모든 사람들이 독재자 히틀러가 이끄는 지옥의 길을 갔느냐고 물었다. 슈페어는 "신비스럽고 차가운 분위기가 풍기는 강렬함, 청록색 눈동자, 쇳소리 섞인 단호한 목소리에 담긴 구세주 같은 이기심에 감히 저항할 수 없었다"고 말했다.[17] 스티븐 핑커는 20세기를 침탈한 3명의 독재자들을 가리켜 "이데올로기에 사로잡혀 목적을 달성하기 위해서라면 어떤 수단이든 정당화된다고 믿은 이들"이라고 말했다.

공감 능력이 결여되고, 자신을 향한 찬양에 목말라하며, 무한한 성공과 권력, 총명함과 신의 은총에 환상을 품은 나르시시스트의 마음에 목적을 위해 수단을 정당화할 수 있다는 신념을 부여보라. 그 결과는 수백만 명의 목숨을 빼앗은 신념 체계의 이행으로 이어질 것이다.[18]

아르메니아 대학살

유대인 대학살 이전에도 인종차별적 학살 행위가 있었다. 그러나 1944년 전까지만 해도 이 행위에 '대학살'이라는 용어조차 사용되지 않았다. 사실 인류의 역사는 종족 말살로 생겨난 시체들로 어지럽혀져 있다.[19] [20]

세기 초반 아나톨리아(현재의 터키_옮긴이) 지역의 아르메니아 기독교인들에게 일어난 일은 그중에서도 지독히 잔혹했던 학살로 꼽힌다. 1915년 2월 오스만 제국의 중앙위원회 구성원인 사키르(Sakir) 박사가 카프카스 지역에서 이스탄불로 돌아왔다. 당시 카프카스에서는 터키와 러시아 제국의 전투가 벌어지고 있었다.[20]

사키르 박사는 카프카스의 상황을 동료 위원인 나짐(Nazim) 박사와 내무장관 탈라트 파샤(Talaat Pasha)에게 보고했다. 사키르는 아나톨리아 지역에 있는 아르메니아 기독교인들이 러시아에게 지나치게 동정심을 보이고 있으며, 일부 지역에서는 과잉 호의를 베푼다는 사실을 특히 강조하며 보고했다. 이 세 사람이 어떤 결론을 내렸는지를 입증할 만한 문서는 남아 있지 않다. 다만 1915년 5월 오스만 제국의 각료회의에서 법의 보호를 받고 있던 아르메니아인들에 대한 대량 추방 명령이 내려졌다는 사실만 알 수 있을 뿐이다. 문서화된 추방 명령이 각 지역 통치자들에게 전달됐고, 전달되자마자 거의 동시에 실행됐다.

현재는 이 3명의 '청년 튀르크'가 2월 그날, 추방보다 더한 결정을 내렸고, 결과적으로 200만 명의 아르메니아인들을 학살됐다는 의견이 지배적이다. 내무장관 탈라트 파샤는 신중하게 구두 명령으로 남자들은 모두 죽이고 나머지는 추방하라는 지시를 내렸다. 그리고 흉악범들이 많은 지역에 무장 폭력배들을 모집하는 공고가 내려졌다. 이들 중에는 살인죄로 유죄 판결을 받고 교도소에 복역한 적이 있는 사람들도 포함돼 있었다. 아르메니아인들은 총살당하거나 굶어 죽었을 뿐 아니라 가스에 중독되고, 독살당하고, 십자가에 못 박히고, 산 채로 태워져 죽었다. 디야르바키르 지역의 총독은 용감하게 대학살 법령에 대한 서면 확인을 요청했다. 그는 디야르바키르로 소환돼 가던 중 암살당했다.

러시아 전선 근처에 있는 도시 반에는 1만 6,000명의 무슬림과 1만 3,500명의 아르메니아인이 살고 있었다. 아르메니아인들은 자신들을 방어하기 위해 봉기했지만, 아르메니아인들을 최대한 많이 죽이려고 벼르고 있던 터키 군대에 모두 학살당했다. 오스만 제국에서 복무하던 한 베네수엘라 용병도 이 학살에 동원됐고, 그가 한 장교에 맞서 살인을 멈추라고 요구하자 장교는 반 지역 통치자로부터 "12세 이상의 모든 아르메니아 남성을 몰살하라"는 명령을 받았다고 말했다.

4월 23일 밤, 정부는 저항운동을 주도하는 아르메니아인 240명을 체포했다. 극히 소수의 정치인, 작가, 성직자, 교사만이 살아남았다. 이들은 여성과 아이들을 데리고 시리아와 이라크의 사막 정착지로 위험하고 무리한 여정을 강행했다. 체포된 이들 중에는 성직자였던 그레고리스 발라키안(Grigoris Balakian)도 있었다. 발라키안은 가까스로 살아남아 전쟁이 끝난 후 자신이 목도한 참상을 책으로 출간했다.[21] 무장한 폭력배 무리와 쿠르드 마을 주민들은 사막 정착지로 가던 이들의 얼마 되지 않는 소지품마저 약탈했다. 만약 그들이 가던 길을 멈췄더라면 군인들의 총에 맞았을 것이다. 그러나 차라리 총에 맞는 것이 눈알을 도려내고, 생식기를 잘라내고, 내장을 꺼내는 이들에게 살해당하는 것보다 더 나았을지도 모른다.

마누엘 레르키아스하리안(Manuel Lerkyasharian)은 어머니를 따라나선 아홉 살 소년이었다. 소년의 어머니는 발에 물집이 너무 심하게 잡혀 더 걷지 못하게 되자 친척에게 자신을 유프라테스강에 버려달라고 부탁했다. 오스만 군인의 손에 고통스럽고 잔인하게 죽는 것보다 나은 선택이라고 생각했기 때문이다. 결국 마누엘은 어머니가 사람들의 손에 들려 나가는 광경을 목격했다. 전해지는 말에 따르면 소년의 어머니처럼 강에 던져진 시신들로 강물의 흐름이 바뀔 정도였다고 한다.

1915년 가을, 이 끔찍한 재앙이 널리 알려졌다. 그해 〈뉴욕타임스〉에 실린 아르메니아 대학살에 대한 기사는 145건이었다. 〈뉴욕타임스〉는 그때부터 전쟁이 끝날 때까지 정기적으로 '정부에 의해 조직된' 같은 표현이나 '체계화된 인종 말살'이라는 표현을 사용했다.[22] 하지만 대대적인 신문 기사는 물론 훗날 관련 책들이 출간됐음에도 이 사건은 여전히 '잊힌 집단학살'로 알려져 있다.

2016년까지만 해도 터키에서 그 사건을 '집단학살'이라고 언급하는 행위는 범죄였다. 아직도 터키 정부는 국가의 적에게 가해진 합법적인 행위였다고 주장한다. 아주 미세한 언어 차이에도 예민한 영국의 외무부 역시 외교관들이 그 사건을 두고 집단학살이라고 표현하는 것을 금지하고 있다.

하지만 냉정하게 현실을 보자면 1922년까지 오스만 제국에 생존한 아르메니아인은 불과 40만 명에 불과하다. 60~150만 명에 달하는 아르메니아인들이 학살당했다. 어림잡아도 100만 명이 희생된 것이다. 대학살, 그것도 정부가 지원한 학살은 명분 없이 우연히 일어난 것이 아니다. 그렇다면 아르메니아 집단학살의 뿌리 깊은 원인은 무엇일까?

아르메니아는 15세기에 무슬림 오스만 제국으로 흡수됐다. 하지만 아르메니아인들에게는 무슬림과 동등한 정치적 지위나 법적 지위가 허용되지 않았기에 주로 상업에 종사할 수밖에 없었고, 자연스레 거상이 돼 부자가 되는 경우가 많았다. 평등을 주장하던 아르메니아인들은 1870년대 러시아가 오스만 제국의 영토를 점령하면서 '아르메니아의 보호'라는 구실에 이용됐다. 1890년대에는 튀르크인에 의한 조직적이고 계획적인 학살이 있었다. 이 사건으로 수만 명의 아르메니아인들이 희생됐다.

이방인이자 소수자이며 부유하게 보였던 아르메니아인들이 차별과 박해의 대상이 됐고, 이와 아주 비슷한 양상이 20세기 들어 훨씬 더 끔찍한 형태로 반복됐다.

일반적으로 지역 사회가 그토록 잔혹한 만행을 저지르는 행태에는 동정심을 보이지 않는다. 튀르크인은 곤경에 처한 아르메니아인에게 일말의 연민을 가졌지만 결과적으로 아무런 조치도 취하지 않았다. 그러나 공감이 아예 없는 사회는 없기에 지극히 소수의 사람들만이 동정심을 행동으로 옮겼다.

메흐메드 제랄(Mehmed Jelal)은 알레포 지방의 유능한 총독이었다. 총독이 되기 전에는 오스만 시민복지대학의 학장이었다. 그는 많은 아르메니아인들과 알고 지냈고 그들을 존중해 적이 아닌 친구로 대했다. 1915년 다른 지역의 총독들과 마찬가지로 그 역시 아르메니아인 학살 명령을 받았다. 그는 신변의 위험을 무릅쓰고 이렇게 말했다.

"모든 인간은 살 권리가 있습니다."

1915년 6월 메흐메드 제랄은 다른 지방으로 발령받았다. 알레포에 비해 규모나 인지도가 훨씬 작은 코냐 지방으로의 발령은 그에게 불명예스러운 조치였다. 그곳에서 그는 중앙위원회에 편지를 보냈다. 이번에는 좀 더 실용적인 측면을 강조했다.

아르메니아인은 우리 국가 인구에서 상당한 비중을 차지합니다. 또한 아르메니아인들은 우리나라 부의 상당 부분을 차지하고 있을 뿐더러 국가 상업 활동도 절반 가까이 운영하고 있습니다. 그들을 제거하는 행위는 국가에도 막대한 손해를 끼치는 일입니다. 그들이 한 달 동안 앉아서 궁리해도 우리에게 해를 끼칠 방법은 생각해내지 못할 겁니다.[23]

공감 선언

메흐메드 제랄은 답장을 받지 못했고 결국 직접 이스탄불로 향했다. 그는 이스탄불에서 코냐 지역에 거주하는 아르메니아인의 강제 추방을 멈추는 데 동의를 얻을 수 있을 것이라고 생각했다. 하지만 돌아오는 길에 그는 수천 명의 아르메니아인들이 기차역에 모여 있는 광경을 목격했다. 모두 시리아로 강제 추방되는 사람들이었다. 그는 아르메니아인들을 다시 집으로 돌려보냈다. 그 후에도 철도 끝머리에서 다른 지역 출신의 군중들이 추방되는 열차에 타기 위해 걸어왔다. 관할 지역이 아니어서 그들을 막지는 못했지만 그는 난민들의 고통을 조금이라도 덜어주고자 그들에게 물자를 제공했다. 코냐 지역의 아르메니아인들은 추방되지 않았으며 다른 지역의 아르메니아인 3만 명을 구출해 코냐 지방에 정착시켰다. 하지만 대학살을 막기에는 역부족이었다. 오스만 제국에서는 이른바 '인종 청소'라는 명분하에 아르메니아인 박해를 멈추지 않았다.

코냐에서 나는 무력하게 강 건너 불구경을 하는 기분이었다. 건너편에서 고통받는 이들을 도와줄 방법이 전혀 없었다. 강물은 피가 돼 흐르고, 수천 명의 무고한 아이들과 아무런 잘못 없는 노인들, 무력한 여자들, 튼튼한 젊은 남자들이 망각의 강으로 떠내려왔다. 맨손으로 구할 수 있는 사람이면 누구든 구했다. 하지만 내가 구하지 못한, 이 강에 온 다른 사람들은 아마 다시는 돌아오지 못할 것이다.[24]

무엇이 그를 외로이 국가에 맞서게 했을까? 왜 메흐메드 제랄은 다른 인종에 연민을 느꼈으며 정의감에 사로잡혔을까? 그의 이타심은 어디에서 비롯됐으며 어떻게 아르메니아인들의 고통을 자신의 고통처럼 느꼈을까? 삶이 파괴돼버린 아르메니아인들의 심정을 상상했기 때문일까?

동료 튀르크인들이 공감 본능의 스위치를 꺼버린 순간에도 그는 더욱 적극적으로 행동함으로써 공감 능력의 힘을 뚜렷하게 보여줬다.

_____ **이타주의**

진정으로 이타적인 행동이 존재하는가에 관한 논쟁은 오랫동안 지속됐다. 1975년 심리학자 데니스 크랩스(Dennis Krebs)는 특별한 룰렛 게임을 만들어 이 논쟁에서 중요한, 어떻게 보면 사악한 걸음을 내디뎠다. 게임 참가자들은 룰렛에서 공이 짝수에 들어가면 돈을 받고 홀수에 들어가면 전기 충격을 받았다. 사실 전기 충격기에는 전기가 흐르지 않았다. 게임 참가자들은 전기 충격을 받은 시늉만 했을 뿐이다.

크랩스가 실험에서 중점을 둔 부분은 그 광경을 지켜보는 학생들의 반응이었다. 그는 일부 학생들에게 게임 참가자들이 자신들과 비슷한 성향의 학생들이라고 말했다. 그리고 다른 학생들에게는 게임 참가자들이 전혀 다른 성향의 외국인이라고 말했다. 그 결과 게임 참가자들이 자신들과 같은 학생이라는 말을 들은 학생들만이 전기 충격 장면을 보고 심장 박동 수가 빨라지고 땀을 흘렸다. 심지어 전기 충격을 받는 학생들을 대신해 기꺼이 자신이 전기 충격을 받겠다고 나선 학생도 있었다. 하지만 게임 참가자들을 외국인으로 알고 있는 학생들은 전혀 그런 반응을 보이지 않았다. 편견에 관한 이 실험을 통해 크랩스는 '공감-이타심 가설'을 세웠다. 공감이 이타심을 유발한다는 내용이었다.

하지만 룰렛 게임을 지켜본 학생들이 기꺼이 전기 충격을 받겠다고 나선 것은 그 광경을 지켜보는 스트레스가 훨씬 더 컸기 때문일 수도 있다. 그렇다면 그들의 행동은 이타심과 비슷한 행동일까? 바로 이 지점에서 대니얼 뱃슨(Daniel Batson)이 관여한다.

1980년대 대니얼 뱃슨은 크랩스와 비슷한 실험을 진행했다. 크랩스의 실험과 다른 부분은 게임을 지켜보는 관중 중 일부에게 실험장을 떠날 수 있는 선택권이 있다는 점이었다. 만약 실험 도중 실험장을 떠난다면 이전 크랩스의 실험에서 봤던 이타심의 동기가 스트레스 회피임이 입증된다는 것이 뱃슨의 추론이었다. 실험 결과 이전 실험에서와 마찬가지로 전기 충격 장면을 본 사람들은 충격을 받았으며 기꺼이 그들을 대신해 자신이 전기 충격을 받겠다고 했다. 이 실험으로 '공감-이타심 가설'은 유효하게 됐다.[25]

뱃슨은 공정하고 합리적인 원칙을 준수하는 곳에서는 도덕적 동기도 매우 중요하다고 봤다.[26] 도덕적 동기 때문에 자신과 타인을 동일시하지 않는 사람이 공통점이 별로 없는 개인이나 집단에게 동정심을 보이고, 편견을 극복하고, 이타적인 행동을 한다.

영국의 정신과 의사이자 신경 촬영 전문가인 이언 맥길크리스트(Iain McGilchrist)는 이타주의를 '공감의 필연적 결과'이자 친구나 지인을 배려하는 차원에서, 또는 칭찬을 듣고 싶어서 행하는 단순한 대응 이상의 긍정적인 힘이라고 판단했다.

이타심은 주고받는 교환적 사고방식이나 계산이 아니라 상호관계에 대한 존중이자 동료애다. 존중과 동료애, 이 두 가지가 협동하게 만드는 동기이자 보상이다. 공리주의적인 관점에서 그 결과는 중요하지 않다. 중요한 것은 과정, 즉 관계다.[27]

맥길크리스트는 '상호성'을 실천하면 뇌에서 쾌락과 연관된 부위가 활성화된다는 점을 주목한다. 어쩌면 이타심의 진화적 뿌리는 한 집단 내에서 상호 도움이 되는 협동심에 있는지도 모른다. 하지만 이와 무관하게 순수한 이타적인 행위도 존재한다.

1980년대 펄 올리너(Pearl Oliner)와 새뮤얼 올리너(Samuel Oliner) 부부는 이타심 연구에 큰 획을 그었다. 두 사람은 제2차 대전이 벌어지는 동안 유대인을 구하는 데 도움을 준 독일인들을 연구했다. 그들의 영웅적 행동을 가장 강력하게 예측할 수 있는 지표 중 하나는 측은지심을 소중하게 여기는 가정에서 자란 기억이었다. 올리너 부부는 "타인에게 연민을 가진 부모에게서 자란 아이들은 훗날 더욱 이타적인 사람이 되는 경향이 있다"고 결론 내렸다.[28]

르완다 대학살

1993년 7월 르완다에 새로운 라디오 방송국이 지직거리며 신호를 송출했다. 카리스마 강한 디스크자키들이 포진한 RTLMC(밀 콜린스의 라디오 텔레비전 자유방송국)는 젊은 청취자들의 마음을 사로잡았다. 세련된 현대 음악 중간에는 수수께끼 같은 메시지들이 들어 있었다.

큰 나무는 베어버리고… 잡초를 정리하자…. 일을 끝내자.[29]

하지만 이 불길한 표현이 어떤 의미인지 아는 사람은 거의 없었다. '큰 나무'는 주류 종족인 후투족보다 키가 큰 소수 민족인 투치족을 의미했다. 중앙아프리카와 동아프리카 지역 사람들은 자신도 모르게 투치족을 죽이라는 지속적이고도 은밀한 선동에 휘말리고 있었다(1933년 요제프 괴벨스의 표현에 따르면 "그 라디오 방송국이 없었다면 우리가 권력을 잡거나 권력을 이용하기가 불가능했을 것이다"라고 말했다).[30]

1994년 4월 6일 르완다의 쥐베날 하브자리마나(Juvénal Habyarimana) 대통령이 타고 있던 전용기가 격추되면서 대통령이 사망하는 사건이 발생했다. 비행기를 격추시킨 세력이 후투의 무장 사병 조직인지, 투치의 반란군 조직인지는 증명되지 않았다. 하지만 이 사건이 르완다 대학살의 촉매제가 됐음은 분명하다. 내부 조직은 하브자리마나 대통령의 아내였던 아가테 칸지가 하브자리마나(Agathe Kanziga Habyarimana)와 투치족을 증오하던 또 다른 인물, 테오네스테 바고소라(Théonaste Bagosora) 대령을 끌어들였다. 이 흉악한 음모는 '아카주(Akazu, 작은 집)'로 불렸다.

아카주가 결성된 다음 날, 르완다의 아슬아슬한 평화를 지킬 수도 있었던 온건한 총리가 암살당했다. 군대와 준군사조직이 수도 키갈리 도로에 바리케이드를 설치하고 끔찍한 살인 잔치를 시작했다. 투치족과 또 다른 소수 민족인 트와족, 그리고 조금이라도 방해가 되는 일부 후투족이 그 대상이었다. 머지않아 RTLMC는 더욱 노골적으로 변모했다.

> 모두 나가자… 늪에서. 투치 반역자의 밀짚모자들을 보게 될 테니. 총을 가진 자는 망설이지 말고 반역자들을 찾아 포위하고 쏴 죽여야 해.[31]

이 라디오 방송국의 극단적인 인종차별주의는 준군사조직인 '인테라하므웨(Interahamwe, '함께하는 자들'이라는 의미의 르완다어_옮긴이)'처럼 폭력적인 민병대를 더욱 자극했다. 인테라하므웨 소속의 젊은 무리들은 마체테(Machete) 같은 칼이나 총을 지급받아 학살을 시작했다. 90일 동안 10초에 1명꼴로 투치족이 살해됐다. 의사가 환자를 죽이고 사제가 성도를 죽이는 끔찍하고 잔혹한 학살이 너무도 흔하게 너무도 가혹하게 자행됐다.

제7일안식일예수재림교회 무고네로(Mugonero) 교구의 투치족 신도들은 사제에게 도움을 요청하는 편지를 보냈다. 하지만 다음 날 이들은 자신들을 구해주리라 믿었던 사제에게 살해당했다. 사제는 투치족 신도들에게 "신이 당신들을 버렸으며 당신들은 죽을 준비를 해야 한다"는 내용의 답장을 보냈다. 이 끔찍한 재앙이 끝나기도 전에 르완다에 살고 있던 투치족 75퍼센트가 죽었다. 어림잡아 75만 명에 달하는 사람들이 끔찍하게 학살당한 것이다.

르완다 대학살은 이런 종류의 다른 비극처럼 몇 가지 규칙들을 그대로 따르고 있다. 투치족은 후투족보다 더 부유하고 성공한 이들처럼 보였다. 투치족은 인구의 10퍼센트를 약간 웃도는 비중을 차지하고 있었다. 제1차 대전 이후 르완다를 통치하기 시작한 벨기에인들은 투치족이 체격도 더 크고 목장을 소유한 부유한 시민이라고 생각했다. 또한 투치족이 인종적으로도 더 우월하며 에티오피아인이 투치족의 기원이라고 생각했다(외형적으로 후투족은 코가 넓적하고 입술이 두꺼운 편이고, 투치족은 상대적으로 코가 뾰족하고 입술이 더 얇은 편이다. 이러한 외형은 에티오피아인의 특징이다_옮긴이). 제2차 대전 후 대다수를 차지하고 있던 후투족은 엘리트로 인식되던 투치족이 지배하는 피지배계급이었다. 1962년 독립이 가까워지자 벨기에인들은 후투족과 투치족의 분쟁을 외면했다.

독립 후에도 두 부족의 폭력 사태가 끊이지 않고 일어났다. 그 결과 100만 명의 투치족이 국외로 망명했다. 투치족 반란군인 르완다 애국전선(RPF)이 정착한 곳은 우간다였다. 이들 조직은 1990년 르완다에 침략했지만 이내 철수해야 했다. 이보다 앞선 1950년대 투치족의 열혈 반군들은 자신들을 바퀴벌레를 의미하는 "인옌지(inyenzi)"라고 불렀다(질기게 생존하고 어느 곳에서든 예측하지 못하는 순간에 나온다는 의미다). 반군(투치족)은 인종차별주의 선전문을 작성하는 것을 도왔다. 그들은 정부군(후투족)을 인종차별적 발언으로 친숙한 표현들, "지저분하고, 정직하지 않으며, 반역적이고, 위험하다"고 묘사했다. 1992년의 평화 협정은 출혈이 멈추지 않는 상처에 반창고를 붙인 것에 지나지 않았다.

그 후 아카주가 주도하는 혼란스러운 상황 속에서 르완다 애국전선 반란군은 또다시 침략 기회를 노렸다. 정치적 야심이 있었던 애국전선 반란군은 재빨리 수도 진입을 시도했다. 반군은 투치족 학살에 몰두하고 있던 후투족 군대를 손쉽게 처치하고, 1994년 7월 4일 수도 키갈리에 진입했다. 학살은 끝난 뒤였지만 수도의 우물은 시체들로 오염됐고 어른 없이 아이들만 있는 집이 10만 가구가 넘었다. 살아남은 자들의 정신 건강도 위태로웠다. 전범들을 기소하는 동안 두 개의 사회를 통합해 재건하는 어려운 과제도 시작해야 했다(이 라디오 방송국이 어떻게 공감의 매개체로 다시 바뀌었는지는 제8장을 참조하라).

의사와 사제의 적극적인 개입은 잔혹하고 끔찍한 이 사건 중에서도 가장 충격적이다. 하지만 이곳에서도 공감 능력이 부족 간의 동지애를 초월한 후투족도 있었다. 보두앵 부선유(Baudouin Busunyu)는 사제를 보좌하던 사람이었다. 그가 보좌하던 신부는 학살을 지지했고 그의 아버지는 인테라하므웨의 리더였다. 보두앵 부선유는 다른 사제 조직과 은밀하게 내통하며 투치족을 콩고민주공화국 국경 너머로 밀입국 시켰다. 그는 괴롭힘을 당하고 두들겨 맞아가면서 학살이 끝날 때까지 밀입국 작전을 이어나갔다. 결국 그는 1997년 콩고민주공화국 내에 설치된 후투족 난민 캠프에서 살해당해 생을 마감했다.

가브리엘 므분가니(Gabriel Mvunganyi)는 키갈리 외곽에 사는 평범한 노인이었다. 신앙심이 두터운 그는 오랜 세월 인종차별에 반대해왔다. 그는 투치족 사람들이 잡히지 않도록 도와주곤 했으며 그런 이유로 그의 집은 자주 수색을 당했다. 수색이 삼엄한 와중에도 그는 2명의 투치족 소녀들을 숨겨주는 데 성공했다. 하지만 1994년 5월 딸과 함께 외출을 나간 뒤 갑자기 체포당해 신체적인 모욕을 겪고 총살됐다.

술라 카루힘비(Sula Karuhimbi)는 남편과 사별한 뒤 농장을 운영하고 치료사 일을 하면서 기타라마에 있는 마을 느퉁웨에 살고 있었다. 카루힘비는 농장 건물에 투치족을 숨겨주며 직접 농사지은 곡물로 음식도 제공해줬다. 총질을 일삼는 민병대가 수시로 그녀의 농장 건물들을 수색하려 했지만 그때마다 카루힘비는 악마의 영혼을 불러내어 그들에게 화를 입힐 것이라고 엄포를 놓으며 수색대를 돌려보냈다. 카루힘비가 구한 투치족은 17명 정도로 추정되며 살얼음판처럼 불안한 와중에 카루힘비는 살아남았다.

오늘날 르완다에서는 7월 7일을 대학살 추모일로 정해 1주일간 희생자들을 애도하며 민족, 인종, 종교 차별을 금지하는 법이 제정됐다. 국가에서 국경일과 법으로 국가공동체의 가치를 재확인한다는 것은 대단히 중요한 일이다. 하지만 이렇게 우리 내면에 견고하게 자리한 정서를 제대로 다루려면 근본적으로 '부족주의(Tribalism)'가 우리의 문화와 정서에 얼마나 깊숙이 파고들었는지를 충분히 알아야 한다.

〉 부족주의와 집단적 사고 〈

언젠가 나는 어느 스웨덴 사람을 실망시킨 적이 있다. 어쩌면 그는 내게 실망을 넘어 분노했는지도 모른다. 그는 예술과 문화 프로젝트가 두 문화를 어떻게 이어주는지를 연구하기 위해 영국에 왔다. 나는 그에게 인간에게는 종족의 본성이 있으며, 취향과 편견대로 판단한다면 본질적으로 자신의 종족을 더 선호한다고 말했다. 기업에서 입사 면접을 볼 때 그토록 신중하게 기준과 형식을 정하는 이유는 무엇이겠는가? 인간의 무의식적 편향을 바로잡기 위해서다. 다른 말로 하자면, 인간이 인종차별주의자라는 사실을 인정하는 것이 인종차별에 맞선 조치를 취하는 가장 좋은 방법이라고 생각한다.

그러나 스웨덴 사람은 단호했다. 그는 본질적으로 인간이 피부색과 젠더를 보지 않으며 또 다른 억양이나 다른 모습들을 신경 쓰지 않는다고 말했다. 그는 인간이 보이는 반사회적 행동은 단지 양육 환경과 사회 환경에 의해 길러진 것이라고 했다. 나는 그에게 인간의 비열하고 무자비한 특질이 가장 먼저 어디에서 나오는지를 물으면서 그의 의견에 반론했다. 나는 인간이 본질적으로 종족을 선호한다고 생각한다. 프란스 드 발역시 이러한 인간의 특징이 필연적이라고 말했다.

수많은 포유류가 그러하듯 인간의 삶의 주기는 타인에게 의존하는 단계(주로 어리거나 나이가 들거나 아플 때)와 타인이 우리에게 의존하는 단계(어린 사람이나 나이 든 사람, 아픈 사람을 돌볼 때)가 있다. 인간은 생존을 위해 서로에게 상당히 많이 의존한다.[32]

또한 드 발은 무리 짓는 인간의 특징을 도덕성의 기원으로 본 찰스 다윈(Charles Darwin)의《인간의 유래》를 언급해 설명했다.

사회적 본능이 뚜렷한 동물이라면… 지적인 능력이 충분히 발달하자마자, 또는 어느 정도 발달하자마자 필연적으로 인간에게 있는 도덕심이나 양심을 습득한다.[33]

어쩌면 다윈의 주장을 우리가 속한 그룹, 이를테면 가족이나 친구, 종교 집단, 직장 동료, 같은 팀을 응원하는 축구 팬, 동네 주민 등에게 공감을 느끼는 것과 관련이 있다고 받아들일 수도 있다. 하지만 철학자 존 스튜어트 밀(John Stuart Mill)의 관점도 생각해봐야 한다. 밀은 1875년에 이런 글을 남겼다.

동정적 이기심(sympathetic selfishness) 또는 동정적 특징(sympathetic character)은 자신이 감정 이입하는 대상에게는 더없이 상냥하고 밝게 대하지만 그 외의 세상 사람들에게는 공정하지 않고 무심하게 대하는 태도일 수 있다.[34]

시카고대학교의 심리학 교수인 장 데서티(Jean Decety)는 그룹을 향한 태도와 그룹 외 사람을 향한 태도에 관해 설문조사를 하며 보조 수단으로 fMRI 자료를 활용했다. 그의 연구는 이전 데니스 크랩스의 연구 덕을 많이 봤다. 데서티 교수는 고통스러운 상황에서 다른 사람을 대할 때 우리 뇌에서 벌어지는 활동을 분석한 논문 〈공감, 정의, 도덕적 행위(Empathy, Justice, and Moral Behavior)〉를 2015년에 발표했다.

고통스러운 상황에서 타인을 지각할 때 유도되는 신경 반응은 대인관계나 암묵적인 태도, 집단 선호도에 따라 강화되기도 하고 약화되기도 한다. 고통스러운 상황에서 타인을 대할 때 뚜렷한 반응은 참가자들이 그룹 내 사람들의 얼굴을 볼 때에 비해 그룹 외 사람들의 얼굴을 볼 때 현저하게 줄었다. 또 다른 연구는 그룹 구성원의 실패에는 고통을 느끼지만, 경쟁 그룹 구성원의 실패에는 기쁨을 느낀다는 사실을 입증했다. 그 기쁜 감정은 경쟁자들에게는 해로운 감정일 수도 있다.[35]

2014년 연구에서 데서티는 참가자들에게 손과 발이 고통스럽게 뒤틀리는 장면이 나오는 애니메이션을 보게 했다. 애니메이션을 본 참가자들은 고통받는 대상이 완전히 낯선 사람이라고 상상할 때보다 사랑하는 사람이라고 상상할 때 더욱 큰 고통을 느꼈다고 말했다. fMRI 결과 역시 동일한 신경 반응을 보였다.[36] 이를 보면 자신과 같은 부류의 사람을 선호하는 편견이 우리 내면에 각인된 듯 보인다.

법철학자이자 윤리학자인 마사 누스바움(Martha Nussbaum)은 인간의 기본적인 본능마저도 극복하게 만드는 사랑과 공감의 힘에 주목하며, "인간이라기보다는 동물에 가까운 아기들은 자신과 비슷한 부류에게 더 끌린다. 아기들은 익숙하지 않은 인종보다는 가장 익숙한 인종의 얼굴을 더 선호한다. 또한 아기들은 외국어보다 모국어를 하는 사람을 더 선호한다"는 유아를 대상으로 한 심리학자의 연구를 언급했다.[37]

우리는 이러한 선호도를 성인이 된 후에도 유지한다. 우리는 자신과 피부색이 같은 사람, 같은 언어를 쓰는 사람, 심지어 같은 사투리를 사용하는 고향 사람을 무의식중에 선호한다. 청년 튀르크와 나치, 그리고 후투족 민병대는 인간의 본능을 교묘하고도 기술적으로 이용했다. 이들은 적을 만들고(내부의 적은 외부의 적보다 더욱 위협적이다.) 불공정하다는 인식과 소외감, 철저한 혐오를 부추기면서 대학살의 조건을 만들었다.

대학살에는 대중의 공모가 필요하다. 제2차 대전 후 유럽 연합을 구상하게 된 것은 그러한 갈등을 방지하려는 의도였다. 네덜란드, 덴마크, 벨기에 등 유럽 연합에 속한 많은 국가는 더 이상 자국민들을 위협하거나 다른 국가를 지배하려고 애쓰지 않았다. 하지만 인종은 이른바 '사회적 권위(Social Dominance, 세력이나 형세가 사회적으로 남보다 앞서는 것을 일컫는 사회학 용어_옮긴이)'의 유일한 사례다.

사회적 권위는 부족적 행위다. 우리는 집단에 쉽게 들어가고 쉽게 나온다. 운동장에서 축구 경기를 할 때는 열정과 동료의식이 대단히 높아지지만 경기를 마치고 몇 분만 지나면 그런 감정은 사라진다. 유명한 실험인 '스탠퍼드 교도소 실험'은 인간이 '우리 편'을 얼마나 빨리 인식하는지, 또 그러한 생각이 얼마나 빨리 바뀔 수 있는지를 보여준다.

한 지역에서 축구 시합을 벌일 때 사람들은 상대 팀을 응원하는 사람들에게 야유와 조롱을 퍼붓는다. 하지만 국가 간 경기에서는 모두 하나가 돼 한 팀을 응원한다. 1970년대 유명한 ABC 다큐멘터리에서는 한 교사가 학생들에게 파란 눈의 학생들이 우월한 종족이라고 선전하고 갈색 눈동자의 아이들을 차별하도록 설득시키기까지 채 15분도 걸리지 않았다 (이 실험에 대해서는 제7장을 참조하라).

경제학자이자 철학자인 아마르티아 센(Amartya Sen)은 집단에 품은 충성심이 얼마나 쉽게 변하는지 직접 경험했다.

연대감은 그룹과 그룹 사이의 불화를 초래할 수 있다. 어느 날 우리가 단순한 르완다인이 아니며 (투치족을 증오하는) 특별한 후투족이라는 말을 듣게 된다면, 그리고 후투족인 우리는 투치족을 증오한다는 말을 듣게 된다면, 또는 우리가 단순한 유고슬라비아인이 아니라 (무슬림을 혐오하는) 세르비아인이라는 말을 듣게 된다면, 집단 간 불화가 일어날 수 있다. 내가 어렸던 1940년대 정치적 차이로 벌어진 힌두-무슬림 폭동을 떠올릴 때면 나는 1월에는 관대했던 수많은 사람들이 7월이 되자 갑자기 무자비한 힌두교도와 사나운 무슬림교도로 얼마나 빨리 변했는지가 생각난다.[38]

하지만 아마르티아 센은 인간의 잠재성에 관해서는 낙관주의자다. 그는 모든 인간이 시민권, 주거지, 성별, 계급, 정치, 직업, 직장, 입맛, 스포츠에 대한 관심, 음악 선호도 등을 토대로 다양한 집단에 소속돼 있으며 인간이 폭력적으로 변화되는 과정에서 내린 선택은 지나치게 편협한 생각일 뿐이라고 주장한다. 인간은 보다 관대하고 공감하는 관점을 선택할 수도 있다.

_____ **스탠퍼드 교도소 실험**

자주 인용되는 한 대학의 연구가 있다. 1971년 캘리포니아 팔로알토 지역 신문에 작은 광고 하나가 실렸다.

'교도소 생활에 관한 심리학 실험에 참가할 남자 대학생 모집.'

이는 스탠퍼드대학교의 필립 짐바르도(Philip Zimbardo) 박사가 낸 광고였다. 짐바르도 박사는 2주 동안 교도관과 수감자 역할을 하며 교도소 생활을 할 참가자를 모집했다. 약 100여 명의 지원자 가운데 범죄나 약물 남용의 경력이 없고 정신이 건강한 학생 24명을 선발했다. 최종 선발된 학생들에게는 하루에 15달러씩 주기로 하고, 무작위로 12명씩 선정해 교도관과 수감자 역할을 줬다.

짐바르도는 감방과 유사한 공간을 만들고 수감자들에게는 꽤 엄격한 규율을 적용했다. 수감자 역할을 맡은 참가자들의 옷을 벗긴 후 이름이 아닌 죄수번호가 적힌 죄수복을 획일적으로 입게 했다. 교도관들은 제복을 입게 하고 시선과 감정의 움직임을 들키지 않게 하기 위해 선글라스를 착용하도록 했다. 수감자 집단과 교도관 집단으로 나뉜 두 집단은 이내 적대적이 됐다. 수감자 역할을 맡은 참가자들은 지나치게 가혹한 규율에 분개했고, 교도관 역할을 맡은 참가자들은 실험에서 주어진 규칙 외에 새로운 규칙과 질서를 유지하기 위한 수단을 만들었다. 교도관은 수감자들을 통제하기 위해 소화기를 뿌렸고, 푸시업 같은 운동 처벌을 내리거나 화장실을 제대로 사용하지 못하게 하고, 독방에 감금하는 등 자신들이 만든 규칙을 적용했다.

결국 몇몇 수감자들은 스트레스를 견디지 못하고 도중에 실험을 그만뒀으며, 한 명은 반란을 도모하기도 했다. 실험을 시작한 지 6일 후, 짐바르도는 실험을 중단해야겠다고 판단했다. 실험에 참가한 학생들 모두가 지나치게 극단적인 상황을 경험했기 때문이다.

이후 짐바르도 교수는 이 실험을 통해 인간이 집단으로 주도하는 반사회적 행동이 얼마나 쉽게 일어날 수 있는지를 설명하며 교도소 개혁을 주장했다. 이 실험에 비판하는 사람들은 짐바르도가 실험을 준비하고 교도관들에게 업무 지침을 주는 방식이 지나치게 많은 영향을 줬다고 말했다. 또 다른 비판으로는 실험 참가자들이 신문 광고를 보고 실험에 참여하는 과정을 지적하기도 했다.

2007년에 진행된 다른 연구에서는 이와 비슷하게 두 가지 광고를 실었다. 한 광고에서는 교도소 실험임을 언급했고, 또 다른 광고에서는 이를 밝히지 않았다.[39] 그 결과 교도소 실험을 언급한 광고의 지원자들이 다른 광고의 지원자에 비해 공격성과 자기도취 성향이 더 높고, 공감 능력과 이타심 수준이 더 낮다는 사실이 밝혀졌다. 어쩌면 스탠퍼드 교도소 실험을 통해 수감자와 교도관의 정서적 지능도 평가해야 하는지, 그렇지 않은지에 대한 고민이 또 다른 과제로 남았다고 볼 수 있다.

스탠퍼드 교도소 실험이나 이와 비슷한 주제를 다룬 다른 연구에서도 인간이 집단의 규율에 따르는 성향이 있다는 증거는 많으며 이를 뒷받침하는 사례도 풍부하다. 미국의 사회학자들은 다소 불편한 '와인 시음 실험'을 진행했다. 똑같은 모양의 와인 4병에 각각 와인을 넣고 1병에는 식초를 탔다. 그리고 바람잡이 역할을 하는 사람을 섭외해 와인 전문가라고 소개한 뒤 4병의 와인을 시음한 후 식초가 든 와인을 더없이 훌륭한 와인이라고 칭찬하게 했다. 실험에 참가한 구성원들은 시큼털털하고 맛없는 와인을 먹었음에도 불구하고 모두 가짜 와인 전문가의 평을 따라 맛이 훌륭하다고 평가했다.

이후 또 다른 바람잡이 역할을 하는 참가자가 이런 분위기를 깨고 식초가 든 와인의 맛이 형편없다고 주장했다. 그 시점에서 와인을 시음했던 다수의 참가자들 역시 속으로는 와인 맛이 형편없었음을 인정했지만 아무도 그 사실을 공개적으로 입 밖에 내지 않았다. 오히려 참가자들은 사람들 앞에서 소수 의견을 비난했다. 참가자들은 개인적인 생각과 많이 다를지라도 집단적 사고에 동참할 때 가장 안전하다고 느꼈다.[40]

좋지 않은 사례도 있다. 미국의 역사학자 크리스토퍼 브라우닝(Christopher Browning)은 '101 예비경찰대대(Reserve Police Battalion 101)'를 연구했다. 주로 중년 남성들로 구성된 함부르크 지역의 이 경찰대대는 홀로코스트가 벌어지는 동안 약 4만 명의 유대인을 학살했다. 대대원들 다수가 1960~1970년대 재판을 받았기 때문에 이들에 관한 자료는 매우 잘 보존돼 있는 편이다.

1942년 여름, 101 예비경찰대대는 폴란드에서 근무했다. 당시 그들에게는 유대인을 수용소로 보낼 운송수단이 없었기에 유대인들을 총살하라는 명령이 떨어졌다. 대대장은 대대원들에게 여자와 아이들을 총살하는 것을 정당화하는 연설을 했다. 유대인이 미국을 전쟁에 끌어들였을 뿐 아니라 연합군의 폭탄 투하 때문에 대대원들의 고향에 사는 독일인 가족들이 죽었다는 내용이었다. 연설 후 대대원 500명에게 이 일을 원하지 않는 사람이 있는지 물었다. 500명 중 12명만 이 일에서 물러났다. 나머지는 자발적으로 학살의 집행자가 됐다(민간인 살해를 거부한 독일 군인에게 내려진 중징계에 대해서는 단 한 건의 서류도 남아 있지 않다).

브라우닝은 101 예비경찰대대의 행위에 대해 다음과 같이 표현했다.

이들은 멀찍이 물러나 있을 수 있는, 일상적으로 관료정치인 특유의 완곡한 어법 속에 대학살의 진실을 숨길 수 있는 관료직 살해범들이 아니었다. 그들은 희생자들의 얼굴을 하나하나 확인했다.[41]

그렇다면 그들은 왜 그렇게 행동했을까? 그들은 처음에는 피와 비명, 누군가를 죽이는 생생한 느낌 등 물리적인 혐오에 대해 이야기했다. 하지만 이내 그런 행위들은 합리화됐다. 그들은 겁쟁이로 보이고 싶지 않았다고 말했다. 또한 유대인은 어차피 죽을 운명이므로 자신들이 대학살에 참여하든 그렇지 않든 결과에 아무런 영향을 미치지 않을 것이라고 생각했다고도 말했다. 독일 병사들은 이런 방식으로 대학살에 능숙하고 무덤덤해졌다. 스티븐 핑커는 무엇이 공감 능력이고, 무엇이 공감 능력이 아닌지를 강조하기 위해 다른 일화들을 예로 들었다.

사람들은 다른 사람이 고통받는 모습을 목격하면 고통을 느끼곤 한다. 나치 예비병들도 근거리에서 유대인을 처음 총살했을 때 진저리치며 괴로운 반응을 보였다. 이런 사례를 통해 명확하게 알 수 있듯이 타인의 고통에 괴로워하는 감정은 타인의 행복을 염려하는 연민과는 다르다. 오히려 타인의 고통에 느끼는 괴로움은 사람들이 억누르고 싶어 하는 원치 않는 반응이거나 벗어나고 싶은 성가신 감정일 수도 있다.[42]

사람들이 자신이 속한 집단 외부의 사람들에게 공감하고, 심지어 연민을 느끼기란 얼마나 쉬운가? 앞으로 살펴보겠지만, 이런 감정은 갈등 해결과 '회복적 사법(Restorative Justice, 범죄를 국가에 대한 공격 행위가 아니라 개인이 다른 개인에게 해를 끼친 행위로, 다른 사람과의 관계를 위반한 것이라는 개념이다. 지역사회, 피해자와 가해자의 입장을 모두 고려해 범죄에 의한 피해를 바로잡는 것에 중점을 둔 사법 이론_옮긴이)'의 핵심 요소다.

대니얼 뱃슨은 인간이 세상이나 가난한 이들의 환경 같이 추상적인 개념에 공감할 수 있다고 믿지 않는다. 그러나 개인과 집단 외부인들에 대한 공감을 이끌어내는 것은 가능하며, 그 과정에서 집단 전체에 대한 태도를 개선할 수 있다고 말했다. 장 데서티는 홀로코스트가 일어나는 동안 유대인을 도왔던 개인들에게 주목했다.

유대인 구조 활동은 특정 개인이나 동정심을 느꼈던 개인에 대한 걱정에서 시작되곤 했다. 그 대상은 주로 아는 이들이었다. 구조 활동에 대한 최초의 개입은 추가 구조 활동으로 이어졌고, 최초에 느꼈던 공감과 걱정의 수준을 훨씬 뛰어 넘어 사회 정의에 대한 성찰로까지 확장됐다.[43]

데서티는 스리랑카 내전이 일어나고 몇 년 뒤인 2001년, 4일간 개최된 평화 워크숍에 참가했던 신할라족(Sinhalese)과 타밀족(Tamils)에 관한 이야기를 언급했다. 내전이 일어나고 1년 후 신할라족은 타밀족에 크게 감정 이입하며 친사회적으로 행동했다. 타밀족이 신할라족에게 했던 것처럼 말이다(이에 관한 이야기는 제7장을 참조하라).

제2차 대전과 나치 전범에 대한 뉘른베르크 재판 이후 1948년 특별 UN 협약은 대학살 국제 범죄 행위를 '전체적으로든 부분적으로든, 국가, 민족, 인종, 종교 집단을 파괴하는 것'으로 정의했다.

전세계가 지지하고 전쟁을 억제하는 역할을 할 수 있는 가치를 정립하는 것은 분명 유익한 일이다. 한 예로 헤이그에 본사를 둔 국제형사재판소(The International Criminal Court)는 구 유고슬라비아 분쟁에서 일어난 대학살에 대한 책임을 소추하기 위해 설립됐다. 하지만 갈등을 미리 방지하는 것은 해결하는 것보다 훨씬 더 좋은 방안이다.

〉 악행은 설명될 수 있다 〈

나는 성직자들이 인간이 저지른 살인 또는 악행을 '순수 악'이라고 표현하는 것을 얼마나 많이 봤는지 모른다. 오늘날 '순수 악'이라는 표현은 경솔한 클리셰에 가깝다. 이처럼 진부한 표현이 나오게 된 배경은 수 세기 동안 인간이 어째서 그토록 끔찍한 일을 저지를 수 있었는가를 설명하는 데 실패했기 때문이다.

'악'이란 개념은 악한 곳에서 생긴다. 지금껏 이 장에서 '악'이라는 한 단어가 한 번도 나오지 않았다는 사실을 눈치챈 독자가 있을지도 모르겠다. 20세기에 벌어진 대학살에 '악'이라는 단어를 사용하는 것은 무력할 뿐 아니라 체념적인 변명의 행위다. '악'은 우리가 어찌할 수 없는, 그리고 설명할 수 없는 무언가가 존재한다는 느낌을 준다. 그러나 그렇지 않다. 현대 과학은 선하든 악하든 인간 행동의 기원과 뇌의 기능을 밝히고 있기 때문이다. 우리는 사이코패스 범죄자들이 어떤 이유로 어떤 일을 벌이는지를 파악할 수 있게 됐다.

또한 악에 맞서는 또 다른 반응은 공감 본능을 이해하고 현명하게 활용하면 그것이 선한 힘이라고 믿는 것이다. 미국의 신경과학자 에밀 브루노(Emile Bruneau)는 이스라엘과 파키스탄, 그리고 로마의 집시와 '백인 헝가리인'의 갈등 등 집단과 집단 사이에 빚어지는 갈등을 연구하고 있다. 브루노는 신경과학은 공감과 연관된 뇌의 영역을 구분하기 시작했지만 아직은 초기단계라고 말한다.

여전히 우리는 공감과 관련된 역할을 하는 다른 부위의 뇌 지도가 필요하다. 이를테면 상대방의 주장이 합리적인지를 판단하고 상대방의 정신 상태나 감정 상태에 공감하는 데 특화된 뇌 영역을 알아야 한다. 그리고 나서 어떻게 신경 신호가 실제 행동으로 바뀌는지를 파악해야 한다. 왜 누군가의 감정을 이해하는데도 그 사람의 행복을 걱정하는 감정으로는 바뀌지 않는 걸까? 어째서 집단을 초월한 공감이 훨씬 더 어려운 걸까?[44]

우리가 이미 알고 있는 공감의 과학을 살펴보면 완벽한 단서를 얻을 수 있을 것이다. 종교는 '악'이나 '악마', '원죄' 등에 의존하는 경향이 있지만 우리는 이보다 나은 답을 찾을 수 있다. 이제 우리는 인간의 어두운 면을 파헤치고 선행을 베푸는 능력을 알아낼 것이다.

제2장

공감의 과학

뇌에서 중요한 역할을 하는 영역들이

자신과 타인 '모두'를 경험하고 이해하는 데

얼마나 밀접하게 연결돼 있는지를 주목해야 한다.

먼저 다른 사람을 공감하기 전에 자신을 제대로 이해해야 한다.

지난 25년간 공감에 관한 이해에 혁신적인 발전이 있었고 과학적 연구도 급속도로 진행됐다. 1992년 이탈리아의 신경과학자가 짧은꼬리원숭이의 뇌에서 '거울신경(Mirror Neurons)'을 발견했다고 보고했다. 거울신경은 원숭이가 건포도를 집으려고 팔을 뻗을 때뿐 아니라 다른 존재가, 이를테면 연구원이 건포도를 집으려 할 때도 활성화됐다. 이처럼 상상력에 기인한 행동이 공감의 원천 또는 원천의 일부가 될 수 있을까?

1994년 이 새로운 발견에 영감을 받은 미국인 신경과학자 안토니오 다마지오(Antonio Damasio)가 《데카르트의 오류》를 출간했다. 그는 정신과 육체가 분리돼 있다고 말했던 데카르트식 이원론 개념이 이제 죽었다고 주장했다. 그렇다면 육체와 정신이 하나로 같은 것이 될 수 있을까?

1994~1996년에는 네덜란드의 영장류동물학자가 침팬지에 관한 선구적인 책을 출간했다. 그는 뇌의 거울신경이 영장류들 사이에서 모방뿐 아니라 공감, 심지어 자기연민의 징후를 나타내는 것을 관찰했으며, 이를 토대로 '인도적인' 행위의 기원이 어쩌면 인간이라는 종 자체보다 훨씬 더 이전부터 존재했을지도 모른다고 가정했다.

또 미국의 심리학자가 1994년 최초로 '감성지능(Emotional Intelligence)' 측정을 시도했다. 현재 이 감성지능은 EQ로 알려져 있다. 여기서 한 발 더 나아가 그는 일란성 쌍둥이 연구를 통해 공감 능력이나 공감 능력의 결여가 유전될 수 있음을 암시하는 급진적 연구를 진행했다. 즉 유전자가 공감 능력에 일정 부분 역할을 한다는 증거를 제시한 것이다. 그해 영국의 심리학자는 fMRI를 이용해 인간에게 공감 능력을 발휘하게 하는 뇌 영역을 확인했다. 나중에 그는 뇌의 이 영역과 다른 영역을 '공감 회로(Empathy Circuit)'라고 지칭했다. 현재 그는 공감 능력을 '인간 세상에서 가장 귀중한 자원'이라고 말한다.[1]

이 장에서는 지난 20년 동안 이들 선구자들의 연구와 실험이 얼마나 급속하게 진행됐는지를 살펴볼 것이다. 수많은 진화생물학자, 심리학자, 신경과학자들은 지금도 공감의 기원은 무엇이고, 어떻게 작동하는지, 공감 능력을 발휘하는 데 실패할 경우 무슨 일이 벌어지는지에 관해 연구하고 있다.

_____ **여성과 남성**

여성과 남성은 차이점보다 유사점이 더 많다. 하지만 공감 본능은 남녀를 구분하는 하나의 특징이 된다. 일반적으로 여성이 남성보다 공감을 잘한다. 심지어 아주 어린아기에게서도 성별에 따라 공감 능력의 차이가 드러난다.

'정서 전이(Emotional Contagion, 타인이 정서를 경험할 때 나타나는 목소리, 표현, 몸짓, 동작 등을 자신도 모르게 흉내 내고 따라함으로써 점차 그 사람과 동일한 정서를 경험하게 되는 경향_옮긴이)'의 초기 징표, 즉 공감의 첫 징표는 아기들이 다른 아기가 울 때 따라 우는 현상을 꼽을 수 있다. 보통 남자 아기들보다 여자 아기들에게서 더 빠르게 나타난다.[2] 2016년 이탈리아의 연구가 보여주듯이 성인 여성의 3분의 1은 다른 사람이 하품할 때 따라서 하품을 한다. 하품을 따라하는 것은 정서 전이의 대표적 사례다.[3] 하지만 나이가 들수록 남녀의 감성지능 차이가 점점 적어져서 어릴수록 그 차이를 더욱 뚜렷하게 볼 수 있다.[4]

2003년 사이먼 배런 코언은 《그 남자의 뇌, 그 여자의 뇌》에서 남성은 어떤 것을 체계화하는 데 더 소질이 있고(타입 S), 여성은 감정 이입에 더 능하다고(타입 E) 주장했다. 그러면서 타입 E인 남성과 타입 S인 여성도 많기 때문에 자신의 의견이 일반화됐다는 점도 인정했다.

배런 코언은 1990년대에 이 책을 쓸 준비가 돼 있었지만, 그때 책을 냈더라면 성별의 차이에 대한 반응이 지나치게 적대적이었을 수도 있다고 말했다. 배런 코언과 그의 케임브리지 연구팀은 아동과 성인을 대상으로 최첨단 뇌 스캔 기술을 활용해 수차례 실험을 진행했다. 이 실험을 통해 다양한 상황에서 인간의 뇌가 어떤 기능을 하는지를 추적할 수 있었다.

배런 코언은 이렇게 결론을 내렸다.

– 태어난 지 하루 된 여자 아기는 태어난 지 하루 된 남자 아기보다 사람의 얼굴을 더 오래 본다.

– 여자 아이는 남자 아이보다 덜 거칠게 놀고 덜 자기중심적이다.

– 12개월 된 여자 아기는 같은 개월 수의 남자 아기보다 슬픔이나 고통을 드러내는 사람에게 위로의 행동을 더 많이 해준다.

– 세 살 여자 아이는 같은 나이의 남자 아이보다 다른 사람의 감정을 더 잘 지각하고 이해한다.

– 여성은 표정에서 감정을 읽는 것이 더 능숙하다.

– 여성은 이타적이고, 상호적인 인간관계에 가치를 두는 편이고, 남성은 권력과 정치, 경쟁에 더 가치를 두는 편이다.

– 남성은 신체적인 공격성을 더 많이 드러내는 경향이 있으며, 여성은

말싸움 같이 간접적인 공격을 더 많이 하는 편이다(그러려면 상대방의 마음을 읽는 기술이 좋아야 한다).

어느 날 두 여성 임원과 대화를 나눈 적이 있다. 여성들은 FTSE 지수(런던국제증권거래소에 상장된 시가 총액 상위 100개의 우량주식으로 구성된 지수_옮긴이) 기업에서 이사로 재직 중이었다. 그들과 나눈 대화중에는 이런 내용이 포함돼 있었다.

"이사회에서 젠더 균형은 중요하다. 여성은 더욱 협조적이다. 자존감이 낮은 남자는 여성 이사회 구성원들이 감정을 더 정확하게 표현하므로 여성이 더 정직하다는 의견에 동의하지 않을 것이다…. 남성들의 풍선처럼 부푼 허세에서 공기만 뺀다면… 추진력과 자신에 대한 믿음은 가치가 있기 때문에 이사회에서 남녀 성비율이 골고루 섞여 있는 것을 더 좋아한다."

현대 사회의 정치 체제와 사법 체계는 공격적이며 모두 남성이 만들었다. 만약 여성이 이를 만들었다면 어땠을까? 최근 FTSE 지수 기업에서 여성들의 비중이 이름이 '존(John)'인 남성들보다 훨씬 적었다(〈가디언〉 홈페이지에 나온 내용으로는 이들 기업의 여성 CEO나 회장의 비중이 남성보다 훨씬 적었다. 경(Sir) 호칭을 가진 남성이 가장 많았고, 그 다음이 존, 데이비드였으며, 여성 CEO나 회장은 데이비드라는 이름의 남성들보다도 적었다_옮긴이).[5] 만약 여성들이 리더의 위치에 있었다면 세상은 얼마나 더 창의적이고 역동적으로 됐을까?

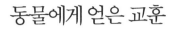

동물에게 얻은 교훈

공감 본능에 대한 깨달음은 1990년대에 갑작스럽게 일어난 일이 아니다. 흰 가운을 입은 과학자들이 어느 날 갑자기 연구실 밖으로 뛰쳐나와 "드디어 공감을 발견했다! 공감은 정말 효과가 있다!" 하고 외친 것은 아니라는 말이다. 수 세기에 걸쳐 철학자와 과학자들은 서로의 필요를 예측하면서 사회적 기능을 수행하는 인간의 능력에 매료됐다. 찰스 다윈은 공감 본능이 증명되기 훨씬 전부터 다른 사람의 입장에서 생각하는 인간의 성향에 관심을 가졌다.

> 상상력과 연민의 힘 덕분에 인간은 고통을 겪는 사람의 입장이 될 수 있다.[6]

또한 다윈은 인간의 도덕관념과 이타심이 타인을 향한 연민과 사회적 기능의 필요성에서 유래한다고 주장하며 "흔히 말하는 도덕관념은 본래 사회적 본능에서 유래한다. 도덕관념과 이타심 모두 처음에는 전적으로 공동체와 관련이 있기 때문"이라고 했다.[7]

이러한 주장은 찰스 다윈의 위대한 옹호자인 리처드 도킨스(Richard Dawkins)의 베스트셀러 《이기적 유전자》에 비춰볼 때 다소 놀라운 발언일 수도 있다. 어쩌면 도킨스는 오해를 불러일으킨 이 책의 제목을 후회할지도 모른다. 도킨스에 따르면 유전자는 최상의 복제 기회를 추구한다. 그런 관점에서 볼 때 유전자는 이기적이다. 하지만 그는 유전자가 정서적·심리적 특징이 있다는 점을 사실상 제시하지 않았다. 인간은 이기적으로 행동할 수 있지만 얼마든지 사회적 동물로도 행동할 수 있는 감수성이 풍부한 존재라는 사실과 맞지 않는다.

매트 리들리(Matt Ridley)는 《이타적 유전자》에서 이렇게 설명했다.

인간의 마음은 이기적인 유전자에 의해서도 형성되지만, 사회적이고, 믿음직스럽고, 협동적인 유전자에 의해서도 만들어진다.[8]

다윈은 동물의 행동에 담긴 본능의 기원을 연구했다. 그는 집에서 기르던 반려동물들을 관찰했는데, 다윈의 가족이 기르던 개는 고양이 집을 지나칠 때마다 아픈 고양이에게 동정심을 보이며 고양이를 핥아주곤 했다.[9] 공감의 필수 요소 중 일부는 20세기 원숭이와 유인원을 대상으로 한 실험에서 처음 발견됐다. 다윈의 진화론에 따르면 원숭이와 유인원은 인간에게 가장 가까운 종이다(거의 모든 사람이 이 사실을 인정하지만 일부 공화당 대통령 후보자들 중에는 인정하지 않는 경우가 있다).

1920년대 독일의 심리학자는 원숭이가 구조물 꼭대기에 기어올라가 바나나를 획득하는 과정을 다른 원숭이가 지켜보게 했다. 그러자 지켜보던 원숭이가 바나나를 획득한 원숭이의 동작을 똑같이 따라했다(이것이 초창기 거울신경세포에 대한 실험이었다. 복싱 선수가 링 위에서 경기를 하는 동안 코치가 링 밖에서 선수의 동작을 그림자처럼 따라하는 것도 같은 경우다).[10]

이후 1960년대 초반 미국에 있는 두 대학교에서 여기서 한 걸음 더 나아간 실험을 진행했다. 한 대학에서는 원숭이에게 버튼을 누르면 약한 전기 충격을 피할 수 있는 훈련을 시켰다. 훈련받은 원숭이는 다른 원숭이가 전기 충격을 받는 것을 볼 때도 마치 자신이 전기 충격을 받는 것처럼 버튼을 누른다는 사실을 확인했다. 이는 획기적인 실험이 됐다. 몇 년 후 이 실험을 토대로 또 다른 실험이 진행됐기 때문이다. 한 원숭이에게 버튼을 누르면 간식을 먹을 수 있게 했는데, 동시에 버튼을 눌러 간식을 먹을 때마다 다른 원숭이가 전기 충격을 받게 했다. 그러자 원숭이는 자신이 버튼을 누를 때마다 다른 원숭이가 고통받는 광경을 보고는 먹을 것을 포기하고 버튼을 누르지 않았다.[11] 모방, 동정심, 이타심 등은 공감 능력이 어디에서 오고 무엇을 이끌어낼 수 있는지를 알 수 있게 해주는 출발점이다.

프란스 드 발은 수년간 원숭이와 유인원을 관찰하며 공감 본능을 분석하고 종합했다. 그리고 《공감의 시대》를 출간했다. 드 발에 따르면 모방은 자신을 타인과 동일시하도록 해줄 뿐 아니라 유대감을 더욱 강하게 만들어준다. 드 발은 관찰하던 침팬지 메이가 출산을 하는 과정에서 아기가 나오자 다리 사이로 손을 받쳐 아기를 받을 준비를 하는 광경을 지켜봤다. 메이의 곁에는 메이보다 나이가 많은 암컷 침팬지 애틀랜타가 있었는데, 애틀랜타 역시 다리 사이로 손을 받치고 사람처럼 아기를 받는 시늉을 했다. 애틀랜타는 출산 경험이 있어서 자신의 경험을 토대로 메이의 동작을 따라한 것이다.[12]

또한 드 발은 성인 수컷 침팬지가 손가락을 다쳐서 걸을 때 손목을 구부리고 걷자 어린 수컷 침팬지들이 똑같이 따라 걷기 시작하는 광경을 회상한다.[13] 그리고 미국 동물학자의 말을 인용했다. 동물학자는 누(Gnu)를 쫓아가는 새끼 코끼리를 지켜보던 어미 코끼리가 새끼 코끼리처럼 몸통과 발을 슬쩍 들썩이는 모습을 관찰했다.[14] 이런 동시 동작은 자식을 응원하는 어미 또는 팔짱을 끼고 다정하게 걷는 연인에게서 나타난다. 동물학자는 말했다.

"하품이든, 웃음이든, 춤이든, 흉내든, 동시 동작과 모방 동작을 볼 때면 나는 사회적 유대감과 공감대를 확인한다. 그리고 오래전부터 발달해온 무리의 본능을 이해한다."[15]

인간과 마찬가지로 침팬지도 다른 침팬지가 하품하면 따라서 하품한다. 심지어 동영상 속 침팬지가 하품을 해도 따라하고, 웃으면 따라 웃는다. TV 코미디 프로그램에서 관객을 초대해서 녹화하는 이유도 시청자에게 공감을 유도해서 더 많이 웃게 하려는 장치다. 어쩌면 공감의 가장 기본적인 형태는 정서 전이인지도 모른다. 잘 알려진 사례로 아기의 울음이 있다.

아기들은 다른 아기의 울음소리를 들으면 따라서 운다. 울음소리에 자극받은 것일 뿐 다른 아기에 대한 동정심은 없다. 이는 기본적으로 자기중심적인 반응이며 인간뿐 아니라 다른 포유류에서도 나타난다. 코끼리는 무리에서 겁먹은 코끼리나 부상을 입은 코끼리의 소리를 들으면 꼬리를 쭉 펴고 귀를 펄럭거리며 더 극단적으로는 소변이나 대변을 보기도 한다.[16]

침팬지와 인간은 몸짓과 목소리 어조, 표정에 반응한다. 이것이 공감의 기본이며 다양한 신호들을 파악하는 능력이 있기에 가능하다. 또한 공감에는 '자아감(sense of self, 주로 유아기에 부모와의 공감과 반응적인 관계를 통해 형성되는 자신에 대한 존재감_옮긴이)'도 필요하다. 내가 처음 자아감을 깨달은 것은 어릴 때 형이 가지고 있던 공룡 책을 보면서였다. 공룡마다 이름표가 붙어 있는 책이었는데, 그 책을 보면서 나는 이렇게 생각했다.

'한심하기도 하지. 자기들이 누군지도 모르다니.'

원숭이를 제외한 유인원들이 거울 속 자신의 존재를 인식할 수 있다는 사실을 처음으로 밝힌 사람은 미국의 심리학자 고든 갤럽(Gordon Gallup)이다. 고전적 테스트로는 이마에 붉은 칠을 한 다음 거울을 볼 때 반응하는지를 살펴보는 방법이 있다. 드 발은 코끼리나 지능이 높은 다른 종도 이 거울 실험에 적용되는지를 알아보고자 했다. 하지만 일반적인 모양의 거울은 이 실험에 적합하지 않았기에 약간의 준비가 필요했다. 먼저 드 발은 뉴욕에 있는 브롱크스 동물원에 거대한 반사경을 설치했다. 예상대로 눈가에 흰색 칠이 묻은 코끼리 대부분은 자신의 얼굴에 묻은 칠에 대단히 큰 관심을 보였다. 돌고래 역시 거울 실험을 통과했으며 두 살 연령대의 아이들 역시 대부분 실험을 통과했다.

거울 실험이 흥미로운 이유는 개인이 이 세상에서 어떻게 존재하는지를 알려주기 때문이다. 자아감이 강하면 자신의 상황과 다른 사람의 상황을 별개로 생각할 수 있게 된다. 어린아이들이 물을 한 모금 마신 후 옆에 있는 인형에게도 물을 주는 것이 바로 그런 행위다.[17]

궁극적으로 공감 행위는 특별한 보상을 바라지 않고도 선행을 베푸는 이타심에 속한다. 드 발은 이타적인 행동을 보여준 원숭이와 유인원 사례를 풍부하게 보여준다. 관절염을 앓는 늙은 침팬지 무리를 위해 과일이나 물을 가져다주는 어린 침팬지들, 독뱀에 물릴 위험에 처한 실험실 동물을 구해준 야생 경험이 풍부한 침팬지, 물에 빠진 어린 유인원을 구하기 위해 기꺼이 물로 들어가는 성인 유인원 등이 모두 그런 사례다.

상대방을 위해 헌신적인 행위를 하는 것, 상대가 처한 상황에 정서적 감수성을 가지고 어떤 도움이 효과적일지를 이해하는 것은 흔히 우리가 '인간적'이라고 표현하는 인간의 특징이다. 그러나 인간만이 상대방을 사려 깊게 도와주는 최초의 또는 유일한 종은 아니다.[18]

침팬지 역시 공정함과 상호적인 관계에 정서가 있다는 사실이 증명됐다. 드 발과 그의 연구팀은 먹을 것이 없는 침팬지가 먹이를 먹는 침팬지에게 접근하는 7,000가지의 행동 유형을 분석했다. 그 결과 먹이를 얻어먹는 데 성공한 침팬지들은 주로 이를 잡아주거나 털을 골라주는 호의적인 행동을 했던 무리에서 많이 나왔다. 친한 침팬지들끼리는 서로 이를 잡아주고 털을 골라주기 때문에 어느 정도 예상했던 결과였다. 조금 경우가 다른 침팬지도 있었다. 침팬지 소코와 메이의 경우 소코가 아침마다 메이의 털을 골라주면 오후에 메이가 신선한 나뭇잎으로 보상을 해줬다.[19]

또한 드 발은 다른 실험을 통해 꼬리감는원숭이 무리에서 다른 원숭이들에 비해 보상을 많이 받는 원숭이가 명백하게 질투를 받는다는 사실도 확인했다. 드 발의 연구팀은 꼬리감는원숭이 한 쌍을 훈련시켜서 연구원에게 조약돌을 주면 연구원이 얇게 썬 오이를 주도록 했다. 꼬리감는원숭이들은 이 거래를 열광적으로 좋아했다. 이번에는 연구원들이 한 원숭이에게는 오이를 주고 다른 원숭이에게는 포도를 줬다. 그러자 조약돌을 주고 오이를 받은 원숭이가 흥미를 잃었을 뿐 아니라 실험실 밖으로 조약돌을 집어 던지며 화를 내기 시작했다.[20] 이 실험은 공감을 추구하는 것이 비판 능력이 없거나 쉽게 이용당하는 부류의 나태한 히피 철학(hippy philosophy)이 아니라는 사실을 잘 보여준다. 다른 충동들, 이를테면 공정성 같은 충동은 공감의 실천 측면과 균형을 이룬다.

드 발은 공감 본능이 수백만 년 전부터 지속돼왔다고 믿는다. 공감 본능은 인간과 다른 포유류의 공통점인 동작 모방과 정서 전이에서 시작됐다. 인류의 뇌가 점점 섬세하고 정교하게 진화하면서 다른 사람의 감정을 느끼게 됐을 뿐 아니라 다른 사람이 필요로 하는 것을 이해할 정도로 충분히 상대방의 관점을 파악하게 됐다. 드 발은 이를 겹겹이 들어 있는 러시아 인형 마트료시카(matryoshka)에 빗대어 설명한다. 가장 중심에 정서 전이가 있고, 중간 단계에 타인에 대한 배려가 있으며, 가장 바깥에 관점을 형성하고 도움을 결정하는 능력이 있다는 것이 그의 설명이다.[21]

드 발에 따르면 흥미롭게도 침팬지는 공감에 필요한 모든 것을 다 갖추고 있는 반면 개코원숭이는 정서 전이 능력만 있다.[22] 하지만 공감 능력을 적절한 진화의 연속선상에 둔다 해도 인간과 다른 포유류를 구분하는 차이점들은 많다. 예컨대 인간은 복잡한 언어를 이용한 '관점 수용(perspective-taking, 자신의 관점과 타인의 관점을 별개로 구분해 타인의 생각과 감정, 지식 등을 그 사람 관점에서 이해하는 능력_옮긴이)' 능력이 거의 무한대에 가깝다. 드 발은 "언어는 단순히 소통을 위한 욕구에서 나온 것이 아니라 효율적으로 공감하려는 욕구에서 나왔다"고 주장한다.[23]

농담 주고받기

스탠딩 코미디를 하는 코미디언의 입담에 관중이 웃음을 터뜨리는 장면을 생각해보라. 아니면 영국 BBC의 코미디 프로그램 〈모어캠비 앤 와이즈 쇼(Morecambe and Wise Show)〉의 크리스마스 특집 방송을 2,000만 명이 넘는 사람들이 일제히 시청하는 장면을 생각해보라. TV가 진정한 대중 매체로 자리 잡기 전, 제2차 대전 당시에는 라디오 코미디가 국가의 도덕성을 유지하는 중요한 수단으로 인식됐다. 이는 사회적 유대감의 한 형태다. 흔히 재밌는 농담을 퍼뜨리기 위해 옆 사람을 곁눈질하고, 때로는 집단 구성원이 모두 자발적 공모자가 되기라도 한 것처럼 전체에 웃음이 물결처럼 번진다. 농담을 함께 즐길 때면 일종의 공감대가 형성된다. 이런 웃음은 어디에서 시작되는 걸까?

스페인의 신경과학자 페드로 마리주안(Pedro Marijuan)과 조지 나바로(Jorge Navarro)가 〈MIT테크놀로지리뷰(MIT Technology Review)〉에 발표한 내용에 따르면 답은 '사회적 뇌 가설'에 있다. 사회적 뇌 가설은 인간의 뇌가 성장하고 진화하면서 더 큰 집단에서 사회적으로 필요한 것들을 조율해나갈 수 있게 됐다는 내용이다. 언어 기술이 발달하면서 더 많은 사람과 더 빨리 유대감을 형성할 수 있게 됐다. 10명의 사람들이 대화를 나누다 보면 집단 내 힘의 역학이 크게 증가한다. 마리주안과 나바로는 웃음이 더 큰 집단에서도 참여의식과 유대감을 느끼게 해주는 과정의 연장선이라고 말했다. 슬며시 입꼬리가 올라가는 웃음, 깔깔거리는 웃음, 히죽거리는 웃음, 가벼운 미소까지 모든 웃음은 사회적으로 가치 있는 목적을 이루기 위해 진화해온 행동이라는 것이 두 사람의 이론이다.[24]

공감 본능과 마찬가지로 이런 행동의 기원은 유인원에서도 볼 수 있다. 보노보와 오랑우탄을 간지럽히는 실험에서 웃음이 퍼지는 것을 확인했다. 하지만 유인원 사이에서 웃음이 퍼지는 것은 인간과는 다르다. 영장류 중에는 자발적으로 코미디를 하는 존재가 없다. 하지만 유튜브에 'Orangutan Finds Magic Trick Hilarious(재미난 마술을 본 오랑우탄)'으로 검색하면 조련사가 마술을 보여주자 깔깔거리며 뒤로 넘어가는 아주 특별한 오랑우탄의 모습을 볼 수 있다. 만약 이 동영상을 찾아보는 이가 있다면 크게 웃다가 뒤로 넘어갈 수도 있으니 조심하길 바란다.

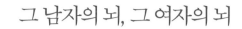

그 남자의 뇌, 그 여자의 뇌

간혹 세상을 떠난 후 의학적으로 대단히 중요한 발견을 남겨 본인의 의도와는 무관하게 불후의 명성을 얻는 이들이 있다. 메리 맬론(Mary Mallon)은 1930년대에 사망했지만 여전히 '장티푸스 메리(Typhoid Mary)'로 불리며 수많은 책과 연구에 인용된다. 요리사로 일하던 메리 맬론은 자기도 모르게 주변 사람들에게 장티푸스를 감염시켜 많은 이들을 죽게 했다. 그녀는 장티푸스 증상이 전혀 보이지 않는 무증상 보균자의 첫 번째 사례였다.[25] 헨리에타 랙스(Henrietta Lacks)는 1951년 자궁경부암으로 사망했지만 의사들이 그녀의 암세포를 떼어 연구하던 중 암세포가 죽지 않고 계속 자라는 것을 발견했다.[26]

공감을 거론할 때 가장 상징적으로 언급되는 사람은 피니어스 게이지(Phineas Gage)다. 게이지는 19세기 미국의 철도건설회사에서 일하던 청년이었다. 1848년 9월 13일 게이지는 버몬트 지역에 철도를 놓는 과정에서 화약으로 바위를 폭파하는 작업을 감독하고 있었다. 당시 게이지는 바위 구멍에 폭약 가루와 여러 재료를 넣고 다짐대라는 긴 쇠막대를 이용해 누르고 있었다. 그런데 갑자기 내용물이 폭발하면서 들고 있던 쇠막대가 그의 턱과 두개골을 관통했다. 그런데 몇 분 후, 죽었을 것이라고 생각했던 그가 놀랍게도 말을 하기 시작했고, 심지어는 병원으로 이동할 마차까지 직접 걸어가기도 했다.

병원에 도착한 후 게이지의 머리를 관통한 쇠막대는 제거됐고 부상 부위는 붕대처치를 했다. 큰 출혈과 감염 때문에 의식이 흐려질 때도 있었지만 몇 주 뒤 안정을 찾았다. 그렇게 몇 달간 치료를 받은 그는 걸어서 가족의 품으로 돌아갈 수 있었다. 게이지의 어머니는 그의 기억력이 다소 불완전하지만 농장 일을 거들 정도로 기력을 회복했다고 말했다. 그런데 문제는 그의 성격이 완전히 딴판으로 변했다는 점이었다. 평소 성실하고 온화한 성격이었던 게이지가 전과 달리 불경한 행동을 일삼고, 변덕스러우며 고집을 부리는 등 큰 행동 변화를 보였다. 이 일이 퍼져나가면서 오행시가 생기기도 했다.

도덕심 강한 남자, 피니어스 게이지
돈을 벌려고 폭약 가루를 꾹꾹 눌렀다네.
특별한 지팡이가 치솟아
그의 왼쪽 전두엽을 뚫고 말았지.
이제 게이지는 술도 먹고, 욕도 하고, 미쳐 날뛰기도 한다네.

이후 게이지는 뉴욕에 있는 P.T. 바넘 미국 박물관에서 근무했고, 나중에는 칠레에서 역마차 운전도 하며 12년을 더 살았다. 그의 사례는 잘못 보고되기도 하고, 미화되기도 하고, 온갖 기괴하고 잡다한 이론들에 끼워 맞춰지기도 했다. 특히 그가 살던 시대에 크게 유행하던 골상학 사례로 인용되기도 했다.

실제로 그의 성격이 어떻게 극적으로 변했는지는 정확하게 알 수 없지만, 사고 이후 타인과의 관계에 큰 어려움을 겪었다는 사실만은 분명하게 확인할 수 있다. 그의 두개골에 현대의 뇌 영상 기술을 적용해보면 다짐대가 뇌 두 곳의 중요한 부위에 치명적인 상처를 입혔음을 알 수 있다. 이곳은 행동을 관장하는 부위로 내측 전전두엽피질(Prefrontal Cortex)과 안와전두엽피질(Orbitofrontal Cortex)이다. 앞으로 살펴보겠지만 두 곳은 공감 회로에서 대단히 중요한 역할을 한다. 100여 년이 지난 1994년 미국의 신경과학자 안토니오 다마지오는 게이지의 두개골을 연구했다. 다마지오는 《데카르트의 오류》를 통해 정신과 육체가 분리돼 있다는 기존의 이원론적 관점을 깨뜨렸다.[27]

게이지가 사망하고 40년 후, 독일의 철학자 테오도르 립스(Theodore Lipps)는 20세기 역사에 한 획을 긋는 토대를 마련했다. 립스는 어째서 사람들이 외줄타기를 볼 때 조마조마한 감정을 갖는지가 궁금했다. 그리고 위험한 일을 하는 사람이 느끼는 아슬아슬한 감정을 공유한다고 주장했다. 즉 외줄타기를 관람하는 사람 역시 같이 외줄타기를 하는 것처럼 느낀다는 것이다. 1759년 애덤 스미스(Adam Smith) 역시 이러한 현상에 관한 책 《도덕감정론》을 썼다.[28]

립스는 이러한 현상을 'Einfühlung'이라고 불렀다. 직역하면 '감정 이입'이라는 의미다. 훗날 립스는 그리스어로 같은 의미를 지닌 'empatheia'라는 단어를 사용했다. 'empatheia'는 '강한 감정이나 열정을 경험하는 것'을 의미하며, 영어권 심리학자들이 이 단어를 사용하면서 '공감(empathy)'이 됐다. 립스는 또한 타인의 행동에 자신을 대입해서 생각하는 능력을 '본능(instinct)'이라고 표현했다.[29] 립스가 이 책의 원제인 《공감 본능(The Empathy Instinct)》을 짓는 데 전적으로 기여했다 해도 과언이 아니다. 원숭이가 다른 원숭이의 동작을 따라하는 것을 관찰했던 독일인 동료 연구가와 마찬가지로 립스 역시 정서 전이를 예측했다. 이러한 추측과 결론들이 현대 과학에 의해 보다 확실하게 보강되고 있다.

이탈리아의 신경과학자 로베르토 리촐라티는 짧은꼬리원숭이가 간절히 먹고 싶어 하던 건포도에 팔을 뻗을 때와 다른 원숭이가 같은 동작을 취할 때 뇌의 같은 영역이 활성화된다는 거울신경을 최초로 발견했지만, 바로 발표하지 못했다.[30] 과학 학술지에서 리촐라티에게 거울신경은 과학적 관심사가 아니라고 했기 때문이다. 다시 파르마대학교로 돌아온 그는 굴하지 않고 꾸준히 원숭이 뇌 스캔을 통한 연구를 계속했고 결과 발표에 대한 집념을 버리지 않았다.

리촐라티는 인지활동과 동작을 유도하는 지각능력에 관해 기존의 관점에 정면으로 맞서는 특별한 발견을 했다고 굳게 믿었다. 그리고 마침내 동시에 느끼고 움직이는 신경이 있다는 증거를 찾았다. 이 발견은 1992년 과학 저널 〈실험뇌연구(Experimental Brain Research)〉에 발표됐고, 초기에 냉대받던 것과 달리 큰 환영을 받았다. 더러는 우려할 만한 환영도 있었다. 언론들을 통해 거울신경이 공감의 원천인 듯 잘못 알려지기도 한 것이다(마치 마법의 다이어트와 기적의 치료법이 있다는 것처럼 말이다). 거울신경을 주제로 한 영화는 히트를 쳤고, 거울신경을 다룬 모든 것들이 화제가 됐다. 그 결과 미국의 저명한 심리학 잡지 〈사이콜로지투데이(Psychology Today)〉에 글을 기고한 어떤 이는 거울신경을 "신경 과학에서 가장 과장된 개념"이라고 언급하기도 했다.[31]

지금은 거울신경이 다른 부위에 존재하며, 다른 기능을 수행하고, 공감 회로의 한 요소일 뿐이라고 알려져 있다. 하지만 거울신경은 대단히 중요한 조건이다. 리촐라티가 말했듯이 거울신경은 인간이 관찰한 움직임을 그대로 따라할 수 있도록 해주며 그 의미를 파악할 수 있게 해준다.[32]

내가 이 책을 집필하던 중 어느 저녁 파티 자리에서 생긴 단순한 사례를 들어보도록 하겠다. 파티에서 내 책을 담당하던 출판 관계자 존 머레이(John Myrray)의 맞은편에 누군가가 앉아 있었다. 자연스레 우리는 공감이라는 주제로 대화를 나눴고, 동시에 나는 감자 그라탕이 담긴 접시를 내 오른편으로 옮겼다. 이 상황을 여러분은 내가 다른 친구에게 음식을 덜어주려 했거나 아니면 식탁을 정리하려고 치운 것이라고 생각할 수도 있을 것이다. 사실 그라탕 접시를 오른쪽으로 옮긴 진짜 이유는 보다 이기적인 것이었다. 그라탕 뒤에 있던 이탈리아식 구운 돼지고기 요리를 보다 쉽게 먹으려는 전략이었다. 그때 내 왼쪽에 있던 손님이 내가 감자 그라탕 접시에 팔을 뻗는 것을 봤다. 그녀는 얼른 내 의도를 파악하고는 돼지고기 요리를 내 쪽으로 옮겨줬다. 그녀는 아주 훌륭한 거울신경을 가진 사람일 뿐 아니라 고도의 공감 능력에 예의까지 갖춘 사람이었다.

우리는 이 우연한 공감 본능의 발현을 즐겼으며 나는 맛있는 돼지고기 요리를 배부르게 먹으며 만족했다. 그러므로 거울신경이 단독으로 존재하는 것이 아니라 어떤 맥락 속에서 존재한다고 생각한다면 리촐라티의 대담한 주장도 어느 정도는 사실이다.

> 거울신경 체계는 개인으로서뿐 아니라 사회 구성원으로 행동하는 데 필요한 능력의 토대가 되는 경험의 공유에 필수적이다.[33]

이언 맥길크리스트는 다음과 같은 평가에 동의한다.

> 거울신경은 다른 사람의 의도를 이해하는 수단이며 단순히 행동을 모방하는 것이 아니다. 거울신경은 다른 사람을 이해하고 그들에게 공감하는 능력의 일부다.[34]

리촐라티가 원숭이들의 공감 회로를 밝히기 위해 뇌 영상을 이용했다면, 사이먼 배런 코언은 같은 기법으로 수십 년간 공감 본능의 여러 요소들이 결여된 사람들의 뇌를 연구했다. 코언은 《공감 제로》에서 어떻게 뇌에서 공감이 일어나는가에 관해 지금까지 밝혀진 사실들을 요약하며, 공감 능력 결핍이 부정적인 사례로 나타날 때가 있지만(이를테면 정신질환이 있는 사람), 어떤 사람은 공감 능력 결핍이 긍정적인 경우(예를 들어 극단적으로 선행하는 자폐증이 있는 사람)도 있다고 주장했다. 코언에 따르면 공감 회로와 관련된 10개의 뇌 영역이 있다는 것이 과학자들이 내린 합의다. 코언은 여기에 한 가지 단서를 덧붙였다.

"아직 발견할 곳이 더 남아 있다."

실제로 공감 회로와 관련된 뇌 영역으로 새로 확인된 부분이 있다.

선구적으로 fMRI 기술을 사용한 배런 코언은 뇌에서 가장 중요한 부위들을 연구하고 있다. 편도체는 감정 학습을 조절하고 감정 표현을 파악하는 역할을 한다. 전대상피질은 고통을 경험하거나 다른 사람의 고통을 볼 때 활성화된다. 앞뇌섬 역시 자신과 타인의 고통을 경험하는 것과 연관돼 있다. 하지만 공감과 관련이 있는 뇌 영역에서 가장 중요한 부분은 내측 전전두엽피질이다. 피니어스 게이지가 사고를 당했을 때도 이 부위가 손상됐을 것이다.

전전두엽피질은 사회적 정보를 처리하고, 자신과 타인의 생각과 감정을 알아차리고 조절하는 중심 역할을 한다. 또한 긍정적이고 보람 있는 행동을 하도록 지름길을 제공해 감정 경험을 '표시'하도록 도와준다. 자기 인식과 밀접한 관련이 있는 내측 전전두엽에 손상을 입은 환자는 이전의 감정 경험을 학습하거나 결정을 내리는 데 어려움을 겪는다. 이런 환자들은 행위의 모든 과정이 동등한 가치가 있다고 본다. 또 이들은 괴로운 이미지를 봤을 때 심장 박동 수의 변화가 크지 않다(정신질환자도 마찬가지다).[35] 측두정엽도 중요한 역할을 한다. 측두정엽은 다른 사람의 의도와 믿음을 판단할 때 핵심적인 역할을 한다.

이처럼 뇌에서 중요한 역할을 하는 영역들이 자신과 타인 '모두'를 경험하고 이해하는 데 얼마나 밀접하게 연결돼 있는지를 주목해야 한다. 먼저 다른 사람을 공감하기 전에 자신을 제대로 이해해야 한다. 이 사실은 아동발달 전문가들과 정신과 의사들이 입증했다.

1994년 배런 코언은 공감 회로의 또 다른 영역인 내측 안와전두피질을 확인했다. 안와전두피질은 마음이 어떻게 기능하는가를 묻는 질문을 받을 때 작동하며 손상되면 사회적 판단과 억제력이 감소한다.

2013년 타니아 싱어(Tania Singer)와 독일의 막스 플랑크 연구소(Max Planck Institute) 동료들은 또 다른 퍼즐 조각을 찾았다. 우측 연상회는 다른 대상이 처한 상황에서 자신을 분리하도록 해준다. 우측 연상회가 없다면 공감의 상대방에게 자신의 경험과 감정을 투영하게 될 것이다.[36] 쉽게 말하자면 인간은 자신의 감정과 의견으로 세상을 이해하려는 경향이 강한데 우측 연상회는 이러한 자기중심적 사고에서 벗어나도록 도와준다. 공감 회로와 관련된 다른 뇌 영역에 관해 알고 싶다면 사이먼 배런 코언의 명저가 가장 좋은 지침서가 될 것이다.[37]

_____ **우뇌와 좌뇌**

흔히 우뇌형 인간은 감정이 발달했고, 좌뇌형 인간은 논리가 발달했다고 말한다. 일부는 맞는 말이다. 하지만 진실은 이보다 훨씬 더 복잡하고 매혹적이다. 이언 맥길크리스트의 《주인과 심부름꾼》에 이 내용이 잘 요약돼 있다.[38] 이 책은 뇌의 양반구에 위치한 중요한 회로들을 다루고 있지만, 공감 능력을 이야기하는 책이다. 넓은 관점에서 보면 좌반구의 회로들은 좀 더 특정한 일을 한다. 알고 있는 것을 추상화하고 논리화하고 통제한다. 이 회로들은 자기의식과 다른 사람에게 공감하는 일을 조절한다. 우반구가 우세하다면 다른 사람에게 보다 호의적이며 의견을 쉽게 받아들인다. 우반구는 은유적이고 함축적인 것에 폭넓게 초점이 맞춰져 있으며 맥락과 새로운 것에 민감하다.

얼굴 우반구는 감정을 읽는 데 주도적 역할을 한다. 우반구는 얼굴에서 눈을 포함해 위쪽을 관장하기 때문이다. 좌반구는 얼굴 아랫부분을 살피며 입의 위치 등으로부터 더 적은 정보를 무디게 받아들인다.

감정 감정은 주로 우반구에서 처리한다. 우반구는 표정뿐 아니라 목소리에서도 단서를 얻는다. 분노와 공격은 예외적으로 좌반구가 담당한다.

언어 언어는 주로 좌반구가 담당한다. 하지만 미소와 웃음은 우반구 관할이다.

고통 개인적인 고통은 양반구에서 모두 활성화되지만 다른 사람의 고통은 오직 우반구에서만 처리한다.

음악과 시 음악이나 시를 감상하는 것은 우반구 담당이다. 우반구의 본질적 속성이 감정에 관한 것이기도 하지만 암시적인 것을 파악하는 일도 우반구가 처리하기 때문이다.

자폐증이 있는 사람들은 주로 우반구가 제 기능을 하지 못하는 경우가 많다. 뇌졸중을 앓은 사람은 공감 능력이 감소하는 경향이 있다. 우뇌와 좌뇌가 사람이라면 누구와 함께 파티에 가고 싶은지는 분명해질 것이다. 그러나 인간으로서 완전하게 기능하기 위해서는 양반구가 필요하다.

공감 선언

행복이나 슬픔 같은 기본적인 감정을 담당하는 뇌 영역은 아직까지 밝혀지지 않았다. 하지만 신경 영상 기술 덕분에 인간의 뇌가 어떻게 감정을 조절하는지 더 많이 알아가고 있는 중이다. 예를 들어 방추신경(Spindle Neuron)이 뇌의 세 영역에서 발견됐다. 방추신경은 뇌의 신속한 소통을 돕고, 자기 인식 같은 사회적 행동에 필요한 정보를 처리하는 것으로 보인다. 미국의 신경과학과 교수는 방추신경을 '감정의 관제사'라고 부른다. 당연히 유인원, 돌고래, 고래, 코끼리 등에게도 방추신경이 있다.[39]

방추신경이 존재하는 세 영역 중 하나는 분노나 갈망, 사랑 같은 극단적인 감정을 관장하는 전대상피질이다. 이를테면 어머니가 아기의 울음소리를 들으면 전대상피질을 활성화시키는 신호가 편도체에서 나오는데, 이 신호는 공감 본능의 또 다른 중요한 요소인 호르몬 분비도 촉진한다. 옥시토신이라는 호르몬이 분비되지 않으면 편도체에서 적절한 신호를 보낼 수 없기 때문이다. 옥시토신은 스티븐 핑커가 '호르몬 배관'이라고 언급한 호르몬이기도 하다.

본래 옥시토신의 진화적 기능은 출산, 양육 및 영양 공급을 포함한 모성의 구성 요소를 활성화시키는 것이었다. 하지만 다른 존재와 가까워지는 것에 대한 두려움을 줄여주는 이 호르몬의 능력은 진화를 거듭하면서 다른 존재와 관계를 구축하는 것을 지지하게 됐다. 여기에는 성적 흥분, 일부일처를 유지하는 종에서 이성 간의 유대감, 부부나 연인 간의 사랑, 연민과 신뢰 등도 포함된다. 이런 이유로 옥시토신은 '포옹의 호르몬'으로 불리기도 한다.[40]

스티븐 핑커에 따르면 행동경제학자들이 신뢰를 기반으로 하는 게임 참가자들의 코 밑에 옥시토신 호르몬을 뿌리는 실험을 했다. 실험 참가자들은 자신들의 돈을 대신 투자해줄 '신탁 관리자'에게 돈을 맡길 수 있다는 말을 들었다. 참가자들 중 절반에게는 진짜 옥시토신을 뿌리고 나머지 절반에게는 가짜 옥시토신을 뿌렸는데, 이들 중 진짜 옥시토신을 뿌린 참가자들이 낯선 타인에게 더 많은 돈을 선뜻 맡겼다. 진짜 옥시토신을 뿌린 참가자들이 서로를 껴안거나 하지는 않았지만, 타인을 명백히 더 신뢰했다. 그러나 이런 점을 이용해 구매자의 마음을 더 느긋하게 하기 위해 경매장이나 보석 가게에 옥시토신을 뿌렸다는 기록은 없다.

사이먼 배런 코언은 fMRI 장치 안에 누워 있는 참가자들에게 사람의 눈동자 사진을 보게 한 뒤 사진 속 인물의 감정 상태를 판단하게 했다. 배런 코언은 이 과정에서 편도체가 활성화되는 것을 확인했다. 다른 사람의 눈을 바라보는 것은 상대의 감정을 이해하는 중요한 행위다. 배런 코언은 안토니오 다마지오와 그의 아내 한나가 편도체 손상을 입은 것으로 알려진 유명한 환자 S.M.을 연구한 결과를 인용한다. S.M.은 편도체 손상을 입은 환자로 사람의 눈을 제대로 보지 못했고 결과적으로 상대의 감정을 파악하는 데도 어려움을 겪었다.[41]

우리가 뇌를 탐구하는 데 있어서 얼마나 초보적인 단계인지, 그리고 앞으로 얼마나 특별한 것들을 발견하게 될 것인지를 정확히 파악하려면 최근 신경 영상 관련 자료를 살펴보면 된다. 일본의 연구팀은 잠을 잘 때 집이나 시계, 남편 같이 구체적인 대상에 관한 꿈을 꾼다는 사실을 확인했다고 발표했다.[42] 또 다른 프로젝트에서는 한 기자가 고층건물 마천루를 생각할 때와 딸기를 생각할 때를 정확하게 구분할 수 있다는 사실을 알게 됐다.[43] 인간의 감정을 연구하는 fMRI 연구자들은 자극받은 감정이 두뇌 패턴에 따라 구분할 수 있음을 증명했다. 분노, 행복, 슬픔, 두려움, 자부심, 부끄러움 등의 감정은 모두 뚜렷한 신경 신호를 보냈다. 하지만 가장 명확하고 쉽게 구분할 수 있는 감정은 욕망이었다.[44]

우리는 과거 진화의 맥락에서 공감의 기원이 어떻게 자리 잡고 있는지를 살펴봤다. 또한 인간에게 있는 공감의 도구들이 얼마나 놀랍고 유용하며 정교한지, 그리고 지금까지 과학자들이 그 도구들의 역할 방식을 어떻게 연구하고 있는지도 살펴봤다. 이제 공감 행위의 두 가지 중요하고도 상호 연관이 있는 부분을 살펴보기에 앞서 독특한 한 사람을 만나보도록 하자.

 # 공감의 정의

1988년에 BBC 1 방송국에서 〈피플(People)〉이라는 흥미로운 프로그램을 제작한 적이 있다. 총 50편이 상영됐는데, 그중 가장 인기 있고 기억에 남는 프로그램인 10살 소년 데릭 파라비치니(Derek Paravicini)를 다룬 작품은 영화화되기도 했다. 여느 아이들보다 3개월 반이나 일찍 태어난 데릭은 산소 치료로 생명은 구했지만 시력을 잃고 심한 자폐증까지 앓게 됐다.

데릭의 집은 부유했다(친척 중에 영국 소설가 윌리엄 서머싯 몸(William Somerset Maugham)과 콘월 공작부인이 있었다). 데릭을 전담하는 유모도 있었다. 유모는 아기였던 데릭이 노래를 불러주면 유독 좋아하는 것 같아서 자주 노래를 불러주기로 했다. 다락방에서 건반도 가지고 내려왔다. 당시 데릭의 가정교사들 말에 따르면 두 살 난 아기가 건반을 연주하는 수준이 이미 어른을 능가했다고 한다. 데릭이 네 살 때 연주한 퍼시 그레인저(Percy Grainger)의 〈시골 정원(Country Gardens)〉을 녹음한 카세트테이프가 아직도 남아 있다. 퍼시 그레인저가 이 테이프를 들었다면 아이의 연주라고는 생각하지 못했을 것이다.

데릭은 민속민요와 바로크 음악, 심지어 부기우기(Boogie Woogie)까지 자유자재로 넘나들었다. 우리는 시각장애인 학교에서 데릭이 반 친구들과 〈위아 더 월드(We are the world)〉를 부르는 모습을 촬영했다. 프로그램은 데릭이 피아노 앞에 웅크리고 앉아 가슴을 울리는 이 노래의 후렴 부분을 연주하는 장면으로 끝났다. 방송이 나가고 얼마 지나지 않아 데릭은 런던의 바비칸(Barbican)에서 연주했다. 현재 어른이 된 데릭은 피아노 연주자로 큰 사랑을 받고 있다. 뿐만 아니라 TED 강연에서 스승이자 조언자인 알렉스 옥켈포드(Alex Ockelford)와 함께 강연도 했다.[45]

음악은 대다수 사람들에게 가슴으로 곧장 흘러들어가 설명하기 어려운 낯선 마법을 부리고 감정을 일깨운다. 데릭은 음악을 체계화하는 데 대단히 특별한 재능이 있었고, 이 재능은 음악을 연주하는 그에게 뚜렷한 기쁨을 선사했다. 하지만 정확히 어떻게, 얼마만큼 그를 기쁘게 하는지는 딱 집어 설명하기 어렵다. 데릭은 심한 자폐증 환자이기 때문이다. 그는 법적 후견인이 있으며 끊임없이 보살핌을 받아야 한다. 그래서 데릭은 다른 사람의 감정을 잘 이해하지 못한다. 사람의 표정을 파악하는 능력 또한 없으며 당연히 상대의 표정을 보고 적절하게 반응하지 못한다. 그는 대다수 사람들에게 있는 공감 능력의 두 요소인 감정과 인지 능력에 심각한 문제가 있다. 먼저 자폐증이 무엇인지 살펴본 뒤 이 문제에 대해 좀 더 깊이 살펴보도록 하겠다.

이 분야의 선두적 전문가인 사이먼 배런 코언에 따르면 자폐증은 사회성 발달과 의사소통에 비정상적인 특징을 보이고, 어릴 때부터 어떤 대상에 강박적인 관심을 보인다. '자폐증(Autism)'이라는 단어는 그리스어로 '자아'를 의미하는 'auto'에서 유래했다. 그 증상을 앓는 이들의 자기 강박적 특징 때문에 생긴 이름이다.

20세기 초반에는 많은 아이들이, 특히 여자 아이들보다 남자 아이들이 조현병 진단을 받았다. 그러다가 1938년 빈 출신의 심리학자 한스 아스퍼거(Hans Asperger)가 조현병과 자폐증을 구분하며 자폐 증상을 '자폐적 정신질환'이라고 명명했지만, 1943년 미국의 정신과 의사 레오 캐너(Leo Kanner)가 처음으로 '초기 유아 자폐증'이라고 지칭했다.[46]

현재는 성인 100명 중 1명 정도가 자폐증을 겪고 있는 것으로 알려져 있다. 자폐는 심각한 자폐증에서부터 아스퍼거 증후군처럼 고기능 증상에 이르기까지 다양하다(오늘날 너무 많은 아이가 아스퍼거 증후군으로 진단받는 것에 대해 논란이 있다).[47] 배런 코언의 연구는 자폐증인 사람들이 공감 능력과 관련된 뇌 영역이 얼마나 활성화되지 않았는지를 보여준다. 그동안 자폐증에 대한 사람들의 태도는 크게 변했으며 현재는 많은 사람들이 이해하는 질환이 됐다. 이렇게 된 데는 〈레인맨(Rain Man)〉 같은 영화나 《한밤중에 개에게 일어난 의문의 사건》 등의 소설도 한몫했다. 또한 사람마다 감성지능이 다르다는 사실이 널리 알려진 점도 영향을 미쳤다.

자폐증은 명백히 선천적인 질환이다. 배런 코언 이하 많은 학자들이 자폐증에 관해 더 넓어진 지식을 토대로 자폐증 아이들이 다른 아이들과 관계를 맺고 사회적 기능을 더 잘할 수 있도록 가르치는 전략들을 보여준다. 케임브리지대학교 자폐연구센터(Autism Research Centre)에서 진행되는 선구적인 프로그램 중에는 자폐 아동들이 배우들의 표정이 담긴 동영상 자료를 관찰하며 다양한 감정 표현을 배우는 것도 있다. 1주일에 2시간씩 10주간 이 프로그램으로 연습하면 타인의 감정을 이해하는 능력이 크게 발달한다.[48]

레오 캐너가 '제1호 자폐증 사례'를 내린 대상은 도널드 그레이 트라이플레트(Donald Grey Triplett)다. 도널드는 엄마에게 미소를 지어 보인 적도, 엄마의 말에 대답한 적도 없었다. 그저 '국화'라는 단어만 기계적으로 반복했으며, 절대음감으로 크리스마스 캐럴을 불렀다. 그랬던 그의 최근 근황을 확인해보니 82세의 나이로 골프를 즐기고, 세계를 여행하고, 지역에서 무척 사랑받는 인물이 돼 있었다. 자폐를 극복한 것이다. 하지만 대다수 자폐증 환자들은 그러지 못한다. 스웨덴 연구팀의 연구는 자폐증을 겪는 사람들이 그렇지 않은 사람들에 비해 평균적으로 더 이른 나이에 사망한다는 사실을 보여준다.[49]

공감 능력은 주로 감정과 인지 능력으로 분류되곤 한다. '감정적 공감(Emotional Empathy)'은 타인의 감정을 '경험'하는 것이다. 여기에는 아기가 어른이 혀를 내미는 모습에 반응해 똑같이 흉내 내는(영장류도 이런 행동을 한다) '바디 매핑(Body Mapping)'도 포함된다. 바디 매핑과 밀접한 관련이 있는 것이 바로 정서 전이다. 앞서 다른 아기의 울음소리를 듣고 따라 우는 아기의 사례와 다른 사람들이 웃을 때 같이 따라 웃는 사례를 살펴봤다. 테오도르 립스가 사람들이 외줄타기를 보면 자신이 마치 곡예사가 된 것처럼 불안한 감정을 느낀다고 언급했던 것도 정서 전이다.

우리가 다른 사람의 상태를 걱정할 때 감정적 공감은 동정심이 된다.

심리학자들은 이러한 현상을 '공감적 염려(Empathetic Concern)'라고 말하기도 한다. 딸이 괴로워할 때 어머니가 옆에서 그저 울기만 한다면 무슨 소용이겠는가? 동정심의 핵심은 고통에 동참하는 행동을 보여주는 것이다. 딸의 어깨를 감싸거나 토닥이는 그런 행동 말이다. 딸의 고통을 보며 우는 것이나 어깨를 감싸는 것이나 모두 감정적 공감이 이뤄진 상태이지만 결과적으로 행동으로 옮긴 것은 후자다.

사람들마다 노숙자를 봐도 아무런 느낌이 없거나 또는 어떤 감정을 느끼기 전에 재빨리 외면하는 경우가 있다. 심리학자들은 이를 '단절(Disconnection)'이라고 부른다. 어떤 심리학자들은 단절 현상이 공감의 세 번째 구성 요소로 인정받아야 할 만큼 중요하다고 주장한다. 감정을 단절시키는 이유는 심리적인 고통이나 극단적인 감정으로부터 자신을 방어하기 위한 것일 수도 있다.[50] 고통받는 사람들을 볼 때마다 진심으로 깊은 공감을 느낀다면 사회생활을 제대로 해내기가 어려울 것이다. 예를 들어 안 좋은 뉴스를 접할 때 우리는 '단단히 마음을 먹는' 과정을 거치는데, 이는 감정이 고갈되는 것을 피하기 위한 방편인 경우가 많다. 그러므로 단절은 기본적으로 방어 메커니즘이라고 볼 수 있다.

앞으로 살펴보겠지만, 이런 경험들은 특히 의료계나 사회복지 분야에서 일하는 사람들이 자주 겪는다. 흔히 좋은 사람 또는 관대한 사람으로 인정받는 사람들이 어떻게 비열한 행동을 할 수 있는지를 설명해주기도 한다. 공감은 스위치처럼 끄고 켤 수 있다.

'인지적 공감(Cognitive Empathy)'은 다른 사람을 생각하며 유대감을 느끼는 것이다. 주로 타인의 생각과 감정을 '이해'하려는 시도로 나타난다. 다른 포유류에서도 정서 전이나 걱정 등이 많이 나타나지만 인간처럼 표면적으로 인지적 공감을 명백하게 드러내는 종은 드물다. 인지적 공감이 인간에게서 두드러진 것은 진화적으로 더 오래된 뇌 영역과 불가분의 관계가 있지만, 최근 크게 변화한 뇌 영역과도 밀접한 관련이 있다. 이는 기본적으로 인간이 생각을 하고 다른 사람의 감정을 이해하게 되는 상상력의 업적이다.

인지적 공감은 크게 두 가지의 중복되는 행동으로 나뉜다. 하나는 상대방의 마음을 헤아리는 것 또는 '마음 이론(Theory of Mind, 발달심리학 이론으로 욕구, 신념, 의도, 지각, 정서 같은 자신과 타인의 마음, 정신적 상태를 이해하는 선천적 능력에 관한 이론_옮긴이)'이다. 상대방의 표정이나 행동, 곤경에 처한 모습 등을 보고 생각이나 감정을 파악하는 것을 의미한다.

또 다른 하나는 '관점 수용'이다. 다른 사람의 관점에서 세상을 바라보거나 감정을 상상하는 것을 의미한다. 마음을 헤아리는 것이나 관점을 수용하는 태도에서도 공감적 배려가 나오기도 한다. 관점 수용에 능한 사람일수록 유용한 조언을 잘해주는 경향이 있다. 예컨대 누군가 길을 물어본다면 모르는 길을 처음 가는 사람이 어떤 심정일지 상상할 수 있기 때문이다. 하지만 늘 그런 것은 아니다. 예를 들어 사이코패스는 인지적 공감 능력이 예민하게 발달해서 다른 사람을 대단히 잘 이해하지만 그들에게 동정심을 느끼지 못하는 경우가 많다.

공감의 핵심 요소들을 이해하면 매우 유용하지만, 아주 복잡한 신경의 상호작용이 끊임없이 함께 이뤄지고 있다는 점을 기억하는 것도 중요하다. 인간은 당장 눈앞에서 보지 않더라도 공감할 수 있다. 라디오에서 사랑하는 사람을 잃은 사연을 들으면 인지적 관점 수용이 슬픔이라는 감정을 유발한다. 게다가 라디오 디제이의 애절한 목소리는 듣는 사람의 어깨를 축 처지게 하고 입술을 떨리게 만든다. 또 다른 사례는 안네 프랑크(Anne Frank)의 이야기다. 우리는 안네 프랑크가 홀로코스트로 인해 잔혹하게 박해받았던 경험을 인지하고 있다. 또한 우리는 안네 프랑크의 이야기를 받아들이기 위해 우리의 감정적 경험도 환기한다. 무의식중에 우리가 외로웠을 때나 어린 시절 괴롭힘을 당했을 때를 상상하고 영향을 받았을 수도 있다. 그러나 몇 날 며칠 동안 홀로코스트에 관한 이야기만 듣는다면, 어쩌면 그 비극으로부터 우리 자신을 '단절'시킬 수도 있다.

공감의 한계

여러분이 스스로를 인식하고 다른 사람이 자신을 어떻게 보는지를 민감하게 알아챈다면 여러 요소를 조합해 공감을 잘하는 편이다. 얼마 전 나는 사업가와 정치인들을 위한 리더십 컨퍼런스에 참석한 적이 있다. 당시 초청 연사는 우리에게 〈선데이타임스〉 '부자 목록'에서 자신의 순위를 말하기 시작했다. 그의 의도는 자신이 어렵게 일군 성공을 청중에게 알리고 싶은 것이었겠지만, 청중에게 그는 허풍쟁이에 둔감한 사람으로 비춰질 뿐이었다. 만약 '자기 인식이 낮은 사람'을 뽑는 올림픽이 있다면 그는 단연 금메달감이다. 또 그는 선배 동료들과 공감대 형성을 매우 잘한다는 말도 했다. 글쎄, 믿기 어렵다.

'샤덴프로이데(Schadenfreude)'라는 독일 말이 있다. '다른 사람의 불행에 기쁨을 느낀다'는 의미다. 한 번쯤 누군가의 성공을 시기하거나 잘난 척하고 으스대던 사람의 콧대가 꺾이는 모습에 통쾌했던 적이 있을 것이다. 일본의 연구팀은 피실험자들에게 자신을 운이 없고 늘 실패하는 사람(좀 더 적나라하게 표현하자면 바보 같은 사람)으로 상상하게 한 다음 뇌 변화를 fMRI로 관찰했다. 또 그들에게 성공한 동창들, 큰 부자가 된 동창들을 만나는 동창회 상황을 가정하게 했다. 그리고 나서 그들에게 젊은 나이에 성공한 동창이 끔찍한 불행을 연달아 겪게 됐다는 말을 들려줬다. 관찰 결과 피실험자들의 뇌 영역 중 선조체가 두드러지게 활성화되는 것을 확인할 수 있었다. 선조체는 '바람', '좋아함' 등과 관련이 있는 부위로 '보상회로'의 일부라고 이야기되기도 한다. 결과는 남자와 여자 모두에게 동일하게 나타났다.[51] 이렇게 무자비한 인간의 본능에 대해 한 가지 확인해야 할 점은 공감 능력, 더 구체적으로는 공감에서 파생될 수 있는 동정심과 자비심이다.

시카고대학교의 장 데서티 교수는 공감과 공감의 결여에 관해 많은 연구를 진행했다. 한 프로젝트에서 데서티 교수는 싸움 경험이 있는 십대 청소년들을 모으고, 사고로 다친 사람들과 폭행으로 다친 사람들의 모습이 담긴 동영상을 보게 했다. 청소년들은 의도적인 폭행을 당하는 사람들의 영상을 볼 때 뇌의 편도체 부분과 보상회로(선조체)가 평소보다 훨씬 더 활성화됐으며, 측두정엽 같은 공감 회로는 전혀 활성화되지 않았다. 측두정엽은 주로 도덕적 판단을 내릴 때 그 의도를 이해하는 일과 고통을 조절하는 일을 담당한다(자신이 고통을 겪을 때와 타인이 고통을 볼 때 모두 활성화된다). 사이먼 배런 코언은 타인의 고통을 보고 즐기는 청소년 중 일부는 사이코패스로 자랄 가능성이 있다고 말한다. 어떤 이들은 가학적 성애자가 되기도 한다.[52] 샤덴프로이데에 빠진다고 해서 모두 가학적 성애자가 되는 것은 아니다. 그러나 사디즘으로 들어서는 문턱의 가장 앞에 있는 것이 바로 샤덴프로이데다.

미국의 심리학 교수 아비가일 마쉬(Abigail Marsh)는 인간의 두려움 역시 공감 능력의 지표라는 사실을 발견했다. 마쉬는 마음을 이해하는 능력과 다른 사람의 관점을 수용하는 능력이 다 발달하지 않은 아이들조차 무언가를 두려워하는 사람을 도와준다고 말한다. 이는 아이들의 편도체가 타인의 고통을 감지해 돕도록 작용하기 때문이다. 마쉬는 연구에서 케이티 뱅크스(Katie Banks)라는 이름의 허구 캐릭터를 만들고 오디오로 비통한 사연을 녹음했다. 끔찍한 자동차 사고를 당해서 부모님이 모두 돌아가시고 혼자 남은 그녀가 어린 동생들을 돌보느라 힘겹게 산다는 내용이었다. 이 연구에 참여한 사람들에게는 인간의 얼굴에 드러난 두려움을 얼마나 잘 지각하는지를 파악하기 위한 얼굴 인식 테스트를 실시했다. 그리고 이 테스트를 쉽게 치른 사람들은 케이티의 증언에 큰 영향을 받았으며 기꺼이 케이티를 돕겠다고 나섰다. 마쉬는 "두려움이 동정심을 유발하는 데 필요한 유일한 신경인지적 요소일 수 있다"고 말했다.[53] 논리적인 의견이지만 어떻게 보면 직관에 반하는 주장이기도 하다.

사이코패스들은 공포에 질린 표정을 인식하는 데 어려움을 겪는다. 이들의 뇌를 fMRI를 통해 보면 편도체 기능 장애가 있다.[54] 사이코패스들을 자폐증인 사람들과 비교해보면 자폐증이 있는 사람들은 마음을 읽지 못한다. 하지만 다른 사람에게 끔찍한 일을 저지르지는 않는다. 오히려 이들은 공명정대함에 아주 엄격한 편이며 전문가 같은 모습을 보이기도 한다. 사이먼 배런 코언은 자신이 알고 있는 아스퍼거 증후군 환자들 중 많은 사람이 유기견이나 유기묘를 돌본다고 말했다. 가엾은 동물에게 동정심을 느끼기 때문이다. 이와 반대로 사이코패스들은 인지 기능이 뛰어나서 다른 사람들의 통찰력을 이용하기도 한다. 사이코패스는 희생자에게 고통을 가하면서 연민을 느끼지 않는다.

윌리엄 셰익스피어(William Shakespeare)의 《오델로》에는 전형적인 사이코패스이자 악당인 이아고가 나온다.

(하늘도 사실은 알고 있을 거야.) 내가 충성과 사랑을 받드는 것이 아니라 겉보기에만 그럴 뿐 사실 속셈이 있다는 걸….[55]

제1장에서 살펴봤듯이 가족과 친구, 사회 집단에 느끼는 공감은 그 외의 사람들을 향한 적대감이 될 수도 있다. 공감 능력에 수반되는 또 다른 어려움은 집중할 수 있는 특정한 사람이 없는 큰 집단으로는 확장되기 어렵다는 점이다. 사람들은 다수의 고통보다는 특정한 개인의 고통에 더 잘 반응하는 경향이 있다. 그리스 해변에서 시리아 난민인 어린아기가 죽어 있는 사진에 그토록 많은 사람들이 충격을 받고 마음 아파한 것도 그 때문이다. 하지만 시리아 난민 전체의 고통에는 크게 공감하지 못하는 경우가 많다.

"한 사람이 죽으면 비극이지만 백만 명이 죽으면 통계다."

이 섬뜩한 표현은 스탈린이 한 말로 이러한 현상을 잘 보여준다.[56] 큰 집단의 고통을 알려고 시도하다 보면 무력감을 느끼기도 하고 정신적으로 고갈되기도 한다. 이러한 현상을 '공감 번아웃(Empathic burn-out)'이라고도 한다. 스티븐 핑커는 세계를 움직이게 하려면 도덕률에 대한 헌신적인 노력이 필요하다고 지적한다.

사랑과 마찬가지로 공감이 전부는 아니다.[57]

공감을 이야기하는 몇몇 작가들은 기독교가 인류가 지나온 길을 반영한다고 말하기도 한다. 《구약성서》에서는 이웃을 사랑하라고 말하고, 《신약성서》에서는 더 나아가 본능을 거슬러서라도 원수까지 사랑하라고 말한다. 불교에서도 마찬가지다. 불교는 신자들에게 '감상적인 연민'

이 되지 않도록 조심하라고 경고한다. 그런 연민은 쉽게 고갈되기 때문이다. 불교에서는 '자비심'을 강조한다. 자비는 감상적인 집착이나 번뇌 없이 다른 사람을 사랑하는 것을 의미한다.[58] 스티븐 핑커나 대니얼 뱃슨의 주장 또는 기독교 교리나 불교 교리대로 인간에게는 도덕률과 가치관 정립이 필요하다는 의견에 공감하는 이도 있을 것이다. 하지만 긍정적인 기능의 공감 능력과 이에 대한 이해는 문명화의 전제 조건이기도 하다. 우리는 또 다른 주장을 하는 찰스 다윈의 의견에 공감할 수도 있다. 오늘날 찰스 다윈의 주장을 뒷받침하는 과학적 발견들이 있다.

〉 공감에 관한 초기 사상 〈

작가와 철학자들은 인간이 기능적인 사회를 조성하는 능력에 관심을 가져왔다. 우리는 앞서 상상력과 공감 능력, 사회적 본능에 관한 다윈의 생각을 살펴봤다. 애덤 스미스와 테오도르 립스는 줄타기 곡예사를 지켜보는 관중이 왜 조마조마해하는지를 알고 싶어 했다. 그리고 오늘날 영장류학자와 유전학자, 신경과학자와 임상심리학자들은 fMRI를 충분히 활용해 이전의 학자들이 세운 가설을 증명하고 있다. 지난 300년간 위대한 사상가들이 공감 능력의 진실에 얼마나 가까이 다가갔는지를 생각하면 대단히 이례적이다. 철학자들과 예술가들은 또다시 인간이 왜, 그리고 어떻게 사회에서 잘 지내는지를 탐구했다.

영국의 경험주의 철학자 존 스튜어트 밀은 인간의 감정을 사회에 이익이 되도록 하기 위해 '인류교(Religion of Humanity, 19세기 초 프랑스의 실증주의 철학자 앙리 생시몽과 오귀스트 콩트가 과학에 기반한 보편 문명이라는 비전으로 만든 종교_옮긴이)'를 옹호했다. 밀은 이타주의가 길러지기 전에 하나의 순수한 개념으로 인식돼야 한다고 봤다. 그는 다른 사람을 돕는 궁극적인 동기를 천국으로 가는 티켓을 얻기 위한 것으로 보는 기독교의 관점을 비웃었다. 밀은 인류교가 "자아에서 벗어나 생각과 감정을 이타적 대상에게 집중하며, 그 자체를 목적으로 사랑하고 추구하는 종교"라고 말했다.[59]

또 다른 철학자 루드비히 비트겐슈타인(Ludwig Wittgenstein)은 오늘날 우리가 '인지적 공감'이라고 부르는 공감을 정의했다.

우리는 감정을 본다. 찡그린 얼굴을 보고 그 사람이 기쁜지, 슬픈지, 지루한지를 유추하는 것이 아니다. 우리는 슬플 때, 기쁠 때, 지루할 때, 심지어 어떤 말로도 형용할 수 없는 감정 상태도 '즉각' 얼굴로 표현한다.[60]

셰익스피어는 《소네트》 23편에서 "눈으로 듣는 것은 사랑의 멋진 재주다"'라고 했다. 19세기 미국의 시인이자 인문주의자 월트 휘트먼(Walt Whitman)은 "나는 상처 입은 사람에게 기분이 어떠한지 묻지 않는다. 내 자신이 상처 입은 사람이 된다"면서 마음을 이해하는 것과 감성적 공감을 근사하게 구분했다.[61]

휘트먼보다 100년 앞선 시대에 애덤 스미스는 '고통받는 사람의 처지가 되는 능력'에 대해 언급한 바 있다.[62] 그는 공감의 역할과 사회의 이타주의에 대해서도 깊이 성찰했다(애덤 스미스는 공감을 연민이라고 표현했다).

연민… 그것은 어떤 의미에서도 이기적인 원칙으로 볼 수 없다.[63]

공감 선언

애덤 스미스보다 몇 년 전, 영국의 철학자 데이비드 흄(David Hume)은 《정념에 관하여》에서 인지적 공감과 감정적 공감 사이를 오가는 심리를 예측했다.

어떤 사람이든 그 사람의 목소리와 몸짓에 담긴 영향력을 볼 때면 즉각 마음속으로 이러한 영향력의 원인이 떠오르고, 그 열정적인 생각이 생생하게 형성돼 즉시 열정 자체로 전환된다. 마찬가지로 어떤 감정이든 감정의 원인을 인지할 때면 내 마음에 그 효과가 전달되고 비슷한 감정처럼 작용한다.[64]

애덤 스미스와 데이비드 흄, 그리고 동시대 철학자인 장 자크 루소(Jean-Jacques Rousseau)는 행복한 광경을 보는 것보다 고통스러운 광경을 지켜보는 것이 훨씬 더 강력하다는 사실을 간파하면서 두려움에 관한 현대의 연구 내용을 근사하게 예언했다. 두려움은 타인과 이어주는 중요한 원동력이다.[65]

동료의 감정을 칭찬하고 북돋우는 철학가들이 있는가 하면 반대로 감정을 약점으로 보고 비난하는 철학가도 있다. 프리드리히 니체(Friedrich Nietzsche)는 연민과 여자를 싫어했으며 '천박하고 꼴사나운' 대중도 싫어했다. 그는 '권력에의 의지'와 '위대한 남자들' 그리고 '소수에 의한 다수의 착취'를 좋아했다. 제2차 대전이 끝날 무렵 세계 대다수 사람들이 니체의 실험에 휘말리게 됐을 때, 버트런드 러셀(Bertrand Russell)은 니체의 철학에 무엇이 결핍됐는지를 똑똑히 봤다.

연민, 타인의 고통에 괴로워한다는 의미인 연민은 어떻게 보면 인간의 본성이다. 어린아이들은 다른 아이들의 울음소리를 들으면 같이 슬퍼한다. 기독교나 불교의 윤리는 보편적인 동정심에 감정의 토대를 둔다. 니체의 철학에는 연민이 철저히 결여돼 있다. 나는 니체를 좋아하지 않는다. 그가 찬미하는 사람 대부분은 정복자들이자 평범한 사람을 죽게 한 영악함을 명예로 삼는 이들이기 때문이다. 하지만 니체의 철학에 반대하는 주장은 궁극적으로 그가 사실에 호소하지 않고 감정에 호소한다고 보고 있으며 나 역시 그렇게 생각한다. 니체는 보편적인 사랑을 경멸한다. 하지만 나는 보편적인 사랑이야말로 세상에서 가장 바람직한 궁극의 원동력이라고 생각한다. 니체의 추종자들이 전성기를 누리고 있지만 우리는 그 전성기가 빨리 끝나기를 바라는지도 모른다.[66]

예술가들도 철학자들만큼 공감을 깊이 탐구한다. 19세기 소설가 조지 엘리엇(George Eliot)은 '연민을 불러일으키는 상상력'이라는 주제에 깊이 골몰했다.

화가든 시인이든 소설가든 우리가 예술가들에게서 얻을 수 있는 가장 좋은 점은 연민의 확장이다. 예술은 삶에 가장 가까이 있다. 그러므로 예술은 경험을 확대하고, 우리의 개인적인 경계 바깥에 있는 사람들과 만날 기회를 넓혀준다.[67]

엘리엇의 편지에는 소설가로서의 야망이 담긴 내용도 있다.

내 소설에서 바라는 간절하고도 유일한 효과는 소설을 읽는 독자들이 자신과 모든 면에서 다르지만 실수도 저지르고 힘겹게 살아가는 인간의 보

편적인 모습에서 고통과 즐거움을 더 깊이 느끼고 상상하게 되는 것이다.[68]

_____ 조지 엘리엇은 신경과학자인가?

논쟁의 여지는 있지만 조지 엘리엇의 수작《미들마치》를 읽다 보면 인간의 감정 상태를 섬세하게 구분하고 깊이 있게 탐구한 흔적을 볼 수 있다. 엘리엇은 뛰어난 통찰력으로 공감 본능에 관한 20세기와 21세기의 발견을 예측했다.

마음 이론 "무슨 일 있어? 힘들어 보여. 내게 털어놔 봐." 로저몬드는 한 번도 들어본 적 없는 말투로 말했다. 나는 그녀가 자신이 하는 말의 의미를 제대로 알고 있긴 한 건지 의심스러웠다. 하지만 리드게이트를 바라보는 로저몬드의 뺨에서 눈물이 흘렀다. 참으로 낯선 이해 방법이었지만, 빠른 방법이었다.[69]

관점 수용 (도로시아는) 늘 실리아의 관점에서, 실리아가 제임스 채탐 경을 인정하는 게 좋을지 아닐지를 고심하며 제임스 채탐 경을 생각했다.[70]

관점 수용의 실패 (카조봉의) 경험은 가련함을 피하기 위한, 무엇보다도 그것이 알려지는 것에 대한 두려움에서 나온 불쌍한 종류의 것이었다. 그것은 연민으로 변하기에는 충분한 무게를 지니지 못한, 자신에 대한 과도한 집착의 좁은 통로를 지나는 실처럼 불안스레 흔들리는 거만하고 편협한 감수성이었다.[71]

잠재적 번아웃 비극의 요소는 빈도 그 자체에 있으며, 아직 인간의 조악한 감정은 그 요소가 되지 못했다. 어쩌면 우리는 그것을 잘 못 견디는지도 모른다. 만약 인간에게 평범한 인간의 삶을 보는 예리한 시야와 감정이 있다면 그것은 마치 풀이 자라는 소리와 다람쥐의 심장이 뛰는 소리를 듣는 것과 같아서, 아마 우리는 침묵의 이면이 으르렁거리는 소리에 죽을지도 모른다. 그러므로 가장 기민한 사람은 어리석음으로 똘똘 뭉친 사람이다.[72]

계몽 운동 시기부터 20세기에 이르기까지 수많은 예술가와 작가, 철학자들은 무엇이 인간을 움직이게 만들며 왜 사회가 기능하는지를 규정하고 싶어 했다. 제8장에서는 예술과 문화가 어떻게 인간의 이야기를 전달하고 수용하면서 끊임없이 공감 본능을 촉진하고 다듬는지를 살펴볼 것이다. 그 전에 다음 장에서 공감의 본질과 그것을 기르는 방법을 알아볼 것이다.

심리학자 대커 켈트너(Dacher Keltner)는 인정과 자비심이 인간의 진화된 측면이라는 다윈의 신념에 흥미를 느꼈다. 켈트너는 자비심이 비언어적으로도 전달될 수 있는지를 알아보고, 인간이 부정적인 행동뿐 아니라 긍정적인 행동에 대해서도 자비심을 느끼는지를 증명하는 실험을 했다. 실험에서 서로 처음 보는 피실험자들이 사랑, 감사함, 자비심 같은 감정을 말이 아닌 촉감으로 전달하도록 했다. 피실험자들 사이에 칸막이를 설치하고 작은 구멍을 통해서만 서로를 만질 수만 있도록 했다. 대체로 감정을 전달받은 사람들은 감정을 생생하게 설명할 수 있을 정도로 꽤 정확하게 느꼈다.

자비심은 우리의 뇌와 몸, 가장 기본적인 소통 방식에 견고하게 자리 잡고 있다. 게다가 자비심에 대한 감각은 자비로운 행동으로 유도하며 아이들에게 가르치는 교훈을 만드는 데 도움을 준다.[73]

제3장

타고난 공감 능력과
양육된 공감 능력

공감 본능은 매우 핵심적인 삶의 기술이다.

우리는 그 기술을 가지고 태어나며, 정도는 개인마다 천차만별이라서

미국의 두 심리학자들이 말한 것처럼 초창기에

공감 본능이 활짝 꽃피기도 하고

시들기도 하며 때로는 메마르기도 한다.

2006년 신경과학자 제임스 팰런(James Fallon)은 알츠하이머 환자들의 뇌 스캔 자료를 면밀히 검토하다가 대조군으로 자신의 건강한 뇌를 스캔했다. 그는 검사 결과에 깜짝 놀라며 자신의 뇌가 '사이코패스의 특징을 완벽히 갖춘 이미지 패턴'을 보였다고 기록했다.[1]

당시 팰런은 다른 치매 주제를 연구하고 있었지만 자신의 뇌 영상 결과가 머리에서 떠나지 않았다. 2011년 그는 결국 연구 주제를 연쇄살인으로 바꿨다. 당연한 결과지만 연쇄살인범 중 몇몇은 뇌 전두엽이 활성화되는 정도가 정상 수치보다 낮았다. 이는 공감과 자기 통제가 어렵다는 걸 의미한다. 팰런은 이 같은 결과를 보다 정상적인 사람들과 비교하고 싶었다. 그래서 가족들의 뇌를 스캔하기 시작했다. 자신의 뇌, 형제들과 이모의 뇌, 그리고 연쇄살인범들의 뇌를 모두 비교해보니 자신의 뇌 영상이 가장 전형적인 사이코패스였다.

그는 한걸음 더 나아가 DNA를 테스트해보기로 했다. 테스트 결과 그는 자신에게 매우 위험한 대립 유전자가 몇 개나 있다는 사실을 알게 됐다(부모로부터 자녀에게 전달될 수 있는 유전자 변형체로, 공감에 무딘 성향, 공격성과 관련 있다). 그 다음 팰런은 조상들의 DNA를 추적하기 시작했다. 가계도를 샅샅이 조사해보니 충격적이게도 무려 7명의 살인 용의자가 나왔다. 그중에는 1892년 매사추세츠주에서 친아버지와 의붓어머니를 도

끼로 살해한 여성 리지 보든(Lizzie Borden)도 있었다. 리지 보든의 이야기는 발레와 영화로 만들어졌을 뿐 아니라 과장된 시까지 생겨날 만큼 엄청난 사건이었다.

리지 보든은 도끼를 들었지.
그러고는 계모를 마흔 번 찍었지.
리지는 자신이 저지른 짓을 한 번 보더니
이번에는 아버지를 마흔한 번 찍었어.[2]

당시 리지 보든은 무죄 판결을 받았다. 그러나 현대의 법의학이 적용됐다면 아마도 무죄 판결을 받기는 어려웠을 것으로 생각한다.

〉 사이코패스의 뇌 〈

제임스 팰런은 어째서 자신이 조상들처럼 심각한 범죄자가 되지 않고 존경받는 교수가 됐는지에 골몰했다. 만약 사이코패스 기질이 타고난 것이라면 어떤 양육 방식이 범죄자가 되는 걸 막아준 것일까?

2013년 제임스 팰런은 이러한 이야기를 담아 《괴물의 심연》을 출간했다. 이 책은 뇌과학을 바탕으로 본성과 양육의 본질을 탐구하며, 동시에 사이코패스의 뇌를 가진 자신의 과거와 가족사를 낱낱이 공개한다.

그는 선생님들이 자신에게 악마 같은 면모가 있다고 말했던 순간을 회상한다. 또한 십대 시절 말썽을 부리면 경찰들이 항상 그냥 보내줬던 때도 기록하고 있다. 아마도 그가 경찰관들에게 어떤 두려움도 내비치지 않았기 때문일 것이다. 그는 자신이 '친사회적인 사이코패스'라고 결론 지었다. 심리학자들은 이를 '공격적인 나르시시즘'이나 '두려움 없는 지배'로 지칭한다. 이러한 성향은 주로 케네디나 루즈벨트, 클린턴, 블레어 등 타고난 리더로 인정받는 이들에게서 많이 나타난다. 하지만 팰런의 주장에서 가장 중요한 점은 따로 있다. 무서운 가족력으로부터 그를 구해준 것은 어린 시절 어머니에게서 받은 사랑과 긍정적인 영향력이었다는 점이다.

그래서 사회에 위험한 인물이 될 수도 있었던 어린 소년에 관한 책은, 사실은 나에 관한 책이 아니라 97세 된 나의 어머니에 관한 책이라고 말하는 것이다.[3]

제임스 팰런의 이야기는 우리가 완전히 인정하기까지 최소 2,000년은 걸린 자명한 이치, 즉 인간은 본성과 양육의 산물이며, 이 둘의 상호작용이 대단히 중요하다는 사실을 증명한다. 원한다면 원죄라는 운명론적인 개념을 적용해 에덴동산의 아담을 비난할 수도 있다. 성 아우구스티누스(St Augustine)는 그렇게 했다. 그는 아담이 물려준 죄 때문에 우리가 '단죄된 무리(Massa Damnata)'가 됐다고 주장했다(영원한 죽음에 내몰린 저주받은 군중이라는 의미다).[4] 아우구스티누스는 "신과 그리스도의 개입이 없었어도 인간에게 선할 수 있는 잠재력이 있었을 것"이라는 주장에 반대한다. 그런 관점이라면 성서는 많이 팔리지 않았을 것이다. 그리고 수 세기 후 일어난 개신교 운동은 아우구스티누스의 사상에 더욱 집중했고, 특히 성에 관한 부분에 역점을 뒀다.

마틴 루터(Martin Luther)는 "인간은 악에 대한 열망과 편견으로 가득 찬 존재"라고 단언했고, 장 칼뱅(Jean Calvin)은 인간의 본질적 상태를 "완전한 타락"이라고 묘사했다.[5] 계몽주의 시대의 철학자들은 양육의 중요성을 주장하며 이 지옥불에 맞섰다. 존 로크(John Locke)는 "어린아이는 좋은 쪽으로 만들어지고 형성되는 백지 또는 밀랍과 같다"고 주장했다.[6] 장 자크 루소는 "어린아이들이 실수를 저지르는 이유는 순진하게 타고났기 때문이며, 세상을 경험함으로써 부패하고 타락한다"고 주장했다.[7] 오늘날에는 영유아 시기의 발달 사항에 유전 관련 지식이 더해지면서 인간의 본성에 대해 보다 정교하게 이해하게 됐다. 매트 리들리는 2003년 《본성과 양육》에서 이 같은 상징적인 철학의 최고 사례를 들었다.

유전자는 양육에 자극받도록 만들어졌다. 인간의 유전자는 인형에 줄을 매달아 행동을 조종하는 꼭두각시 조종자가 아니라, 인간의 행동에 따라 조종되는 꼭두각시다. (유전자는) 자궁에서 몸과 뇌를 만들도록 지시할지는 몰라도 그것을 해체하고 다시 만드는 것은 경험에 대한 반응이다. 유전자는 행동의 원인인 동시에 결과다.[8]

여러분 중 인간이 종교, 점성술, 철학, 양육 등 모든 분야에서 극단적인 것을 선호한다는 사실을 눈치 챈 사람이 있을지도 모르겠다. 우리는 위안이 되는 확실성과 단순한 만병통치약을 필사적으로 찾아 헤매며 기술과 이론에 집착한다. 우리가 유전자와 타고난 뇌 기능에 대한 지식을 믿고 주장할 때, 사이먼 배런 코언은 본성에서 양육으로 요동치던 20세기 후반 시대에 강력한 경고를 날렸다.

생물적 요인과 환경적 요인 둘 다 중요하다. 공감이 전적으로 환경적이라

는 개념은 지나치게 극단적이고 과격한 입장이다.[9]

스티븐 핑커의 비판은 더욱 신랄하다.

'양육 가설(Nurture Assumption, 아이의 성장과 성격 형성에 부모의 양육이 절대적으로 영향을 미친다는 개념_옮긴이)'은 전문가들의 의견을 압박했고, 어머니들은 24시간 밤낮으로 기계처럼 양육하라는 조언과 함께 아이들을 돌보며 사회화를 발달시키는 과정에서 아주 작은 공백이라도 생기면 비난을 들어야 했다.[10]

양육과 본성 간의 전쟁은 주로 쌍둥이들의 지능과 학업 성취를 추적하는 실험으로 이어지곤 했다. 실험은 일란성 쌍둥이와 비일란성 쌍둥이를 비교했다. 가장 최근의 연구들은 부모가 누구이며 어떻게 양육됐는지, 둘 다 중요하다는 상식적인 결론을 입증하는 수많은 통계 자료를 보여주고 있다.

암스테르담의 다니엘라 포스튜마(Danielle Posthuma)가 이끄는 야심찬 연구팀은 2,748명의 쌍둥이를 분석했다. 2015년 포스튜마는 유전과 양육이 모두 중요하다고 결론 내렸다.[11] 다른 학자들은 50대 50의 결과에 반박하지만(논쟁은 양육을 중요시하는 의견에 힘을 싣고 있다), 이 두 가지가 연관돼 있다는 의견에는 아무도 부인하지 않는다.

그레이엄 뮤직(Graham Music)은 런던 타비스톡 클리닉(Tavistock Clinic)에서 일하는 아동심리치료사다. 뮤직은 ADHD(주의력결핍 과잉행동장애) 아동에게 특히 관심을 두고 있다. 일부 학교에서는 ADHD가 중요한 문제로 인식되고 있으며, 미국에서는 리탈린(Ritalin) 같은 치료

제 처방이 확산되고 있다. 대부분은 이러한 현상이 양육을 소홀하거나 태만하게 한 부모 탓이라고 생각한다. 어느 정도는 맞는 말이다.

그레이엄 뮤직은《양육하는 본성(Nurturing Natures)》에서 ADHD의 정도를 결정하는 유전자에 관해 이야기한다. 이 유전자의 이름은 'DRD4'다. 신경과학자들은 DRD4의 모양이 긴 아이들이 새로운 것을 추구할 때 충동적이며, 무언가에 집중하는 데 어려움을 겪는다는 사실을 알게 됐다. 긴 모양의 DRD4는 주로 '이동의 역사'를 가진 사람들에게서 더 흔하게 나타난다. 추측건대 그러한 본능이 새로운 영역을 탐사하는데 유용했을 것이다. 뮤직이 주목한 부분은 화목한 가정에서 자란 아이는 긴 모양의 DRD4를 가지고 있어도 ADHD 증상을 전혀 보이지 않는다는 사실이었다.[12] 연구자들은 공감 능력이 양육이냐, 본성이냐 하는 논쟁에 관해 이렇게 말하고 싶을 것이다.

"멍청아, 둘 다 중요하다고!"

그러므로 육아에 관한 최신 이론과 양육법을 탐구하기 전에 우선 우리가 무엇을 타고났으며 무엇을 물려줄 수 있을지에 관해 이해할 필요가 있다.

잘못은 우리 별들에게 있는 것이 아니라 우리 자신에게 있다.[13]

 # 공감의 본질

우리 가족은 보더테리어 두 마리를 키웠다. 두 녀석은 보더테리어 특유의 특성대로 놀면서 이런저런 물건을 망가뜨리곤 했다(보더테리어들은 빨리 배우고 늦게 복종하는 견종으로 유명하다). 두 보더테리어는 중요한 차이점을 갖고 있었다. 그중 데이지는 우수한 혈통을 지니고 있었다. 데이지의 조상에 대해 잘 알지는 못하지만, 고도로 잘 훈련된 개들로 애완견 대회에서 우승한 가문 출신이었다.

데이지는 물을 지독히도 싫어했다. 데이지가 우리 집에 온 지 2년쯤 지나 새 식구가 된 집시는 데이지와 반대로 헤엄을 무척 좋아했다. 우리 가족은 집시에 대해서는 좀 더 많이 알고 있었다. 서머셋의 농장에서 집시의 어미를 본 적이 있기 때문이다. 우리는 집시의 부모가 농장을 뛰어다니며 사냥을 하고 툭하면 연못에 뛰어들어 오리들을 놀래며 행복하게 살았다는 이야기를 전해 들었다. 어릴 적 집시는 형제자매들과 농가 주방에서 살았으며 소파나 침대에 올라가는 것은 허용되지 않았다. 집시의 어미는 주인의 무릎에 껑충 뛰어올라가 무릎 사이에 얼굴을 파묻고 휴식을 취하는 독특한 버릇이 있었다. 집시는 어미의 그런 행동을 한 번도 보지 못했음에도 어느 날부터인가 어미와 똑같은 행동을 하기 시작했다(반면 데이지는 사람의 무릎에 앉는 것을 질색했다). 나는 그런 집시를 볼 때마다 우리가 부모와 조부모로부터 단순히 신체적인 특징 말고도 얼마나 많은 것을 물려받는지를 생각하곤 했다.

우리는 반사회적 행동이나 공감 본능 역시 유전될 수 있다는 사실을 알고 있다. 여기에는 1979년과 1999년 미네소타대학교의 토머스 부샤드(Thomas Bouchard)의 쌍둥이 연구가 자주 인용되곤 한다. 부샤드는 태어나자마자 다른 곳으로 입양된 여섯 쌍의 쌍둥이들을 추적 관찰했다. 그중 오스카와 잭은 유대인 가정에서 태어나 각기 다른 가정으로 입양됐다. 오스카는 가톨릭교인 독일 나치군의 집안에서 자라 히틀러 유스(Hitler Youth)에 입단했다. 잭은 트리니다드섬의 유대인 가정으로 입양

됐다. 성인이 돼 다시 만난 두 사람은 외형적 특징뿐 아니라 말투도 닮아 있었다. 둘 다 푸른색 셔츠를 입고 있었고, 버터를 바른 따뜻한 토스트를 커피에 담가 먹는 걸 좋아했으며, 화장실에서 일을 보기 전후에 물을 내리는 습관이 있었고, 매운 음식을 좋아했다. 두 사람은 한 껍질에 든 한 쌍의 완두콩 같았다.

어쩌면 우리는 쌍둥이들의 이런 특별한 이야기들을 좋아하는지도 모른다. 요즘에는 태어나서 따로 자라는 쌍둥이들이 드물지만 격동의 1930년대에는 입양되는 경우가 많았기 때문에 부샤드는 각각 다른 가정에서 자라게 된 쌍둥이들을 꽤 많이 찾을 수 있었다.

부샤드가 관찰한 쌍둥이들의 여러 특징 중 하나가 바로 공격적인 성향이었다. 부샤드는 자체 평가 기준을 만들어 쌍둥이 주변 친구들의 증언과 범죄 기록 등을 조사했다. 연구 끝에 그는 공격적인 성향에 있어서 쌍둥이 간의 차이점 중 3분의 1 이상이 유전자 형성에 의한 것으로 설명될 수 있다고 결론 내렸다. 스티븐 핑커는 1994년 입양된 아동(친부모 가정에서 자라지 않은 아동 포함)에 관한 연구를 통해 공격적인 성향의 절반 이상이 유전적으로 물려받은 특징이라고 했다. 일란성 쌍둥이와 이란성 쌍둥이들 사이의 차이점을 추적하고 분석한 연구에서도 비슷한 결과가 나왔다.

이후 미국의 행동유전학자들은 물려받은 공격성에 관한 100개의 연구 자료를 조사했다. 이수현과 어윈 왈드만(Irwin Waldman)이 함께 진행한 이 연구에서는 일반적인 반사회적 특징보다는 싸움, 학교 폭력, 동물 학대 등 명백한 적대 행위에 관한 소수의 분석 자료들을 선별했다. 그리고 범죄 행위에 초점을 둔 다른 쌍둥이 사례와 입양 사례 자료를 더했다. 연구 결과 두 사람은 공격적 성향의 절반 이하와 범죄 성향의 절반 이상이

유전적 요소일 수 있다고 발표했다. 스티븐 핑커도 다음과 같은 결론을
내렸다.

정확한 수치는 너무 진지하게 받아들이지 않아도 되지만, 그 숫자들이 모
두 0 이상이라는 사실은 진지하게 고민해볼 필요가 있다. 행동유전학은 공
격적 성향이 유전적일 수 있다고 확언한다.[14]

세로토닌은 우리 뇌에서 '화학적 전달자' 역할을 하는 신경전달물질
로 알려져 있다. 세로토닌이 적으면 우울해진다. 적당히 있으면 유쾌
해지고 너무 많으면 공격적이 된다. 인간에게는 MAOA(monoamine
oxidise-A, 모노아민 산화효소)라는 유전자가 있는데, 세로토닌을 분해하
는 역할을 한다. 만약 MAOA가 세로토닌을 분해하지 않으면 세로토닌
이 지나치게 많이 축적될 수 있다. 호전적인 성향이 높기로 유명한 마
오리족(Maori)은 세로토닌을 분해하는 데 결함이 있는 유전자를 가진
경우가 많았다. 이런 유전자를 'MAOA가 낮은 유전자'라고 부른다. 매
체에서는 이런 유형의 유전자에 '전사의 유전자(Warrior Gene)'라는 별명
을 붙여줬다.

아주 드물게 MAOA에는 브루너 증후군(Brunner Syndrome)으로 알려
진 돌연변이가 생기기도 한다. 브루너 증후군은 1990년대 초반 네덜란
드의 한 가족에게서 발견됐다. 브루너 박사는 MAOA가 제대로 기능하
지 않는 5명의 가족 남자들에게서 노출증, 강간 미수, 방화 등의 성향이
있는 것을 확인하고 연구했다. 이들 중 한 명은 직장 상사에게 폭력을 가
하려 했고, 또 다른 사람은 누이에게 강압적인 힘을 가해 칼로 옷을 찢었

다. 이러한 성향은 집안에 유전되며 세대별로 발견됐다. 또 다른 연구에서는 MAOA를 제거한 쥐로 실험을 진행했는데, 이전보다 훨씬 더 공격적 성향이 된 것을 확인했다. MAOA가 낮은 사람들은 반사회적 성향을 보이는 경우가 꽤 많았으며, MAOA가 높은 사람들은 어려운 상황이나 힘든 개인적 사정에도 불구하고 반사회적 성향을 보이는 경우가 더 적었다.

양육과 본성이 얼마나 중요한지, 그리고 이 둘 사이의 상호관계가 얼마나 복잡한지를 보여주는 연구는 1955년으로 거슬러 올라간다. 이 연구는 친부모와 양부모 모두 범죄 기록이 있는 경우 입양된 아동의 40퍼센트 가량이 공격적 성향을 갖는다고 밝혔다. 그리고 생물학적 부모만 전과가 있는 경우 더 나은 양부모의 환경에서 자란 아동의 경우에는 이 수치가 12퍼센트로 감소했다. MAOA는 수많은 연구의 주제이자 논쟁의 대상이지만 여전히 개척해야 할 새로운 분야다.[15]

사이먼 배런 코언은 케임브리지대학교에서 유전적이든 그렇지 않든 간에 늘 존재하는 공감 본능의 요소에 관해 더 많은 사실을 연구하고 있다. 그는 경계성 성격 장애(Borderline Personality Disorder) 또는 타입 B(Type B)로 알려진 사람들을 탐구하며《공감 제로》에서 경계성 성격 장애를 완벽하게 요약한 제럴드 J. 크리스먼(Jerold J. kreisman)과 할 스트라우스(Hal Straus)의《내 속에는 내가 너무 많다》를 인용했다.

경계성 성격 장애를 가진 사람들은 다른 사람에게 사랑과 안정을 갈망하다가도 '자기 방어'를 이유로 갑자기 맹렬히 공격하며 태도를 바꾼다. 이들 중 약 30퍼센트가 자살을 하며 절반 정도는 약물 중독이 된다. 배런 코언은 연구를 통해 경계성 성격 장애는 70퍼센트가 유전이고, 30퍼센

트가 어린 시절 아동 학대와 방치 등의 결과라고 말했다.[16]

배런 코언은 뇌의 중요한 신경전달물질을 조절하는 GABRB3를 포함해 공감 능력과 연관된 4개의 유전자들을 분리했다. GABRB3 유전자 배열이 특정 형태로 변형되면 아스퍼거 증후군 발생에 결정적인 역할을 하는 것으로 나타났다.[17] 하지만 그의 연구팀은 같은 유전자 내에서 다른 변이가 일어날 경우 모든 인간의 감성지능에 영향을 미친다는 사실을 입증했다.[18]

또 다른 주요한 성과로는 500명의 임산부에게 실시한 양수천자 검사가 있다(태아의 이상 여부를 확인하기 위해 임산부의 자궁에서 양수를 추출한다). 이는 자궁에서 생성된 테스토스테론을 분석할 수 있는 샘플들이 보관돼 있다는 것을 의미한다. 이후 500명의 아이들이 태어나 성장했고, 배런 코언은 임신 기간 중 테스토스테론 수치가 낮을수록 아이들의 공감 능력이 더 높다는 사실을 밝혀냈다. 공감 능력은 그가 직접 개발한 공감지수(Empathy Quotient) 테스트로 측정했다.[19]

또한 자궁에서 테스토스테론에 적게 노출된 아기들은 태어난 지 12개월이 됐을 때 엄마와 눈을 더 자주 맞췄고, 24개월이 됐을 때는 언어 능력이 더 뛰어났다(테스토스테론은 남성 호르몬으로 알려져 있으며 남성을 더 대담하게 만든다고 알려져 있다).[20]

그러므로 우리의 감성지능은 순수하게 물려받은 유전자와 자궁에서의 경험에 영향을 받는다고 할 수 있다. 앞서 봤듯이 우리의 행동은 수천 개의 유전자의 영향을 받으며, 대다수 유전자들이 미치는 영향은 아직까지 밝혀지지 않았다.

인간은 각 세대마다 게놈(Genome)에서 약 60개의 변이가 생긴다. 스티븐 핑커는 말했다.

우리는 모두 돌연변이다. 그러므로 유전자는 우리가 생각하는 것보다 우리 자신과 아이들을 형성하는 데 더 큰 역할을 하고 있는지도 모른다. 다시 말하면, 조상에게서 물려받은 유전자뿐 아니라 우리가 직접 뒤범벅해서 만든 유전자의 영향을 받고 있는지도 모른다.[21]

######### 아기의 도덕성

아기들은 옳고 그름을 분별하는 공정함에 대한 감각을 타고났다. 이를 확인하기 위해 예일대학교 영아인지센터(Infant Cognition Center)의 심리학자 폴 블룸(Paul Bloom)은 한 살 아기들을 대상으로 실험을 진행했다. 그는 아기들에게 재미난 인형극을 보여줬다. 한 인형이 착한 인형에게 공을 굴려주자 착한 인형은 공을 되돌려줬다. 다음에는 못된 인형에게 공을 굴려주자 못된 인형은 공을 가지고 달아났다. 인형극이 끝난 뒤 연구팀은 아기들에게 착한 인형과 못된 인형을 보여줬다. 그 결과 아기들 대다수가 못된 인형을 밀쳐버렸다. 정의감이 유독 두드러진 한 아기는 몸을 기울여 못된 인형을 들이받기도 했다.

이 연구에서 특히 흥미로운 것은 아기들이 개인적으로 빼앗기고 싶지 않은 '무언가'를 가지고 있지 않다는 점이다. 이것은 우울이나 분노의 단서가 되기도 한다. 아기들은 그 일이 다른 대상에게 일어나는 것을 지켜보며 제3자의 관점에서 자신들의 생각을 투영했다. 상호관계에 대한 아기들의 감각은 공정했으며, 심지어 도덕적이기까지 했다. 이러한 공정함은 공놀이에서 공을 되돌려준 착한 인형과 공을 가지고 달아난 못된 인형을 명백하게 구분한 것에서 기인한다. 공감 본능은 아주 일찍부터 시작된다. 폴 블룸은 이 실험을 토대로 2013년《선악의 진화 심리학》을 출간했다.

이제 키나 눈동자 색, 지능과 마찬가지로 정서적·사회적 특징이 유전된다는 사실에는 논쟁의 여지가 없다. 유전학과 신경과학이 발전하면서 앞으로 더 많은 것이 밝혀질 것이다. 하지만 이러한 점 때문에 양육의 중요성이 더욱 커진다.

엄밀하게 말하면, 우리는 저마다 다른 수준의 공감 본능을 가지고 태어나기 때문에 아이들에게 어떤 양육 환경을 제공해야 하는가에 관해 보다 철저하고 깊이 있는 고민이 필요하다. 이런 방식으로 개인이 사회에서 제 기능을 다할 뿐 아니라 사회 구성원으로서 사랑하고 사랑받으며 행복하고 만족스러운 삶을 살아가도록 이끌 수 있다. 자, 그러면 이제 양육 문제를 살펴보자.

〉 공감 능력은 길러진다 〈

콘라트 로렌츠(Konrad Lorenz)는 1973년 생리학 분야에서 노벨상을 받았다. 로렌츠는 어린 시절의 경험이 이후에 극적인 영향을 미치는 '각인(Imprinting)' 연구에 앞장섰다. 로렌츠는 여섯 살 때 친구와 함께 갓 부화한 새끼 오리 두 마리를 얻었다. 그런데 알에서 막 부화한 새끼 오리들이 로렌츠와 친구를 어미처럼 따라다녔다. 어른이 된 로렌츠는 연구를 통해 새끼 거위가 인간을 부모로 인식하려면 부화하고 15~36시간 사이에 만남이 있어야 한다는 사실을 알게 됐다. 새끼 거위가 부모에게 애착을 갖게 되는 수단을 확인한 것이다.

현재 우리가 알고 있는 사실은 애착이 뇌의 IMHV(intermediate and medial hyperstriatum ventrale, 내측과 중간의 과선조 배면) 부위와 관련이 있다는 점이다. 아기가 태어나면 최초 몇 시간 동안 이 부위가 자극을 받으며 초기의 경험에 큰 영향을 받는다. 그리고 신경전달물질인 GABA가 분비됐다가 다시 꺼진다. 이 부위가 부화한 새끼들에게 애착을 만들어주는 창문인 셈이다. 만약 IMHV가 제 기능을 하지 못하면 각인 효과는 일어나지 않는다. 본성을 떠나 양육에만 의지할 수 없듯이 양육을 떠나 본성에만 의지할 수도 없다.

우리가 태어나서 처음 몇 년간 얼마나 많은 신체적·정서적 경험을 하는지 생각해보라. 한 예로 주변 사람들에게 영향을 받아서 말에 억양이 생기는 방식을 생각해볼 수 있다. 보통 15~25세에는 은어나 비속어에 빠르게 적응한다. 하지만 그때가 지나면 언어적 유연성은 점점 퇴색하고 삶에 필요한 기본적인 언어들만 고수하게 된다.[22]

로렌츠가 노벨상을 받을 무렵, 캘리포니아공과대학교의 두 연구자가 로렌츠 못지않게 중요한 실험을 진행하고 있었다. 실험 대상은 초파리였다. 칩 퀸(Chip Quinn)과 시모어 버거(Seymour Berger)는 초파리가 든 상자에 특정 냄새가 나는 화학 물질이 분비된 다음 전기 충격이 가해지는 장치를 넣고 반응을 관찰했다. 그들은 초파리들이 냄새를 감지한 순간 전기 충격을 피하기 위해 다른 공간으로 날아가는 모습을 보며 초파리가 냄새와 충격의 연관성을 학습했음을 확인했다. 이후 연구들에서는 기억을 저장하는 유전자가 없는 초파리들이 이런 행동을 할 수 없다는 사실을 보여줬다.[23] 여러 번 반복했지만, 결국 본성과 양육 모두 중요하다는 점은 불변이다.

20세기 지그문트 프로이트(Sigmund Freud)와 카를 구스타프 융(Carl Gustav Jung), 벤저민 스포크(Benjamin Spock)의 시대에는 아동심리학에 관한 이론들이 넘쳐났다. 그러나 1920년대 미국인 존 왓슨(John Watson)

이 만든 사상을 추종하는 행동주의자 학파만큼 대중을 기만한 집단도 드물다. 존 왓슨은 모성애를 인정하지 않았으며 과잉보호하는 어머니가 아기를 나약하게 만든다고 믿었다. 심지어 '아기에게 키스하는 행위'를 비난했다.

왓슨의 대표적인 실험은 자신의 천재성을 보여주기 위해 선택된 불운한 소년 '어린 알버트(little Albert)'였다. 왓슨은 20개월 된 알버트에게 흰 쥐를 가지고 놀게 했고, 이내 알버트는 흰 쥐에게 애착을 갖게 되었다. 그 뒤 왓슨과 그의 조수들은 알버트에게서 흰 쥐를 떨어뜨려놓고, 알버트가 흰 쥐에게 손을 뻗을 때마다 쇠막대로 큰 소음을 냈다. 큰 소리가 날 때마다 알버트는 울음을 터뜨렸다. 그 다음에는 흰 쥐가 나타날 때마다 똑같은 소음을 냈다. 알버트는 이번에도 울었다. 결국 알버트는 흰 쥐가 보이기만 해도(소음이 없는 상태) 자지러지게 울었으며, 흰색과 털이 달린 모든 것에 극도의 공포심을 갖게 됐다. 토끼는 물론 흰색 코트조차 무서워하게 된 것이다.[24] 왓슨은 존 로크가 "어린아이들은 백지 또는 밀랍과 같다"고 말한 것과 마찬가지로 아이들은 전적으로 환경의 산물이라는 주장을 펼쳤다.

내게 십여 명의 건강한 아기들을 준다면, 잘 만들어진 나만의 특별한 세계에서 양육할 수 있다. 그리고 장담건대 그 아기들 중 누구라도 어떤 분야든지 전문가가 되도록 훈련시킬 수 있다. 의사, 변호사, 화가, 거상은 물론 심지어 거지, 도둑이 되게 할 수도 있다. 물론 그 아기의 재능, 성향, 기호, 능력, 천성, 조상의 인종 등과는 무관하게 말이다.[25]

왓슨은 완벽한 아기 조직을 양성하기 위해 '아기 농장(Baby Farms)'을 옹호하고 나섰다. 그로부터 딱 40년 후, 루마니아의 공산당 독재자가 그대로 실현했다.

———— 루마니아의 고아원

1989년 루마니아의 독재 정권이 붕괴되며, 독재자 니콜라에 차우셰스쿠(Nicolae Ceausescu)는 총살당했다. 그가 남긴 끔찍한 유산 중에는 온기 없는 고아원에 버려진 17만 명의 아이들도 있었다. 차우셰스쿠는 재임 시절 루마니아의 출산율을 높이기 위해 이른바 '월경 정책'을 시행했다. 산부인과 의사들로 구성된 팀을 가정에 파견해 더 많은 아이들을 낳도록 권하고 피임하지 않도록 강제하는 것이 정책의 요지였다.

하지만 가난한 집에서 너무 많은 아이들이 태어나자 제대로 키우지 못하는 상황이 속출했고, 정부는 그 아이들을 위해 고아원을 세웠다. 고아원은 자금과 인력이 부족했다. 아기들은 요람에 방치돼 허공을 응시한 채 누워 있어야만 했고, 간절히 필요했을 사랑과 관심을 받지 못했다. 아기들은 모두 똑같은 옷을 입고, 똑같은 것을 먹고, 남녀 할 것 없이 똑같은 머리 모양을 한 채 몇 시간에 한 번씩 유아용 변기에 일괄적으로 앉혀졌다. 그러다 이 시설이 공개 조사를 받게 되면서 비참한 장면들이 세상에 공개됐다. 나란히 누워 신음하듯 웅얼거리는 가엾은 아기들의 모습은 흡사 좀비처럼 처참했다.

미국의 아동심리학자 찰리 넬슨(Charles Nelson)은 이 불행한 아이들 중 6개월에서 세 살 사이의 아이 136명을 검사했다. 그 결과 아이들의 IQ가 평균보다 한참 낮았다. 즉 언어 기술이 매우 낮고 신경 활동도 현저히 적었다. 미국인 부부 캐롤 젠슨(Carol Jensen)과 빌 젠슨(Bill Jensen)은 이들 중 네 살 된 아이 3명을 입양했다. 처음 차에 탄 아이들은 낯선

언어로 말하기 시작했다. 캐롤은 운전사에게 아이들이 무슨 말을 하는 건지 물었지만 아이들이 하는 말은 루마니아어도 그 어떤 나라의 언어도 아니라는 답변이 돌아왔다.

이후 찰리 넬슨과 젠슨 부부는 이 아이들이 치유돼 정상적인 삶을 살 수 있음을 보여줬다. 아이들을 인간적인 환경에서 정성껏 보살핀 결과였다. 공감 대 행동주의에서 공감 1승![26]

폭력적인 환경에서 사춘기를 보낸 존 왓슨은 형편없는 남편이자 억압적인 아버지였다.[27] 1920년대에도 fMRI가 있었다면 우리는 이 엄청난 남자의 뇌에 자리한 공감 회로가 애잔하리만치 제 기능을 하지 못하고 있음을 볼 수 있었을 것이다. 그의 추종자로는 급진적 행동주의자로 알려진 B. F. 스키너(B. F. Skinner)가 있다. 스키너 역시 아기들은 단순히 환경에서 정보를 수용하며 지성이나 본능은 아무 역할도 하지 못한다고 주장했다.

스키너는 아기가 어머니를 사랑하는 이유는 오직 "어머니의 젖이 베푸는 영양분 때문"이라고 믿으며 자신의 딸 데비를 어두운 상자에 가둬 놓고 실험했다.[28] 잘못 읽은 게 아니다. 정말 몸서리나게 끔찍한 실험이었다. 왓슨과 스키너를 주요 양육주의자라고 한다면, 우리는 공감 본능을 재확인시켜준 두 명의 영장류동물학자에게 감사해야 한다. 우선 첫 번째로는 위스콘신대학교에서 줄곧 원숭이를 키웠던 해리 할로우(Harry Harlow)다.

할로우는 어미와 분리돼 혼자 자란 새끼 원숭이들이 정신적·사회적 장애를 갖게 됐다는 사실을 발견했다. 할로우는 8마리의 새끼 원숭이를 대상으로 실험을 진행하며 두 종류의 엄마를 제공했다. 하나는 철사에 우유병을 달아 젖을 주는 엄마였고, 하나는 젖을 주진 않지만 부드러운 헝겊으로 된 엄마였다. 실험 결과 새끼 원숭이는 젖을 주는 철사 엄마보다 부드러운 헝겊 엄마를 더 좋아한다는 사실이 입증됐다. 1958년 그는 연구 결과를 발표하면서 〈사랑의 본능(The Nature of Love)〉이라는 논문 제목을 붙였다.

그리고 1980년 동 대학의 수잔 미네카(Susan Mineka)는 '야생에서 자란 원숭이들은 뱀을 두려워하는데 실험실에서 자란 원숭이들은 왜 그렇지 않은가'에 의문을 품고 연구를 진행했다. 미네카는 새끼 원숭이들이 성인 원숭이가 뱀을 보고 두려워하는 모습을 볼 경우에만 뱀을 두려워하게 된다는 점을 확인했다. 이를 '평행 학습(Parallel Learning)'이라고 한다. 미네카는 흥미로운 실험들을 계속했고, 새끼 원숭이에게 꽃을 보고 소스라치게 놀라는 성인 원숭이를 보여주더라도 뱀처럼 위협적이지 않은 꽃을 두려워하게 만들 수 없다는 사실도 알아냈다. 매트 리들리는 미네카의 실험을 두고 "심리학에서 위대한 실험의 순간"이라며 "각인 효과가 본능에도 어느 정도 학습이 작용한다는 사실을 드러내면서, 마찬가지로 학습에도 본능이 어느 정도 작용한다는 사실을 보여준다"고 말했다.[29]

신경과학자 데이비드 이글먼(David Eagleman)은 갓 태어난 새끼 기린이나 얼룩말의 뇌는 상대적으로 완성돼 있어서 몇 시간 만에 일어서기도 하고 45분 만에 달리기도 하지만, 갓 태어난 인간 아기의 뇌는 덜 완성돼 있다고 말했다. 인간은 숨쉬기, 듣기, 울기, 얼굴에 대한 반응 같은 기본적인 것에는 충실하지만 뇌가 환경에 적응하며 만들어지는 동안에는 속수무책이다. 성인이나 아기의 뇌세포 수는 같지만 연결돼 있는 방식은 전혀 다르다.

이글먼에 따르면 갓 태어난 영아의 뇌에서는 1초에 200만 개의 새로운 시냅스(Synapse)가 생긴다. 두 살이 된 아이는 100조 개의 시냅스를 갖게 된다. 이 시냅스는 성인이 되면서 계속 감소해서 어느 순간에는 절반이 된다.[30] 이언 맥길크리스트는 아기가 어머니와 깊은 유대감을 경험하는 6개월 이전에 사회적인 이해와 공감 능력과 가장 큰 연관이 있는 우측 전두엽이 급속도로 확장된다고 했다.[31] 이는 제2장에서 살펴본 바와 같이 두 살 된 아이가 다른 사람과 자신을 분리된 존재로 보는 자아감이 어떻게 형성되는지를 말해준다. 즉 마음을 읽는 방법이 발달하는 것이다.

이와 관련해 대단히 유익한 두 개의 연구가 있다. 런던에서 진행된 이 연구는 어린 시절에 자아감을 박탈당하는 것이 얼마나 치명적인지를 보여준다. 제2차 대전이 끝난 직후, 타비스톡 클리닉의 아동심리학자 존 볼비(John Bowlby)는 이혼이나 문제 가정에서 자란 청소년 범죄자들을 연구했다. 존 볼비는 논문 제목을 〈44명의 청소년 도둑, 그들의 성격과 가정생활(Forty-Four Juvenile Thieves, Their Characters and Home Lives)〉로 붙였다. 그는 이 논문에서 아기와 보호자 사이의 애착관계가 어떻게 형성되고 결핍되는지에 따라 아기의 미래 도덕성 발달에 영향을 미친다고 밝혔다.[32]

2011년 이몬 맥크로리(Eamon McCrory)가 런던대학교에서 43명의 아이들의 뇌를 스캔했을 때, 부모가 애정을 주지 않아서 생기는 부정적인 결과와 애정을 줬을 때 생기는 긍정적인 결과가 확연하게 드러났다. 아이 중 20명은 폭력적인 가정에서 자랐고 23명은 그렇지 않은 가정에서 자랐다. 학대를 경험한 아이는 전쟁터에서 돌아온 군인의 뇌 패턴과 똑같았다. 즉 '외상 후 스트레스 장애' 증상을 보인 것이다.[33] 이 아이들은 근심과 우울함에 짓눌려 있었다.

사이먼 배런 코언은 볼비와 다른 연구자들의 연구를 분석하면서 "부모가 자녀에게 사랑을 쏟을 때 자녀에게 평생 동안 간직될 '마음의 보석'을 제공해준다"고 이야기한다.[34] 이 대목에서 누군가가 떠오르지 않는가? 앞에서 언급한 제임스 팰런이 생각난다면 이 책을 잘 따라오고 있는 것이다. 무시무시한 가족의 유전자로부터 그를 구해준 그의 어머니에게 감사한다.

본성과 양육이 어떻게 맞물려 있는지에 관한 완벽한 결론은 미국의 아동발달 전문가 진 브로디(Gene H. Brody)의 연구에 잘 담겨 있다. 내가 진 브로디를 처음 접한 것은 싯다르타 무케르지(Siddhartha Mukherjee)의 매혹적인 책《유전자의 내밀한 역사》에서였다. 브로디는 조지아대학교에서 어려움을 겪는 가족을 위한 개입 프로그램을 연구하고 있다. 그의 연구는 유전학에서 얻은 지식에 초점을 두고 있다.

세로토닌은 행복, 만족감과 관련된 신경전달물질로, 부족하면 우울해진다. 이러한 신경전달물질 중에 확인된 유전자로 '5HTTLPR'가 있다. 전체 인구의 약 40퍼센트 정도가 5HTTLPR의 짧은 변이체를 가지고 있으며, 나머지 60퍼센트가 긴 모양을 가지고 있다. 5HTTLPR의 짧은 변이체는 세로토닌 전달 과정을 돕는 능력이 떨어지기 때문에 이런 사람들은 우울증이나 알코올 중독 같은 정신적 문제로 고통을 겪는 경우가 많다.

2010년 진 브로디는 연구를 위해 조지아주 외곽에 거주하는 거의 극빈층의 아프리카계 아메리카인으로 구성된 600가구를 선별했다. 이 지역은 청소년 범죄, 알코올 중독, 폭력, 정신질환, 약물 남용 등이 만연한 곳이었다.[35] 브로디는 이들을 두 집단으로 나눠 한 집단에는 정기적으로 상담과 물리적 지원, 추가 교육 등을 제공했다. 두 번째 집단은 통제군으로 아무런 조치도 취하지 않았다. 그런 다음 그들의 5HTTLPR 배열을 확인했다. 당연하게도 두 그룹에서 짧은 5HTTLPR을 가진 사람들은 술과 약물 중독, 무분별한 성생활, 기타 폭력적인 습관 등을 보이는 경우가 두 배 더 높았다.

그러나 특히 여기서 주목할 점은 긴 변인체를 가진 사람보다 짧은 변이체를 가진 사람들이 중재 프로그램에서 더 큰 영향과 더 많은 도움을 받았다는 것이다.[36] 결과는 루마니아의 고아원에서 자란 아이들에게 좋은 양육 환경을 제공했을 때와 비슷했다. 5HTTLPR의 짧은 변이체를 가졌지만 정기적으로 상담과 도움을 받은 아이들은 네 살 반 정도가 됐을 때 긴 변이체를 가진 아이들보다 더 순종적이고 공격성이 줄었다. 긴 변이체를 가진 사람들도 나아지긴 했지만 짧은 변이체의 사람들보다 큰 변화를 보이지는 않았다.

브로디의 연구는 뜨거운 논쟁이 될 만한 다양한 도덕적 질문들을 던진다. 무엇이 정상인가? 모든 아이들이 이런 식으로 검사를 받아야 하는가? 유전자 검사가 아이들에게 평생 차별과 비난의 족쇄를 채우지는 않을까? 중요한 질문이지만, 여기서 목표는 우리가 무엇을 물려받았으며 어떻게 다룰 것인가, 이 두 가지가 행복에 대단히 중요한 영향을 미친다는 사실을 명백하게 증명하는 것이다.

네덜란드 레이던대학교의 사회심리학자 마리누스 반 에이젠도른(Marinus van IJzendoorn) 교수는 아이들의 환경에 대한 민감성이 개인마다 어떻게 차이가 나는지에 관해 최초로 유전학 연구를 진행했다. 그는 획기적인 연구 결과에도 불구하고 "(양육) 환경을 무시하는 것은 큰 오해이며 그로 인해 아이들은 고통받는다"고 말했다.[37]

공감 본능은 매우 핵심적인 삶의 기술이다. 우리는 그 기술을 가지고 태어나며, 정도는 개인마다 천차만별이라서 미국의 두 심리학자들이 말한 것처럼 초창기에 공감 본능이 활짝 꽃피기도 하고 시들기도 하며 때로는 메마르기도 한다.

깊숙하게 뿌리 내린 공감 본능은 보호자와의 애착과 유대감이 형성됨에 따라 아이가 자라서 가족 외 사람들과도 유대감을 형성할 수 있도록 점차 다듬어지고 조절된다.[38]

그렇다면 아기를 키우는 동안 결정적으로 중요한 단계는 무엇이며, 우리는 어떻게 아이들이 보다 폭넓게 배우고 교육됐다는 것을 확신할 수 있을까?

2000년 뉴욕대학교의 임상심리학자 마틴 호프먼(Martin Hoffman)은 인간의 초기 발달에 관한 분석 자료를 《공감과 도덕 발달》로 발표했다. 이 책에서 그는 우리가 제2장에서 살펴봤던 공감의 핵심 요소를 언급하면서 다섯 가지의 중요한 단계를 이야기한다.

1. **울음에 민감한 갓 태어난 아기** 태어난 지 하루 된 아기도 다른 아기의 울음소리를 들으면 따라서 운다. 정서 전이는 녹음된 울음소리를 들려줬을 때도 일어났지만, 녹음이 자신의 울음인 경우에는 정서 전이가 덜 일어났다.

2. **자기중심인 공감적 고통** 다른 사람의 고통을 자신의 고통처럼 느끼는 상태를 말한다. 태어난 지 10개월 된 아기나 이보다 좀 더 일찍 태어난 아기는 다른 사람의 감정이 마치 자신의 감정인 것처럼 반응한다. 이를테면 누군가 고통스러워하는 모습을 보면 입을 삐죽거리다가 울음을 터뜨리며 엄마에게서 위로를 받으려고 한다.

3. **타인의 감정을 처음으로 이해하기** 아기가 약 13개월 정도 되면 다른 사람이 고통스러워 한다는 사실을 이해하지만 여전히 그 고통을 자신의 것처럼 반응한다. 예를 들어, 우는 아기가 있으면 그 아기의 손을 이끌고 자기 엄마에게 데려간다. 같은 공간에 우는 아기의 엄마가 있어도 마음의 평안을 얻을 수 있다고 생각하는 자신의 엄마에게 데리고 간다.

4. **마음 헤아리기** 18~24개월 된 아기들은 다른 사람의 감정을 자신의 감정과 분리하는 자아감이 형성된다. 거울 속에 자신을 인식하는 능력과 관련돼 있다. 1, 2, 3번에 나타나는 현상은 이 같은 마음을 헤아리는 기술로 나아가기 위한 단계지만, 마음을 헤아리는 기술은 평생 유지된다.

5. **정신화(Mentalization)** 행동에 내제된 정신적 요인을 이해하는 능력을 뜻한다. 다섯 살이 되면 아이들은 다른 사람들이 현재 이후에도 계속 살아간다는 사실을 이해하게 된다. 공감 능력이 성숙하면 자아감과 다른 사람의 감정에 대한 이해, 자신과 다른 사람과의 관계에 대한 이해가 생긴다.[39]

1980년대 중반 내가 어린 자녀들을 키울 무렵에 봤던 육아 관련 소책자를 꺼내 다시 살펴봤다. 소책자 색인에는 습진, 응급상황, 심지어 관장까지 있었지만 공감은 없었다. '반사회적 성향의 아기'에 관한 다른 장을 펼쳐보니 어머니의 관심으로 아기의 반사회적 성향을 극복할 수 있다는 조언만 나와 있을 뿐, 자폐 성향에 대한 지식은 조금도 없었다. 당시만 해도 이 책은 유용한 내용으로 꽤 인기가 있었지만, 무려 30년 전의 과학을 토대로 하고 있었다. 지금 보기에는 편협해 보이기까지 했다. 그렇다면 요즘의 주도적인 육아 지침은 무엇일까?

워터스톤 서점에 있는 15권의 책들을 살펴보니 8권은 공감이라는 단어를 언급하고 있었고 나머지는 정서 발달과 사회적 발달에 관한 좋은 충고를 담고 있었다.[40] 그러므로 지금 우리는 공감에 관한 최신의 연구들을 통해 더 많이 배우고 더 나아지고 있다고 볼 수 있다. 또한 우리는 볼비와 맥크로리의 연구를 통해 부모가 자녀를 학대하거나 방치할 경우 수년 내에 무슨 일이 벌어지는지도 잘 알고 있다. 그렇다면 이외에 좋은 양육의 요소들은 어떤 것이 있을까? 어떻게 하면 마음에 보석 같은 능력을 발달시켜 쾌활하고 공감 능력이 뛰어난 사람으로 기를 수 있을까?

잭 숀코프(Jack Shonkoff)는 '아동발달에 관한 국립과학위원회(National Scientific Council on the Developing Child)'를 만들었다. 숀코프는 인지적·정서적·사회적 능력이 신체적·정신적 건강과 매우 밀접하게 관련돼 있다고 언급하면서 유아기를 다룬 산더미처럼 많은 연구 자료를 토대로 세 가지 중요한 요점을 정리했다.[41]

첫째 아이에게 일관성을 유지하며 풍부한 상호작용을 해주는 안정적인 양육 환경이 있어야 한다.

둘째 아이가 마음껏 탐험하고 가족과 사회적 관계를 발전시킬 수 있도록 안전하고 든든한 장소가 있어야 한다.

셋째 임신 전, 임신 기간 동안 어머니의 영양 상태가 좋아야 하며, 유아기의 영양 상태도 좋아야 한다.

만약 우리가 위 목록에서 모성애와 안락한 가정 이상의 것을 감지할 수 있다면, 이 세상에 얼마나 많은 아기들이 목록에서 하나둘 또는 전부가 결핍돼 있는지를 생각할 필요가 없다. 대신 위 사항들이 아기에게 어떤 효과가 있을지, 성인이 됐을 때 행동에 어떤 영향을 미칠지를 생각해봐야 한다.

마틴 호프먼은 어른이 아이에게 사랑을 베풀면, 아이는 자신에 대해 좋은 감정을 느끼고 안정감을 느끼며 다른 사람의 필요에도 마음을 활짝 열게 된다고 말한다. 정서적으로 사랑을 박탈당한 아이는 자신에게만 몰두하고 애정에 굶주린 사람이 되기 쉽다. 숀코프는 유아기에 꼭 필요한 과정으로 '주고받기'를 강조한다. 재잘거림, 웃음, 눈을 맞추고 하는 동작들, 부드러운 단어, 껴안아주기, 또는 언뜻 보면 정신 나간 사람처럼 보이겠지만 아기들의 말을 따라하는 것 등이 어른이 아기에게 보여줄 수 있는 좋은 반응이다. 이처럼 논리나 일관성이 없어 보이는 언어와 몸짓을 아기와 주고받는 동안 아기의 뇌에서는 신경이 연결되고 연결이 더욱 강화된다. 소통이 결핍된 아기에게는 발달 장애가 생기기도 하고 치명적인 스트레스 상황에 놓이기도 한다.[42]

2012년 노엘 제니스 노턴(Noel Janis Norton)이 출간해 인기를 끌었던 《더 차분하고, 더 쉽고, 더 행복한 육아(Calmer, Easier, Happier Parenting)》에서는 이른바 '반응하며 들어주기'에 집중하는 양육 방식을 제안한다. 제니스 노턴은 가정에서 일어나는 수많은 상호작용들이 아이의 우뇌와 부모의 좌뇌에서 비롯된다는 사실을 깨닫고 이 책을 썼다. 즉 정서적 충동이 극도로 논리적인 반응과 만나게 되는 것이다. 제니스 노턴이 제안하는 '반응하며 들어주기'의 4단계는 부모 또는 보호자가 아이에게 더욱 감정 이입하는 반응을 하라고 말한다.

첫 번째 단계는 보호자 자신의 바람과 감정을 접어두는 것이다. 두 번째 단계는 아이에게 집중하기 위해 지금 하고 있는 일을 멈추는 것이며, 세 번째 단계는 아이의 느낌과 마음을 헤아리고 상상하면서 이를 말로 표현하는 것이다. 마지막 네 번째 단계는 상상 또는 환상이라 할지라도 아이의 바람을 응원해주는 말을 하는 것이다.[43] 그러나 현실적으로 육아에 온전히 집중하기란 쉽지 않다.

고백하자면 나는 첫아이가 태어나기 전에 제니스 노턴의 책을 읽었어야 했다. 나는 아기가 없던 시절 갖고 있던 자기만족의 울타리를 벗어나는 데 다소 시간이 걸렸다. 첫아이에게 미안하게도 둘째가 태어나고 나서야 나만의 울타리에서 벗어난 것 같다.

호프먼 역시 과잉보호의 위험에 대해 지적했다. 사회성이 높은 아이에게 다양한 감정을 경험하게 해주면 공감 능력이 높아진다. 하지만 여기에는 한계가 있다. 숀코프는 아이가 성장하는 과정에서 약간의 스트레스를 받는 것은 정상이라는 사실에 동의한다. 처음 이유식을 먹거나 주사를 맞을 때 아이는 스트레스를 받을 수도 있다. 자연스레 심장 박동 수가 빨라지고 호르몬 수치가 높아진다. 심지어 심각한 상처나 다른 사람의 죽음 또는 끔찍한 재앙으로 인한 강한 스트레스조차도 든든하고 확고한 인간관계가 완충제 역할을 해준다면 극복할 수 있다. 숀코프는 '치명적인 스트레스'를 신체적·정신적 학대, 만성적인 방치 등이 장기간 지속적으로 것으로 정의한다. 신체의 스트레스 반응 체계가 활성화되어 지속된다면 아이의 뇌 발달을 방해하고 인지력 손상을 입힐 수도 있다. 정신적 손상은 성인이 됐을 때 심장 질환, 당뇨, 마약 중독, 우울증 등 다양한 고통의 원인이 되기도 한다.[44]

이러한 연구들은 쾌활한 아이들에게 나타나는 중요한 공통점을 언급한다. 아이 곁에 안정적으로 꾸준한 관계를 지속하는 부모나 보호자, 어른이 최소한 1명은 있다는 것이다. 이 글을 쓰면서 나는 아버지를 떠올렸다. 아버지는 1920년에 태어났고 1923년에는 아버지의 동생이 태어났다. 제1차 대전이 막 끝나 세계가 혼돈의 소용돌이에 빠져 있을 때였다.

당시 대부분의 남자들이 전쟁터에서 갓 돌아와서 오늘날 우리가 외상 후 스트레스 장애라고 부르는 고통을 안고 있었다. 할아버지도 서부 전선에서 돌아와 1919년 23세에 결혼했다. 할아버지는 결혼한 지 4년도 되지 않아 이혼 소송을 했다. 사유는 할아버지의 과음과 폭력적인 언행이었다. 그 후 아버지는 다시는 자신의 아버지를 보지 못했다. 어머니도 아주 가끔 봤을 뿐 거의 만나지 않고 살았다. 할머니는 술과 섹스, 그리고 그 두 가지를 얻을 수 있는 돈을 좋아했다. 그러다가 외환시장을 조작해 돈을 챙긴 남자를 만났다(두 사람은 프랑스 남부로 도망갔다).

고아나 다름없던 두 어린 형제는 외할아버지가 보살폈다. 당시 외할아버지는 재혼을 해서 두 번째 아내와 살고 있었다. '폐기 아주머니'라고 불리던 그녀는 두 형제와 피 한 방울 섞이지 않은 남이었지만, 두 형제의 어머니가 되어 마음속에 보석 같은 사랑을 심어줬다. 당시에는 꽤 엄격한 어머니였다. 하지만 무조건 자유롭게 기른다고 해서 건강하게 정서가 발달하는 것도 아니다.

사실 아이들에게 반사회적 행동의 결과를 분명하게 일깨워주려면 공감 본능을 길러주는 과정이 매우 중요하다. 호프먼은 반사회적 행동을 하는 아이에게 자신의 행동으로 인해 상처받은 아이의 입장이 되어보라고 충고한다. 그래야 자신의 행동이 야기한 고통을 깨닫게 되기 때문이다. 죄책감에 기인한 공감은 누군가에게 상처를 줬다는 사실에 강한 반감을 생기게 한다.

아이들이 성장함에 따라 훈육의 빈도는 감소한다. 아이들이 점점 정교한 계산, 즉 반사회적 행동으로 얻는 만족감과 죄책감에 따른 손해와 고통을 비교할 수 있게 되기 때문이다. 아이들이 이런 방식의 비용 편익을 분석하는 능력을 키우려면 간단한 처벌이 아니라 끈기 있는 설명이 뒷받침돼야 한다. 사이먼 배런 코언은 바로 이 점을 강조한다.

아이들의 행동이 야기한 결과에 대해 토론하며 훈육하는 부모의 아이는
권위적인 방법과 처벌로 훈육하는 부모의 아이에 비해 도덕성이 더욱 잘
발달된다. 또한 아이들의 사회화를 위해 공감 능력을 활용하는 부모의 아
이 역시 물리적인 처벌을 활용하는 부모의 아이에 비해 범죄를 저지르는
비율이 적어진다.[45]

〉 누가 공감 능력 있는 시민이 되는가 〈

갓 태어나서 3년 동안 벌어지는 일이 우리의 인생에 어마어마한 영향을
미친다는 사실은 부인할 수 없다. 보통 5~7세 또는 9세 사이에 읽고 쓰
는 방법을 배울 수 있음에도 불구하고, 두뇌가 발달되는 유아기에 정서
적인 부분이 잘못된다면 삶의 기회는 극적으로 감소한다. 1990년대까지
사실상 우리는 미취학 아동의 교육 정책을 무시했으며, 가정에서 담당하
는 것을 선호했다. 하지만 도움이 필요한 가정도 있다. 그런 경우 정부는
교육이나 복지사업을 통해 도움을 제공했다. 미국인들은 이 사실을 오래
전부터 잘 알고 있었다.

미국의 전 대통령 린든 존슨(Lyndon Johnson)은 교육의 기회를 박탈당
한 아이들을 위해 만든 교육 프로그램 '헤드스타트(Head Start)'에 투자했
다. 존슨 대통령은 독설과 개방적인 성격으로 외교 정책에서는 강경한
매파였지만, 집에서는 온건한 비둘기파였다(베트남 전쟁의 확대와 강화를
주장했던 정치 당파를 매의 공격적 성향에 빗대어 매파, 전쟁의 확산을 막고 외교적

으로 평화로운 해결을 주장했던 정치 당파를 온순한 비둘기파라고 불렀던 것에서 유래했다_옮긴이).

헤드스타트는 전문가가 아이의 교육과 가족의 육아 문제를 도와주는 프로그램이었는데, 이후 비슷한 프로그램들이 많이 생겨났다. 오하이오 주에서 실시된 프로그램도 그중 하나로 1990년대 유럽에서 사회 개혁가들의 눈을 사로잡은 장기 학습 프로그램이었다. 하이스코프 페리 미취학 아동 학습(The HighScope Perry Preschool Study)에는 수천 명의 아이들이 대상자가 됐다. 또래 아이와 비교했을 때 제대로 된 교육을 받아본 적이 없는 아이들이었다. 이 교육을 받은 아이들이 무사히 자라 40세의 나이가 됐을 때 결과는 놀라웠다. 프로그램에 참여한 아이들의 취업률이 더 좋고, 범죄율은 더 낮았으며, 고등학교 졸업 비율이 훨씬 높았다.[46] 미취학 아동을 위한 교육 시설의 가치에 대해서는 상반된 의견들이 오가기도 한다. 2016년 볼로냐에서 이뤄진 연구에 따르면 미취학 아동을 대상으로 하는 교육은 교육 여건이 좋지 않은 아이들에게는 도움이 되지만, 수준 높은 교육을 제공하는 가정의 아이들에게는 오히려 방해가 된다는 결과가 나왔다.[47]

1997년 영국에서는 노동당이 정권을 잡으면서 '슈어스타트(Sure Start)'를 시작했다. 교육 지원이 필요한 지역에 지자체 권한으로 3,500개의 미취학 아동을 위한 교육시설을 설립하는 프로그램이었다. 지자체는 이 프로그램을 통해 가족 지원은 물론 아이들의 사회화 형성에도 최선의 도움을 제공했다. 하지만 지속적인 자금난 문제로 약 4분의 1 정도가 문을 닫았고, 2010년에는 다른 접근 방식을 선택했다.[48]

2011년 후반, 다우닝가 10번지(영국 수상의 공식 관저)에서 있었던 일이다. 당시 나는 창조 산업을 홍보하기 위해 기초적인 회의에 참가하고 있었다. 갑자기 나이 지긋한 공무원들이 회의실로 뛰어들어왔다.

"여기가 어려움을 겪는 가족 모임입니까?"

그들이 물었다. 알고 보니 아래층 큰 회의실에서 '어려움을 겪는 가족(Troubled Families)' 프로그램 관련 회의가 진행되고 있었다. 그들은 2011년 영국 전역에서 동시 다발적으로 일어난 폭동 이후 가정 문제의 시급성을 깨닫고 해결하려는 야심찬 계획을 진행 중이었다.

이 계획의 골자는 복지 수당, 약물이나 알코올 중독, 빈곤 아동을 위한 복지, 교육 참여 등이 절실하게 필요하고, 높은 범죄율로 큰 어려움을 겪는 12만 가정에 연간 90억 파운드를 지원한다는 것이었다. 정부의 재정도 매우 중요하지만, 그보다 더 최우선으로 생각해야 할 것은 악순환의 덫에 사로잡힌 아이들의 끔찍한 고통이 우리와 무관하지 않은 모두가 덜어야 할 짐이라는 사실이다. 지방 자치 단체들은 문제를 개선시키기 위하여 가정 문제 코치를 섭외하는 데 거금 4억 5,000만 파운드를 조성했다. 일부 가정에서는 이 방법이 명백하게 성공했다. 〈가디언〉은 브라이튼 지역의 한 사례를 소개했다.

실비아 뉴턴(Sylvia Newton)은 4명의 자녀를 둔 엄마로 다섯 번째 아이를 임신 중이었다. 뉴턴은 자신이 늘 우울한 상태이며 일도 잘 풀리지 않는다고 생각했다. 뉴턴의 자녀들은 이미 반사회적 행동과 빈번한 무단결석으로 지역 경찰서에서는 유명했다. 베키 윌리엄스(Becky Williams)가 이들 가정의 코치가 됐다. 윌리엄스는 아이들이 골고루 지원받을 수 있도록 각각의 혜택을 분류하고, 가족이 사는 임대 주택을 수리했으며, 실비아와 남편이 더 나은 양육을 할 수 있도록 여러 기관과 연계해줬다. 이러한 과정이 실비아의 가족과 삶에 많은 도움이 됐다. 코치가 오기 전 이들 집에는 6개월 동안 경찰이 9번이나 출동했는데, 이후로는 단 한 번도 출동하지 않았다.[49] 하지만 '어려움을 겪는 가족' 프로그램이 전반적으로 얼마나 효과적이었는지에 대해서는 뜨거운 논쟁이 오가고 있다.[50]

2016년 영국 총리 데이비드 캐머런은 이 프로그램을 다른 40만 가정으로 확대할 것이라고 발표했다. 그는 정치인이자 총리로서는 상당히 인상적인 연설을 했다.

첫째, 신경과학 연구에 따르면 인간의 삶에서 태어나고 첫 몇 년간이 훗날 성인이 됐을 때의 삶을 결정지을 만큼 대단히 중요한 역할을 합니다. 이러한 점을 감안하면 우리는 어려움을 겪는 가족의 삶과 유년기 아이들의 삶을 개선시키는 데 있어서 지금보다 훨씬 더 급진적인 방법을 고려해야 합니다. 둘째, 단순한 지식 습득뿐 아니라 인성과 쾌활함을 발달시키는 것 역시 대단히 중요하다는 점을 고려할 때, 21세기에 진정으로 적합한 교육 체계를 만들고자 하는 우리의 사명이 약화돼서는 안 됩니다. 셋째, 도움이 필요한 사람들에게 사회적 유대감과 경험이 대단히 중요하다는 점은 자명합니다. 그러므로 친숙한 멘토들, 여러 공동체를 접하는 것, 더 넓은 시야, 유년 시절에 예술과 문화에 노출되는 환경 등의 저력을 인지하고 있다면 이제 배경을 따지지 않고 모두를 위한 기회의 장을 더 크게 만들어야 할 때입니다.[51]

_____ **핀란드의 사례**

영국에는 초기학습센터(Early Learning Centre)라는 이름의 장난감 상점이 있다. 이곳은 어린 자녀의 지적 발달을 고민하는 부모들의 과도한 신경증을 이용하는 곳이다. 그들은 알버트 아인슈타인(Albert Einstein)과 스티븐 호킹(Stephen William Hawking)을 잇는 세대를 길러내려면 아무리 빨리 교육을 시작해도 과하지 않다고 주장한다. 하지만 핀란드에서는 긍정적인 정서 발달이 처음부터 병행돼야 할 뿐 아니라 행복감·만족감·성취감이 높은 아이로 기르기 위한 결정적 요소라고 여긴다. 핀란드에서는 어린아이들의 초기 교육 목표를 '개인적인 행복의 촉진, 타인에 대한 사려 깊고 배려 있는 행동 강화, 자율성의 점진적인 구축'으로 규정한다.

전통적으로 핀란드의 어린이들은 7세가 되기 전에는 초등학교에 가지 않는다. 미국이나 영국과 비교했을 때 몇 년 늦게 학교를 가는 셈이다. 하지만 핀란드에서는 초등학교에 입학하기 전에 법적으로 보장된 영유아를 위한 어린이집에 아이를 맡길 수 있으며, 초등학교에 입학하기 1년 전에는 6세 어린이를 위한 유치원에 보낸다. 5~6세 아이들은 일상적인 시험을 치르지 않는다. 아이들은 마음껏 놀면서 자연스럽게 문해 능력과 수리 지식을 쌓는다. 핵심은 공부하는 방법과 다른 사람을 배려하는 방법을 배운다는 점이다. 아이들의 활동은 주로 탐험과 자기표현에 맞춰져 있다.[52]

교육 전문가들은 핀란드 어린이들이 국제 대회에서 얼마나 뛰어난 기량을 발휘하는지를 듣는 데 염증이 날 지경이며, 핀란드 아이들이 대회에서 내는 결과는 매년 변하고 있다. 이제는 교육 성취도가 낮았던 나라들도 서서히 꽤 높은 성적을 내고 있다. 공감 능력과 좋은 시민을 만들기 위한 시스템은 진지하게 연구할 가치가 있다. 전세계 연구자들은 초기 시절에 필요한 사회적 기술 개발의 중요성을 지적하고 있다. 하버드대학교의 아동발달센터(Center for the Developing Child)에서는 웃기, 숨바꼭질, 상상 놀이, 스토리텔링 등을 장려한다. 심지어 영국에는 '아기 웃기기 프로젝트'가 있을 정도다. 웃음은 아이에게 가장 중요한 요소이자

가장 강렬한 정서 교류다.[53]

과연 영국 정부가 번지르르한 말에 그치지 않고 제대로 된 정책들을 가지고 있는지를 두고 많은 논란이 생길 것이다. 하지만 이는 신경과학, 그리고 암묵적으로는 공감 본능을 정치적 사고의 중심에 놓는 시작점이다. 스티브 힐튼(Steve Hilton)은 초창기 '어려움을 겪는 가족' 프로그램에 참여한 건축가 중 한 명으로, 《더 인간적인(More Human)》을 집필했다. 이 책에서 힐튼은 사회복지에 의존해 살아가는 사람들, 약물이나 알코올에 중독된 사람들, 범죄자들 등이 겪는 어려움을 성찰하고 있다.

우리가 자신 있게 말할 수 있는 한 가지는 그들 중 대다수가 불우한 어린 시절을 경험했다는 것이다. 치명적인 스트레스가 늘 그들을 따라다녔으며 불우한 경험은 그들 삶의 일부였다. 또한 그들이 처한 상황의 일부였다.[54]

극도로 어려운 환경에 처한 소수의 사람들에게 사회적 노력을 기울이는 것도 공감 능력 있는 시민을 기르는 한 가지 방법이다. 또 다른 방편으로는 현 시대에 적합한 새로운 사고방식으로 모두에게 이익을 보장해주는 것이다.

2014년 영국에서는 "좋은 교육이란 무엇인가?"를 묻는 질문의 답을 "5세 이전의 교육"으로 규정했다. 영국 교육부는 '영유아 초기 단계에 관한 법률 규정(Statutory Framework for the Early years Foundation Stage)'을 만들고 5세 이하 아이들을 위한 학습과 개발, 보호의 기준을 마련했다. 이 규정은 개인적·사회적·정서적 발달을 필두로 아이들이 세 분야에서 어떻게 발달해야 하는지를 개괄적으로 설명한다. 아이들은 각각 자신감과 자의식, 감정 조절과 행동 조절, 인간관계 맺기가 원활히 발달해야 한다. '영유아 초기 단계 개요(Early Years Foundation Stage)'라고 불리는 단계도 있는데, 5세에 접어든 아동을 의무적으로 평가하는 제도다.

이 기준들은 충분한 논의를 거쳐 나온 것이지만, 데이비드 캐머런이 주창한 새로운 사고에는 분명 뒤처진다. '공감'이라는 단어의 가시화가 시작점이 될 것이다. 미래에는 어린아이들의 감성지능을 평가하고, 어려운 환경에 처한 아이들을 돕기 위한 최선의 방법을 결정하는 섬세하고도 탁월한 기준들이 훨씬 더 많아질 것이다. 우리는 수많은 딜레마들을 극복하며 방법을 찾고 있다. 예를 들어, 대다수 복지 정책은 아동복지 조항을 늘리고 어머니들을 일터로 복귀시켜야 빈곤을 해결할 수 있다는 개념을 토대로 한다. 하지만 부모와 아이 사이의 긴밀한 접촉보다 중요하지는 않다.

힐러리 크레민(Hilary Cremin)은 초등학교 교사였으며 현재는 케임브리지대학교의 연구원이다. 크레민은 "미래의 정책은 부모와 아이의 관계를 다른 무엇보다 우선시하는 사고방식이 밑바탕 돼야 한다"고 단언한다. 크레민은 부모의 육아휴직이 더 길어지고, 아버지들이 자녀들에게 더 많은 책임감을 가지며, 조부모들이 보다 중심적인 역할을 하면서 세대 간의 차이를 메우게 되길 바란다. 이러한 것들은 큰 명제들이며 실행하는 데 있어서 반대와 어려움을 무수히 직면하게 될 것이다. 하지만 앞에서 본 바와 같이 공감 능력을 갖춘 시민이 될 아이로 키우는 것보다 더 중요한 일이 또 있을까?

2016년 데이비드 캐머런의 연설을 소개하며 이 장을 맺는다.

fMRI 덕분에 신경과학자들과 생물학자들은 인간의 뇌에 대해 지금까지 인류 역사를 합한 것보다 지난 10년간 더 많은 사실을 알게 됐다고 말합니다. 그들이 발견한 결정적인 사실 중 하나는 우리 뇌에 정보를 전달하고 뇌세포들을 이어주는 수십억 개의 시냅스가 대부분 태어나서 처음 2년 동안 발달한다는 것입니다. 인간의 운명은 이 기회의 창을 통해 좋은 방향이든 나쁜 방향이든 바뀔 수 있습니다.[55]

제4장

디지털 디스토피아

우리는 인류 역사상 어느 때보다도

더 빠르고 더 많은 사람들과 소통할 수 있는 시대에 살고 있다.

동시에 공감이 상실되어가는 문자와

SNS의 위험한 세계에 발을 들여놓았다.

그 세계에서 상대방이 나의 감정에, 내가 상대방의 감정에

어떤 영향을 미치는지는 상관없이 우리가 겪은 것이라고는

'디지털 나르시시즘'뿐이다.

2016년 페이스북은 플랫폼에 6개의 새로운 이모지(Emoji)를 추가했
다. 이전에는 단순히 엄지손가락을 치켜든 '좋아요'만 있었다. 그런데
지금은 '사랑해요', '최고예요', '웃겨요', '멋져요', '화나요', '슬퍼요'가
추가됐다. 페이스북의 설립자이자 최고경영자인 마크 저커버그(Mark
Zuckerberg)는 이렇게 말했다.

> 사람들이 진정으로 원하는 건 감정을 표현하는 거예요. 모든 순간 "좋아.
> 그렇지?"라고 할 수는 없잖아요. 누군가의 슬픔에 공감하고 있다면 '좋아
> 요'를 누르고 싶지는 않을 거예요.[1]

새로운 이모지 출시와 거의 동시에 페이스북은 3,000만 명의 사용자
들이 이 서비스를 이용해 상태 업데이트를 한 것과 다른 사용자들의 반
응을 분석한 결과를 내놓았다. 상태 업데이트를 한 사용자들 중 3분의 1
이상이 부정적인 감정을 표현하는 이모지를 사용했고, "잘 될 거야", "힘
내", "행운이 함께하기를", "공감해요" 등 조심스러운 격려성 댓글을 달
았다. 페이스북은 부정적인 감정으로 상태를 표현한 게시물이 다른 게시
물에 비해 응원 댓글이 2.5배 더 많이 달렸다고 밝히며, 사용자 간, 특히
페이스북 친구들 사이에 오가는 공감의 증거로 간주했다.[2]

어쩐지 아주 긍정적으로 들리지 않는가? 무한한 검색과 학습, 신속한 의사소통, 만남과 사교, 쇼핑, 가격 비교, 여행 예약 등 웹사이트들이 주는 장점들을 고려한다면 우리가 21세기에 살게 된 것이 다행스럽기까지 하다. 하지만 다른 통계도 있다. 영국에는 11세 이하의 어린이 5명당 1명꼴로 페이스북 계정을 가지고 있다.[3] 페이스북은 13세 이상인 사람들이 서비스를 이용하도록 요구하고 있지만 현재로서는 이를 강요할 방법이 없다. 과연 이 아이들은 누구와 소통하고 있는가? 이 아이들은 잠재적인 공격이나 적대심을 감당할 감정적 준비가 돼 있는가? 이 아이들이 접속할 수 있는 사이트는 또 어떤 것들이 있는가? 디지털 시대에는 긍정적인 측면들과 더불어 사이버 왕따, 수위 높은 포르노, 과격화, 다른 형태의 극단화 문제 등도 함께 진행되고 있다.

이메일, 문자 메시지, 페이스북, 링크드인, 스냅챗, 인스타그램, 왓츠앱, 트위터 등 우리가 접속하는 모든 웹서비스들은 분명 전화나 사람을 직접 만나는 것과는 다르다. 통화를 하거나 사람을 만날 때는 상대방의 목소리나 어조, 표정에 나타나는 수천 가지의 단서와 미묘한 분위기에 반응하기 위해 공감 본능을 작동시킨다. 문자를 기반으로 하는 소통 방식에는 중요한 정보가 누락돼 있으며, 이모지를 선택하는 것은 말과 표정에 담긴 다양하고 미묘한 분위기를 감지하는 것과는 전혀 다르다. 문자로 의사소통하다 보면 공격적이거나 무례한 말을 사용하기 쉽다. 자신의 말이 미치는 실제 효과를 눈으로 보지 못하기 때문이다.

2014년 영국예술위원회가 구식의 작은 사무실에서 탁 트인 열린 공간으로 이사했을 때 나는 위원회에서 일어난 문화의 변화를 실감했다. 이전에는 직원들이 서로 다른 사무실에서, 그것도 파티션 뒤에 앉아 시선을 차단한 채 동료들과 주로 이메일로 소통하곤 했는데, 이제는 얼굴을 보며 소통하는 일이 훨씬 많아졌다. 대면은 짧고 함축적인 대화가 장황한 이메일을 대체했고, 이전보다 업무 효율이 높아졌으며, 인간적인 교류도 훨씬 많아졌다.

우리는 인류 역사상 어느 때보다도 더 빠르고 더 많은 사람들과 소통할 수 있는 시대에 살고 있다. 동시에 공감이 상실되어가는 문자와 SNS의 위험한 세계에 발을 들여놓았다. 그 세계에서 상대방이 나의 감정에, 내가 상대방의 감정에 어떤 영향을 미치는지는 상관없이 우리가 겪은 것이라고는 '디지털 나르시시즘'뿐이다. 그렇다면 우리는 사회를 지배하고 있는 이러한 반사회성을 어떻게 막을 수 있을까?

> ## 공감이 상실된 시대 <

애플의 리더이자 21세기 초반 최첨단 혁신을 주도했던 스티브 잡스(Steve Jobs)는 어째서 아이패드가 처음 나왔을 때 자녀들에게 주지 않았을까? 잡스는 "우리는 아이들이 집에서 디지털 제품을 사용하는 시간에 제한을 뒀다"고 말했다. 그는 매일 저녁 식사자리에 대가족이 식탁에 둘러앉아 함께 식사하는 것을 중요하게 생각했다.

〈와이어드(Wired)〉의 전직 기자이자 현재 로봇 관련 기업의 최고책임자인 크리스 앤더슨(Chris Anderson)은 왜 자녀들의 디지털 기기 사용에 시간 제한을 두고 엄격하게 통제했을까? 그는 "우리는 디지털 기술의 위험을 잘 알고 있다. 내 자신이 직접 느꼈으니까. 아이들이 나처럼 위험을 겪는 것은 원치 않는다"고 말했다.[4]

디미트리 크리스타키스(Dimitri Christakis)는 아이들의 미디어 사용 내용을 분석하면서, 1970년에는 평균적으로 4세가 되어서야 TV를 시청하기 시작했다며 지적했다. 하지만 지금은 태어난 지 4개월 만에 이미 미디어를 접한다.[5] 앞서 우리는 태어나서 첫 2년이 뇌 발달과 감정 형성에 얼마나 중요한지를 살펴봤다. 이는 오직 부모와 자식 간의 따뜻하고 진하며 개인적인 관계가 이뤄질 때만 가능하다.

2016년 교육심리학자인 마이클 보바(Michele Borba)는 《언셀피(UnSelfie)》를 출간했다. 책에서 보바는 8~18세 사이의 아이들의 경우 평균적으로 하루에 7시간 30분 이상을 디지털 장비와 접속한다고 말했다. 또한 그는 미국의 8세 이하 어린이 4분의 3 정도가 집에서 스마트폰을 사용한다고 보고했다.[6]

건강한 감정 상호작용을 만들 수 있는 단 하나의 방법은 얼굴을 맞대고 소통하는 것이다. 이러한 소통 방식은 감정과 인간을 대하는 방식을 배우는 최고의 방법이기도 하다. 컴퓨터 모니터, 문자, 트위터, 각종 메시지 등으로 시작하는 인간관계는 아이들에게 감정의 기본을 가르쳐주지 못한다.[7]

보바는 충격적이지만 놀라울 것도 없는 설문조사 결과를 인용했다. 설문에 따르면 가정에서 아이의 사회화 과정에 들이는 시간이 급격히 줄어들고 있으며, 학생 62퍼센트는 자신의 부모가 말할 때 너무 산만하다고 말했다. 부모가 산만해지는 가장 큰 요인은 무엇일까? 단연 휴대전화기 때문이다.[8] 학술지 〈소아과(Pediatrics)〉에서는 패스트푸드 식당에 온 가족들의 모습을 관찰했다. 부모들이 손에 휴대전화를 들고 있을 때는(거의 대부분 들고 있지만) 온 신경을 자녀가 아닌 휴대전화에 쏟고 있는 모습을 확인했다.[9] 어쩌면 오늘날의 디지털 디스토피아에서 아이가 부모의 관심을 얻을 수 있는 유일한 방법은 바로 앞에 앉아 있을지라도 스마트폰을 통해 연락하는 것뿐인지도 모른다.

디지털 접속 시간이 가장 긴 국가는 한국이다. 십대 청소년 64퍼센트가 스마트폰을 가지고 있다. 5명 중 1명은 스마트폰을 하루에 7시간 이상 사용한다. 다소 불길한 조짐마저 생기고 있는 듯하다. 스마트폰으로 인한 '디지털 치매'라는 새로운 고민이 등장한 것이다. 서울의 두뇌발달센터 밸런스브레인 원장인 변기원 박사는 디지털 치매를 뇌 손상이나 정신질환과 비슷하게 인지 능력이 악화 또는 퇴화되는 증상이라고 말했다.

스마트폰을 지나치게 많이 보거나 게임을 많이 하다 보면 좌뇌와 우뇌의 균형이 깨진다. 스마트폰을 많이 사용하는 사람은 좌뇌가 발달하는 반면 우뇌는 발달되지 않거나 더디게 발달되는 경향이 있다.[10]

제2장에서 봤듯이 우뇌는 감정과 다른 사람의 고통을 처리하고, 유머에 함축된 의미를 파악하며, 음악과 자의식을 이해하는 역할을 한다. 우뇌가 제구실을 못하면 집중력과 기억력이 감소한다. 독일의 신경과학자 만프레드 슈피처(Manfred Spitzer)는 유럽에서도 한국과 같은 문제가 생기고 있다고 밝히면서 《디지털 치매》를 출간했다. 슈피처 박사는 부모와 교사가 아이들이 스마트폰이나 컴퓨터를 지나치게 오래하도록 방치하는 것을 지적했다. 그는 지나친 스마트폰과 컴퓨터 사용은 뇌 발달에 악영향을 미칠 수 있으며 자칫 회복할 수 없는 상태가 되거나 중독이 된다고 주장했다.[11]

모바일 세대는 온라인이 소통의 기준이 된 채로 성장하고 있다. 아동과 십대 청소년은 온라인을 통해 전세계 누구와도 접속할 수 있다. 온라인 소통은 빠르다. 일단 문자든 사진이든 동영상이든 남겨지면 지워지지 않는다. 이러한 현상은 인류 역사상 이전의 모든 세대들과 비교해도 완전히 다르며 속도나 확산성이 압도적이다. 트위터를 해본 적이 있는 사람이라면 단 한 번도 만난 적 없는 사람들이 자신에게 얼마나 공격적이고 적대적인지를 경험했을 것이다. 트위터에서는 무자비하지만 이내 잊힐, 스쳐지나가는 모든 생각과 모든 느낌들이 쏟아져 나오는 것만 같다.

2014년 설문조사에 따르면 미국인의 73퍼센트가 온라인에서 폭언과 욕설을 경험한 적이 있으며, 40퍼센트가 이에 대해 적극적으로 불쾌감을 표시했다. 우발적인 사건 중 3분의 2가 소셜 네트워크에서 벌어진다. 젊은 여성 대다수가 불쾌한 일을 경험하며 젊은 성인들이 가장 큰 영향을 받았다. 이들 중 26퍼센트는 온라인에서 스토킹을 당했고, 25퍼센트는 성희롱을 당했다. 사이버 폭력의 대상이 된 사람 중 절반은 자신에게 공격을 가한 사람이 누군지도 몰랐다.[12]

〈가디언〉은 세계에서 가장 접속자가 많은 뉴스 웹사이트 중 하나다. 〈가디언〉 독자들은 10년 동안 기사에 댓글을 달았다. 나도 몇 년 동안 〈가디언〉의 논평 코너에 사설을 기고한 적이 있는데, 독자들의 댓글은 한 번도 읽지 않았다. 그중에는 지나치게 폭력적인 댓글들도 있었을 것이다. 누군가가 내게 "사설에 대한 댓글이 좀 지나치다"고 이야기해줄 때마다 나는 "잘 몰라, 읽지 않거든"이라고 대답한다. 나는 매체에서 오가는 논쟁으로 얼굴을 붉힌 일이 거의 없다. 40년 전 BBC 뉴스에서 일했을 때 내가 제작한 TV 방송들에 대해 〈데일리메일〉이나 다른 매체의 댓글을 통해 욕을 굉장히 많이 들었다. 하지만 아무리 단련된 사람이라도 비난 일색이기만 한 부정적 반응이나 일부 감성지능이 낮은 독자들의 댓글은 피하는 편이 낫다.

공감 선언

2016년 4월, 〈가디언〉은 10년간 달린 7,000만 개의 댓글을 분석했다. 그중 150만 개의 댓글이 언론의 규정을 위반해 차단당했다. 강간을 하겠다거나, 신체를 훼손하겠다거나, 죽이겠다는 위협도 있었다. 어떤 댓글은 "조잡하고, 편협하고, 비열하다. 글을 쓰는 기자나 독자들이 직접 얼굴을 대면했더라면 상상도 하지 못할 수준의 말들"이라는 평가를 받기도 했다.

또한 댓글을 다는 대다수가 백인 남성이었는데, 가장 심한 수준의 악성 댓글을 들은 사람 10명 중 8명은 여성, 2명은 흑인이었다. 이들 중 여성 2명과 남성 1명은 동성애자였으며, 1명은 무슬림, 또 1명은 유대인이었다. 무책임하고 노골적인 편견과 더불어 인종차별적 행위가 공감이 결여된 디지털 디스토피아를 고삐 풀린 망아지처럼 휘젓고 있는 것이다.[13]

2016년 여름에 있었던 선거 운동 덕분에 많은 사람이 온라인 소통이 어떻게 점점 거칠어지고 때론 정치적 논쟁에 치명적인 영향을 미치는지를 알게 됐다. 당시 오갔던 논쟁 대부분은 위협과 인신공격이었다. 수년간 악성 댓글로 고통받은 여성 하원의원들에게는 그다지 놀랍지도 않은 일이었다. 버밍엄 야들리 지역의 하원의원인 제스 필립스(Jess Phillips)는 단 하루 저녁 동안 트위터로 600건의 강간 위협을 받은 적도 있다. 월섬스토 지역의 하원의원 스텔라 크레시(Stella Creasy)도 비슷한 고통을 겪었으며, 악성 댓글을 달던 사람 중 1명은 결국 고소당하기도 했다. 어떤 남성은 듀즈베리의 하원의원 폴라 셰리프(Paula Sherriff)에게 페이스북으로 "형장으로 걸어가는 사형수 같군. 네가 강간당했으면 좋겠어. 우리에게 네 전화번호랑 상세 정보가 다 있다"는 메시지를 보내기도 했다.[14]

페이스북과 트위터는 악성 댓글에 불만을 토로하는 사용자들의 고충을 덜어주기 위해 꽤 열심히 대책을 마련하고 있다. 악의적인 게시물을 내리고, 경우에 따라서는 악성 댓글을 다는 사람을 차단하기도 한다. 하지만 이러한 방법으로 사이버 폭력을 완전히 막을 수는 없다. 니콜라 브룩스(Nicola Brookes)는 페이스북으로 오디션 프로그램 〈X 팩터 (X Factor)〉의 한 참가자에게 댓글을 달았는데, 그녀가 매춘부이자 마약 거래상, 소아성애자라는 가짜 프로필이 만들어졌다. 친구들의 도움으로 이 문제를 해결할 수 있었지만, 당시 브룩스는 미성년자였다.[15]

미국에서는 13세 소녀 호프 위트셀(Hope Witsell)이 남자친구에게 상체를 노출한 사진을 보낸 일이 있었는데, 누군가가 위트셀의 휴대전화를 도용해 이 사진을 다른 이들에게 마구 전송했다. 위트셀은 학교에서 '창녀'라는 욕을 들으며 따돌림을 당했고 결국 자살했다.[16] 뉴욕에서 음악 대학을 다니던 18세 타일러 클레멘티(Tyler Clementi)는 동성 애인과 섹스하는 장면이 룸메이트에 의해 촬영됐고, 동영상이 온라인에 퍼지자 결국 조지 워싱턴 다리에서 투신했다.[17]

이전에는 일어나지 않았을 일들 때문에 괴로움과 고통을 겪는 사람들은 셀 수 없이 많다. 대략 수백만 명 이상이 사이버 폭력으로 고통받는다고 알려져 있다. 이는 디지털 소통의 비인격화로 인해 공감 능력의 결여, 즉 다른 사람의 기분을 생각하지 못하는 사고방식을 잘 보여준다.

경찰 보고서에 따르면 2016년 6월 16~30일 사이, 영국의 EU 탈퇴 여부에 대한 국민 투표가 진행되던 전후로, 전년 같은 기간에 비해 증오 범죄가 40퍼센트나 증가했다.[18] 영국 남동부 에섹스 지역 경찰서장인 스티븐 카바나흐(Stephen Kavanagh)는 폭발적으로 증가한 온라인 범죄를 언급했다. 트롤링(trolling, 인터넷에서 상대의 화를 부추기기 위해 보낸 메시지나 메시지를 보내는 사람_옮긴이), 인종차별, 동성애 혐오, 미성년자와의 음란 채팅 같은 범죄는 1985년 그가 경찰관으로 재직하던 당시에는 상상조차

할 수 없던 일이다.[19] 카바나흐는 보복성 포르노로 알려진 범죄 행위에 대해서도 우려를 표했다.

어느 날 보복성 포르노 도움 콜센터에 40대 여성이 전화를 걸어왔다.

"저 좀 도와줄 수 있으세요? 곤경에 처했어요."

그녀가 몰래 바람피우던 남성이 여성의 명예를 심각하게 훼손하는 사진들을 그녀의 온라인 계정에 올리고, 자녀와 남편, 친척들에게 공유한 것이다. 여성은 침대에 앉아 보드카 한 병을 마시고 자살을 시도하려던 참이었다.

도움 콜센터는 2015년 로라 히긴스(Laura Higgins)가 만든 것으로, 한 해에 수천 통의 전화가 걸려온다. 히긴스가 파악하기로는 남성에게 헤어진 아내나 연인의 사진을 올리라고 부추기는 온라인 사이트가 12개가 있었다. 한 사이트는 아예 대놓고 '바람피운 창녀 와이프' 사진을 올리는 곳이라고 광고하기도 한다. 히긴스는 이것이 전세계적인 현상이며 노골적인 사진들을 포스팅하고 공유하는 사이트도 점점 늘어나는 추세라고 말했다.[20] 미국과 영국에서는 보복성 포르노를 법적으로 금지하고 있다.

2015년 캐빈 볼라르(Kevin Bollaert)는 음란 사진을 올리는 사이트를 만들었을 뿐 아니라 노골적인 이미지들을 피해자의 소셜 미디어 프로필과 주소에 링크를 걸어 최초로 기소된 남성이다. 심지어 그는 피해자들에게 돈을 주면 사진을 내리겠다고 협박해 돈을 갈취했다.[21] 하지만 이 같은 끔찍하고 광포한 폭력의 급속한 성장 속도에 비해 법적인 장치들은 이제 겨우 걸음마 수준이다.

2016년 4월에 발표된 자료에 따르면 경찰에 신고된 이들 범죄 중 겨우 10퍼센트만이 벌금을 냈다(피해자 중에는 11살의 소녀도 있다).[22] 보복성 포르노는 믿었던 사람에게 배신당하고 신뢰가 무너진다는 점에서 여느 온라인 범죄보다 피해자에게 큰 충격을 주며 치유되기 어려운 상처를 남긴다.

_____ 과격화

2016년 여름, 유럽에서 시민들을 대상으로 한 무차별 공격이 잇따라 일어났다. 무차별 공격에는 두 가지 공통점이 있었다. 하나는 가해자가 온라인에서 매우 과격한 성향을 보였다는 점이고, 또 하나는 그런 짓을 저지른 극단적 성향의 사람들이 정신 건강에 문제가 있는 불안정한 상태의 사람들을 노렸다는 점이다. 테러 단체 ISIS가 등장한 이후 우리는 극단적인 온라인 선동에 너무 익숙해졌다. 퀼리엄 재단(Quilliam Foundation)은 자신들을 '세계화 된 세상에서 시민의식과 정체성, 소속감 문제를 연구하는 세계 최초의 반극단주의 사고 집단'이라고 규정한다. 2015년 12월 퀼리엄 재단에서는 '극단주의에서 벗어난 젊은이들을 이끄는 길(Youth Led Pathways from Extremism)'이라는 주제로 다음과 같은 글을 발표했다.

극단주의 집단은 비스니스 모델이 뚜렷하다. 디지털 플랫폼은 그들의 전략 지침이 된다. 그들은 대상을 명확히 파악하고 있으며, 명확하고 강력한 메시지를 가지고 있다. 메시지 뒤에는 정교하고 세계적인 마케팅 계획이 뒷받침되고 있다. 덕분에 극단주의 집단은 공격당하기 좋은 대상을 제대로 포착할 수 있으며, 특히 삶의 의미와 목적을 찾는 과도기의 젊은이들이 그 대상이 되기 쉽다. 이들의 메시지는 이데올로기와 관련된 게시물 또는 온라인에서 회원을 모집하는 글에 '좋아요', '친구 추가', '공유', '팔로우', '링크' 등을 한 사용자들을 유혹한다.[23]

미국의 커뮤니케이션 전문가들은 ISIS가 동영상으로 사람들의 공감을 어떻게 이용하는지를 분석한다. 예를 들면, ISIS는 부상을 입은 환자를 잘생긴 군인이 문병하는 장면을 보여준다. 퀼리엄 재단은 이러한 세뇌 게시물을 막기 위해 부정적인 방식, 즉 차단, 게시물 및 검색 삭제 등을 이용하는 것은 효과가 없다고 말한다. 그런 게시물은 언제 어디서나 다시 등장하기 때문이다. 보다 효과적인 방법으로 극단적인 게시물에 대항하는 '대항 발언' 운동이 일고 있다. 블로거와 코미디언, 온라인 유명인들은 조롱의 강력한 무기로 극단주의자들의 선전문을 폭로한다.

보수적인 영국 정부는 과격한 언행에 쉽게 영향을 받는 아이들을 확인하기 위해 초등학교에 예방 프로그램을 의무적으로 실시하도록 했다. 좀 더 긍정적인 접근 방식을 시도하기 위해 2016년 당시 교육부 장관이던 니키 모건(Nicky Morgan)은 새로운 사이트 〈혐오에 맞서는 교육(EducateAgainstHate.com)〉을 만들었다. 그리고 극단주의자들의 거짓과 선동을 전례 없이 확산시키는 정교한 소셜 미디어 전략에 대항할 것이라고 밝혔다.[24] 퀼리엄 재단은 이러한 움직임이 시작일 뿐 보다 광범위한 공감 교육 전략이 확산돼야 한다고 지적했다.

"폭력적이고 난폭하며 반사회적인 행위에 맞서는 가장 중요한 요소는 공감의 존재, 공감의 활성화, 공감의 적용이다. 극단주의자들이 날뛰는 상황에서 이러한 인간의 속성은 과격화되고 극단으로 치닫는 행동을 차단하는 데 매우 중요한 역할을 하게 될 것이다. 이런 중요성에도 불구하고 아이들과 청소년들에게 공감 능력을 길러주기 위한 목적으로 만들어진 프로그램은 거의 없다. 그러므로 극단주의자들과 젊은 과격주의자들로부터 아이들을 보호하기 위해 정부 및 NGO 단체들의 통합된 프로그램과 교육이 매우 중요하다."

더 광범위하게 보면 온라인 어디에나 포르노가 퍼져 있다. 포르노가 우리 아이들에게 미칠 영향에 대해 깊게 고민하지 않을 수가 없다. 스마트폰을 몇 번만 터치해도 포르노 사진들을 쉽게 볼 수 있기 때문이다. 2016년 5월, 영국 여왕은 영국에서 가장 큰 입법 프로그램을 만들자는 기조연설을 했다. 법으로 인터넷 사용자들의 연령을 확인해 18세 이상인 사람만 포르노 사이트에 접속할 수 있도록 하자는 내용이었다. 연설에 따르면 포르노 사이트에 접속하는 아동 5명 중 1명은 11~17세였으며 포르노 사진을 보고 매우 당황했다고 밝혔다.[25]

2016년 국립아동학대예방협회(NSPCC)에서 비슷한 우려가 담긴 보고서를 발표했다. 설문조사에 따르면 아동의 12퍼센트가 자신의 신체나 성행위를 동영상으로 촬영해 공유한 경험이 있으며, 9퍼센트는 포르노에 중독됐다고 밝혔다. 설문조사에 응한 아동 중 절반 이상이 포르노 사진이나 영상을 본 적이 있으며, 이를 접한 시점은 대부분 14세 이전이었다는 결과도 나왔다. 협회장 피터 완리스(Peter Wanless)는 이렇게 경고했다.

아이들이 대처할 준비가 되기도 전에 어린 나이에 포르노에 노출될 경우 치명적인 피해를 입을 수 있다. 업계와 정부는 보다 책임감을 가지고 아이들이 포르노에 접근하지 못하도록 해야 한다.[26]

2016년 아동자선단체 버나도(barnardo)의 자베드 칸(Javed Khan)은 "지금에서야 그것이 잘못됐다는 것을 안다(I Know It Was Wrong)"는 제목의 보고서에서 현재 아동 성폭력의 3분의 1 정도가 18세 미만 아이들에 의해 벌어진다고 발표했다.[27]

우리는 아이들이 온라인 포르노를 보면서 잘못된 길로 가도록 방치하고 있으며 아이들이 옳고 그름을 잘못 판단하도록 내버려두고 있다. 심지어 자녀에게 충분한 애정을 주는 부모조차 안전한 인터넷 사용법을 제대로 가르쳐주지 못하는 경우가 태반이다.[28]

포르노는 특히 사춘기 청소년에게 불안정한 심리를 심어줄 수 있다. 하지만 포르노가 인터넷 어디에나 만연하다는 사실은 모든 연령대의 사람들과 연결돼 있음을 의미한다. 2013년 암스테르담의 연구원들은 큰 용기를 내어 인터넷에서 사람들이 가장 많이 본 포르노 400편을 분석했다(총 108시간에 달하는 분량이었다). 포르노 대부분은 남녀가 섹스를 나누는 장면이었으나, 17퍼센트는 그룹 섹스를 보여줬고, 4분의 1은 때리는 장면이 나왔으며, 5분의 1은 입에 재갈을 물리는 장면이 등장했다. 다른 종류의 폭력은 거의 없었다.

하지만 20편 중 1편은 합의가 이뤄지지 않은 섹스 영상이었다. 여성은 남성의 쾌락을 위한 도구 취급을 받는 존재로 묘사됐으며, 남성의 얼굴은 거의 등장하지 않았다.[29] 그나마 대다수 사람들이 포르노에서 보여주는 소름 끼치고 끔찍한 장면을 그대로 따라하지는 않는다는 점이 다행이라면 다행이다.

2013년 영국 브라이튼에서 제인 롱허스트(Jane Longhurst)의 목을 조른 그레이엄 코우츠(Graham Coutts)는 목이 졸려 질식하거나 목을 맨 여성의 사진 800장을 가지고 있었다. 2013년 제이미 레이놀드(Jamie Reynolds)는 슈롭셔에 있는 자신의 집에서 17살 조지아 윌리엄스(Georgia Williams)를 목매달았다. 체포될 당시 그에게는 72개의 폭력 동영상과 1만 7,000개의 폭력적인 사진이 있었다. 이런 사례 외에도 살인,

강간, 식인 풍습, 시체 성애 같은 영상 및 이미지를 게시한 불법 사이트들이 대략 10만 개 이상인 것으로 추정된다.[30] 하지만 이렇게 도를 지나친 심각한 수위의 사이트들이 불쾌감을 주는 것과 별개로, 폭력적 행동까지 유발한다는 사실을 입증하는 것은 또 다른 문제다.

게일 다인스(Gail Dines)는 포르노에 반대하는 활동가로, 오늘날 등장한 새로운 범죄 현상의 의미를 명확히 밝히고 있다.

지금 우리는 잔인하고 폭력적인 포르노를 보는 남자 아이들을 양육하고 있으며, 그러한 영상이나 사진이 사람에게 미치는 영향력을 고려해볼 때 아이들이 보는 포르노가 성욕과 여성을 대하는 태도와 행위에 심각한 영향을 미치게 될 것이다.[31]

2014년 데이비드 레이(David Ley) 박사는 심리학 잡지 〈사이콜로지투데이〉에 네덜란드의 연구를 인용하며 설명했다. 그가 인용한 연구는 십대 사이에서 이뤄지는 변태적인 성행위의 거의 대부분이 그들이 소비한 포르노 때문이라고 밝혔다. "우리는 아이들이 성인 대상으로 만들어진 포르노를 보기를 원하지 않으며, 특히 그러한 포르노가 아이들의 성 개념을 혼란스럽게 하거나 왜곡시킬 수 있다는 네덜란드 연구팀의 상식적인 발언에 동의한다"고 말하면서도, 포르노가 아이들에게 직접적인 영향을 준다는 증거는 아직 없다고 주장했다.[32]

베를린에 있는 막스 플랑크 연구소는 포르노를 소비한 결과에 따라 인간의 뇌가 달라질 수 있다는 사실을 보여준다. 건강한 남성의 경우 포르노를 많이 볼수록 뇌의 보상 중추 활성도가 낮게 나타났다. 뇌가 포르노를 보고 같은 자극을 느끼려면 더 많은 도파민을 필요로 한다는 의미다.

쉽게 설명하면 같은 수준의 자극을 느끼기 위해 더 강도 높은 포르노를 봐야 한다.[33] 케임브리지와 독일에서 이뤄진 두 개의 연구에서는 포르노가 뇌에 미치는 영향을 보다 세부적으로 연구해 보여주고 있다. 연구에 따르면 포르노는 마약 중독과 매우 유사해서 같은 효과를 만들어내려면 더 큰 자극이 있어야 하고, 이에 따라 보상 체계가 위치한 뇌의 선조체가 점차 축소된다.[34]

지금까지 파악된 사실을 토대로 가장 합리적인 결론을 내린 것은 2013년 아동권리를 보호하는 영국 아동국(Children's Commissioner for England)의 연구다. 연구의 제목은 "기본적으로… 포르노는 어디에나 있다(Basically… porn is everywhere)"이며 다음과 같은 결론을 내렸다.

아동과 청소년이 포르노에 노출되면 성에 관한 신념에 영향을 받으며, 이는 성에 대한 비현실적인 태도로 이어진다. 인간관계에 적응하지 못하며, 성에 지나칠 정도로 관대해지고, 가벼운 성관계를 더 많이 인정하는 사고방식으로도 이어진다. 여성이 성적 대상이라는 믿음을 품게 되고, 성에 대한 불확실성을 갖게 되면서 젠더의 역할에 대해서도 덜 진보적인 태도를 갖게 된다. 우리는 성적 대상화가 있는 이미지와 폭력적인 이미지에 노출되는 경험이 아동과 청소년에게 영향을 미칠 수 있다고 결론 내린다. 하지만 아동과 청소년이 어떤 영향을 받고 영향이 얼마나 오래 지속될지에 대해서는 논쟁의 여지가 있다.[35]

아동국에서 언급한 인간관계에 대한 부적응적 태도는 포르노의 가장 중요한 문제점이 범죄 행위뿐 아니라 공감 능력과 원만한 인간관계에서 더 치명적인 문제가 된다는 점을 보여준다.

디지털에 무방비로 노출된 청소년들에게 생기는 또 다른 문제는 섭식 장애의 증가다. 영국인 가운데 72만 5,000명가량이 섭식 장애로 고통을 받고 있으며, 섭식 장애로 병원에 입원한 환자는 지난 10년간 3분의 1이 증가했다.[36] 영국 왕립보건소아과학회(Royal College of Paediatrics and Child Health)의 영양위원회 소속 콜린 미치(Colin Michie) 박사는 섭식 장애 문제가 날로 심각해지는 원인에 대해 스마트폰을 사용하는 아동이 늘면서 '완벽한 몸'을 자랑하는 유명인들의 이미지에 노출돼 안 좋은 영향을 받았기 때문이라고 말했다.[37]

섭식 장애로 힘들어하는 이들에게 보다 정상적인 식이요법과 건강한 몸을 만들도록 권장하는 훌륭한 웹사이트도 있지만, 온갖 터무니없는 신화들을 동원해 파괴적인 '날씬한 몸'을 부추기는 웹사이트도 많다. 2011년 EU 연구에 따르면 11~16세 사이의 청소년 중 10퍼센트 이상이 거식증 강박에 사로잡힌 사이트를 방문한 경험이 있다.[38] 엠마 본드(Emma Bond)는 이런 현상에 관한 보고서를 발표했다.

> 온라인의 익명 환경은 사람들에게 다른 환경에서는 부정적으로 평가받을 수 있는 문제에 대해서도 솔직한 의견을 표현할 수 있게 해준다. 마약 중독이나 자해, 자살과 같은 낙인찍힌 행위들도 옹호하는 사이트들이 존재한다. 그래서 온라인 공간은 대안적 정체성과 섭식 장애의 담론을 형성하는 중요한 맥락으로써의 공간으로 떠올랐다.[39]

최근에는 가혹하게 몸무게를 줄이고 지독하게 음식을 억제하는 거식증의 심리가 일종의 자폐증인지 아닌지에 대한 의견들이 오가고 있다. 사이먼 배런 코언 교수는 "다수의 의사와 부모가 즉각 알아차릴 수 있는 거식증의 특징은 공감 능력의 결여다. 이것이 진단 기준은 아니지만 공감 능력의 결여는 쉽게 드러나는 특징"이라고 말했다.[40]

인터넷은 인류에게 정말 유용하고 많은 것을 안겨줬다. 하지만 인터넷은 인류가 이전에 한 번도 대처한 경험이 없는 매개체다. 술집 귀퉁이에 앉아 홀로 술을 마시고 있는 사람이 당신이 본능적으로 피하는 사람이라는 걸 알 수 있겠는가? 그는 엘비스 프레슬리(Elvis Presley)가 여전히 살아있다고 믿거나, 폴 매카트니(Paul McCartney)가 죽었다고 믿으며, 도널드 트럼프(Donald Trump) 대통령의 "무슨 일인가 벌어지고 있다(There's something going on)"는 말을 굳게 믿는 사람일 수도 있다.[41]

그러나 인터넷 세상의 정말 특이한 현상은 홀로 술을 마시는 고독한 사람과 편집증적 망상에 사로잡힌 사람이 '처음으로' 서로를 이해할 수 있다는 점이다. 그들은 서로의 극단적이고 과도한 환상의 세계를 굳건히 다져준다. 그리고 온라인이라는 불에 기름을 끼얹기 위해 진정으로 인간적인 상호작용과는 분리된다. 인터넷이라는 매개체에서는 공감 능력이 결여된 일들이 벌어지고 있다. 사이버 공격과 영혼 없는 포르노가 난무한다. 그곳은 아이들의 손에 스마트폰만 쥐어주면 자유롭게 접근할 수 있는 바벨탑(Tower of Babel)이다. 우리는 이제 이전으로 돌아갈 수 없다. 하지만 그들을 보호하기 위해 할 수 있는 일이 있지 않을까?

_____ 가상현실(VR)

기술이 수많은 좋은 점을 앞세워 우리의 눈을 멀게 하도록 내버려두어서는 안 된다. 가상현실은 아직 걸음마 단계지만, 헤드셋을 착용하고 360도로 영상을 보는 장치까지 개발됐다. 이 장치만 있으면 한자리에서 왼쪽, 오른쪽, 뒤도 볼 수 있다. 크리스 밀크(Chris Milk)는 TED 강연에서 온라인에서 볼 수 있는 가상현실에 대해 이야기했다. 그는 UN기구와 협력해서 시리아의 한 소녀에 관한 VR 다큐멘터리를 만든 과정을 설명했다. 소녀의 이름은 시드라(Sidra)로, 요르단 국경 너머에 있는 난민 캠프에서 살고 있다. 〈시드라에게 드리운 구름(Clouds Over Sidra)〉이라는 제목의 영상은 VR을 활용해 시드라의 소망과 두려움을 흡입력 있게 보여준다.

여러분은 이 세계를 보게 됩니다. 여러분이 시드라의 방에 앉으면 TV 화면이나 창문 너머로 그녀를 보는 것이 아니라 같은 공간에 앉아 시드라를 바라보게 됩니다. 아래를 내려다보면 시드라가 앉은 곳과 같은 위치에 앉게 됩니다. 그래서 시드라를 보다 인간적으로 느끼고 이해하게 됩니다. 시드라에게 더 깊이 공감하게 되는 것이죠.[42]

밀크는 스위스 다보스에서 열리는 세계경제포럼(World Economic Forum)에 이 작품을 출품해서 많은 의사결정권자에게 영향을 미쳤다. 현재 그는 인도와 라이베리아에서 새로운 영상을 촬영 중이다.

가상현실은 인간과 인간을 더욱 깊이 이어줍니다. 이전의 어떤 매체도 하지 못했던 일입니다. 사람들이 서로를 바라보는 관점을 바꿀 수도 있습니다. 맞습니다. 이것은 기계입니다. 하지만 이 기계를 통해 우리는 더욱 인정 많은 존재가 됩니다. 우리는 더욱 공감하며 유대감을 느끼게 됩니다. 그리하여 마침내 우리는 더욱 인간다워집니다.[43]

뉴욕에는 2015년에 설립된 독창적인 에이전시 공감미디어(Empathetic

Media)가 있다. 이곳에서는 VR을 이용해 〈워싱턴포스트〉나 〈AP통신〉 같은 고객들에게 생생한 보도를 전달한다. 그들은 자신들의 일이 '이야기를 하는 사람과 읽는 사람 사이의 공감을 길러주는 새로운 유형의 저널리즘'이라고 믿는다.

심지어 VR은 우리를 자연에 더 깊이 감정 이입하게 해준다. 몇몇 미국 대학에서는 바쁘게 사는 현대인을 위해 평소 접하기 힘든 자연 환경을 가상현실로 체험하게 해줬다. 스탠퍼드대학교의 연구진은 13분짜리 바다가 보이는 가상현실 영상에서 관람자들을 분홍색 산호로 변화시켰다. 영상에서는 100년 동안 산성화가 진행되면서 산호초 주변에 사는 달팽이, 성게, 도미 같은 유기체들이 '관람자 자신'인 산호초와 점차 상호작용을 하지 않게 되어 결국 멸종하는 모습을 지켜보게 했다. 전혀 다른 존재가 되어 자연과 만나는 경험을 통해 사람들은 인간의 행위가 지구에 매우 중요한 영향을 미친다는 사실을 뼛속 깊이 깨달았다.[44]

외부 규제와 자기 규제

인터넷 초창기 시절, 인터넷을 사업 인프라로 활용하는 기업들이 생겨날 때 디지털 예언가들은 눈을 반짝이며 "이제 우리는 자유롭고 장소에 얽매이지 않으며 규제할 수 없는 새로운 세계로 용감하게 들어가고 있다"고 말했다. 하지만 예언은 틀렸다. 우리는 사회의 이익을 위해 인간의 모든 영역을 통제하기 시작했다. 저작권과 저작권 침해, 사생활과 데이터 보호, 사기, 절도, 비방, 명예훼손, 모욕 등을 규제하는 법이 인터넷에 도입됐다. 하지만 이 문제 해결은 결코 쉽지도 단순하지도 않다.

법은 있지만 과연 제대로 적용하고 있는지의 여부는 논란이 있으며, 법규 자체에 철저한 검증과 정비가 있어야 한다는 목소리도 커지고 있다. 900개의 영국 기술업체들로 구성된 테크UK(TechUK)는 현존하는 관련법이 '목적에는 잘 맞지만' 관련 정책과 시행에 있어서는 더 많은 지식과 요령이 필요하다고 주장한다. 관련 증거도 있다. 보복성 포르노를 금지하는 법이 새로 시행되고 첫 6개월 동안 잉글랜드와 웨일스에서만 1,160건의 사례가 보고됐는데, 그중 겨우 82건만이 기소됐고, 74건은 주의를 받는 데 그쳤다. 이런 문제가 얼마나 만연해 있는지, 관련법만으로 과연 문제를 막을 수 있을지 궁금할 따름이다. 사실 보복성 포르노의 정의가 '성기 노출'에서 '가슴과 엉덩이의 노출'까지 확대돼야 한다고 주장하는 학구적인 논의만 보더라도 인간의 행위를 법으로 정의하는 것이 얼마나 복잡한 일인지 알 수 있다.[45]

사이버 범죄를 담당하고 있는 스티븐 카바나흐 경찰서장은 관련법을 적용하는 데 있어서 해당 정책이 더욱 유연하고 정교해져야 한다고 말했다. 그러면서도 그는 경찰들이 새로운 형태의 보복성 포르노에서부터 1990년에 도입된 컴퓨터 악용에 관한 법, 1861년 빅토리아 시대의 조항에 이르기까지 30개의 관련 법안과 씨름을 벌여야 한다고 말했다.[46] 카바나흐에 따르면 경찰 10만 명 중 고작 7,500명 정도만이 사이버 범죄에 적절하게 대응하는 훈련을 받았으며, 턱없이 부족한 인력에게 상상을 초월하는 규모의 온라인 범죄들은 엄청난 위협과 부담이다. 카바나흐는 결국 더 나은 훈련과 합리적인 법이 해법이라고 말한다.

피해자들은 자신에게 무슨 일이 일어났는지 정확하게 설명하지 못하는 경우가 많다. 범죄 행위가 일어났을 때 자신에게 가해진 행위를 명확하게 규정하지 못하곤 한다. 피해자들은 경찰의 대응이 모호하면 자신들이 겪은 일에 대한 확신이 약해진다. … 따라서 관련법들을 모두 모아 강력하게 실행할 수 있는 권한이 부여된 단일 기관이 필요하다.[47]

2016년 10월 영국 왕립검찰청(Crown Prosecution Service)은 소셜 미디어에 관한 새로운 지침을 발표했다. 또한 18세 미만의 청소년들에게서 범죄가 성립하지 않도록 배려해야 한다고도 말했다. 한편 EU는 2018년부터 발효될 예정인 전면적인 '데이터 보호법'을 제정해 16세 미만의 청소년들이 소셜 네트워크를 사용할 때 부모의 동의를 받도록 했다. 그렇게 하지 않을 경우 소셜 네트워크들은 전체 매출의 4퍼센트까지 벌금을 물어야 한다.[48] 이 보호법이 얼마나 실효성 있는지는 앞으로 지켜봐야겠지만, EU를 탈퇴한 영국은 따르지 않을 가능성이 높다.

트위터와 페이스북에서도 자발적인 대응을 하고 있다. 사용자의 불만을 접수하여 공격적인 게시물을 강제로 삭제하고, 그런 게시물을 자주 올리는 사용자에게는 이용을 금지하는 등의 조치를 취하고 있다. 기업의 역할도 매우 중요하지만, 사이버 범죄는 지속적이고도 교묘하게 발전하고 있다. 이름만 바뀔 뿐 같은 범죄들이 무수히 반복된다. 따라서 이런 범죄는 치유보다는 예방이 훨씬 더 중요하며, 예방책은 훨씬 더 똑똑하고 체계적으로 잘 만들어진 기술에 의존하게 될 것이다.

아이폰은 아이들의 온라인 사용량을 부모가 제한할 수 있도록 함으로써 이 부분에 한해서는 안드로이드 기기를 앞서고 있다. 또한 아이폰에는 '구매 허락 받기' 기능이 있는데, 아이들이 애플리케이션(앱)을 다운받거나 앱을 통해 물건을 구매하려 할 때 부모의 휴대전화로 알림이 간다. 그러면 부모는 허락과 거부를 결정해 전송한다. 설정 기능에는 앱의 활성화와 비활성화가 가능한 '차단' 선택 사항이 있다. 예를 들어, 사파리 브라우저에서 성인 게시물을 보지 못하도록 차단할 수가 있다. 이 기능의 최대 약점은 부모가 첨단 기술에 최소한의 지식이 있어야 한다는 점일 것이다.[49] 대안으로는 네트워크 차원에서 아예 필터링을 하는 방법도 있다.

데이비드 캐머런의 끈질긴 재촉 끝에 영국의 통신업체 스카이(Sky), 버진 미디어(Virgin Media), 기타 광역 통신망 공급업체들은 최초로 소비자가 인터넷을 연결할 때 필수적으로 기능을 선택하는 방안을 마련했다. 즉 포르노를 보고 싶다면 포르노를 보는 옵션을 선택해야 한다. 스카이는 여기서 더 나아가 이 선택 사항에 답변하지 않은 사용자는 모든 성인 웹사이트에 접속하지 못하도록 해당 웹사이트들을 차단하는 조치를 취했다.[50]

영국 아동인터넷안전위원회(UK Council for Child Internet Safety, UKCCIS)는 200개가 넘는 정부 기관과 업체, 법률가, 관련 학계, 자선단체 등이 참여해 만들어졌다. 이 위원회는 통신업체의 필터링이 새로운 대안으로 넘어가는 과정에 도움을 줬다. 2016년에는 미성년자를 보호하는 온라인 서비스를 만들었고, 부모가 유해한 콘텐츠로부터 자녀를 보호하기 위한 지침도 발표했다.

인터넷을 사용하는 아이는 여전히 인터넷에서 상대적으로 새로운 경험을 한다. 실시간으로 반응이 이뤄지는 소셜 미디어는 아이들의 성장에 수많은 긍정적인 기회들을 제공하지만, 치명적인 상처도 얼마든지 줄 수 있다. 인터넷이 여과장치 없이 방치된다면 아동을 대상으로 한 따돌림, 성추행, 성범죄, 인신매매, 기타 수많은 불법 행위들이 얼마든지 일어날 수 있다.[51]

2010년 영국 내무성은 학교에서 디지털 기기를 제대로 사용하는 능력, 즉 '디지털 문해 능력'이 많이 권장됐다는 사실을 언급하면서 이제는 소셜 미디어 활용법에 대한 필수 교육이 생활이 되고 있다고 발표했다.[52]

아동에게 스마트폰을 허용하는 연령에 대해서도 다양한 의견들이 있다. 사실 4~5세 때 이미 스마트폰을 접하는 아이들도 있다. 그러나 2015년 〈허핑턴포스트〉는 12세 미만 아이들의 스마트폰 사용이 금지돼야 한다고 주장했다.[53] 인터넷 사용에 대한 규제는 학교보다 가정에서 하는 것이 더 중요하다. UKCCIS는 아이보다 부모가 인터넷 교육을 훨씬 더 많이 받아야 한다고 말했다(웹사이트 〈parentzone.org.uk〉에는 이를 위한 방안들이 마련돼 있다).

마이클 보바는 저서를 통해 가족 구성원의 습관을 확인해서 디지털 기기를 사용하지 않는 시간을 정하고, 가족이 함께 모여 식사하는 시간을 확보하라고 강조했다. 스티브 잡스도 가족이 얼굴을 맞대고 함께 시간을 갖는 것이 얼마나 귀중한 가치가 있는 일인지를 잘 알고 있었으며 실천하기 위해 노력했다. 이런 방식을 통해 디지털의 장점도 취하고, 아이들이 위험한 상황에 빠지지 않도록 올바르게 교육할 수도 있다. 다만 우리의 교육 체계가 공감 본능을 진정으로 포용하지 않는다면 이러한 방책들은 예방이 아닌 금지만 무성한 방안이 될 것이다.

 공감 교육의 힘

20년 전 캐나다의 교사인 메리 고든(Mary Gordon)은 공감의 과학에 깊은 관심을 갖고, 어떻게 하면 공감이 주류 교육이 될 수 있을까를 고민했다. 고든은 지역 학교를 찾아가 1년 동안 3주에 한 번씩 어머니가 아기를 데리고 수업을 들을 수 있게 해달라고 부탁했다. 그리고 교사들에게는 학생들이 아기가 성장하는 모습을 지켜보고 느낌을 설명하게 했다. 이 과정에 참여한 아이들은 자신의 감정을 확인하고 표현할 수 있게 됐으며 자연스럽게 다른 사람의 감정도 이해하게 됐다. 특히 학교 생활에 적응하지 못하는 친구에게 먼저 다가가는 행동을 보여주기도 했다. 이것이 유명한 '공감의 뿌리(Roots of Empathy)'다. 이 프로그램이 점차 알려지면서 많은 학교에서 4~13세 아이들의 수업에 적용했다. 현재 미국과 영국, 독일, 스위스, 뉴질랜드까지 확산됐으며, 이 수업으로 약 80만 명 이상의 아동들이 긍정적인 영향을 받았다.

브리티시컬럼비아대학교는 광범위한 연구를 통해 이 수업 과정을 들은 아동의 '주도적 공격성'이 나아졌다고 밝혔다. 주도적 공격성이란 원하는 것을 얻기 위해 이기적으로 공격적인 성향을 이용하는 것을 의미한다.[54] 또 다른 평가에서도 이 수업 과정에 참여한 아이들의 사회 지식과 감성지능이 향상했으며, 친사회적인 행동이 증가했고, 긍정적인 결과가 오래 지속됐다는 결과를 내놓았다.

'공감의 뿌리'의 사명은 아이와 어른의 공감 능력을 개발함으로써 배려하고, 평화롭고, 시민의식이 높은 사회를 건설하는 것이다. 이 프로그램이 성공한 이유 중에는 프로그램의 보편적인 본질도 있다. 모든 학생이 남을 괴롭히거나 공격적인 학생을 표적으로 삼기보다는 프로그램에 재미를 느끼고 긍정적으로 참여한다.[55]

흔히 체스는 체계적인 성향에 수학과 논리에 뛰어나지만 정서적 이해는 다소 둔한 사람들이 궁극적으로 승리하는 게임이라고 생각한다. 아르메니아는 6세 이상의 모든 아동에게 의무적으로 체스를 배우게 한 최초의 국가다. 마이클 보바는 아르메니아 예레반의 한 학교를 찾아가 매주 어린 학생들이 체스를 배우는 모습을 지켜보며 통념과는 전혀 다른 결론을 내렸다. 보바는 저서에서 체스를 하면 집중력과 기억력, 독서 능력과 수학 점수가 향상된다는 사실을 환기시켜 준다. 하지만 그보다 더 강조하는 것은 체스가 사회 정서 발달과도 관련이 있다는 점이다.

1학년인 나렉과 아르만을 관찰하면서 나는 체스가 공감의 인지적 측면을 기르는 강력한 도구라는 사실을 깨달았다. 학생들은 얼굴을 맞대고 앉아 상대방의 감정에서 단서를 얻었다(상대방이 자신감 있어 보이는가? 망설이는가? 지금 수에 고민이 깊은 듯 보이는가?). 그리고 '만약'이라는 상황에 입각해 다음 수를 예측했다(만약 저 말을 이렇게 움직인다면?). 나렉과 아르만은 상대방의 관점을 수용하는 가장 본질적인 기술을 습득하는 동시에 게임을 즐기고 관계를 맺는 법도 배우고 있었다.[56]

체스가 지닌 장점들은 인공지능 산업분야, 로봇 업계 등에서 충분히 인지하고 있으며, 이들은 현재 공감 능력과 감정 표현을 프로그램화해서 인공지능에 장착하려는 시도를 하고 있다.[57]

앞서 제2장과 제3장에서 어떤 종류든 학대를 당한 경험이 있거나, 자폐증이 있는 아이들이 학교에서 공부하는 것이 얼마나 어려운 일인지를 살펴봤다. 이 아이들은 간혹 다른 학생들의 수업을 방해할 때도 있다. 2012년 심리학자 루이스 바머(Louise Bomber)와 대니얼 휴즈(Daniel Hughes)는 가정 학대와 그로 인해 자녀들이 감정을 인식하고 이해하는 데 어려움을 겪는 상황에 관한 50개 이상의 연구를 체계적으로 검토했다. 아이들은 초등학교 연령인 11살 때까지 이런 증상을 보였고 증거는 명확했다. 아이들은 학급에서 싸움을 자주 일으키는 문제아 취급을 받았으며, 다른 아이들보다 감정과 욕구, 협동 등에 대한 사회적 이해가 부족했다. 또한 남을 잘 돕지 않는 경향이 있었다.[58] 공감 본능은 이 같은 심각한 문제에 좋은 해결책이 될 수 있을 것이다.

1년 후인 2013년 바머와 휴즈는 연구를 토대로 《문제가 있는 아동을 위한 학습(Settling Troubled Pupils to Learn)》을 출간했다. 이 책에 따르면 많은 부모가 자녀의 파괴적인 행위에 몹시 놀라며, 특히 자신들이 일으킨 문제에 후회하지 않는 모습을 보고 충격받는 경우가 많다고 한다. 하지만 우리가 명심해야 할 점은 아이들에게는 공감하는 모습을 직접 보여줄 대상(부모, 교사 등)이 필요하다는 사실이다. 그래야 자신과 다른 사람에게 공감할 수 있다. 강압적인 교사들이 위험한 것은 감정 없이 단순히 '직업으로서의 일'에만 의지하는 경우가 있기 때문이다.

바머와 휴즈는 교사들에게 자신의 행동을 성찰할 시간을 줘야만 스트레스나 트라우마에 억눌린 아동들의 돌발 행동에 대응할 수 있다고 강조했다. 두 사람은 교사들에게 네 가지 행동 지침을 제안했다.

1. 공동 규제는 자기 규제로 이어진다 공감은 아이의 격렬한 감정을 완화하는 데 큰 도움이 된다.

2. 신뢰하기 공감은 아이가 우리의 의도를 신뢰하도록 도와준다.

3. 상황 이해하기 공감은 아이가 자신의 행동과 우리의 행동을 이해하도록 도와준다.

4. 소통하기 공감은 아이가 자신의 내면을 우리에게 털어놓을 수 있도록 도와준다.[59]

　교사들의 공감 본능이 학생들에게 도움이 될 수 있다는 사실을 주장한 것은 두 학자만이 아니다. 이 문제는 명백하든 암시적으로든 문제 있는 학생들을 대하는 방법을 고민하는 교육심리학자들이 기본적으로 실천해왔던 내용이다.[60] 하지만 정작 교사들은 이를 잘 알지 못하는 듯하다. 그래서 현재 영국과 미국에서는 학교는 물론 일상생활에 공감이라는 화두를 자리매김하려고 노력하는 중이다.

　영국의 경우 미란다 맥키어니(Miranda McKearney)는 아직 걸음마 단계지만 생각을 실천으로 옮겨 '공감연구소(embryonic EmpathyLab)'를 설립했다. 청소년들의 문해 능력을 기르기 위한 자선활동을 하던 맥키어니는 사이버 폭력이 청소년들의 심각한 공감 결핍을 보여준다고 말했다. 그녀는 상대방의 감정을 인식하는 능력, 주의 깊게 상대의 말을 듣고 대화하는 능력, 상대방의 가치관과 감정을 존중하는 능력, 친사회적인 성향과 행동 등을 공감의 주요 기술로 규정한다.

　이미 몇몇의 초등학교 교장은 교육에 공감 본능을 적용하는 정책에 손을 들어주고 있다. 셰필드에서 학생 수가 750명인 학교를 운영하는 교장은 내게 자신의 역할 중 60퍼센트가 불우한 환경의 학생들을 위해 정부 지원금을 받는 것이라고 말하기도 했다. 나머지 비용은 추가 기금으로 마련한다고 했다. 불우한 학생들은 경제적으로 가난한 아이들을 의미하며, 방해 없이 학업에 집중할 수 있도록 미리 공감 교육에 관한 규율을 마련해야 한다는 말도 덧붙였다. 그런 학생 중 일부는 적절하게 사회화되지 못하거나, 집중력이 저하되면서 학습력이 결여되는 결과로 이어지기도 한다.

맥키어니는 문학과 스토리텔링이 기본적인 공감 능력을 촉진시킬 수 있다고 믿으며, 10곳의 학교에 이와 관련된 다양한 활동을 안내하고 있다. 우리는 그중 두 학교를 방문했다. 네틀리마쉬(Netley Marsh)는 4~7세 아이들이 다니는 작은 유치원으로 햄프셔주 뉴포레스트에 있다. 네틀리마쉬에는 6개의 핵심 가치가 있는데, 그중 하나가 '열린 마음'이다. 자신의 생각과 마음을 다른 사람과 다른 의견에 늘 열어둔다는 개념이다. 그래서 이 유치원 직원들은 공감 본능에 무척 관심이 많다. 원장인 매트 페렛(Matt Perrett)은 수업 시간에 '관점'에 대해 가르친다.

한 수업에서 아이들은 커다란 주사위 주위로 둥글게 앉아 있다. 미셸의 자리에서 보면 주사위 숫자는 5다. 짐의 자리에서는 2가 보이고, 한나의 시선에서는 6이 보인다. 아이들은 숫자는 다르지만 같은 주사위를 보고 있다. 아이들 얼굴에는 다른 관점을 이해했다는 표정이 담겨 있다.

또 다른 반에서는 '공감 수업'이 이뤄진다. 교사는 4명의 아이에게 집에서 영화를 보는 장면을 상상해보라고 말한다. 방에는 3명만 앉을 수 있는 소파와 팝콘 3개가 있다. 교사는 아이들에게 1명씩 그 상황에 대해 생각해보고 혼자 남겨진다는 것이 어떤 의미인지 발표하게 한다. 아이들은 차례대로 소파에 앉아 팝콘을 먹지 못한 사람의 입장이 되어본다. 수업 중에는 공감 카드도 활용된다. 자신의 생각을 잘 표현한 아이들에게 카드를 나눠주는데, 카드에는 공감과 관련된 중요한 말이 적혀 있다.

영국 문화에서 공감은 과소평가되는 경우가 많은데, 매트 페렛이 아이들의 반응에 대해 한 말은 매우 흥미롭다.

아이들은 공감 수업을 무척 좋아한다. 아이들에게 이전 수업시간에 배운 공감을 보여 달라고 요청하자 우리에게 노래를 불러줬다. 아이들은 몇 번이나 노래를 부르면서 노래가 끝날 때까지 우리를 교실에 머물게 했다. 하루 종일이라도 부를 기세였다. "공감은 좋은 거야, 공감은 멋진 거야, 우리는 공감을 사랑해. 너도 그래야 해."[61]

백초등학교(Beck Primary School)는 5~11세 아이들이 다니는 학교로 셰필드 외곽에 있다. 학교 강당에 7~8세의 아이 36명이 모였다. 교사인 에이미 윌러비(Amy Willoughby)는 36명의 아이들을 신중하게 선택했다. 아이들 중 절반은 다른 아이들에 비해 유독 공감 능력이 좋고, 나머지 아이들은 공감 능력이 다소 떨어진다. 이 아이들을 한자리에 모이게 한 것은 서로에게 도움을 주기 위해서다.

그날 아침, 특별 손님은 아동 문학가 앨런 맥도널드(Alan MacDonald)였다. 아이들은 다른 사람의 감정을 파악하는 데 도움을 주기 위한 의도로 고안된 몇 가지 프로그램에 참여했다. 이를테면 누군가가 기르던 고양이가 죽었을 때 위로하는 방법, 특정 감정들을 표현하는 단어와 표정들을 나열한 뒤 어울리는 것끼리 잇기, 특정 감정의 역할을 연기하기 등이 주요 내용이다.

하지만 이 프로그램에서 가장 중요한 것은 맥도널드의 저서 《트롤들아, 집에 가(Trolls Go Home)》를 읽는 것이다. 고전 동화 《염소 삼형제》에서 유래된 이 책은 트롤 가족이 노르웨이를 떠나 영국에 정착하는데, 영국 교외 지역에서 아주 힘든 시간을 보낸다는 내용이다.

트롤은 '기괴하고, 피부가 딱딱하고, 못생기고, 아둔하다'는 수식어 외에 그들을 표현하는 다른 수식어가 있을까? 트롤은 새로 온 선생님을 깨물까? 트롤과 친구가 되고 싶어 하는 사람이 있다면 좋은 생각이 아니라고 말려야 할까?

에이미 윌러비는 여기에 '공감 리더'의 개념을 도입한다. 아이들에게 운동장에서 우울한 표정으로 혼자 있는 아이의 모습을 보게 하는 것이다. 그러고는 다음 주에 아이들에게 혼자 외롭게 있던 아이에게 다가가서 먼저 말을 거는 '특별한 영예'에 참여할 것인지를 묻는다. 백초등학교의 교장은 이 프로그램에 대해 이렇게 말했다.

우리는 공감연구소가 생기기 전부터 사회 기술과 감정 기술에 집중해야 한다는 사실을 알고 있었습니다. 대다수 학생이 학생지원금을 받는 아이들이었기 때문이에요. 공감 훈련은 아이들에게 집에서 충분히 체험하지 못한 사회적 경험을 제공해주는 프로그램이에요.[62]

_____ **자원봉사**

16세 앤서니 블룸필드(Anthony Bloomfield)는 브리스톨 지역의 정원에 새 길을 만드는 작업을 하고 있다. 블룸필드는 '내셔널 시티즌 서비스(National Citizen Service)'에 3주를 할애했다. 청소년에게 자원봉사할 수 있는 기회를 마련해주기 위해 지역 자선단체와 연계해 진행하는 정부 주도 프로그램이다. 그는 〈인디펜던트〉의 한 인터뷰에서 "이 프로그램이 내 인생을 더 나은 방향으로 변화시켜줬다"고 말했다.

이곳에서는 빈스파이어드(vinspired), 영국청소년의회(British Youth Council), 프린스 트러스트(Prince's Trust), 여성자원봉사대(WRVS) 등 여러 단체들이 내놓은 다양한 계획이 이뤄지고 있으며 수많은 좋은 일을 하고 있다. 그중에는 멘토가 되거나, 보다 폭넓은 네트워크를 구축하거나, 새로운 업무 규율을 도입하는 등 훈련 과정도 있다. 하지만 〈인디펜던트〉 기자는 좀 더 색다른 사실을 발견했다.

약자를 괴롭히고 스토킹하는 십대들이 많은 페이스북과 달리 얼굴을 맞대고 함께 프로그램에 참여했던 젊은이들에게서는 온정이 느껴졌다. 이런 모습은 끊임없이 휴대전화를 보지 않은 젊은이들에게서 특히 두드러졌다. 사회적 상호작용은 소셜 미디어에서도 일어나고 있다.[63]

내셔널 시티즌 서비스에 자원봉사자로 참여했던 청소년들은 헤드스타트의 혜택을 받기도 했다. 어려운 환경의 미취학 아동은 물론 청소년들을 돕기 위해 만들어진 교육 지원 프로그램으로, 미국에서 시작해 현재 런던과 버밍엄, 맨체스터에서도 활동 중이다.[64] 헤드스타트는 취업에 필요한 능력을 기르고 무엇보다도 관계 기술을 연마하기 위해 고안된 교육 프로그램을 제공한다.

공감연구소를 세운 미란다 맥키어니는 학교에서 보다 다양한 활동을 고무할 수 있는 프로그램을 계획하고 있다. 그중 하나가 '공감 오스카상'이다. 아이들은 책에 등장하는 인물 중 공감 능력이 가장 뛰어난 후보들을 선정하고, 가장 좋아하는 후보에게 투표를 한다. 맥키어니는 "아이들이 이야기 속에서 공감 능력이 뛰어나고 이를 실행으로 옮긴 인물을 칭찬하는 과정에서 공감이 무엇인지 생각하게 되고 자신의 행동으로 옮길 방법을 터득하게 된다"고 말했다. 이런 프로그램은 '소설이 독자들로 하여금 공감대를 형성하고 마음 이론을 실천하게 한다'는 보편적으로 널리 알려진 개념을 토대로 하고 있다(이에 관해서는 제8장에서 자세히 다룰 예정이다).

맥키어니가 정의하는 공감의 핵심 요소는 우리와 친숙하다. 공감하는 소통, 다른 사람의 감정을 소중하게 생각하고, 이해하고, 존중하는 능력, 정서적 인식, 적극적인 상상력, 성찰하는 능력 등이다. 이는 우리가 이 책에서 살펴보고 있는 특징들이자 공감 본능을 연구하는 수많은 신경과학자들과 인류학자, 심리학자들의 주요 관심사이기도 하다.

그러나 우리는 공감 본능이 어떻게 작동하는지에 대해 이제 겨우 절반 정도만 이해했을 뿐이다. 또한 새로운 디지털 시대가 우리의 사고방식과 행동에 어떤 영향을 미치는지를 이해하는 데 막 첫걸음을 뗐을 뿐이다. 만약 우리가 이 두 가지의 지식을 연결할 수 있다면, 이 장에서 언급한 선구자들처럼 성찰할 수 있다면, 우리 사회에 막대한 이익이 될 것이다.

〉 인공지능의 역할은 어디까지인가 〈

우리는 실리콘밸리의 본고장인 캘리포니아 팔로알토의 시장이 당시 미국의 대통령 허버트 후버(Herbert Hoover)에게 "기술은 우리의 문명을 멸망시킬 위협적인 '프랑켄슈타인' 같은 괴물"이라고 했던 경고를 귀담아 들어야 한다. 팔로알토의 시장이 언급했던 기술은 산업자동화이며, 세계는 경제 대공황을 겪고 있었다.[65] 당시 시장이 진심으로 그렇게 느껴서 말했는지는 잘 모르겠으나, 오늘날 인공지능(AI)의 도래는 75년 전 제조 산업에서 일어난 어떤 혁신보다도 더욱 지대하게 인류에게 도전장을 내밀고 있다.

75년 전 사람들이 두려워했던 것은 힘든 시기에 직장을 잃는 것이었다. 21세기의 인공지능도 인간이 해오던 수많은 업무를 대체하고 있다. 생산 라인에서는 로봇들이 일을 하고, 운송 서비스는 드론들이 담당하고 있으며, 운전기사가 없는 버스와 열차가 운행하고, 의료산업에서는 인공지능이 병을 진단하기도 하고 인간의 역할을 보조하기도 한다. 하지만 인공지능에는 훨씬 더 깊고 근원적인 부분이 있다. 장기적으로 인공지능은 단순히 인간의 일자리만 대체하는 것이 아니라 신체적·지적·감정적으로 인간을 복제할 수도 있다.

겉으로 보면 인공지능이 당장 가까운 미래에 어마어마한 혜택을 줄 것처럼 보인다. 인공지능의 다음 단계는 '기계 학습'이다. 인공지능이 컴퓨터를 통해 인간보다 더 방대한 지식을 학습해 우리에게 필요한 것을 만족스럽게 예측할 수 있는 기술이다. 꽤 공감을 불러일으키는 말이다. 하지만 좀 더 깊이 들어가 보면 '인간 수준의 기계 지성(human-level machine intelligence, HLMI)'이 있다.

세계 최고의 인공지능 연구자들을 대상으로 한 설문조사에 따르면, HLMI가 2030년까지 달성될 확률은 약 10퍼센트, 2050년까지 달성될 확률은 약 50퍼센트, 2100년에 달성될 확률은 90퍼센트다(아마 이제 막 태어난 아기들은 이 기술이 성취되는 것을 볼 수 있을 것이다). 전기자동차 업계의 억만장자 엘론 머스크(Elon Musk)는 "인공지능이 잠재적으로 핵무기보다 더욱 위험하다"고 말했다. 또한 스티븐 호킹 박사는 "인공지능이 완전히 발달하면 인간 종족은 멸망할 수도 있다"고 말했다.

《슈퍼인텔리전스》의 저자 닉 보스트롬(Nick Bostrom) 교수는 인공지능의 전도사이자 예언자다.

인공지능은 단순히 또 하나의 근사한 기계 장치나 기발하지만 사소한 그무엇이 아니다. 인공지능은 인류가 지금껏 만든 것 중 최후의 역작이다. 인공지능의 시대로 이행하게 되면 우리는 인간의 생각을 자동화하고, 두뇌의 힘을 자동화할 것이다. 인공지능에 어떤 방식으로든 영향을 받지 않는 삶의 영역을 생각하기란 어렵다.[66]

보스트롬은 컴퓨터에 마음이 생기면 인류를 위협할 것이라고 경고하며 인공지능이 현실임을 확인시켜주고 있다. 또한 그는 책을 통해 우리가 인공지능을 더 발전시키기 전에 어떤 부분을 통제할 수 있는가를 이야기하고 있다.

인공지능이 인간의 모든 직업을 대신할 수 있을 정도로 발전할 수 있을까? 2013년 옥스퍼드대학교의 연구에서는 지능이 있는 기계가 최소한 20년 이내에 미국에 있는 직업의 절반 정도를 수행할 것이라고 예측했다. 이 연구를 진행한 저자들은 대체될 가능성이 가장 적은 직종으로 심리학자를 꼽았다. 인간적인 특징과 공감 능력 자질이 그 이유였다.[67] 인공지능이 인간의 모든 기능을 흉내 낼 수 있다는 것은 어쩌면 인공지능 개발자들의 야심인지도 모른다. 하지만 캘리포니아주 산타 바바라에 있는 미디어심리연구센터(Media Psychology Research Center)의 이사 파멜라 러틀리지(mela Rutledge)는 이러한 전망에 회의적이다.

인공지능과 로봇의 시대가 열리면서 사람들은 반복적인 업무를 인공지능과 로봇에 떠넘기고 인간이 더 잘할 수 있는 분야에 노력과 에너지를 투자한다. 우리는 이미 우리에게 말을 거는 자동차와 이야기를 나눌 수 있는 전화기, 노인을 침대에 눕혀주는 로봇과 엄마에게 전화를 걸도록 상기시켜주는 앱을 가지고 있다. 이 앱은 저장된 엄마의 전화번호로 전화를 걸기도 하고 심지어 꽃을 보내주기도 한다. 하지만 앱은 가장 인간적인 행위는 하지 못한다. 정서적으로 엄마와 교감하지 못하는 것이다.[68]

공감 선언

실리콘밸리의 기업가이자 스탠퍼드대학교에서 인공지능 강의를 하는 제리 카플란(Jerry Kaplan)도 이와 비슷한 생각이다. 그는 상호작용과 관련된 분야는 인공지능이 영향을 미치지 않을 것이라고 믿는다. 카플란은 로봇이 당신에게 "(누군가를 잃은 슬픔을) 애도합니다"라고 말하는 것을 듣고 싶지 않을 것이라고 말한다.[69] 실리콘밸리의 또 다른 기업가 자메스 카스시코(Jamais Cascio) 역시 동의한다.

> 기계가 대체하기 가장 어려운 직업은 공감 능력과 인간적인 교감을 필요로 하는 직업이다. 기계는 그런 일들을 사실상 신뢰할 만한 수준으로 할 수 없다. 즉 대학 교수보다 유치원 교사가 훨씬 더 대체하기 어려운 직종이라는 의미. 외과의사보다 간호사가 훨씬 더 대체하기 어려운 직종이며 공감 능력과 인간적인 교감이 중시되는 직종은 지속될 것이다.[70]

지능이 있는 기계가 인간에게서 시스템화라는 짐을 덜어준다면 인간에겐 무엇이 남을까? 이미 기계들은 효과를 보여주고 있다. 임금으로 대표되는 미국의 경제생산량을 살펴보면, 생산량을 측정하기 시작한 1950년대의 수치가 가장 낮았다. 1964년의 최고 기술 업체는 통신업체인 AT&T였다. 당시 AT&T는 현재 기업 가치가 월등이 높은 구글보다 13배나 더 많은 직원들을 고용했다. 어떤 이들은 기술이 발전하면 인력이 더 필요할 것이라고 생각한다. 하지만 지금까지의 현실을 보면 새로운 기술은 많은 인력을 고용할 만큼 충분한 자리를 제공하지 못한다.

보통 일자리는 자존감과 사회적 지위를 측정하는 수단으로 인식돼왔다. 1970년대 오하이오주 영스타운에서 철강 산업이 무너졌을 때, 가정폭력, 우울증, 자살 등의 사례가 급격하게 증가했다.[71] 영국의 왕실천문

관은 "거대한 부의 재분배가 일어날 것인지, 그래서 이익이 단순히 로봇의 엘리트 소유주들에게만 돌아가지는 않을지"에 관한 글을 발표했다.[72]

인터넷 경제가 소수의 거대한 몇몇 사람에게 장악되는 과정은 이미 진행 중이라고 말하는 이도 있다. 닉 보스트롬은 '어떻게 하면 기능적인 사회가 필요로 하는 복지와 안정성을 기본적으로 필요한 수준으로 유지할 수 있는가'를 묻는다. BBN 테크놀로지의 과학자는 우리 경제의 일부가 '재인간화(re-humanise)'가 될 수 있다고 주장한다. 블루컬러와 화이트컬러의 직종이 자동화 시스템으로 대체될 것이고, 인간이 인간을 위해 만든 예술적 생산품에 대한 수요가 증가할 것이라고 그는 생각한다.

> 장기적으로 이러한 흐름은 (저렴한 제품, 기성품, 일회용품 등이 통했던) 19~20세기 경제를 재지역화하고, 재인간화하는 방향으로 흘러갈 것이며, 개인 맞춤식의 가치 있고 오래 지속되는 제품과 서비스 분야에서는 (구형 기술과 신형 기술 모두) 인간 중심 기술이 더욱 중요하게 될 것이다.[73]

설령 이러한 문제들을 해결한다 해도 이전보다 더 늘어난 여유 시간을 대처할 수 있을까? 인간관계에서 높은 수준의 만족감을 느낀다면 충분히 잘 대처할 수 있다. 그렇게 되면 우리는 공감이 우리에게 주는 활력과 사랑과 기쁨을 만끽할 수 있을 것이다. 디지털 시대가 이런 아름다운 정서들을 없애도록 내버려두지만 않는다면 말이다.

보스트롬은 컴퓨터가 일종의 인공지능 개념을 지닌 컴퓨터를 설계할 수 있을 때, 지금껏 상상하기만 했던 엄청난 기술적 발견 과정이 가속화될 것이라고 말한다. 사람들은 수만 년이 걸릴 지도 모른다고 예상했던 노화를 막는 것 같은 기술적 도약이 가까운 미래에 실현될 수도 있다고 추측한다. [74] 그러므로 더더욱 인간성을 지키기 위한 노력을 해야 한다. 영원히 사는 것처럼 보이지만 않는다면, 영원히 사는 것이 좋을 수도 있다. 그때가 되면 우리가 서로에게서 얻는 기쁨이 지금보다 훨씬 더 귀중해질 것이다. 하지만 이는 어디까지나 우리가 공감 본능을 유지하고 있을 때만 해당되는 이야기다.

제5장

죄와 벌

회복적 사법은 범죄자들에게

피해자의 얼굴을 직접 대면하고 잘못을 인정하게 해준다.

이 과정을 통해 범죄자들은 공감을 느끼거나

느끼는 법을 배우게 된다.

피해자의 감정을 이해하고 경험하는 것이다.

30년 후, 사법은 오늘날의 체계와 현저하게 달라질 것이다. 형사 법정은 범죄자들을 처벌하고 형량에 맞게 구속시키기보다 그들을 긍정적으로 변화시키기 위한 방법을 모색할 것이다. fMRI로 사이코패스와 공감 능력이 결여된 사람을 찾아내 특별한 관심이 필요한 사람으로 분류할 것이다. 제 기능을 못하는 뇌 영역을 치료하는 프로그램도 생길 것이다. 피해자와 가해자가 합의하는 '회복적 사법'이 폭넓게 채택될 것이다.

교도소는 수감자들을 고립시키고 격리시키는 기능보다는 교화시켜 사회로 내보내는 곳이 될 것이다. 건강 관련해서는 매우 중요한 의약품의 수요를 감당할 수 없게 될 것이므로 치료보다 예방에 더욱 주력하는 방향으로 변화를 맞이하게 될 것이다.

사법정의 이야기로 돌아가자면, 마찬가지로 우리는 죄를 벌하기보다 예방하는 방법을 더욱 찾게 될 것이다. 붕괴된 가정을 회복하는 데 더 많은 노력을 기울이게 될 것이라는 의미다. 훌륭한 연구 자료들, 특히 미국에서 진행된 수많은 연구 자료는 이 같은 초기 투자가 어떻게 사회적 배당을 기능하는지를 보여준다.

제3장에서 살펴봤듯이 힘겹게 아이를 키우는 초보 어머니들에게 육아와 행동 방식(공감 기술)을 가르쳐줬을 때, 그들의 자녀가 성인이 되어 문제를 일으킬 가능성이 줄어든다. 보고서에 따르면 아이들이 소소한 문제

를 일으키는 경우가 줄어들고, 장기적으로는 큰 문제를 일으키는 경우도 줄어들었다.[1] 닉 로스(Nick Ross)는 범죄 예방에 관한 저서에서 십대 청소년들을 소년원에 보내는 것은 영국의 명문학교 이튼스쿨에 보내는 것보다 두 배의 비용이 든다고 말했다. 미국에도 이와 비슷하게 "예일보다 감옥에 보내는 것이 훨씬 더 많은 비용이 든다"는 표현이 있다.[2]

공감과 공격

공감의 결핍과 범죄 사이에 연관성이 있다는 사실에는 모두가 공감한다. 하지만 신경과학자들은 여전히 우리 뇌의 기능과 기능 저하 문제를 풀지 못했기에 구체적인 연관성에 관해 모두의 공감대가 형성된 것은 아니라고 말한다. 어떻게 보면 당연하다. 이제 막 떠오르는 과학 분야에서 선명한 그림의 윤곽이 명확하게 드러나기 전까지는 무수한 이론과 반대 이론들이 나오기 마련이다.

2003년 데릭 졸리프(Darrick Jolliffe)는 케임브리지대학교에서 박사 논문을 쓰면서 이 주제에 관한 35개의 연구들을 면밀히 검토했다. 그는 낮은 공감 능력이 공격성과 연관이 있다는 점은 확인할 수 있었지만, 어쩌면 가족의 붕괴, 빈곤, 낮은 지능이나 충동조절을 하지 못하는 성향 등 다른 요소에 따른 결과일지도 모른다고 결론 내렸다.[3] 또한 졸리프는 공감을 측정하는 수단이 매우 다양하다고 생각했다. 그래서 그는 공감에 관한 연구에 통일성을 주기 위해 '기본 공감 척도(Basic Empathy Scale)'를 만들었다. 질문들을 통해 낮은 인지적 공감(예: 슬퍼하고 있는 친구를 이해하는 게 어렵다고 느낀다)과 감소된 감정적 공감(예: 다른 사람들이 겁에 질릴 때도 나는 대체로 침착한 편이다)을 테스트한다. 졸리프는 감정적 공감을 개선하는 것이(다른 사람의 감정을 성공적으로 경험하는 것이) 반복되는 공격 성향을 끊는 데 있어서 매우 중요하다고 봤다. 이는 사이코패스를 대상으로 한 사례이긴 하지만, 한 종류의 범죄로 범위를 좁혀서 연구를 진행했다.

2014년 네덜란드의 연구팀에서는 인지적 공감 능력의 결핍이 감정적 공감보다 더 큰 영향을 미친다고 주장했다.[4] 미국인들을 대상으로 대규모로 이뤄진 이 프로젝트에서는 공감과 공격성의 관계를 연구했으며 둘 사이의 관계가 명확하지 않다고 결론 내렸다. 연구원들은 연구 자료가 측정 문제로 영향을 받고 있긴 하지만 단순히 공감을 토대로 한 지나치게 많은 치료에 대해서는 경고했다.[5] 연구팀은 데이터를 측정하는 부분은 아직 과정 중에 있다고 말했다.

박사 논문을 마친 졸리프는 개인이 법을 위반하는 원인 중 하나인 '충동성'에 관해 연구하고 있다. 그는 자신이 만든 '기본 공감 척도'에서 개인에게 선천적으로 어느 정도까지 대담한 사람인지를 묻는다. '주로 대담한 편'이라고 답한 사람이나 '늘 대담함'이라고 대답한 사람일수록 공격 성향이 더 높은 것으로 나타났다. 하지만 이들 중에서 어떤 이는 공감 능력이 높고 어떤 이는 낮았다.

그러나 그다지 충동적이지 않은 사람들 사이에서는 공감 능력과 범죄 사이에 명확한 연관이 있었다. 공감 능력 점수가 낮은 사람들이 공격적인 성향의 사람인 경우가 현저히 높았다. 결국 그는 "공감과 공격성은 관련이 있지만 충동성이 이것을 압도한다"고 말했다.[6]

이 책에서도 살펴보겠지만, 개인이 자신이 저지른 충동적 행위의 결과를 이해할 수 있을 때 충동적 행위를 억제할 수 있는 중요한 원동력이 된다. 행위의 결과를 이해하면 범죄를 예방할 수 있다. 대부분의 아이들은 아주 어린 나이에 이러한 내용을 배우며 사회적으로 긍정적인 태도를 갖게 된다. 제3장에서도 말했듯이 처벌보다 설명이 중요한 이유가 바로 이 때문이다.

따라서 공감 능력이 낮으면 반사회적 행동과 범죄 행위를 저지를 수 있다. 하지만 낮은 공감 능력이 원인이 돼 반사회적 행동과 범죄 행위를 저지르는 결과로 이어진다기보다 함께 공존한다고 보는 편이 맞다. 공격성은 다른 요소들에 의해 유발되기도 하고 낮은 공감 능력의 원인이 되기도 한다. 졸리프의 최근 연구에서는 '어떻게 하면 공격의 순환성을 끊고 다른 사람을 도울 수 있는가'를 다루고 있으며, 원즈워스 교도소 수감자들과 법률을 위반해 보호관찰 조치를 받은 사람들을 비교하는 연구로 이어졌다. 졸리프는 한 가지 명확한 결론을 내렸다. 교도소가 단기적으로는 범죄자들이 범죄를 저지르지 못하도록 해줄 수는 있어도 수감자들을 교화시키지는 못한다는 것이었다.

자신의 신변에 위협을 느낀다면, 언제 집으로 전화를 할 수 있는지 알지 못한다면, 하루 23시간을 사방이 막힌 곳에 갇혀 지낸다면, 그들은 결코 더 나아질 수 없다. 범죄자들을 무조건 교도소에 보내고 그들이 변화하기를 기대할 수는 없다. 교도소에 수감된 사람들은 보호관찰 조치를 받은 사람들에 비해 다시 공격적인 행위를 저지르는 경우가 많았으며 더욱 빈번했다.[7]

그러므로 공격적인 행위를 저지른 사람들을 우리가 어떻게 대하느냐는 '그들이 최초에 왜 그런 행위를 저질렀는가' 하는 문제만큼이나 중요하다.

2016년 가을, 현재 사용되지 않는 빅토리아 시대의 감옥에 마련된 설치 미술을 본 관람객들은 시작부터 잘못된 현대식 형벌 체계를 목격했다.[8] 조지 길버트 스콧(George Gilbert Scott)이 설계한 레딩 감옥은 1844년 문을 열었다. 수감자들은 서로에게 나쁜 영향을 미칠 것이라는 판단하에 하루 23시간 동안 독방에 갇혀 있었다. 그들은 이러한 박탈이 철저히 비생산적인 결과로 이어지리라는 사실을 알지 못했다. 독방과 인간관계의 단절은 수감자들에게 치명적인 영향을 미쳤다. 레딩 감옥의 가장 유명한 수감자였던 오스카 와일드(Oscar Wilde)는 훗날 《심연으로부터》를 통해 1,000명의 활기 없는 사람들의 삶을 그렸으며 "수감자의 독방은 늘 황혼이고 그들의 가슴은 늘 자정이다"라고 묘사했다.

단 한 번만 사용해도 중독됩니다. 실험쥐 10마리 중 9마리가 마약을 한 번 맛보고는 또 사용하고 또 사용했습니다. 그러고는 죽을 때까지 마약을 끊지 못했습니다. 이 마약의 이름은 코카인입니다. 코카인은 여러분에게도 똑같은 영향을 미칠 수 있습니다.

이것은 1970년대 미국에서 쥐들이 마약에 중독돼 미친 듯이 움직이는 장면과 함께 음성으로 나오던 광고 문구다. 마약에 중독된 미국인들에게 경종을 울리기 위한 캠페인의 일환이었지만, 코카인 소비량을 보면 이 광고가 그다지 효과가 없었다는 사실을 알 수 있다.

캐나다 사이먼프레이저대학교의 심리학자 브루스 알렉산더(Bruce Alexander)는 이 실험에 색다른 의견을 보였다. 알렉산더는 '왜 모든 쥐가 한 마리씩 고립된 우리에 갇혔는지'에 의문을 품었다. 정상적으로 사회 활동이 일어날 수 없는 환경이었기에 쥐들이 미친 듯이 마약에 중독된 것은 아닐까? 그는 의문을 해소하기 위해 몇몇 실험쥐들을 광고에 나온 대로 한 마리씩 우리에 가두고, 나머지는 한 공간에 함께 넣었다. '쥐 공원'이라는 이름까지 있는 후자의 공간은 맛있는 음식과 재미난 휠, 사교활동과 성교를 마음껏 할 수 있는, 말하자면 쥐들에게 최고의 리조트였다. 두 실험 공간에는 두 개의 병이 설치됐다. 한 병에는 일반 물이, 다른 병에는 모르핀을 탄 물이 들어 있었다. 실험 결과는 알렉산더의 추측을 지지해주는 듯 보였다.

약 60일간 진행된 실험에서 고립된 쥐들은 쥐 공원의 쥐들보다 모르핀이 첨가된 물을 19배나 더 많이 섭취했다. 쥐 공원의 쥐들은 일반 물을 더 많이 마셨으며 마약 성분이 든 물에 큰 관심을 보이지 않았다. 오히려 이들에게 마약은 만족스러운 생활을 방해하는 요소였다. 고립되어 57일 동안 모르핀이 함유된 물만 마셨던 쥐들 중 일부를 쥐 공원에 풀어놓자 그곳의 쥐들과 같은 선택을 했다. 처음에는 금단현상으로 고통스러워했지만, 이내 순수한 물을 더 선호했고, 평범한 생활을 누렸다.

알렉산더는 마약 중독이 마약 고유의 특성보다 억압된 상황에 대한 반작용으로 유발된 것일 수 있다고 결론 내렸다. 그러나 이 연구는 매우 큰 논란이 되었고 발표와 출간이 거부되기도 했다. 비평가들은 쥐의 행동이 환경뿐 아니라 유전적 특성에 기인할 수도 있으며 그의 실험은 복제실험이 어렵다고 주장했다.[9] 굳이 이 지면에서 마약 중독의 원인을 두고 본성이냐 양육이냐 하는 논쟁의 소용돌이에 휘말릴 필요는 없다. 다만 흥미로운 점은 단순한 결론이다. 사회적 접촉 없이 혼자 틀어박혀 있던 쥐들이 마약에 더 많이 중독되는 경향이 있다는 것이다. 이는 엄마와의 교류를 박탈당한 해리 할로우의 우울한 원숭이 실험과도 비슷한 결론이다. 이밖에도 또 떠오르는 것이 있지 않은가? 마약이 만연한 교도소 수감자들이 떠오를 것이다. 사회정의센터(Centre for Social Justice, CSJ)는 다음과 같은 보고서를 발표했다.

> 잉글랜드와 웨일스의 교도소는 마약 문제가 심각한 수준이다. 마약을 투약하는 수감자들은 신체적·정신적 고통을 받고 있으며, 사회로 복귀할 기회가 점점 줄어들고 있다. 교도소의 주요 목표 중 하나는 범죄율 감소다. 이런 점에서 봤을 때 교도소는 목표 달성에 실패했다.[10]

대마초나 헤로인 같은 기존의 마약 투약 비율은 최근 들어 감소하고 있지만 합법적인 약물의 사용량은 급증하고 있다. 새로 등장한 향정신성 약물들은 화학적 구조 때문에 현대 마약 관련법망을 교묘히 피하고 있다. 이들 약물은 예측이 불가능하며 장기 복용은 생명을 위협하는 치명적 영향을 미칠 수도 있다.

2016년 5월 새로 임명된 영국의 교도소장 피터 클라크(Peter Clarke)는 합성 마리화나가 영국 교도소에 파괴적인 영향을 미치고 있다고 발표했다. 교도관들에게 들은 바에 따르면 합성 마리화나는 기존의 마약과는 완전히 다르다고 했다. 클라크는 "교도소의 상황은 조금도 나아지지 않고 악화되기만 할 뿐"이라고 말했다.[11]

2016년 4월 합성 마리화나가 불법 약물로 정해졌지만, 그해 여름 내가 클라크에게 물었더니 "지난 몇 주 동안 교도소에 있어 보니 여전히 합성 마리화나를 복용할 수 있었다"고 말했다.[12] 일부 교도소에 실험적으로 도입된 '마약 회복 부서(Drug Recovery Wings)'는 수감자들을 마약에서 떼어놓는 데 매우 효과적이며, 특히 모든 교도관이 마약 중독 치유 훈련을 받은 교도소에서 효과가 더욱 높다는 사실을 입증했다. 보건부 평가에 따르면 마약 중독 치유 과정에서 수감자들은 교도관들을 신뢰했으며, 교도관을 '편하고, 공감 능력이 있으며, 이해심이 많은' 사람으로 여겼다.[13] 이러한 교도소 방침에 대해서도 거센 논쟁이 있을지도 모른다. 하지만 교도소는 범죄율을 낮추는 데 도움이 되는 방식으로 운영돼야 하며 범죄율을 높이는 데 기름을 끼얹은 역할을 해서는 안 된다.

_____ **교도소는 재범 예방에 효과가 있을까?**

영국 내무부 장관이었던 보수당의 마이클 하워드(Michael Howard)는 1993년 9월 당 연례회 연설에서 환호를 받았다. 사람들의 환호성은 '교도소의 효과'라는 단어가 언급됐을 때 최고조에 달했다. 하워드는 범죄율 하락과 교도소 수감률의 증가를 연관 지었다. 하지만 교도소에 관해 이론의 여지가 없는 통계 자료들이 있다. 다음은 그 통계 자료다.

- 모든 수감자 중 46퍼센트는 석방된 해에 재범을 저질렀다.
- 단기 수감자 중 60퍼센트는 석방된 해에 재범을 저질렀다.
- 수감자 50퍼센트의 수리 지식과 읽고 쓰는 능력은 초등학교 수준이다.
- 수감자의 24퍼센트는 어렸을 때 제대로 된 보살핌을 받았다.
- 수감자의 49퍼센트는 정신 건강에 문제가 있다.[14]
- 2016년 3월까지 수감자의 27퍼센트에서 자해 사고 비율이 증가했는데, 이는 수감자 1,000명당 405명꼴로 자해 사고가 생긴 셈이다.[15]
- 수감자의 29퍼센트는 마약 문제가 있음을 인정했다.[16]
- 헤로인에 중독된 수감자의 20퍼센트는 교도소에서 처음 접했다.[17]

교도소가 모든 사회악의 근원은 아니다. 하지만 일부 문제는 교도소가 원인이며 나머지 문제들도 교도소가 문제를 더욱 악화시키는 역할을 한다. 애초부터 공감 능력이 낮은 사람이거나 어린 시절 억압을 당한 경험이 있는 사람일수록 교도소에 들어갈 확률이 높다. 교도소에서는 그런 사람들의 문제가 더욱 뚜렷하게 악화된다.

범죄학은 범죄를 과학적으로 연구하는 학문으로, 사람들이 왜 법을 어기며 어떻게 하면 이를 효과적으로 막을 수 있는지를 연구한다. 이 주제를 처음 언급한 사람은 케임브리지대학교의 앤드루 보너 로(Andrew Bonar Law) 교수다. 나는 1970년대 케임브리지대학교에서 교수의 책을 읽고, 교수와 함께 아직 초창기 단계이던 범죄학에 관해 논문을 썼다. 우리는 '사회를 비난할지언정 사람은 비난하지 마라'라고만 써도 2등급은 쉽게 받을 수 있을 거라며 농담을 하곤 했다.

사회는 인간의 양육에 일정 부분 기여한다. 물론 여기에 사이코패스 기질 같은 타고난 요소도 더해진다. 하지만 모든 범법자들이 타고난 유전적 성향과 양육 방식의 희생자이므로 그들의 범죄 행위를 비난할 수 없다는 주장에 대한 올바른 답은 무엇일까?

오늘날 법학자들과 철학자들은 질서 있는 사회를 유지하기 위해서 '자신의 행위에는 책임이 있다'는 개념에 동의한다. 이 말은 설령 사이코패스로 태어났다고 하더라도 타인의 권리를 침해하는 것이 용납될 수 없다는 의미다. 누구나 어릴 적부터 타인의 권리를 침해하지 않아야 한다는 사실을 배우며 다양한 방식을 통해 다른 이의 권리 침해가 금지된다. 물론 결손 가정에서 자랐거나 학대 또는 누구나 수긍할 만한 결핍을 겪으며 자라서 범죄 행위의 원인이 됐다고 하더라도 정당화될 수는 없다. 우리는 이런 방식으로 우리의 법을 지지하고 존중한다. 하지만 그 결과 우리는 본성과 양육의 희생자들을 돕기 위해 할 수 있는 모든 것을 해야만 하며 교도소는 그런 일에 기여해야 하는 기관이다.

나는 범죄학 연구 초창기 시절에도 매우 유용한 지식들을 배웠고, 범죄 사례나 성문법처럼 딱딱한 분야보다 훨씬 더 재미있었다(솔직히 말하자면 그때 쓴 논문은 가장 낮은 등급인 3등급보다 높은 등급을 받은 유일한 논문이었다). 덕분에 나는 지금도 범죄자를 교도소에 보내야 하는 여섯 가지 이유를 암송할 수 있다. 그러나 지금 우리가 알고 있는 것들에 비춰볼 때 여섯 가지 이유는 다시 검증할 필요가 있다.

1. **처벌** 함무라비 법전에 나오는 "눈에는 눈, 이에는 이"라는 복수의 개념이다. 누군가 내게 고통을 주면 상대방도 같은 고통을 겪어야 하고, 피해자는 마땅히 그렇게 해도 된다는 개념에서 비롯됐다. 절대적인 관점에서 보자면 감금은 우리의 도덕규범들을 지키기 위한 수단이다.

2. **일반 억제** 사람들은 범죄를 저지르면 체포돼 벌을 받게 된다는 위험을 인지해서 범죄를 덜 저지르게 된다.

3. **범죄자 억제** 처벌받은 사람은 또다시 처벌받는 것이 두려워서 같은 범죄를 저지를 확률이 적어진다.

4. **갱생** 범죄자는 마음을 바로잡는 갱생을 통해 범죄자는 단순히 미래의 범죄를 포기하는 것뿐 아니라 더 이상 범죄를 저지르고 싶어 하지 않게 된다.

5. **대중의 보호** 범죄자가 수감돼 있는 동안 사회는 안전하다.

6. **범죄자 보호** 범죄자가 수감돼 있는 동안 피해자의 보복이나 다른 범죄 조직으로부터의 공격이 불가능하다.

징벌의 문제는 보복이 시대의 흐름에 맞지 않으며 본질적으로 미개하게 보인다는 것이다. 이 논리대로라면 살인범은 사형을 받아야 한다. 19세기 작사가 윌리엄 길버트(W. S. Gilbert)는 오페라 〈미카도(The Mikado)〉에서 "범죄에 걸맞은 처벌을 하자"고 말했다. 하지만 영국에서 실제로 사형이 집행되지 않은 지 반 세기가 지났다.

일반 억제의 경우에도 법적 제재가 반드시 교도소여야만 효과를 보는 것은 아니다. 범죄자가 자신이 잡힐 것이라고 생각하지 않으면 다른 사람들이 가혹한 형벌을 받는 것을 봐도 범죄를 멈추지 않는다는 사실이 이미 오랫동안 증명돼왔다.[18] 일반 억제가 연쇄적인 범죄에 강력한 효과를 발휘하지 못한다는 점은 명확하다(대다수 범죄자들은 40대에 범죄 행위를 중단하는 경향이 있다). 대중의 보호는 재소자들이 출소하기 전까지만 유효하다. 이 부분에서 우리가 생각해야 할 것은 만약 범죄가 재범으로 이어지지 않는다면 수감 기간은 꽤 짧다는 점이다.

이제 갱생 문제를 생각해보자. 갱생은 좋은 개념이다. 하지만 우리가 정말 진지하게 갱생 문제를 고민한다면 지금의 시스템을 높은 범죄율을 낮출 수 있는 더 나은 시스템으로 바꿔야 한다. 공감 본능에 관해 우리가 알고 있는 모든 것을 고려해볼 때 갱생은 미국과 유럽 양쪽에서 재고되고 있다. 그 시작은 교도소다. 2007년 미국 법무부의 보고서에 따르면 감금 행위는 흉악 범죄의 재범률을 높이는 경향이 있다. 보고서는 "사회적 학습 이론을 토대로 만든 인지 행동 치료(Cognitive Behavioural Therapy, CBT)를 갖춘 시설이 상습적인 범죄 발생을 낮추는 데 가장 효과적"이라고 발표했다.[19]

안타깝게도 다수의 미국인들은 여전히 교수형을 시키고, 총살하고, 때리는 형벌을 논하는 범죄학 수준에 머물러 있다. 자유로운 (또는 그다지 자유럽지 않은) 미국에서는 처벌이 활발하게 이뤄지고 있다. 미국은 유럽에서 범죄 재범률이 가장 낮은 노르웨이를 연구해볼 필요가 있다. 우선 노르웨이는 가능하면 범죄자를 교도소에 수감시키는 방법을 피한다. 노르웨이 인구에 비례해 따져보면 미국에 비해 범죄자를 교도소에 보내는 비율이 10분의 1 수준이다. 범죄를 저지르고 또 저지르는 사람들을 최대한 많이 양산하는 것이 목표라면 미국의 교도소 체계를 도입하면 될 것이다. 노르웨이에서 교도소는 재활이 목표다. 그 결과 노르웨이 범죄자들이 재범을 저지르는 비율은 최근까지도 20퍼센트 수준에 머물러 있다. 미국의 경우는 70퍼센트가 넘는다.

노르웨이의 처벌 체계를 이야기할 때 가장 자주 언급되는 곳은 바스토이 프리즌 아일랜드(Bastøy Prison Island)다. 이 교도소 수감자들의 재범률은 유럽의 어떤 교도소보다도 낮은 13퍼센트 수준이다. 물론 교도소 시설이 편하고 호화롭다는 이유로 비판받고 있으며, 선배드에 누워 일광욕을 즐기는 수감자들의 모습이 기사에 자주 실리곤 한다. 이에 대해 교도소 소장 아르네 베르닉 닐슨(Arne Kvernik Nilsen)은 이렇게 답변했다.

교도소에 보낸다는 말이 끔찍한 환경에서 고통받게 한다는 말과 같은 의미는 아니다. 교도소에 수감되는 벌은 자유를 박탈하는 것이다. 수감자들을 동물 취급한다면 그들은 동물처럼 행동할 것이다. 이 교도소에서 우리는 수감자들을 인간으로 대우한다.[20]

2013년 11월 영국에서는 교도소의 수감자들이 수령하는 우편물을 일부 제지할 계획이라고 발표했다. 수감자들의 행동을 개선하기 위한 특권 체계를 도입하려는 시도였다. 오스카 와일드에 찬성하는 대중들의 시위대가 그의 시 〈레딩 감옥의 노래(The Ballad of Not Reading in Gaol)〉를 딴 이름으로 조직됐다. 판사는 이 규범이 합법적이지 않다고 판단했고, 1년 후 무효 처리됐다. 처벌 정책에서 권위주의와 갱생주의 입장이 대립하면서 멋진 논쟁이 오갔다. 《한밤중에 개에게 일어난 의문의 사건》의 저자 마크 해던(Mark Haddon)은 〈가디언〉에서 "수감자들의 읽고 쓰는 능력을 길러줘야 할 필요성을 논외로 하더라도 하루 23시간을 갇혀 지내는 억압적인 공간에서 독서는 수감자들에게 몇 안 되는 위안 중 하나"라고 주장했다. 그러고는 영국 관료들을 공감 능력이 결여됐다는 이유로 고소했다.[21]

하지만 정부 정책 중에는 보다 긍정적인 지표들도 있다. 교도소 내 교육제도를 검토하겠다고 발표했다. 새로운 사업자를 데려올 수 있는 정부 관계자들에게 예산 통제권을 넘겨주겠다는 의도다.[22] 우수한 학생들이 제대로 된 교육을 받을 수 있도록 장려하는 기업 티치퍼스트(Teach First)와 비슷한 사회적 기업이 분명 있을 것이다. 이 교육제도의 기본 개념은 양질의 교육 인력을 교도소에 도입하겠다는 것이다.

데이비드 캐머런은 2016년 연설에서 수감자들의 재범률을 언급하며 "오늘날 교도소 체계의 실패는 수치"라고 말했다. 그리고 "당연히 이런 질문도 뒤따른다. 재범의 사슬을 끊고 우리의 귀중한 자원을 범죄 예방에 최우선적으로 집중하는 것이 더 좋은 방법이 아닌가?"라고 말했다.[23] 또한 캐머런은 '행동 통찰(Behavioural Insights, 인간이 어떤 선택을 하는지 파악하기 위해 심리, 인지과학, 사회과학 등 실험 결과와 결합해 정책을 만드는 귀납적 접근 방식. 2013년부터 OECD는 공공정책 결정에 행동 통찰을 적용할 것을 권하고 있다_옮긴이)'을 이용한 시스템 도입을 주장했다. 이 시스템은 케임브리지대학교 범죄학연구소(Institute of Criminology)에서 신중히 검토되고 있다. 연구소에서는 특히 공감 능력의 힘을 매우 중요하게 고려한다. '모든 접촉이 중요하다'는 명명된 철학을 바탕으로 수감자들의 모든 상호관계가 잠재적 갱생이 된다는 것이 연구의 주요 내용이다.

마침내 2013년 도싯에 있는 포틀랜드 교도소에서 시범 도입됐다. 이른바 '5분 개입'이라고 불리는 제도로, 훈련받은 교도관들이 갱생에 도움이 되는 대화를 수감자들과 5분간 나눈다. 다음은 '5분 개입'의 네 가지 요소다.

1. **소크라테스식 질문하기** 수감자들이 자신들의 행위가 야기할 수 있는 결과에 대해 생각하고, 성찰할 수 있도록 돕는다.

2. **피드백 주고받기** 이 단계에서는 특히 작은 성취에도 긍정적인 반응을 해주는 것이 중요하다.

3. **잘 들어주기** 수감자들이 일으킨 사건의 발화점이 됐을지도 모르는 중요한 문제들에 대해 시간을 가지고 귀 기울이며 이해해준다.

4. **희망 북돋아주기** 수감자들이 재범을 저지르지 않도록 적극적으로 용기를 준다.

이 중에서 '잘 들어주기'는 제3장에서 언급한 부모의 올바른 양육 방식과도 통한다. 거듭 말하지만, 잘 들어준다는 것은 다른 사람과 제대로 소통하기 위한 마음 이론의 의식적인 실천이다. 포틀랜드 교도소에는 이런 방식으로 훈련받은 교도관과 훈련받지 않은 교도관, 총 8명이 시범 배치됐다. 훈련받은 교도관이 배치된 후 수감자와 교도관 모두에게 눈에 띄는 명확한 장점이 나타났다. 수감자들은 충동적인 행동이 줄었고, 감정 조절에 더욱 능숙해졌으며, 변화의 기회에 보다 긍정적인 태도를 갖게 됐다. 결과적으로 교도관들은 자신들의 공감 능력을 넓힐 수 있는 기술을 발견하게 됐으며, 수감자들과의 관계가 원만해졌을 뿐 아니라 직업만족도도 높아졌다.[24] '5분 개입' 프로그램은 이제 다른 교도소로 확대 시행되고 있다.

과학이 재활에 미치는 영향

대니얼 리젤(Daniel Reisel)은 행동신경과학 분야에서 박사 학위를 받았다. 2013년 TED 강연에서 그의 뛰어난 통찰력을 볼 수 있다.[25] 강연은 웜우드 스크럽스 교도소에서 의학적으로 사이코패스로 분류된 수감자들과 있었던 일을 들려주며 시작된다. 사이코패스들의 뇌를 fMRI로 관찰하던 리젤은 이들 뇌에서 편도체가 매우 비활동적이라는 사실을 발견했다. 하지만 내가 리젤을 만나 아침식사를 하며 나눈 대화에 따르면 "사이코패스는 영구적인 상태가 아니다"라는 긍정적인 말을 들려줬다. 물론 리젤은 일부 사이코패스들의 경우는 영구적 상태라는 사실을 인정했다. 사례로 노르웨이의 연쇄 테러범 아네르스 브레이비크(Anders Breivik)가 있다.

리젤은 공감 능력이 개인의 환경, 양육 방식, 문화, 마음가짐 등에 따라 변할 수 있는 본능이라고 주장했다. 그는 스크램블애그 위에 얹어져 있던 연어를 가리키며 말했다.

"저는 지금 동물을 먹고 있습니다. 이것이 사이코패스 같은 행동이라고 불릴 수도 있지요."

그는 의대 초창기 시절, 여성의 시체를 해부했던 이야기를 꺼냈다. 시체를 해부하던 그는 문득 여성이 빨간 매니큐어를 바른 것을 보고는 갑자기 구역질이 나서 해부실을 뛰쳐나갔다. 그러나 의대 과정이 거의 끝나갈 무렵이 되자 무덤덤하게 시체를 해부할 수 있었다. 리젤은 자신이 겪었던 단절의 과정과 20세기 잔학한 대학살을 저지를 수 있었던 사람들 사이의 유사점을 비교했다.

리젤은 웜우드 스크럽스 교도소에서 재소자들과 면담을 한 다음에 쥐를 가지고 실험을 진행했다. 그는 어린 시절의 특정 나이가 지나면 뇌에서 새로운 세포들이 더 이상 자랄 수 없다는 기존의 학설을 반박하고 싶었다. 그리고 새로운 연구에서 인간의 뇌세포가 다시 생성되고 자랄 수 있다는 사실을 입증했다. 그렇다면 정신 질환도 이런 방식으로 고칠 수 있지 않을까?

리젤은 브루스 알렉산더가 했던 실험과 비슷하게 고립된 쥐와 쥐 공원과 비슷한 환경의 쥐를 비교하는 실험을 진행했다. 고립되지 않은 쥐들은 자유롭게 짝짓기를 하고, 사다리를 오르거나 쳇바퀴를 굴리며 생활을 즐겼다. 반사회적 성향이 나타난 고립된 쥐들과 달리 이들 쥐에게서는 '신경 발생'이 일어났음을 확인할 수 있었다. 즉 사회친화적인 환경에서 새로운 뇌세포가 자라나 이전보다 학습력과 기억력 과제를 더 잘 수행할 수 있게 됐던 것이다. 이 실험으로 오늘날 인간의 뇌 역시 편도체 조직 발생을 포함한 신경 발생이 가능하다는 사실을 인정하고 있다.[26]

하지만 신경과학계의 최근 발견들과 마찬가지로 신경 발생에 관한 연구는 아직 초창기 단계다. 이 연구가 열어줄 가능성에 대해 조금이라도 알고 싶다면 2008년 하버드대학교에서 신경과학자들이 아스퍼거 증후군을 앓고 있는 사람을 대상으로 한 실험을 생각해보면 된다. 연구팀은 아스퍼거 증후군인 사람의 뇌에 공감 기술과 관련이 있는 부위인 내측 전전두엽피질에 자기 자극을 줬다. 그 결과 기적적으로 다른 사람의 표정에 드러난 메시지를 이해할 수 있었다. 실험 전까지만 해도 그는 다른 사람의 감정을 파악하지 못해 평생을 고생했다.[27]

리젤은 범죄자들의 뇌에서 공감 능력 영역을 치료하는 데 도움이 되는 치료법으로 그들에게 희망을 주기를 바란다. 그러려면 과학자와 임상학자, 사회복지사, 정책 결정자, 법조계 관계자, 교도소 당국과 관계자들의 도움이 필요할 것이다. 그러나 뇌는 스트레스에 극단적으로 예민하게 반응한다. 뇌에서 분비되는 스트레스 호르몬은 새로운 세포의 성장을 방해한다. 다음은 리젤 박사가 강연에서 한 말이다.

스트레스가 높을수록 뇌 성장이 억제돼 사회 적응력이 낮아지며 이것이 다시 높은 스트레스로 이어진다. 본능과 양육 사이의 상호작용이 우리 눈 앞에서 실제로 벌어지고 있는 것이다. 스트레스를 많이 받는 편도체를 가진 사람들을 위한 해결책으로 뇌 성장을 방해하는 환경에 감금하는 것은 역설적인 일이다. 물론 구속은 형사 사법 체계와 사회를 보호하는 데 있어서 반드시 필요한 부분 중 하나다. 우리 연구는 범죄자들이 자신의 MRI 영상을 재판 증거물로 제시해서 편도체 결함을 이유로 처벌을 피해야한다는 말을 하고 있는 것이 아니다. 오히려 연구 결과가 제시하는 것은 그 반대다. 인간의 뇌는 변할 수 있기 때문에 우리는 자신의 행동에 책임을 져야 하고, 범죄자도 자신의 갱생에 책임을 져야 한다.

_____ 사법 체계에 대한 새로운 접근 방식

찰스 폴라드(Charles Pollard) 경은 19세에 경찰이 됐으며, 현재는 경찰서 지서장을 역임한 뒤 은퇴했다.

경찰관 자격으로 법정에 갈 때마다 나는 범죄자를 개선시키기 위한 사법 체계가 얼마나 쓸모없는지를 깨달았다. 유죄든 무죄든 판결이 내려지면 범죄자 자신이 저지른 일을 생각하게 할 어떤 의사소통도 없다.[28]

우리의 사법 체계는 여전히 19세기식 '인과응보' 모델을 토대로 하고 있지만, 세계 곳곳에서 갱생에 주력하는 새로운 접근 방식도 많이 이뤄지고 있다. 여기서 중요한 원칙은 '동일한 판사가 범죄자의 개선 과정을 관찰할 것, 교도소는 가능하면 피할 것, 정의는 신속히 실현될 것'이다. 이 세 가지 원칙은 탄탄한 행동 통찰 이론을 토대로 한다.

행동 통찰은 1989년 플로리다주에서 시작됐다. 당시 플로리다주는 마약 범죄자들을 교도소가 아닌 치료 시설에 보내는 정책을 택했고, 범죄자에게 판결을 내린 판사가 직접 범죄자들을 관찰하게 했으며, 이들이 다시 범죄를 저질렀을 경우에 교도소로 보내도록 했다. 이 방식은 범죄자를 교도소에 보내는 것보다 갱생에 더 효과적이었을 뿐 아니라 비용 또한 적게 들었다. 오늘날 미국의 법정에서는 총기 범죄나 가정폭력, 아동 무단 방치, 약물 남용 등 수천 건의 범죄에 이 방식을 적용하고 있다.

보다 최근에는 하와이에서 실행된 '기회 보호관찰 집행(Hawaii's Opportunity Probation with Enforcement, HOPE)'이 큰 관심을 끌었다. 하와이의 마약 범죄자들은 정기적으로 마약 검사를 받으며 양성 반응이 나오면 '즉시 그리고 확실하게' 2~3일 동안 구속된다. 이 프로그램은 무거운 형벌보다 즉각적이고 가벼운 형벌이 더욱 효과적이라는 연구 결과를 토대로 한다. 연구에 따르면 즉각적인 가벼운 형벌을 받은 범죄자들이 또다시 범죄를 저지르는 경우는 55퍼센트, 마약이나 약물을 복용하는 경우는 72퍼센트가 감소했다.[29]

공감 선언

영국의 가정법원은 이 같은 문제 해결 방식에서 가장 앞서 있다. 2014년에 발표된 연구에서는 각종 중독 문제로 가정 법원에서 재판을 받은 어머니들을 1명의 판사가 지속적으로 관찰하고 정기적으로 약물 및 알코올 검사를 하도록 했다. 5년간 지켜본 결과 기존의 방식대로 처벌받았을 때는 중독에서 벗어나는 경우가 25퍼센트였지만, 이 방식을 적용했을 때는 40퍼센트로 늘어났다는 사실을 확인할 수 있었다.[30] 뉴질랜드, 호주, 캐나다 등에서도 이러한 방식을 소년법원까지 확대 적용하고 있으며, 현재는 정기적인 가족회의가 하나의 규칙으로 자리 잡고 있다. 이처럼 성공적인 사례들이 발표되면서 영국 정부는 법정이 형벌보다 문제 해결에 집중하는 방식을 채택하도록 권하고 있다.

사법부는 본래 보수 이미지가 강한 곳이다. 하지만 한 판사는 내게 "범죄자를 교도소에 보내지 않을 수 있는 선고 지침이 판사에게 더 많이 주어지고, 통계 위주의 가석방 체계가 교도관들을 부추겨 다루기 힘든 범죄자들을 포기하게 만들지만 않는다면, 이런 방식이 효과가 있을 수 있다"고 말했다. 또 형벌 개혁을 위한 하워드 연맹(Howard League for Penal Reform)의 앤드루 닐슨(Andrew Neilson)은 "사법정의 체계는 형벌의 효과에 대한 증거도 거의 없는 채로 선고를 내리고 있다"고 말했다.[31] 판사 자신이 내리는 판결이 범죄자에게 미치는 영향과 효과를 더 잘 파악하게 된다면 범죄자에 대한 이해도 더욱 깊어질 것이다.

미국의 범죄학자들은 신경 발생이 소년범에게도 효과가 있을지 모른다는 사실에 큰 관심을 갖게 됐다. 이 의견은 하버드의과대학에서 진행 중인 흥미로운 연구에서 제시됐다. 학계의 논란이 많았지만, 이 연구는 '공감 능력이 낮으면 청소년 범죄에서 위험한 요소가 될 수 있다'는 가설에서 출발했다. 논문 제목은 그다지 매력적이지 않은 〈명상이 뇌의 회백질 밀도를 높인다(Mindfulness Practice Leads to Increases in Regional Gray Matter Density)〉다. 만약 '명상(Mindfulness)'이라는 단어에 회의적인 사람이라면 성급하게 관심을 접기 전에 여기서 말하는 명상의 의미를 부디 잘 들어주길 바란다.

명상은 불교의 수행에 기원을 두고 있다. 불교식 명상은 방석을 깔고 가부좌를 틀고 앉아 허리를 꼿꼿하게 펴고 최소한 10분 정도의 준비 시간을 갖는다. 명상할 때는 오직 호흡에만 집중해야 하며, 숨이 코로 들어와 복부까지 가는 동안 신체의 반응을 세심하게 관찰한다. 잡념이 든다면 그대로 받아들이되 차분하게 호흡에 집중하는 상태로 돌아온다. 매사추세츠의과대학교의 존 카밧 진(Jhon Kabat Zinn) 교수는 불교의 수행 기술을 현대의 치유에 접목하고 있다.

카밧 진이 설립한 연구소의 이름은 스트레스 완화 클리닉(Stress Reduction Clinic)이다. 다들 알다시피 스트레스를 받으면 신체는 호르몬을 분비하는데, 이 호르몬이 뇌 기능에 영향을 미친다. 그의 치료 방식은 현재 하버드의과대학을 포함해 꽤 널리 적용되고 있다. 연구팀은 33명의 소년범을 두 그룹으로 나누고, fMRI 스캔을 실시했다. 실험에 참가한 사람들은 '스트레스 완화 명상(MBSR)' 치료를 받아본 적이 없었다.

먼저 한 그룹의 16명에게는 8주 동안 MBSR을 실시했고, 다른 17명의 그룹에는 실시하지 않았다. 8주 후 두 그룹의 fMRI를 실시한 결과, 차이는 놀라웠다. 명상을 실시한 16명은 좌측 해마에 회백질이 뚜렷하게 증가했는데, 명상을 하지 않은 17명은 변화가 없었다. 뇌의 여러 영역들은 학습과 기억, 감정 조절, 상대의 관점 수용 같은 역할을 수행한다.[32] 당연한 말이겠지만 스트레스를 조절하는 데 성공한다면, 신체에 스트레스 호르몬이 미치는 부정적인 영향도 적어지고, 정서적으로 더 나은 삶을 살 수 있다.

이보다 더 이른 시기에는 앞서 언급한 CBT가 있었다. CBT는 극단적인 정신 상태에서는 효과가 없지만, 경미한 우울감이나 산만한 정서에 효과가 있었으며, 특히 범죄자들에게서 큰 효과가 나타났다. CBT는 1950년대 개발되어 환자에게 보다 긍정적인 인생관을 갖게 해주는 기술로 인식됐다. 미국에서 실시된 50건 이상의 설문조사는 이 치료법을 범죄자들에게 적용한 결과 치료를 받지 않은 사람들에 비해 재범률을 25퍼센트나 낮출 수 있다는 사실을 보여줬다.

실험을 진행했던 이들 중 한 사람은 CBT를 '갱생'이 아닌 '훈련'이라고 말하기도 했다. 이 치료를 받은 많은 재소자들이 생애 처음으로 살아가는 데 필요한 기술과 행동 방식을 학습했기 때문이다. 유럽에서 진행되는 연구들은 미국처럼 단언적이지는 않지만, 그래도 CBT가 정신 건강에 미치는 영향을 연구하려는 움직임이 점점 더 많아질 것으로 보인다.[33]

간단히 말하자면 '사람들을 섬세하게 대할수록 그들의 행동이 더 나아질 가능성이 높다'는 의미다. 하버드 연구팀과 CBT의 증거는 범죄자들을 특정 훈련에 참가시켜야 한다는 점을 강조하고 있다. 이 말은 영적인 신앙에 의존하는 뉴에이지식 발상처럼 들리기도 하지만, 사실 대단히 합리적이고 견고한 담론이다. 한 가지 확실한 사실은 교정시설의 장점이 무엇이든 간에 지속적인 갱생은 그 장점에 포함되지 않는다는 것이다.

데이비드 캐머런이 정부 차원에서 시작한 프로그램 '변혁적인 갱생(Transforming Rehabilitation)'이 그 출발점인지도 모른다. 이 프로그램은 중범죄자를 다루는 '국립보호감찰부'를 만들고, 중범죄보다 상대적으로 덜 심각한 다수의 범죄자들을 위한 '재정착서비스'를 운영하기 위해 만들어졌다. 프로그램은 커뮤니티 갱생 기업(Community Rehabilitation Company)을 통해 재범 확률이 가장 높은 단기 구류형 범죄자들에게까지 재활 치료를 확대 적용하는 것이 목표다. 또한 범죄자들이 출소 후에도 일정한 도움을 받을 수 있는 '교도소 문을 지나(through-the-prison-gate)'라는 서비스를 정착시키고 있다.

이런 개혁이 얼마나 효과적일지는 지켜봐야 할 것이다. 하지만 최근 영국에서는 교정시설에 30억 파운드를, 재소자와 출소자들을 위한 커뮤니티 연계 서비스에 10억 파운드를 투자했다. 만약 재소자와 출소자들을 위한 커뮤니티에 더 많이 투자한다면 교정시설에 들어가는 투자비용은 합리적으로 줄어들게 될 것이다.

〉 예술, 문화, 그리고 갱생 〈

1982년 제임스 모나한(James Monahan)은 세 달 사이 두 남자를 잔인하게 살해했다. 얼마 안 되는 현금을 훔치기 위해서였다. 모나한은 런던 동부 배스널 그린의 한 건물에 숨어 지내다가 수사망을 피해 프랑스로 도망갔다. 하지만 결국 그는 자수했고, 형을 선고받아 원즈워스 교도소에 수감됐다. 그곳에서 첫 크리스마스를 보내는 동안 그와 같은 방을 쓰던 재소자가 목을 매 자살했다.

16년 후, 어윈 제임스(Erwin James) 기자는 여전히 교도소에서 형을 살고 있던 모나한의 이야기를 〈가디언〉에 정기적으로 올리기 시작했다. 원즈워스에서 복역 중이던 모나한은 웨이크필드 교도소로 이송됐고, 기자는 신문에 모나한의 새 교도소 생활에 대한 기사를 게재했다. 기사는 교정시설에서 재소자들의 심리를 연구하는 심리학자 조앤 브랜튼(Joan Branton)이 모나한에게 어떤 영향을 미쳤는지를 설명하고 있다. 브랜튼은 모나한의 말을 판단하지 않고 경청했으며 마침내 그가 스스로를 평범한 사람으로 생각하도록 만들었다. 이후 브랜튼은 모나한이 통신대학(Open University)의 학위를 얻는 데 필요한 O−레벨 영어 시험(우리나라 중등~고1 정도 수준의 영국 영어 시험_옮긴이)을 보도록 독려했다.

이 기사는 점점 유명해졌고, 특히 교도소 철창 이면의 삶이 사람들의 큰 관심을 불러일으켰다. 이미 아는 사람들도 있겠지만, 사실 제임스 모나한과 어윈 제임스는 동일 인물이다. 제임스 모나한이 복역 중에 학위를 받고 기자가 돼 쓴 글이다. 제임스 모나한은 2004년 출소했으며 현재 교도소와 관련한 다양한 자선활동을 하고 있다. 또 영국 왕립예술협회 회원이며 여전히 〈가디언〉에 기사를 쓰고 있다. 2015년 모나한의 기사에 따르면 독방에 감금된 재소자 중 절반가량이 정신적인 문제로 고통받고 있으며, 이는 정신적 고통을 겪는 모든 재소자의 두 배 이상에 달하는 수치다.[34]

모나한은 출소 후, 오래전에 은퇴한 조앤 브랜튼을 만나러 갔다. 하지만 자신의 인생을 완전히 바꿔준 그녀에게 감사의 인사를 전하기도 전에 조앤 브랜튼은 생을 마감했다. 모나한은 2016년에 쓴 글에서 조앤 브랜튼을 회상하며 이렇게 글을 맺었다.

우리는 누구나 챔피언이 필요하다. 우리가 삶의 어떤 길에 있든 간에 우리를 믿어주고 성공하길 바라는 챔피언. 나의 챔피언은 조앤 브랜튼이었다. 조앤은 내가 새로운 삶을 살 수 있다고 믿게 해줬다.[35]

모나한은 브랜튼에게서 교육을 선물받았으며, 특히 예술과 인문학이 크게 도움이 됐다고 말했다. 학문은 그를 이전에는 한 번도 경험하지 못한 수준으로 자신을 끌어올려줬다.[36] 2016년 영국 예술인문연구회(AHRC)에서 발표한 보고서에서는 "예술과 문화를 공부하면 깊이 생각하는 사람이 되고, 자신과 자신의 삶을 보다 깊고 넓게 이해하게 되며, 다른 사람에 대한 공감이 더욱 커진다"고 말하고 있다.[37]

같은 해 교육학자 데임 샐리 코츠(Dame Sally Coates)는 '고용의 기회를 넓혀주는 교육은 범죄자들의 재범률을 낮춰주는 중요한 요소이며 반드시 높은 수준의 예술을 접할 기회도 포함돼야 한다'는 글을 발표했다. 샐리 코츠는 현재 높은 수준의 예술이 범죄자 교육 프로그램의 필수가 아니라는 사실에 의문을 제기한다.

예술, 드라마, 음악 교육은 재소자 학습과 기술 서비스의 핵심 분야가 아니다. 재소자나 교도관, 정부 관계자들이 내게 말해준 바에 따르면 이런 교육들이 이뤄지는 곳, 즉 1회성 프로젝트로 이뤄지거나 방문을 목적으로 한 기업들에 의해 부자연스럽게 이뤄지는 곳에서만 최우선되고 있다. 재소자들이 기존의 교육 과목에 부정적인 인식을 갖고 있거나 자존감이나 의사소통 문제로 고통을 겪고 있는 경우라면 예술 과목은 재소자들의 마음을 사로잡는 확실한 방법이 될 것이다. 예술 과목을 통해 재소자들은 기존의 딱딱한 수업에서 학습했을 때보다 자신감을 확고하게 쌓는다.[38]

아직까지 예술은 교도소의 핵심 교육 과목이 아니지만, 재소자와 청소년 범죄자의 효과적인 재활을 위해 역할이 점점 커지고 있으며 효과에 관한 증거도 늘어나는 추세다.

공감 선언

: 음악 :

아이린 테일러 트러스트(Irene Taylor Trust) 재단은 음악 프로젝트에 투자하고 개발했다. 교도소마다 음악 프로젝트를 5일간 진행하면서 재소자들이 밴드를 꾸리는 것을 독려하고, 직접 곡을 만들고 전문적으로 녹음하도록 교육한다. 전직 수석 재판관이었던 해리 울프(Harry Woolf)는 음악 프로젝트가 범죄-수감-석방-재범죄-교도소라는 악순환의 고리를 끊는 데 도움을 준다고 말했다. 이곳에서 진행하는 또 다른 프로그램인 '사운딩 아웃(Sounding Out)'은 출소자들에게 라이브 공연과 직업 훈련 등의 프로그램을 제공해 정상적인 삶으로 돌아갈 수 있도록 도와준다. 이 두 프로그램 모두 비용 대비 재활 효과에 매우 긍정적이라는 전문가들의 평가를 받고 있다.[39]

: 문학 :

더 리더(The Reader)는 공감 분야의 선구자 격인 기관이다. 리버풀에 있는 더 리더는 사람들이 모여 책을 낭독하는 것에 치유의 힘이 있다고 믿는다. 이들은 노던 아일랜드를 포함해 19곳의 교도소에서 일하고 있다. 이 단체를 '문제가 있는 어른을 위한 침대맡 이야기'라고 불러도 괜찮다. 다음은 낭독 프로그램에 정기적으로 참여하는 한 재소자의 후기다.

내가 교도소 생활을 하면서 가장 잘한 일이 이 그룹에 참여한 겁니다. 이 프로젝트를 이해하기까지는 다소 시간이 걸렸습니다. 여러 사람이 한 방에 모여 앉아 있는 것만으로도 큰 변화였지요. 위대한 문학의 중요성도 알게 되고 독서가 삶을 풍요롭게 할 수 있다는 사실도 알게 됐어요. 우린 《프랑켄슈타인》을 한 번에 한 장(章)씩 읽었어요. 꼬박 1년이 걸렸지요! 굉장히 깊이 있는 작품이었어요. 대화가 아주 많이 나오는 소설이었는데, 대화를 읽을 때마다 굉장히 두근거렸어요. 대화의 결말이 어떻게 날지 궁금했거든요.[40]

: 춤 :

댄스 유나이티드(Dance United)는 런던의 요크셔와 웨섹스에서 '아카데미(Academy)'라는 이름의 프로젝트를 운영하는 예술 단체다. 젊은 범죄자들과 범죄의 위험에 노출된 이들을 12주 동안 댄스 연습을 시켜 마지막에는 전문적인 수준의 공연을 한다. 한 평가 기관에서는 이 프로그램이 참가자들의 정서를 차분하게 해주고, 감정을 잘 통제하게 해주며, 인격적으로 훨씬 성숙하게 해주는 '정상화' 효과가 있다고 평가했다.

댄스 유나이티드는 아카데미 프로그램이 자신의 생각을 표현하지 못하는 사람들에게 훨씬 더 효과적이라고 여긴다. 프로그램을 통해 참가자들이 표현의 대안을 찾아 감정이나 생각을 잘 드러내도록 해주는 것이다. 도중에 포기하는 수강생의 비율이 낮은 점도 인상적이다. 주로 작은 규모로 진행되다 보니 자료를 분석할 만한 표본도 작지만, 그래도 프로그램에 참여한 이들의 재범죄 비율이 뚜렷하게 줄었다.[41] 한 사람이 이 프로그램을 마치려면 약 7,000파운드가 든다. 독립 기관에서 계산한 바에 따르면 이 프로그램에 참가한 범죄자가 재범을 저지르지 않을 경우 대중은 8만 3,000파운드를 절약하는 효과가 있다.[42]

: 드라마 :

더 클린 브레이크 공연 회사(The Clean Break Theatre Company)는 제니 힉스(Jenny Hicks)와 재키 홀버러(Jackie Holborough)가 설립했다. 두 사

람은 애스캠그레인지 교도소의 재소자였다. 두 사람은 여러 교도소를 다니며 활동하고, 출소한 이들과도 함께 작업한다. 예술인문연구회 보고서는 특정 교도소 무대에서 가정 폭력범으로 유죄 판결을 받은 재소자들이 폭력적인 남성의 역할을 하면서 피해자인 여성과 아동에게 미치는 영향을 체험하는 연극에 관해 언급했다.

"공연 그 자체로도 강력한 반향을 울렸고, 연극을 관람하던 동료 재소자들 역시 깊은 영향을 받았다. 연극이 어떻게 관객에게 적당한 거리를 두고 자신을 성찰할 기회를 주는지 잘 보여주는 사례다."

버밍엄에 있는 기스 공연 회사(Geese Theatre Company)는 보호관찰관, 청소년 범죄 담당자, 병원 경비원 등으로 공연팀을 꾸렸다.

"우리는 공연과 연극이 사람들의 발전과 변화를 이끄는 촉매제 역할을 하며 자신의 행동을 성찰하게 하는 매우 강력한 도구라고 생각한다."

：시각예술 ：

시각예술 분야는 교도소에서 가장 오래 지속되고 있는 교육 프로그램이다. 쾨슬러 재단(Koestler Trust)은 55년 동안 재소자들의 그림 공모전과 문학 공모전을 주최하고 있다. 또한 이 재단은 재소자들이 석방된 후에도 멘토 역할을 제공하며, 취업 기술은 물론 자존감, 협동, 목적의식 등을 교육하는 프로그램도 진행하고 있다. 런던경제대학원의 레오니다스 첼리오티스(Leonidas Cheliotis) 박사는 2014년 진행됐던 쾨슬러 재단의 멘토링 제도를 연구했다. 그는 조언과 상담이 범죄자들에게 장기적으로 긍정적인 영향을 미쳤으며, 특히 친사회적인 성향을 높여 재범의 가능성을 감소시켰다는 사실을 발견했다.[43]

하지만 이러한 예술적 치료법이 보편적으로 널리 활용되고 있다고 생각하면 오산이다. 보다 진보적인 재활 방법을 선택하는 국가에서는 혼란스러운 방식이기도 하다. 다음은 한 국제 컨퍼런스에 참가했던 노르웨이 참가자의 반응을 영국 대표단이 요약한 글이다.

그렇다면 재소자들이 교도소에 입소하자마자 바로 갱생 훈련을 시작하지 않는다는 의미인가? 재소자들이 출소하기 전까지 교육과 기술 훈련은 어떻게 하는가? 재소자들을 23시간 동안 교도소에 집어넣고 아무것도 안 한다는 의미인가? 왜 그렇게 하는가? 정부의 보조금을 못 받거나 아주 적게 받는가? 정부는 이런 프로그램이 효과가 있다는 것을 모르는가? 노르웨이는 이 방식이 매우 효과적이라는 사실을 잘 알고 있다.[44]

교도소에서 예술 프로그램이 성공을 거둔 이유는 재소자들에게 예술 작품 자체에 관한 관심과 의욕을 독려한다는 점과 전문가들이 재소자들에게 특별한 관심과 배려를 쏟게 된다는 점이 합해졌기 때문이다. 어떤 재소자들은 예술 체험을 하기 전에는 살면서 단 한 번도 그토록 강렬하고 개인적이며 긍정적인 경험을 하지 못했을 것이다. 어쩌면 이런 경험이 범죄를 막는 최선의 방법이 될 수도 있다.

예술인문연구회는 오하이오대학교의 연구를 인용해 (범죄 행위의) 중단으로 가는 네 가지 단계를 언급했다. 변화에 대해 마음 열기, 변화에 푹 빠졌음을 드러내기, 달라진 자신을 상상해보고 믿기, 공격적인 성향의 변화가 그것이다.[45] 이 중에서도 특히 세 번째 단계의 효과는 매우 뚜렷하다. 달라진 자신을 상상하고 믿는 것. 그렇게 되려면 자신감과 동기, 자존감이 모두 향상돼야 한다. '긍정적인 관계를 맺고, 달라진 미래를 성취하기 위해 배움의 길에 적극적으로 참여하는' 능력도 필요하다.

또한 범죄자에 대한 우리의 태도 변화도 필요하다. 이 부분에서 가장 힘든 사람은 피해자일 것이다. 2010년 쾨슬러 재단은 범죄자들의 예술 작품 전시회를 설명하기 위해 피해자들을 초청했다. 피해자 중 한 사람인 바네사 피어슨(Vanessa Pearson)은 "나는 범죄자들이 그 어떤 특혜도 받지 않아야 한다고 생각했다. 그들은 그럴 만한 가치가 없는 사람들이라고 생각했다. 하지만 지금 나는 예술 활동이 범죄자들을 좋은 방향으로 크게 변화시킬 수 있다고 생각한다"고 답했다.[46]

피해자와 가해자의 화합은 회복적 사법이 기본이다. 회복적 사법은 공감 본능의 여러 표현 방식 중 가장 명확하다.

〉 회복적 사법 〈

로라 코엘(Laura Coel)은 네 살 때부터 열네 살 때까지 노섬브리아 모페스에 있는 집에서 새아버지에게 성폭행을 당했다. 2014년 서른 살이 된 로라는 새아버지를 다시 만나기로 했다. 새아버지는 유죄를 선고받고 교도소에서 4년간 복역 중인 상태였다. 회복적 사법에 대한 관심이 커지면서 피해자들과 연락하던 직원이 로라에게 노섬브리아의 보호감찰부로 가도록 권유했다. 그들은 가해자와 피해자와의 만남을 주선하고 사전에 로라가 할 질문들도 준비했다. 이 과정은 11개월이 걸렸으며, 심지어 로라는 만남 장소에서 사람들이 앉을 자리까지도 지정할 수 있었다.

로라는 성폭력으로 거식증을 포함해 여러 가지 정신적 문제와 싸우며 고통스럽게 살았다. 로라는 이 만남 전후로 지역의 정신 건강 전문 간호사와의 상담 일정도 잡았다. 그렇게 해서 로라는 새아버지에게 왜 자신을 골라 범죄를 저질렀는지, 애초에 나를 성폭행할 마음을 품고 자신의 어머니를 만났는지를 물을 수 있었다. 그리고 그로 인해 지금까지 정신적 문제를 안고 살아야 했다는 말도 직접 할 수 있었다.

그 사람은 감정이 매우 격해져서 방을 나가야 했어요. 왜 내가 자신을 용서하고 싶어 하는지 이해하지 못하겠다고 말했죠. 난 당신이 내게 저지른 짓을 짊어지고 살고 싶지 않다고 대답했어요. 거기서 벗어날 거라고. 그를 용서한 건 그 때문이 아니라 나를 위해서였어요. 나는 사과를 원했고 받았어요. 더는 화나지 않아요. 분노가 사라졌어요. 그 사람 입에서 전부 자기 잘못이라고 말하는 것을 듣는 것은 정말 엄청난 일이었어요. 회복적 사법이 없었다면 나는 아직도 힘겹게 살고 있었을 거예요. 게다가 그 사람에게 말하고 싶었던, "잘 가"라는 말을 할 기회도 얻었지요.[47]

2011년 워링턴 데이비드 로저스(Warrington David Rogers)는 아들을 죽인 가해자와 대면하게 됐다. 로저스의 십대였던 아들은 바텐더로 일하던 술집에서 벌어진 싸움에 아무런 잘못도 없이 희생됐다. 가해자인 윌리엄 업턴(William Upton)은 살인죄로 형을 살게 됐고, 2년 후 피해자의 아버지를 만나는 데 동의했다. 그는 법정에서 했던 증언과는 달리, 로저스에게 아들이 자신을 화나게 할 만한 도발은 전혀 하지 않았다고 말했다. 로저스는 아들을 잃은 상실의 상처가 치유되지는 않지만 윌리엄의 고백이 분노에 마침표를 찍게 했다고 말했다.[48]

2013년 버크셔 샬롯 후퍼(Berkshire Charlotte Hooper)는 마약에 잔뜩 취해 자신의 집을 침입했던 여성과 만났다. 범죄자가 처음으로 만남을 원했던 때였다. 그녀는 후퍼를 보고 범죄의 표적이 될 만한 이유가 전혀 없는, 지극히 평범한 자신의 어머니가 떠오른다고 고백했다. 그리고 미안하다고 말했다. 같은 해 한 강도는 맨체스터에서 자신이 공격했던 학생을 만났다. 학생의 어머니가 자식이 강도를 당한 후 극심한 공포에 시달리게 됐고, 자신에게 하루에 5번씩 전화를 해야 할 정도로 불안해한다는 이야기를 듣고 만나기로 결정했다.[49]

이러한 만남은 보호관찰업무를 보는 사람들과 회복적 사법을 추구하는 자선단체들이 피해자를 돕기 위해 기울인 노력의 결과다. 만남은 주로 사람에게 가해진 범죄를 대상으로 적용되며 주선하기까지 많은 시간과 비용이 소요된다. 하지만 이 제도는 가해자에게 큰 영향을 미칠 뿐 아니라 피해자에게도 어떤 결론에 도달할 기회를 준다. 회복적 사법은 범죄자들에게 피해자의 얼굴을 직접 대면하고 잘못을 인정하게 해준다. 이 과정을 통해 범죄자들은 공감을 느끼거나, 느끼는 법을 배우게 된다. 피해자의 감정을 이해하고 경험하는 것이다. 즉 인지적·감정적으로 공감을 하게 되는 것이다.

회복적 사법을 처음으로 폭넓게 적용한 국가는 뉴질랜드다. 뉴질랜드는 1980년대에 이미 회복적 사법을 적용했다. 당시 뉴질랜드 원주민인 마오리족의 젊은층은 뉴질랜드의 사법 체계와 교도소를 신뢰하지 않았고, 국가에서는 대안을 마련하기 위해 회복적 사법을 적용했다. 마오리족 중장년층의 적극적인 참여로 범죄자들이 진심으로 반성하고 또 범죄를 저지르지 않도록 하는 데 효과를 발휘했다.[50]

미국에서도 범죄학자 하워드 제어(Howard Zehr)의 적극적인 지지로 회복적 사법이 널리 적용되고 있다. 그는 "징벌적 제도는 범죄를 어떤 상태에서 규율을 어겨 일어나는 일로만 보는 것"이라고 주장했다. 회복적 사법은 범죄를 인간과 인간의 관계를 침해하는 행위로 보는 것이다.

회복적 사법은 최소한 피해자들의 피해와 요구를 다루고, 피해를 바로잡을 책임을 가해자에게 지우며, 이 과정에 가해자와 피해자, 지역사회가 모두 참여할 것을 요구한다.[51]

영국에서는 찰스 폴라드 경이 회복적 사법의 선구자였다. 1997년 그는 자동차를 훔쳐 달아난 16세 청소년 2명에게 회복적 사법을 적용하기로 했다. 두 가해자는 노인 여성의 차를 부수고 노인의 몸을 세차게 흔들었다. 또 차 안에 쏟아진 물건들을 모조리 밖으로 던져버렸다. 두 사람과 만난 피해자는 당시 그들이 던져버린 물건 중에 얼마 전 세상을 떠난 남편에게 선물받은 귀중한 러그도 있었으며, 영원히 잃어버렸다고 말했다. 찰스 폴라드는 이러한 만남의 힘이 양쪽에 이양될 것이라고 말했다. 차량을 절도했던 가해자들은 피해자와의 만남에서 몹시 놀랐고, 이 순간이 그들에게 '깨달음의 순간'이 됐다.

단순히 인도적인 관점에서 이런 만남은 피해자들에게 범죄의 내용과 이유, 절차 등을 정확히 알 수 있는 기회를 준다. 용서를 해주기도 하지만 이것은 그 만남에서 얻어지는 덤 같은 것이다.[52]

_____ **회복적 사법의 확대 적용**

지금까지 영국에서 시행돼온 회복적 사법은 대부분 소규모로 이뤄졌다. 하지만 2011년부터 서리 지역에서는 소년범들을 대상으로 폭넓게 적용하고 있다. 소년범들은 재판을 받기 전 경찰서 내 담당자나 상담사에게 보내진다. 경찰 담당자나 상담사들은 청소년들의 범죄가 주의를 줘야 할 수준인지, 청소년회복중재소(Youth Restorative Intervention, YRI)에 보낼지, 법원에 보낼지를 결정한다. 이러한 중재 활동은 보통 지역 봉사 활동의 형태로 이뤄지며 피해자와의 만남도 주선한다. 심각한 범죄를 저지른 소수의 경우에만 형사법원으로 보내진다. 재판관은 해당 범죄자가 이전에 저질렀던 범죄에서 지역사회의 중재를 받았는지 등을 판결의 자료로 참조할 수 있다.

피해자의 경우에는 이런 만남의 여부를 지속적으로 상담받는다. 중요한 점은 상담은 3일 이내에 이뤄지는데, 재판이 열리기까지 기다리는 8개월에 비하면 매우 짧은 기간이다. 피해자가 가해자와의 만남을 허용하면 가해자는 피해자에게 속죄할 기회가 주어진다. 하지만 피해자가 가해자의 얼굴을 직접 보길 원하지 않는다 하더라도 이미 회복적 사법 프로그램에 참여했고 상담을 받았기에 프로그램은 잘 진행될 것이다.

청소년회복중재소는 출범하고 3년 동안 3,000건의 범죄를 중재했는데, 이 중 70퍼센트 이상이 서리 지역에서 일어난 청소년 범죄다. 이후 청소년 범죄율은 18퍼센트가 감소했으며, 범죄 기록을 보유하게 된 젊은이들의 수도 1,160명 이하까지 떨어졌다. 이러한 제도는 비용 또한 저렴해서 연간 수백만 파운드가 드는 지역 형사 사법제도 비용도 절감할 수 있다. 하지만 무엇보다도 중요한 점은 이 제도에 참여한 피해자들의 만족도가 대단히 높다는 사실이다.[53]

회복적 사법이 유익하다는 사실이 점점 알려지면서 영국 법무부에서는 2013~2016년 사이에 이런 프로그램들을 위해 2,900만 파운드의 자금을 제공했다. 프로그램의 기본 원칙은 피해자들이 회복적 사법을 통해 권리를 얻고, 쉽게 접근할 수 있어야 한다는 것, 참여자들이 회복적 사법의 작동 방식과 장점을 정확하게 이해해야 한다는 것, 그리고 교육받은

전문가들에 의해 운영돼야 한다는 점 등이다.[54]

현재는 비영리 단체인 회복적 사법 위원회(Restorative Justice Council)가 정부와 협업해 회복적 사법의 대의명분을 한층 더 발전시키고 있다.

회복적 사법은 피해자들에게 가해자를 만날 기회 또는 소통할 기회를 주고 가해자에게 그들이 저지른 범죄가 실질적으로 어떤 영향을 미쳤는지를 말하게 해준다. 또 가해자에게는 자신이 저지른 행위를 성찰하고 책임을 지며 속죄할 기회를 준다. 회복적 사법 과정 동안 가해자가 초래한 피해를 바로잡기 위한 특정 조치에 피해자와 가해자가 동의하게 될 것이다.[55]

위원회는 법무부에 모범적인 회복적 사법 프로그램을 확대 적용할 것을 요구했다. 서리 지역과 북아일랜드 지역 소년범들에게 성공적으로 적용된 프로그램을 다른 지역에서도 실시할 것을 주장했다. 이를 위해 위원회는 회복적 사법 프로그램을 평가할 수 있는 기준 점수와 인증 제도를 개발했다. 현재 이 개념은 교도소까지 확대됐고, 리즈 교도소는 처음으로 인증받았다.[56] 피해자의 고통이 가해자의 미래 행동을 변화시킬 수 있다는 개념은 점차 확산되고 있다. 이제 회복적 사법의 개념과 목표를 더욱 뚜렷하게 해서 공감 능력의 힘과 가치를 알려야 한다.

—————— 직업, 친구, 집

"아주 마음에 듭니다. 이 제도는 갱생 중인 사람들에게 자신들의 삶을 더 나은 방향으로 만들 수 있는 기회를 줍니다. 그렇지 않습니까?"

테리는 전과자이며 헤로인 중독자였다. 그는 블랙풀 지역에서 이제 2년 된 회복 프로젝트에 참가하고 있다. 전직 경찰관인 스티브 호지킨

(Steve Hodgkins)은 범인을 검거하고 기소하는 악순환에 진저리가 나서 회복 정의 프로젝트를 만들었다. 프로젝트 이름은 '직업, 친구, 집(Jobs Friends Houses, JFH)'이다. 이 프로젝트는 버려진 집을 구입해 주거가 가능한 수준으로 복구하는데, 이 과정에 마약 중독자와 전과자들을 참여하게 하고 필요한 모든 기술을 훈련시킨다. 구체적인 프로그램은 셰필드할램대학교의 범죄학과 교수인 데이비드 베스트(David Best)가 개발했는데, 프로그램을 시작한 첫해 말 즈음에 재범률이 94퍼센트나 감소했다. 재범이 거의 일어나지 않은 셈이다. 물론 적극적으로 참여할 수 있는 재소자들을 선발하기는 했지만, 그럼에도 대단히 놀라운 수치다.

스티브 호지킨이 JFH에서 기본으로 삼은 원칙은 '사회적 치유'다. 사회적 유대감이 행복하고 건강한 사람을 만들어낸다는 개념이다. 바로 JFH에서 말하는 '친구'다. 뿐만 아니라 JFH는 프로젝트 참가자들의 페이스북 활동 사항을 매달 확인해 그들의 사회적 유대감이 어떻게 성장해나가는지도 보여준다. 참가자들은 프로젝트를 통해 사회적 활동이 더욱 증가했으며 이전보다 긍정적인 언어를 사용하게 됐다.

JFH는 참가자들에게 눈에 잘 띄는 유니폼을 입게 하고, 집 외관도 눈에 확 띄게 만들었다. 빈곤과 범죄로 고통받는 어촌 마을 중 한 곳인 블랙풀의 이미지를 긍정적으로 개선하기 위한 방편이었다. 한때 범죄자이자 마약중독자였던 참가자들 역시 지역사회에서 배척당하지 않고 잘 받아들여지고 있다. JFH는 단결력으로 무장한 참가자들이 마을 주민들과 자주 교류하도록 독려하고, 마을 주민들은 JFH 팀이 모든 면에서 재활과 갱생을 얼마나 열심히 실천하고 있는지를 이해해준다.

호지킨은 JFH가 서비스에 대한 비용과 복원한 집의 임대료를 받아 빨리 해체되기를 바란다. 이윤을 내는 사회적 기업과 비슷해져 가는 것이다. 전과자이자 마약중독자였던 폴은 이 프로그램을 통해 회계를 공부해 JFH의 장부를 기록하는 일을 하고 있다.[57]

"때론 꿈처럼 느껴집니다. 제가 넥타이를 매고 와이셔츠를 입고 이런 일을 하다니요. 정말 눈부신 삶입니다."

이 장은 범죄자들이 자신이 저지른 과오가 피해자들에게 미치는 영향을 이해하게 함으로써 범죄율을 감소시킨다는 이야기를 하고 있다. 셰필드할램대학교에서는 이와 관련된 장기 프로젝트도 진행 중이다. 프로젝트 이름은 '범죄에서 벗어나는 셰필드 길(Sheffield Pathways out of Crime Study)'이다. 프로젝트는 가장 신뢰할 만한 변화의 조짐으로 범죄자의 행동을 관찰한다. 범죄자가 다시 범죄를 저지르지 않을 수 있는지를 보는 것이다. 핵심 요소는 범죄자가 당면한 어려움을 분석한 내용과 범죄자의 고용 상태나 마약에 다시 의존할 가능성 등을 객관적으로 평가한 자료다. 또 범죄자의 공감 능력 수준을 측정한 목록도 참고 자료가 된다. 이 연구에 따르면 시간이 흐르면서 범죄를 다시 저지르지 않는 사람의 수가 증가하고, 타인의 감정과 바람이 중요하다는 인식도 개선될 것이다.[58] 이것이 바로 우리가 알고 있는 공감 본능이다. 그리고 가정에 이런 인식이 확산된다면, 장차 일어날지도 모르는 범죄를 예방할 수 있을 것이다. 우리 모두를 위해서 공감 본능은 다른 그 무엇보다도 가장 중요한 우선순위가 되어야 한다.

_____ **시민 정의**

《공감하는 능력》의 저자 로먼 크르즈나릭(Roman krznaric)은 법무부 장관으로 임명돼 고용 재판관들에게 공감 능력에 관한 교육을 하고 있다.

그는 2시간의 교육을 통해 재판관들에게 상대방의 감정을 파악하고 이해하는 법, 상대방의 말을 공감하며 들어주는 법, 공감의 과학 등을 가르친다(이 교육은 매우 중요하다. 재판관들이 자칫 공감이라는 개념을 모호하고 추상적으로 여길 수 있기 때문이다).

크르즈나릭이 진행하는 공감 능력 교육 가운데 하나를 소개하자면, 참가자들에게 분노, 질투 같은 네 개의 단어가 적힌 종이를 준다. 참가자들은 단어가 적힌 종이를 자신의 얼굴로 돌려 눈만 빼고 가린 뒤 종이에 표시된 감정을 표현한다. 나머지 참가자들은 얼굴을 가린 사람이 표현하는 감정이 어떤 것인지를 눈만 보고 파악한다. 상대방의 눈을 보는 능력이 있다면 상당히 많은 정보를 얻을 수 있다.

공감하며 들어주는 훈련도 제대로 된다면 판사들이 법정에서 더욱 효과적으로 재판을 진행할 수 있으며, 재판에 참여하는 사람들도 자신의 말을 잘 들어주고 있다고 생각하며 더욱 침착하게 의견을 제시할 수 있다. 이처럼 인지적 관점을 수용하는 습관을 기르면 판사들이 더 많은 증거를 이끌어내고 파악할 수 있으며 더 나은 판결을 내릴 수 있다는 것을 의미한다. 또 공정한 판결을 내리는 데도 도움이 된다. 크르즈나릭은 지금까지 100명 이상의 판사들에게 이 교육을 실시했다.[59]

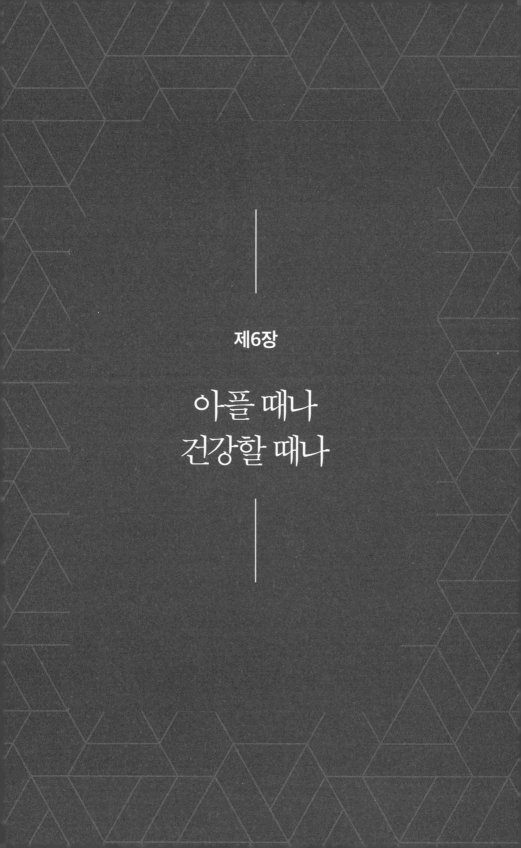

제6장

아플 때나
건강할 때나

무엇보다도 병원 내에 환자를 최우선으로 여기는

문화적 공감대가 형성돼야 하며,

환자를 보살피는 모든 직원은 적절한 책임감이 있어야 하고,

시민들은 적절한 의료 서비스를 제공하지 않는 이들로부터

보호받아야 한다.

케이트 그레인저(Kate Granger)는 노인의학 전문 의사다. 어느 날 케이트
는 암 진단을 받은 후, 그동안 자신이 암 환자들을 '7번 병상 환자'라든지
'암에 걸린 여자아이' 같은 비인격적이고 가벼운 표현을 얼마나 아무렇지
도 않게 써왔는지를 깨닫고 몹시 충격을 받았다. 또한 케이트가 가장 최
악으로 느꼈던 순간은 처음 보는 수련의가 자기소개도 하지 않은 채 무
덤덤하게 "암세포가 확산되고 있습니다"라고 말했을 때였다. 이후 케이
트는 트위터에서 해시태그 '#hellomynameis(#안녕하세요제이름은)' 캠페
인을 시작했다. 이 해시태그는 자신에게 인정을 베풀었던 병원 경비원이
했던 말이었다. 케이트가 죽기 전까지 이 해시태그는 수십억 번 이상 공
유됐다.

사람들은 건강보험과 각종 사회보장 서비스에 의존하며 살아간다. 건
강 서비스를 이용할 때는 아프거나 뭔가 걱정거리가 있을 때다. 행복하
고 자신감 넘치며, 심신이 안정된 환자가 더 빠르게 회복한다는 증거는
무수히 많다. 하지만 의료계 사람들과 이따금 만나면서 터득한 것은 환
자와 치료하는 사람 사이에 반드시 존재해야 하는 공감을 위협하는 현대
사회의 압력이 존재한다는 점이다.

예전에 팔꿈치를 다쳐서 런던 부속병원에 입원한 적이 있다. 병원에는
치매에 걸린 노인들이 아주 많았다. 그들은 밤낮으로 고함을 질러대고

욕설을 퍼부었다. 간호사를 폭력적으로 위협하기도 하고 화장실을 엉망으로 만들기 일쑤였다. 고열이 있었던 나는 치매 환자들과 조금 떨어진 곳에 있었지만 간호사들이 겪는 고통을 고스란히 느낄 수 있었다. 하지만 나를 병문안 왔던 방문객들은 간호사들의 태도가 너무 형식적이라며 비판했다. 이는 급속하게 늘어가는 노인 인구가 의료 체계를 얼마나 압박하고 있는지를 보여주는 하나의 예일 뿐이다.

공공지출 분야에서 6파운드 중 1파운드는 건강보험과 사회보험으로 사용되고 있다. 이 비용을 더 늘릴 수는 없다. 요구는 무한하고 새로운 약과 획기적인 치료법이 의료비를 상승시키는 데 한몫하고 있다. 자원은 유한하다. 모든 새로운 치료법은 값어치를 당장 입증해야 한다. 하지만 가혹할 정도로 효율성에 대한 요구가 날로 증가하고, 기존의 체제는 절대 타협하지 않는 상황에서 모든 일련의 과정이 추구하는 목표인 '건강'을 오히려 위협한다.

몇 년 전 한 의사가 내 방광에 비대해진 조직이 발견됐다고 진단했다. 이 지면에서 당시 나의 몸 상태를 상세히 기술하지는 않겠지만, 아무튼 의사는 비대해진 조직을 외과 수술로 제거하는 최첨단 의료 기술과 장비에 관해 일장 연설을 했다. 그러나 내게 가장 중요한 문제는 그 조직이 암인지 아닌지를 판단하는 것이었다. 의사는 첨단 장비로 능숙하고 현란하게 조직 절제 수술을 했지만 정작 내가 걱정하는 부분이 무엇인지 또는 궁극적인 진단이 명확하게 무엇인지를 설명하는 부분에서는 너무도 서툴렀다.

나는 몇 달 동안 내 몸에 암 조직이 있다고 생각했고 나중에야 그것이 암이 아님을 알게 됐다. 내가 이 부분을 명확하게 알게 된 것은 공감 능력을 갖춘 또 다른 의사를 찾아가 명확한 설명을 듣고 난 후였다. 그러므로 이런 점도 생각해볼 수 있다. 의학 기술이 발달할수록 인간적인 면은 줄어들 위험이 있다. 최첨단 장비를 다루는 데 필요한 훈련을 하려면 환자에 대한 '배려'는 제외하고 더욱 냉정해야 한다. 이러한 체계화된 체제는 처음에는 무척 좋아 보일 수도 있다.

GP(영국의 지역 의료 기관)에 진료 약속을 잡아본 적이 있는가? 진료 예약을 하기가 무척 어려우며, 특히 노인 환자는 더더욱 어렵다. 내 경우 약 한 달 정도 후에 진료 약속을 잡는 경우도 많았다. 우여곡절 끝에 수술을 받게 되면 이전에 봤던 의사가 아닌 다른 의사에게 몸 상태에 대해 다시 설명해야 했다. 이 모든 과정은 덜 인간적이고 공감대도 형성되지 않는다. 물론 우리 몸을 보살필 공적 자금이 있다는 것은 대단히 좋은 일이다. 건강 제도에 대부분 사람들이 만족한다는 연구도 많다.[1] 하지만 이 지점에서 나는 다소 걱정스러운 부분을 이야기하고자 한다.

〉 의료 서비스의 사각지대 〈

2007년 9월, 86세인 벨라 베일리(Bella Bailey)는 탈장 증세로 스태퍼드 병원에 입원했다. 지극히 평범했던 이 입원은 큰 의혹과 추문의 시발점이 됐고, 병원의 운영 방식과 시설 감사 방식에 대한 개혁으로까지 이어졌다. 벨라 베일리의 딸이자 동네 카페를 운영하던 줄리 베일리(Julie Bailey)는 병원에 입원한 어머니 병문안을 갔다가 어머니가 산소 공급기도 없이 쓰러진 채 방치돼 있는 광경을 목격했다. 벨라 베일리는 병원에 8주 동안 입원해 있다가 사망했고, 줄리 베일리는 어머니가 입원해 있는 동안 병원의 처우에 큰 불만을 느꼈다. 줄리는 병원의 실상을 목격한 이후 국민의료보험(NHS)의 변화를 촉구하는 '공공 의료 서비스 치유(Cure the NHS)' 운동을 전국적으로 벌였다.

병원은 직원이 모자라 혼란 그 자체였고, 병원 접수대 직원들이 병원에 도착한 환자들을 평가하기도 했다. 환자들은 무시당하기 일쑤였고, 배설물과 소변이 묻은 더러운 침대에 방치됐다. 또 어떤 이들은 아무런 관심도 받지 못한 채 몇 시간씩 병실에 갇혀 있었다. 가장 충격적인 장면은 환자들이 탈수 증상이 와서 꽃병의 물을 마시는 광경이었다. 줄리는 그 병원에서 사망한 다른 환자의 가족과 병원의 실상을 알리는 사진을 찍어 도시 곳곳에 붙였다. 스태퍼드 병원의 실상에 대한 내부 조사가 이뤄졌지만, '공공 의료 서비스 치유' 운동은 공개적인 조사만이 변화를 이뤄낼 수 있다고 믿었다.[2]

2005~2009년 동안 스태퍼드 병원의 사망자 수가 평소보다 유독 높았던 점도 이 사태를 키우는 데 한몫했다. 공개조사위원회가 꾸려지고, 영국의 국선 변호사인 로버트 프란시스(Robert Francis)가 회장직을 맡았다. 2013년 로버트 프란시스는 최종 보고서를 발표했으며 다음과 같은 결론을 내렸다.

"대다수 환자를 위한 가장 기본적인 의료 요소들이 무시됐다."

프란시스 변호사는 고통 완화가 필요한 환자들이 처치를 너무 늦게 받거나 아예 받지 못했다고 했다. 병원의 음식과 음료는 침대에 누워만 지내는 환자들과 너무 멀리 떨어져 있어서 대부분 환자 가족들이 먹여주지 않으면 먹지 못했다는 점도 언급했다. 퇴원 환자 중 일부는 병을 다 치료하지 않고 너무 일찍 퇴원하는 바람에 얼마 지나지 않아 재입원을 하는 경우도 있었다. 병원 위생 상태도 끔찍했다. 의료 관계자들이 병원 공공장소에서 환자가 사용했던 붕대와 반창고를 제거하는가 하면 화장실을 청소하기도 했다. 맡은 일에 최선을 다한 직원도 있었지만 대다수 직원들은 '환자에 대한 공감 능력이 결여돼 있음'이 드러났다.

프란시스는 기준 이하인 의료 서비스의 원인으로 터무니없이 부족한 직원의 수, 특히 부족한 간호사 인력을 꼽았다. 직원들의 도덕성은 낮았으며 스스로 무시당하는 기분이라고 말했다. 병원에서는 두려움과 괴롭힘이 하나의 문화로 자리 잡고 있었다. 프란시스 보고서는 병원의 이사진이 환자의 불만에 진지하게 귀 기울이지 않은 점을 비판하고, 2006년에 재단의 신뢰도를 높이기 위해 1,000만 파운드를 절약하기로 한 결정을 지적했다.

"이사회는 비용 절감 조치를 위해 이미 부족한 직원들 수를 더 줄여야만 가능하다고 했다."

프란시스 보고서에는 많은 권고 사항들이 담겨 있었으며, 그중에는 병원 직원들이 환자를 어떻게 보살펴야 하는지도 들어 있었다. 무엇보다도 병원 내에 환자를 최우선으로 여기는 문화적 공감대가 형성돼야 하며, 환자를 보살피는 모든 직원은 적절한 책임감이 있어야 하고, 시민들은 적절한 의료 서비스를 제공하지 않는 이들로부터 보호받아야 한다. 또한 교육과 훈련 수준이 개선돼야 하며, 간호 업무를 보는 직원들과 경영 직원들은 필수적인 공동의 가치관을 모든 면에서 실천할 수 있어야 한다. 보고서에는 다음과 같은 내용도 있다.

때로는 논쟁이 나태함이나 부족한 대응을 정당화하기 위해 사용됐다. 사망률, 조직 관리 문제, 직원 관리 문제 등은 많은 곳에서 나타나는 문제였기에 특별히 의미 있게 여기지 않거나 특별한 조치를 취하지 않아도 되는 당연한 문제처럼 취급됐다. 만약 그들 마음의 맨 앞에 환자들이 겪는 고충

을 이해하는 공감이 있었다면 이런 태도로 일관하지는 않았을 것이다.[3]

이 보고서에 대해 보건부 장관 제레미 헌트(Jeremy Hunt)는 '높은 수준의 의료 서비스와 공감 능력'이 병원과 의료 체계의 중심에 자리 잡아야 한다고 말했다. 데니스 페레이라 그레이(Denis Pereira Gray) 경은 왕립의과대학학술원(Academy of Medical Royal Colleges)의 원장이자 환자 참여를 위한 전국 연합회(National Association for Patient Participation)의 운영자다. 그의 분석에 따르면 프란시스 보고서는 의사와 간호사 모두에게서 공감 능력이 심각하게 결핍돼 있으며, 의료 돌봄보다 돈을 우선시하는 관리 체계가 팽배하다는 사실이 잘 드러난다.[4]

스태퍼드 병원 스캔들이 일어나자 정부는 최초의 병원 조사관장으로 '의료 서비스 품질 관리위원회(Care Quality Commission, CQC)'의 마이크 리처드(Mike Richards) 경을 임명했다. 마이크 리처드는 환자가 안전을 보호받고, 존엄성을 존중받으며, 더 높은 수준의 이해를 받아야 한다고 말했다. 리처드는 이외 또 다른 주요 요소로 감성지능 수준이 높은 훌륭한 리더가 있어야 한다고 강조했다. 직원 부족이 NHS 병원에 미치는 영향에 관해서도 우려를 표했다.[5]

의료계가 점점 비인간화되고, 덜 인격적으로 변해간다는 두려움은 영국에만 국한된 이야기가 아니다. 미국에서도 2011년 800명의 환자들을 대상으로 한 연구에서 절반만이 담당 의사가 공감 능력이 있다고 생각하는 것으로 밝혀졌다.[6] 그전에 노스캐롤라이나 프로젝트에서는 수백 명의 암 환자들과 종양학자들이 만나 가장 공포스러운 병에 관해 대화하는 장면을 영상으로 촬영한 적이 있다. 영상에서 전문가들은 환자가 보이는 공포와 고통의 징표를 간과하거나 무시하는 경우가 많았으며, 겨우 20

퍼센트만이 환자의 공포에 공감했다.[7]

독일의 비텐헤어데케대학교에서는 의과대학생들을 조사했다. 그 결과 의사가 될 의대생들과 병원에서 인턴 생활을 하는 수련의들의 공감 능력이 낮아서 의료 서비스의 질이 저하될 수 있음이 드러났다. 연구를 지휘한 멜라니 노이만(Melanie Neumann) 박사는 진료 초반 폭넓게 공감대를 형성하던 의사들이 위중한 환자를 처음 접했을 때 몹시 괴로워한다고 말했다. 그러고는 환자를 '비인격화'함으로써 자신을 방어하는 모습을 보였다(이것이 제2장에서 공감 스위치를 꺼버린다고 표현했던 '단절'이다).

노이만 박사는 이 같은 사실을 뒷받침하기 위해 경험이 많은 의사들이 일반인에 비해 고통을 지각하는 능력이 낮다는 사실을 보여주는 연구를 인용했다. 또한 그것이 매우 당연하다고 주장하는 연구도 인용했다. 연구에서는 근심, 긴장, 스트레스가 우리 뇌에 있는 거울신경의 신호를 감소시켜 상대방을 이해하고 공감하는 능력에 부정적인 영향을 미친다고 말하고 있다.[8]

이러한 발견은 의과대학 과정을 밟는 동안 공감 능력이 감소했던 필라델피아의 의대생을 대상으로 한 연구와도 일맥상통한다. 특히 공감 능력의 저하는 의대생들이 환자를 처음으로 직접 접하게 되는 3학년 때 두드러지게 나타났다.[9] 일부 선배 의사들은 맞닥뜨리게 될 의료 트라우마에서 살아남으려면 적당히 냉담해지기를 권하기도 했다.[10]

의대 수련 과정뿐 아니라 환경도 문제가 될 수 있다. 병원이 크고 효율적인 곳이 돼야 하는 현실도 의료 서비스의 비인격화에 영향을 미친다. 데이비드 캐머런의 전 자문위원인 스티브 힐튼은 2015년 저서 《더 인간적인》에서 '공장형 병원'의 등장을 언급했다.

요즘은 병원에 가는 것이 고행이다. 커다란 주차장에서 이리저리 길을 헤매고, 수 킬로미터처럼 느껴지는 병원 복도를 걸어, 거대한 승강기를 타고 이동해 마침내 영혼 없는 대기실에 도착한다. 그리고 그곳에서 내 이름이 불리기만을 끝도 없이 기다린다.[11]

대형 병원은 공적 자금이 부족한 시대에 두말할 나위 없이 경제적이다. 하지만 힐튼은 "대형 의료 기관에서 일하는 사람들은 큰 압박에 짓눌리기 쉽고, 환자와 가족들은 누가 책임자인지 물어볼 곳을 알지 못하며, 환자를 비인격적으로 대할 수 있다"는 의료 전문가들의 의견을 소개했다. 노이만의 연구에서도 같은 내용이 확인됐다. 심지어 현대의 종합병원 개념을 제안했던 사람들도 병원이 본래의 목적을 잊고 효율성에만 몰두하는 영혼 없는 기계가 될 수 있다는 위험성을 인정한다. 그러면서 문제를 해결하려면 조직을 작게 만들고, 리더십 자질이 훌륭한 사람을 중심으로 하는 팀 체제를 만들어야 한다고 주장했다. 이렇게 되면 작은 병원의 장점들을 종합병원에도 적용할 수 있다. 하지만 병원은 많은 자본이 투입되는 곳이고 요양원보다 더 까다로운 검사와 관리를 받을 수 있다.

영국에서는 약 50만 명의 환자들이 요양원에서 자격을 갖춘 간호사들에게 보살핌을 받는다. 그래서 요양원 간호사나 보호사의 자질 부족이 문제가 될 수도 있다. 2013년 영국 에섹스 브레인트리에 있는 노인요양원에서 간호사가 노인들을 거칠게 다루고 때리며 모욕적인 말을 퍼부었다. 이스트요크셔의 베벌리에서는 간호사가 알츠하이머에 걸린 노인에게 "당신 마녀지?" 하고 조롱하기도 했다. 노샘프턴의 요양원 거주자들은 13시간 동안 아무런 보살핌도 받지 못한 채 방치됐으며, 햄프셔의 페어럼에서는 환자의 가족이 요양보호사에게 무시를 당했다며 항의했다.

서리의 밴스테드에서는 치매 환자들이 제대로 된 치료를 받지 못했다. 런던의 해링게이에서는 몰래카메라로 확인한 결과 요양원 간호사가 툭 하면 지각하고, 출퇴근 기록을 위조하고, 노인 환자들을 더러운 환경에 방치할 뿐 아니라 약을 제대로 주지 않은 정황이 확인됐다.[12] 밴스테드와 해링게이의 요양원은 CQC의 조사관장인 안젤라 서티클리프(Angela Sutcliffe)의 즉각적인 조치에 따라 결국 문을 닫았다. 서티클리프는 해링게이에서 벌어진 일을 두고 "절대로 용납할 수 없는 일"이라고 못 박았다.[13]

_____ 각성

요양원에 있는 노인 대다수는 치매나 그와 비슷한 질병으로 고통받고 있다. 이런 환자들에게 나타나는 가장 흔한 증상은 쉽게 감정이 동요되고 좌절감에 사로잡히는 것이다. 요양원에서 가장 쉽고 빠르게 대처하는 방법은 항정신질환약을 주는 것이다. 원래 이런 종류의 약은 조현병 같은 질환을 치료하기 위해 개발된 약이지만, 미국에서는 매년 약 30만 명의 요양원 환자들이 복용한다. 이러한 처방은 게으른 궁여지책으로, 치매 환자들은 더 나은 삶, 더 존엄한 삶이 불가능하다는 판단에서 나온 것이다. 미네소타주에 있는 패스스톤 리빙 요양원에서는 환자들을 다른 방식으로 대한다.

패스스톤에서 근무하는 정신과 의사 트레이시 토막(Tracy Tomac)은 치매 환자에게 주는 약의 양을 줄여도 환자들이 활동할 수 있는지를 살펴보기로 했다. 사람들과 교감을 나누고 급격하게 오르내리는 감정의 동요를 완화시켜줄 방법으로 요리나 음악 감상 같은 활동을 권유했다. 첫해에는 약물을 20퍼센트 줄이는 것을 목표로 삼았지만, 실제로는 97퍼센트까지 급격하게 줄일 수 있었다. 이 요양원을 운영하는 기업은 약물 줄이기 정책을 다른 요양원들에도 확대했다.

한 요양보호사는 성격이나 개성이라고는 거의 사라지다시피한 요양원 환자들이 서서히 다른 환자들과 교류를 나누기 시작했다고 말했다. 이전에는 말을 한마디도 하지 않던 환자들이 활기차고 적극적인 성격으로 변하기 시작했다. 그리고 환자들이 좋지 않은 행동을 했을 때는 적절한 방법으로 원인을 파악하기 위해 노력하고 있다. 오직 중요한 것은 노인 환자들을 인간적으로 대하는 것이다. 그들은 이 프로그램을 '각성'이라고 부른다.[14]

간호사들은 다른 전문 직업군에 비해 상대적으로 저임금을 받고 있다. 요양보호사의 급여 상황은 훨씬 더 열악하다. 2016년 5월 미국의 연봉조사업체 페이스케일(The PayScale)은 영국 요양보호사의 시간당 임금이 6.97파운드이며 1년으로 계산하면 1만 3,000파운드를 조금 넘는 수준이라고 발표했다. 영국의 국가 생활 임금처(National Living Wage)에서는 이들의 시간당 임금을 2020년까지 9파운드 수준으로 올릴 것이라고 했지만, 대부분 요양보호사들은 중앙정부의 재정 감축과 노인 인구의 증가로 재정적 압박을 상당히 많이 받는 지자체 재정에서 지원을 받는다.

2014~2015년 CQC의 성인 사회복지 상태에 관한 보고서에 따르면 사회복지 서비스는 더 적은 재정으로 더 많은 것을 시행하도록 요구받는다. 사회복지 서비스의 60퍼센트는 양호하거나 훌륭했지만 7퍼센트는 부적절했다. 여기서 부적절하다는 표현은 '보살핌이 열악해서 시급한 개선이 요구된다'는 의미다.[15] 따라서 가장 큰 문제는 재정적 어려움을 겪고 있는 요양보호시설과 매우 낮은 수준의 임금을 받는 요양보호사가 어

떻게 하면 공감 능력을 발휘해 환자들을 대우할 수 있을지 방법을 찾아야 하는 것이다.

또 다른 문제는 병원과 지역사회 요양원 사이의 조화다. 2016년 의회와 건강보험 서비스 옴부즈만(Parliamentary and Health Service Ombudsman)에서는 대다수의 노인 환자와 치매 노인 환자가 퇴원 시기가 되지 않았는데도 병원으로부터 일방적인 퇴원 조치를 받고 있다고 보고했다.[16] 오래 입원을 시키면 자금이 두 배로 들기 때문이다. 병원 입장에서는 효율성을 높이고 늘어나는 수요에 부응하기 위해 필사적으로 입원실 침대를 비우려고 노력하지만, 환자에 대한 서비스는 그 수요와 조화를 이루지 못하며 상당한 재정 압박을 받는 지자체와도 조화를 이루지 못한다. 이렇게 체스 경기처럼 조직적으로 복잡하게 움직이는 체제에서 환자 개개인은 잊힌다. 그리고 바로 그 지점에서 공감 역시 결핍되는 경우가 많다.

〉 공감과 치유의 증거를 찾아서 〈

모든 환자는 의사들에게 풍부한 의학적 지식을 바라지만, 그에 못지않게 프로 정신에 걸맞은 개인적 성품도 바란다. 환자들은 이를 '임상 예의 (bedside manner)'라고 부르기도 한다.[17]

미국 의과대학연합(Association of American Medical Colleges)의 회장 다렐 커쉬(Darrell Kirch)의 말이다. 환자가 기분 좋고 안전하게 치료를 받을 수 있다면 병도 빨리 나을 것이고 수술 후 회복도 빠를 것이다. 하지만 막연히 그럴 것 같다는 믿음만으로 막대한 돈을 투자할 수는 없다. 모든 추측은 검증돼야 한다. 우리의 상식이 옳음을 증명하는 연구들이 점점 늘어나고 있다. 앞서 언급했던 노이만 박사는 환자와 의사 사이의 공감대가 입원의 생활수준을 높여주고 걱정을 덜어주는 장점이 있을 뿐 아니라 높은 혈압이나 혈당을 낮추는 데도 효과적이라고 말했다.[18]

2010년 미국에서 발표된 논문 〈의료계에서의 공감 능력(Empathy in Medicine)〉에서도 비슷한 결과가 나왔다.

> 공감을 형성하는 관계의 생리적인 장점으로는 수술 후 병원 입원 기간이 단축되고, 천식에 덜 걸리며, 감기에 걸리는 기간도 짧아진다.[19]

2004년 한국에서는 550명의 외래환자들을 대상으로 연구를 진행했다. 의사가 환자의 말에 귀를 기울여주고 환자의 걱정을 잘 이해할수록 환자가 치료에 더 긍정적으로 반응했고 결과적으로 회복 속도도 빨랐다.[20] 2011년 미국에서는 초기 감기에 걸린 환자 719명을 대상으로 연구했다. 연구진은 환자들을 세 그룹으로 나눠, 한 그룹에는 의료적인 관심을 주지 않고, 한 그룹은 평범한 수준의 공감 능력을 지닌 의료진이 환자들을 대했으며, 마지막 그룹은 공감 능력이 뛰어난 의사들이 환자들을 보살폈다. 연구팀은 이런 측정 방식을 'CARE'라고 불렀다. '상담과 상호관계에서의 공감(Consultation and Relational Empathy)'의 약어다. 그 결과 세 번째 그룹에 있던 환자들이 감기에서 더 빨리 회복됐다.[21]

미국의 또 다른 연구팀에서도 CARE를 적용했다. 이 연구팀은 사고 및 응급환자 부서에서 근무하는 의료진을 평가하고, 환자가 치료받은 후 해당 의료진에 대해 어떻게 느꼈는지 순위를 매겼다. 그 결과 의사가 의료적으로 높은 수준의 배려를 해줬다고 평가한 환자들은 그렇지 않은 환자들에 비해 치료 결과를 긍정적으로 기대하는 사람의 수가 20배나 많았다.[22] 이 연구는 유의미한 연구지만 주관적인 요소가 포함되어 있었다.

2012년 이탈리아에서는 더욱 놀라운 발표가 있었다. 2만 명의 당뇨 환자들과 그들을 치료하는 240명의 의사들을 대상으로 진행한 연구였다. 연구팀은 의사 전원의 공감 능력을 측정한 후 환자들을 조사한 결과, 공감 능력 수치가 높은 의사에게 치료를 받은 환자들이 급성 합병증이 생기는 비율이 뚜렷하게 낮았다. 긍정적인 마음가짐이 회복에 도움이 된 것일 수도 있고, 공감 능력이 높은 의사에 대한 신뢰가 높아 치료 방침을 더 잘 따랐기 때문에 생긴 결과일 수도 있다. 어느 쪽이든 이들 연구는 임상 예의의 중요성을 잘 보여줬다.[23]

영국 사람들은 대부분 아플 때 곧장 종합병원에 가기보다 GP를 더 많이 찾는다. NHS를 이용하는 사람들 가운데 80퍼센트가 지역 병원을 가는 것이다. 따라서 주치의와의 관계가 매우 중요하다. 2013년 네덜란드에서 발표한 논문 〈일반 진료에서 공감 능력의 효과(Effectiveness of Empathy in General Practice)〉의 저자들은 공감 능력과 의사에 관한 논문 약 1,000여 편을 검토하고, 이 중 가장 타당하다고 생각되는 논문 7편을 선정했다. 그들은 공감 능력을 '의사가 환자의 상황, 생각, 감정을 이해하는 능력: 환자의 상태를 정확하게 이해하고 확인하기 위해 소통하는 능력이자 도움이 되는 치료 방법에 맞게 행동하는 능력'이라고 정의했다.

논문은 의료처치 결과와 의사의 '역량(환자를 얼마나 잘 이해하고 건강 문제를 잘 대처하는가에 관한 능력)'이 병원 연구와 놀라울 정도로 비슷하다고 결론지었다.

의사의 공감 능력과 환자의 만족도 사이에는 상당한 연관성이 있으며 의사의 공감 능력과 환자의 회복력 사이에는 직접적이고 긍정적인 관계가 있다. 공감은 환자의 근심과 우울을 완화시키고 훨씬 더 긍정적인 결과를 낼 수 있게 해준다.[24]

이보다 10년 전 엑시터대학교의 연구팀은 일반 병원 의사들의 '의료 보살핌의 지속성'에 관해 영어로 기록된 전세계의 논문을 검토했다. 그 결과 환자들이 진료 때마다 다른 의사에게 진찰받는 경우 같은 의사에게 진찰받는 경우보다 건강 회복을 우려한다는 국가가 많았다. 연구원들은 '의료 보살핌의 지속성'이 주는 장점이 매우 많기 때문에 이런 결과가 나왔다고 판단했다. 특히 청소년 환자들의 경우 익숙한 사람에게 편안함을 느끼고 자신의 문제를 솔직하게 드러내는 경향이 있으며, 특정 환자들을 전담으로 하는 의사들 역시 해당 환자뿐 아니라 환자의 가족에 대해서도 폭넓게 이해하게 된다. 주치의가 있으면 환자들이 꾸준하게 치료를 받게 되고 의사의 조언에도 더욱 귀를 기울이게 된다. 주치의의 장점은 결국 환자의 만족도 증가로 이어진다.[25]

미국에서 진행된 연구에서도 지속적인 의료 보살핌이 1차 진료의 효과를 더욱 증가시켜 의료비가 훨씬 비싼 2차, 3차 병원으로 가는 횟수를 줄여준다는 결과가 나왔다. 내가 이 책을 집필하는 동안 영국 엑시터대학교 연구팀에서는 의료 보살핌의 지속성에 중점을 둔 연구를 심화해서 진행하고 있었다. 곧 새로운 연구 결과가 나오리라 기대한다. 데니스 페레이라 그레이 경은 영국의 의료상황이 날로 악화되고 있다고 우려를 표했다.

환자 개인이 전담 의료 전문가와 잘 알고 지내고, 자신에게 공감해주는 의사에게 치료받을 수 있는 곳이 바로 지역의 GP다. 그런데 환자들이 일반 병원에서 의사를 만나는 것조차 어려워지고 있으며 지속적인 의료 보살핌은 날로 악화되고 있다.[26]

시카고대학교의 신경과학자 장 데서티는 의료 전문가들이 공감 능력에 보다 깊은 관심을 가져야 한다고 줄곧 주장해오고 있다. 그는 7,500명의 의사를 설문조사했는데, 설문 결과 환자에게 깊이 공감한다고 대답한 의사들의 직업 만족도가 훨씬 높게 나타났다. 또한 의사가 평정심을 유지하기 위해 감정을 절제하고 의도적으로 환자에게 감정 이입하지 않으려는 경우 번아웃 증후군에 시달리는 경우가 더 많았다.[27] 그러므로 의사가 자신의 감정을 충분히 잘 알고 있을 때 공감 본능은 환자와 의사 모두에게 작용한다. 그렇다면 공감 능력을 강화하는 방법은 무엇이고, 결핍됐을 때 대처하는 방법은 무엇일까?

〉 더 나은 의료 환경을 위한 공감 교육 〈

필라델피아에 있는 토머스제퍼슨대학교에서 의학 교육에 관해 추적 연구를 진행했다. 모하마드레자 호잣(Mohammadreza Hojat)이 연구 지휘를 맡았다. 호잣은 의대생들의 공감 능력 수준이 학년이 올라갈수록 떨어지며, 특히 환자를 직접 대면하기 시작하는 3학년 때부터 급격하게 감소한다는 사실을 발견한 사람이다. 그의 결론은 미래에 의사가 될 학생들이 환자의 경험과 걱정, 입장을 잘 이해할 수 있도록 인지적 공감 능력을 쌓는 훈련을 해야 한다는 것이다.[28] 앞서 언급했던 호잣의 연구 중 하나는 당뇨병 환자들이 공감 능력이 높은 의사를 만나 진찰받을 경우 스스로 병을 더 잘 다스리고 입원하는 비율도 줄어든다는 것이 요지였다.[29]

호잣은 인지적 공감과 감정적 공감을 구분한다. 지나친 감정적 공감은 의료처치 과정이나 의료적인 의사결정을 오히려 방해할 수 있다는 것이다.

> 의사는 환자의 고통에 지나치게 감정적으로 얽혀서는 안 된다. 환자에게 지나치게 공감하다 보면 진료를 마친 뒤 기진맥진해지고 번아웃 증후군까지 생기게 된다.[30]

오늘날 우리는 공감 능력의 신경학적인 부분을 얼마나 이해하고 있는지, 여전히 발전해야 할 부분이 얼마나 많은지를 명심해야 한다. 호잣의 연구는 매우 귀중하고 유익하지만, 의사들의 인지적 공감만 인정하고 감정적 공감은 인정하지 않는 그의 엄격한 잣대가 전적으로 옳다고만은 볼 수 없다. 장 데서티는 의료 서비스에서 인지적 공감의 중요성에 공감하면서도 보다 신중하게 접근해야 한다고 말한다. 그의 주장에 따르면 의사들이 환자에게서 느껴지는 감정적 공감 반응을 무시하고 환자의 고통에 덜 신경 쓴다면 환자와 의사 모두 중요한 것을 놓치게 된다.

> 의료 서비스에서 가장 중요한 점은 의사가 환자들을 배려하고 걱정하고 있다는 사실을 환자들이 인지하는 것이다. 의사는 자신의 감정을 두려워해서는 안 된다.[31]

그렇다고 해서 의사들이 암 환자를 마주할 때마다 매순간 감정을 주체하지 못하고 울어야 한다는 의미는 아니다. 2011년 존 발렛(John Ballatt)과 페넬로페 캄플링(Penelope Campling)은 《지적인 친절(Intelligent Kindness)》을 통해 병원에서 예배하는 목사들이 이 문제에 대처하는 방법을 소개했다.

죽은 이들과 죽어가는 이들을 위해 목회 활동을 하던 피터 스펙(Peter Speck)은 13세 소년 존의 비극적인 죽음을 언급했다. 소년은 학교에 지각해서 서둘러 등교를 하다 트럭에 치는 사고를 당했다. 스펙은 자신이 느낀 고통 때문에 소년의 부모에게 제대로 힘이 돼주지 못했던 순간을 솔직하게 이야기하면서, 죽어가는 소년에게 지나치게 감정을 이입한 나머지 존과 자신의 아들 데이비드의 이름을 헷갈리기까지 했다고 말했다. 스펙은 감정을 추스르지 못했던 자신의 모습을 성찰하고 마음속에서 벌어지고 있는 일들을 정리할 시간을 가졌다. 덕분에 자신의 역할을 제대로 해내고 고통받는 부모를 적절한 수준에서 감정적으로 대할 수 있게 됐다.[32]

여기서 핵심은 공감이라는 감정을 완전히 무시하는 것이 아니라 감정을 조절하는 법을 터득하는 것이다. 캘리포니아대학교의 의료인문학 교수인 조디 할펀(Jodi Halpern)도 논문 〈거리두기에서 공감하기로(From Detached Concern to Empathy)〉에서 같은 입장을 지지했다. 할펀 교수는 의사가 환자에게 느끼는 감정을 철저히 배제하면 환자를 제대로 이해하지 못하게 될 뿐 아니라 환자에게 필요한 의료적 도움을 파악할 수 있는 중요한 단서도 놓치게 된다고 주장했다.

'감정을 느끼지 않는 것'은 환자의 이야기를 제대로 듣고 결과적으로 좋은 의료 결정을 내리는 과정에 중요한 걸림돌이 된다.[33]

2016년 영국 정부는 NHS에 〈내셔널가디언(National Guardian)〉을 지명해 의료 서비스에 높은 기준을 적용하고 실패한 정책을 상세히 보고하도록 지시했다. 헨리에타 휴즈(Henrietta Hughes)는 이렇게 말했다.

"국민의료보험에 행복 호르몬인 옥시토신이 넘쳐난다면 좋지 않을까?"

1990년대 중반만 하더라도 환자와 의사의 관계가 사실상 무시됐지만, 현재는 환자와 의사와의 관계를 개선하려는 여러 조치들이 시행되고 있다. 명상하기, 아플 때 고통의 본질에 대해 묵상하기, 업무량 줄이기, 환자와 의사가 정기적으로 만나기 같은 방법이다. 각 조치들을 관계자 입장에서 상세히 살펴보도록 하자.

ː 의사 ː

《지적인 친절》에서는 전문직 종사자에게 세심한 친절함이 중요하고 가치 있는 태도이며 의료적인 보호 의무에서도 매우 뛰어난 자질이라고 말한다. 이 책의 두 저자는 의료인에게 친절함이 몸에 배도록 하려면 채용, 교육, 훈련 과정이 모두 바뀌어야 한다고 말한다. 환자와 지속적이고도 사려 깊은 관계를 맺고 유지하는 능력은 의료 기술 교육이나 이론 교육 못지않게 중요하다는 주장이다. 또한 이 책은 의도만 좋은 제도와 실행 지침들, 융통성과 계획성도 없는 체계를 양산하는 훈련 프로그램이 확산되고 있다고 지적하면서 의료인의 친절함을 기를 수 있는 학습 환경을 갖추는 것이 중요하다고 강조한다.

하버드의과대학의 헬렌 리스(Helen Reiss)는 '공감'이라는 이름의 훈련 프로그램을 개발했다. 신경과학적 지식을 발전시킨다는 확고한 원칙을 토대로 한 훈련 과정을 통해 학생들은 환자가 필요로 하는 것에 적절히 대응하기 위해 환자의 감정을 파악하는 방법을 배운다. 또한 호흡 기술이나 마음을 다스리는 기술 등 학생들이 자신의 감정에 대처하고 감정을 조절하는 방법도 가르친다. 이 프로그램에 관한 최근의 평가는 긍정적이다. 훈련받은 의사들은 환자들이 담당 의사를 대상으로 매긴 공감 능력 지수에서 더 높은 점수를 받았다.[34]

의료 돌봄 종사자들

퍼포밍 메디슨(Performing Medicine)은 콜드 앙상블 공연 기업(Clod Ensemble Theatre Company)에서 만든 프로그램으로, 2001년부터 의사들을 대상으로 진행되고 있다. 스태퍼드 병원의 사건을 계기로 의료계의 중대한 문제점을 폭로한 프란시스 보고서가 나온 이후 의료 서비스의 관계자들은 가이스 앤 세인트 토머스 병원(Guy's and St Thomas' Hospitals)의 모의실험과 상호작용 학습 센터와 공동으로 '서클 오브 케어(Circle of Care)'를 만들었다.

이 프로젝트의 의도는 의대생들에게 공감이 고갈되는 어떤 감정이 아니라 '흘러가는 것'으로 받아들이게 만드는 것이었다. 그들은 모든 사람이 다른 사람에게 공감한다면 이 프로젝트는 지속가능하다고 말한다.

목소리 훈련, 동작 수업 등 공연 업체가 주도해서 만든 여러 기술 중 의대생들은 아홉 가지 특화된 기술을 익히는 것을 목표로 하고 있다. 그것은 자기 돌봄, 언어 소통, 비언어 소통, 타인에 대한 이해, 공간과 상황에 대한 자각, 성공과 실수로부터 학습, 의사결정, 리더십, 팀워크다.

이 중 '타인에 대한 이해'는 다른 사람의 어려운 관점을 이해하고, (환자의) 개인적인 이야기를 들으며, 무의식적인 편견을 깨닫는 훈련이다. 이 과정은 의과대학 4학년 학생들에게 의무 교육이 됐다. 한 의대생은 이 교육에 대해 이렇게 평가했다.

"자신의 어느 한 부분, 특정 태도만 바꿔도 사람들이 여러분을 대하는 태도가 달라집니다. 환자와 의사 모두 말이죠. 저는 처음보다 지금이 훨씬 더 나아졌다고 확신합니다. 또한 제가 만난 환자에게 다시 만나고 싶은 의사가 됐다고 생각합니다."

이안 앱스(Ian Abbs)는 가이스 앤 세인트 토머스 NHS 재단의 의료팀장이다. 그는 이러한 프로그램이 시작에 불과하다고 생각한다.

미래의 의료 서비스에서는 진단과 기술적인 측면이 줄어들 것이다. 로봇이 많은 부분을 대체할 것이기 때문이다. 대신 우리에게는 환자를 더욱 깊이 이해하는 능력이 필요하게 될 것이다. 이 프로젝트가 중요한 이유도 바로 이 때문이다.[35]

IBM의 인공지능 컴퓨터 '왓슨(Watson)'은 체스 경기 우승자이자 TV의 단골 출연자로 유명하다. 왓슨은 이미 암 진단 분야에 집중하고 있다. 뉴욕의 한 병원에서 의료 업무를 하는 왓슨은 폐암 진단에서 90퍼센트의 성공률을 보였다. 인간의 경우 진단 성공률은 50퍼센트다. 하지만 암 환자에게 슬픈 소식을 전하고 환자들이 치료를 잘 견디도록 도와주는 것은 공감 능력이 있는 의사와 간호사만이 할 수 있다.

킹스 펀드(King's Fund)는 건강과 보건의 개선과 발전을 목표로 하는 자선 연구 단체다. 2008년 킹스 펀드는 논문 〈환자 안에서 인간을 보다

(Seeing the Person in the Patient)〉를 발표했다. 공감을 형성하는 치료 문화를 기르고 발전시키는 방법에 관한 내용을 담고 있다. 이 논문은 공감을 가르칠 때 환자와 친밀해지는 것의 중요성을 언급하며 의료 전문가들도 정신과 전문의처럼 환자의 이야기를 접하고, 만성 장애나 만성 질환 환자를 간병하며 살아가는 환자 가족들을 만나는 등의 의료 수련을 권고한다. 또한 의사들에게 생기기 쉬운 강박 증상, 이른바 '전지전능 콤플렉스'에 대처하는 방법도 알려주고 있다.

나이가 60대 이상이라면 〈청춘 진단(Doctor In The House)〉, 〈닥터 앳 시(Doctor at Sea)〉, 〈풋내기 의사 사이먼(Doctor At Large)〉 등 1950~1960년대 큰 인기를 끌었던, 하지만 그다지 설득력은 없는 코미디 영화들을 기억할 것이다. 이 흑백 영화들은 모두 제임스 로버트슨 저스티스(James Robertson Justice)가 주연을 맡았으며, 〈청춘 진단〉에서는 과장되고 공격적이며 감상적인 외과의사 역을 연기했다. 그래서인지 저스티스의 전기 제목도 《출혈 시간이 언제입니까?(What's the Bleeding Time?)》다. 영화 속 의사인 스프래트는 간호사들을 괴롭히고, 후배 의사들을 겁먹게 하며, 환자를 마치 불행한 하인처럼 다룬다. 영화 속 설정은 진실 그 이상의 모습을 담고 있다.

논문 〈환자 안에서 인간을 보다〉에서는 과장되고 전지전능한 척하는 의사들의 성향을 언급하고 있다. 논문에 따르면 의사들은 꽤 초창기 시절부터 고통스러운 일의 근심으로부터 자신을 보호하기 위한 일종의 트라우마 같은 방패로 이런 방식의 매너리즘을 선택했다. 논문은 의사들의 악역 역할을 경고하고, 선한 힘을 지닌 공감자로서의 역할을 보여주며 후배들에게 본보기가 될 것을 권하고 있다.

조셀린 콘웰(Jocelyn Cornwell)은 프랜시스의 보고서에 언급된 지침을 더욱 널리 확산시키고자 킹스 펀드에서 '치료의 관점 재단(Point of Care Foundation)'을 설립했다. 2014년 재단에서는 첫 출판물을 발행했다. 의료계에 종사하는 사람들을 어떻게 보살펴야 하는지에 중점을 둔 이 책은 공감을 토대로 한 의료 서비스 개발에서 중요한 지침이 되고 있다. 콘웰은 환자의 만족도가 병원의 신뢰도를 지속적으로 높여주고, 의료 종사자들의 건강과 행복을 증진시키는 데도 기여한다고 말했다.

직원들의 높은 만족도와 낮은 사망률 사이의 직접적인 연관성을 다룬 내용도 있다. NHS의 직원은 다른 공공분야의 직원보다 더 극심한 스트레스와 번아웃 증후군으로 고통받고 있다. 아파서 결근하는 의료 종사자 중 30퍼센트는 급성 스트레스 때문인 것으로 밝혀졌다. 하지만 이러한 정신적인 압박에도 불구하고 직원 만족도도 높고, 의사나 간호사들의 공감 능력을 길러주는 체계도 잘 갖춰져 있으며, 경영과 관리가 잘 이뤄지고 있는 병원도 있다.[36]

재단에서 추진 중인 '치료 동맹(Therapeutic Alliances)' 프로그램에 대한 관심도 높아지고 있다.[37] '치료 동맹'이란 용어는 원래 치료자와 고객 사이의 돈독함과 힘을 설명하는 개념으로 사용된다. 환자가 상담사 또는 의사를 신뢰하고, 그들이 환자 자신의 이야기와 건강에 귀 기울이고 있다고 믿을 때 더 큰 긍정적인 결과가 나온다는 사실은 이미 증명돼 있다. 물론 말은 쉬워도 실천은 어렵다. 굳이 눈을 크게 뜨고 보지 않아도 많은 병원이 경제적·심리적인 상황에서 극단적인 압박을 받고 있다. 마이크 리차드(Mike Richards)는 상황이 심각한 일부 병원의 경우에는 근무자 4명 중 1명이 극한 스트레스에 시달리거나 괴롭힘을 당한다고 지적했다.[38] 단순하고 집중적인 의료처치가 매우 유용할 수 있다는 대안도 이런 이유 때문이다.

예일의과대학에서는 마약 중독자나 행동 장애가 있는 환자들을 대상으로 수준 높은 응급처치를 제공하기 위해 '5분 처치법'을 개발했다. 이처치는 SBIRT를 토대로 한다. SBIRT는 검사(Screening), 짧은 처치(Brief Intervention), 치료 기관으로 연계(Referral to Treatment)의 약자다. 5분 처치법에는 환자의 말을 경청하고 공감하는 상담 기술도 포함된다.[39] 제 5장에서 언급했던 교도소에서의 공감 역할과 비슷하다고 할 수 있다.

그렇다면 의료 종사자들의 공감 능력치를 최대한으로 끌어올리기 위해 병원에 조금이나마 숨 쉴 틈을 만들려면 어떻게 해야 할까? 매사추세츠 일반 병원의 '슈워츠 라운즈(Schwartz Rounds)' 프로그램이 좋은 답이 될 수 있을 것이다. 이 프로그램은 매달 1시간씩 의료 서비스 종사자들이 모여 환자에 대한 감정적인 어려움이나 문제들을 함께 논의한다.

슈워츠 라운즈를 개발한 슈워츠 센터는 '의료 기관의 공감 능력을 높이기 위해' 존재한다. 더 나은 의료적 판단을 할수록 환자의 만족도가 커져서 회복이 빨라지고, 의사의 스트레스도 줄어서 정서적으로 잘 반응하게 된다고 믿는 것이다. 슈워츠 라운즈는 미국에서만 29개의 병원, 영국에서는 약 140여 개의 의료 기관에서 실시되고 있다.[40] 이 프로그램의 가장 중요한 점은 토론에 참여하는 이들이 어려움과 딜레마를 논의할 수 있는 '안전한 장소'가 만들어진다는 사실이다.

데니스 페레이라 그레이는 의대생들에게 '집 같은' 공간을 준다는 개념을 열렬히 옹호하며 하버드대학교에서 나온 논문을 인용했다. 논문은 의대생들이 거주지나 근무지를 자주 옮기다 보니 안정적인 인간관계를 맺기가 어려워지고, 결국 냉소적이고 인간성이 결여된 성격이 된다고 설명하고 있다. 미국의 연구팀은 의대생들이 장기간 한 거주지에 머물면서 견고한 동료애를 쌓을 수 있도록 의대생을 대상으로 하는 주거 관리 체계를 만들었다.[41] 프랑스의 병원 역시 의대생들이 소속감을 더욱 강하게 가질 수 있도록 노력하고 있으며, 영국의 엑서터와 레스터 지역의 의과 대학에서도 효용성 여부를 관찰 중이다.

의료 분야에서는 관계 종사자들의 공감 능력 부족 문제를 논의하고 해결하기 위한 좋은 아이디어와 해결책들을 계속해서 도출하고 있다. 얼마 전 나는 런던의 명성 높은 의사와 이야기를 나눈 적이 있다. 그의 이름을 가명으로 필립이라고 하겠다. 다음은 필립의 의견이다.

우리는 공감 있는 의료 서비스를 다루는 프로그램인 '스레드(Threads)'를 교육 과정에 넣었다. 기존의 방식대로 의료 훈련이 진행되면 공감 능력이 부족해질 수 있다는 위기의식을 느꼈기 때문이다. 프로그램에서 우리는 실제 환자들을 만나 그들과 대화하는 법, 그들의 생각과 걱정, 기대 등을 듣는 법을 배웠다. 어떤 전제도 하지 않고 침묵하며 환자의 말에 귀를 기울이는 태도는 매우 중요하다. 환자들은 자기 말에 귀 기울이는 의사에게 입을 연다. 이 프로그램에서는 배우들이 화가 난 환자 등 다양한 상황을 연기해서 의사들이 환자들을 대처하는 법을 배울 수 있도록 해준다.

필립은 이 분야가 아직 태동 단계라고 생각한다. 그는 증거도 충분치 않고 여전히 '좋을 것이다'라는 막연한 느낌에만 의존하고 있다고 생각한다. 그럼에도 이런 훈련이 미래의 의사들에게 가장 중요하다고 믿는다. 상황판단이 빠른 의과대학들은 이미 학생들의 감성지능을 살펴보고 있으며, 필립도 신입 의대생들의 감성지능을 평가하는 일을 배제하지 않을 것이다. 감성지능 평가가 학생들의 진로를 결정하는 데 도움이 될 수 있기 때문이다.

공감 선언

"환자의 고통을 완화시키는 의료처치도 중요하지만, 그것이 의사에게 가장 중요한 부분은 아니다."

: 간호사 :

《지적인 친절》은 보다 학문적인 '역량'을 갖추려는 현대의 분위기를 이야기한다. 물론 학문적 소양을 높이는 것도 가치 있는 일이지만, 간호에 대한 실용적인 기술과 단순한 학습은 공감 능력을 기르는 데 그다지 필요한 사항이 아니다. 이 책의 저자들은 의료계 종사자들을 교육하는 이들에게 의료인의 공감 능력을 높여주는 자기 성찰과 자의식 문화를 구축하기를 바란다.

> 환자들이 자주 말하는 친절함의 중요한 요소는 그 행위가 지극히 일상적이고, 매일 평범하게 이뤄지는 것이어야 한다는 점이다. 귀가 잘 들리지 않는 사람에게는 좀 더 또박또박 설명하고, 어느 환자의 특별한 식이요법을 잘 기억해주고, 대화 중에 환자가 헝클어진 머리를 손질하거나 안경을 닦느라 다소 뜸을 들이더라도 기다려주는 것이 바로 환자가 원하는 친절이다. 환자들이 가장 많이 불만을 토로하는 부분은 손이 닿지도 않는 곳에 있는 호출벨이다. 아주 조금만 신경을 써도 쉽게 개선될 수 있는 것, 몸과 마음이 약해진 사람들이 느끼는 무력함을 공감한다면 자연스럽게 배려할 수 있는 부분이다.[42]

킹스 펀드의 논문 〈치료의 관점 리뷰(Point of Care Review)〉는 미국에서 나온 연구 자료를 인용한다. 연구에 따르면 환자 1명당 배정된 간호사 수가 많을수록, 자격이 없는 간호사보다 충분한 자격이 있는 간호사가 배정될수록, 의료의 질에 더 큰 영향을 미친다. 지극히 당연한 결과다. 논문은 NHS의 혁신과 발전을 위한 연구소 자료와 업무 환경이 고된 병원, 이를테면 간호사가 업무시간의 40퍼센트를 서류 업무나 인수인계, 각종 용품 찾기 등에 할애해야 하는 병원에서 수집한 자료를 인용하고 있다.[43] 간호사가 비생산적인 업무에 시간을 쓰면 가장 기본적이고 중요한 업무인 환자를 돌보는 데 들어가는 시간과 노력이 줄어든다.

제인 커밍스(Jane Cummings) 교수는 NHS 간호사사무국의 수석이다. 2012년 커밍스 교수는 '실천 속 공감 정서(Compassion in Practice)'라는 제목의 정책안을 발행하며 '6C'를 제안했다. 6C란 보살핌(care), 공감 정서(compassion), 역량(competence), 소통(communication), 용기(courage), 헌신적 노력(commitment)이다. 커밍스는 공감 항목을 두 번째에 넣었다.

보살핌은 공감, 존중, 존엄을 토대로 한 관계에서 행해진다. 공감 정서는 지적인 친절이라고 표현할 수 있으며, 보살핌을 인식하는 중요한 사고방식이라고도 할 수 있다.

커밍스는 간호사들의 '행동 분야'를 규정했으며, 환자들에게 보다 긍정적인 보살핌을 제공할 수 있도록 다른 사람들과 협업하도록 권하고 있다. 의료계는 존엄, 공감, 존중은 물론 간호사들의 피드백에도 귀 기울이고 필요한 조치를 취해야 한다. 이 6C의 가치는 NHS의 모든 직원에게 확대 적용되고 있으며, 2015년 '간호와 산부인과 위원회(Nursing and Midwifery Council)'에서는 이 가치관을 새로운 기준으로 반영했다. 영국 왕립간호협회(Royal College of Nursing)에서는 환자를 간호하면서

겪는 어려움과 보람에 관한 간호사들의 경험담을 실은 책자를 발간하고 있다.[44]

: 간병인(요양보호사) :

앞서 살펴봤듯이 많은 이들이 요양원에 입원해 있으며, 상당수가 간병인 또는 요양보호사에게 열악한 치료를 받고 있다. 스태퍼드 병원에 대한 조사가 이뤄진 후 정부는 카밀라 캐번디시(Camilla Cavendish) 기자에게 요양보호사들에 대한 보고서를 작성해달라고 요청했다. 캐번디시는 정식 간호사로 등록하지 않고 NHS 현장에서 일하는 직원이 130만 명에 달한다고 보고했다.

2013년 캐번디시가 보고서를 발표했을 때만 해도 간병인이나 요양보호사가 어떤 지시나 감독 없이 스스로 업무를 할 수 있는 경력이 되기 전까지 최소한 이수해야 수련 과정에 대한 규정이 없었다. 캐번디시는 보고서에서 간병인이나 요양보호사가 병원이나 요양원, 환자의 집 등에서 업무를 수행하기 전에 최소 2주 정도는 기본적인 의료 훈련을 받아야 한다고 말했다.[45] 3년 뒤 국가요양보호사 자격증 제도가 생겼다. 모든 간병인이나 요양보호사는 자격증 취득을 위해 12주간의 의료 훈련을 의무적으로 받아야 하며, 이 과정에는 인간 중심의 업무와 소통 등 15개의 규정들도 포함돼 있다.

자격증을 취득하기 위해 이 과정을 밟는 사람은 보살피는 대상의 삶의 경험, 선호도, 바람, 필요한 것 등을 파악하는 것이 중요하다는 사실을 설명해야 한다. 개인의 정체성과 자존감이 정서적인 행복과 정신적인 충만함과 어떤 관련이 있는지 설명해야 한다. 개인의 의사소통 방식에 맞춰 소통에 도움이 될 수 있는 다양한 방식을 설명해야 한다. 적절한 언어적 소통방식과 비언어적 소통방식의 사용 방법에 대해서도 설명해야 한다.[46]

영국 국립보건임상연구소는 집에서 거주하는 활동이 불편한 노인들에게 일대일 의료 보살핌을 제공하기 위한 일련의 권고 사항들을 발표했다. 여기에는 '보살핌은 사람 중심이어야 한다'는 내용도 포함돼 있다. 간병인이 '공감, 예의, 존중'의 태도로 노인을 대해야 한다고 말하며, '동일한 간병인을 꾸준히 보살펴서 대상자와 가까워질 수 있도록 간호의 지속성'을 유지할 것도 권하고 있다.[47] 물론 보고서를 쓰는 것과 시스템을 바꾸는 것은 다른 문제지만, 오늘날 공감 본능이 매우 중요한 의제라는 사실은 변함이 없다.

_____ 예술과 공감이 있는 요양보호소

요양보호소에 입원한 노인 대다수는 신체가 허약하고 치매를 앓고 있다. 그래서 요양원의 풍경은 우울해 보일 때가 많으며, 약에 취해 흐리멍덩한 표정으로 앉아 있는 노인의 모습은 슬프기까지 한다. 환자들 중에는 같은 요양소에 입원한 친구나 동료가 먼저 세상을 떠난 경우가 많고, 가족이나 친지가 거의 찾아오지 않기도 한다. 일부 요양보호소에서는 환자들이 품위와 삶의 질을 높이기 위해 노력하고 있지만, 극복해야 할 문제들은 여전히 존재한다.

영국의 배링 재단(Baring Foundation)과 예술문화원은 예술과 문화 활동이 단조로운 생활을 하는 환자들에게 즐거움과 활력을 준다는 신념을 갖고 문화 체험을 후원하고 있다. 노팅엄 애비필드 지역의 요양원들도 암체어 전시관과 협업해 환자들에게 예술과 문화 체험을 실시하고 있다. 이들 요양원은 지역의 공작에게 채츠워스 지역의 국가 보물들을 안내하는 영상물을 찍어 아이패드로 요양보호소 환자들에게 보여주게 해달라고 요청했다. 또한 그들은 지역의 극장에서 상영된 콘서트를 디지털 영상으로 전송받아 환자들이 실시간으로 볼 수 있도록 했다. 해리퍼드 지역에서는 시인과 무용수, 배우들을 선발해 예술 수업 과정을 만들고, 간병인을 예술 활동 관리자로 육성하고 있다.

이들의 분명한 목표는 간병인들이 환자의 인격을 인식하고 이해해서 간병 활동을 할 때 더 큰 공감 능력을 발휘하도록 하는 것이다. 애비필드에서 요양원을 운영하는 레슬리 가렛(Lesley Garrett)은 이런 활동이 환자와 간병인에게 두루 좋은 영향을 전달한다고 말한다.

우리 요양원은 보다 편안한 환경을 조성해 환자들이 누리고 즐길 수 있는 것이 무엇인지를 알게 해준다. 치매 환자들은 평소 어려움을 느끼는 어떤 일을 하는 방법이나 특정 활동을 시작하는 방법을 기억하려 애쓰지 않아도 된다. 예술이나 문화 활동을 통해 환자들이 원래 가지고 있던 재능, 아무도 몰랐던 재능이 살아나는 경우가 많기 때문이다. 직원들도 자신의 일에 큰 보람과 즐거움을 느낀다. 이런 활동은 간병인의 공감 능력을 기르고 환자들을 편안하게 보살필 수 있도록 해준다.[48]

리버풀에 있는 국립미술관은 치매 환자들을 위한 프로젝트의 선구자 격이다. 이 미술관이 만든 멋진 프로젝트의 이름은 '기억의 집(House of Memories)'이다. 기억의 집 참가자들은 사라져가는 자신의 기억을 붙잡아두기 위해 추억이 담긴 물건들을 가져온다. 미술관에서는 간병인을 위한 일일 수업도 진행하고 있다. 맨체스터에서 실행 중인 '스토리박스

(Storybox)' 프로젝트는 무대 공연을 통해 간병인이 치매 환자를 실질적이고 개별적인 인격체로 대할 수 있도록 도와주는 역할을 한다. 서퍽 지역에서 진행되는 '창의적인 간병인(Creative Carers)' 프로그램은 간병인이 환자의 입장을 상상하도록 해준다. 전형적인 감정 이입의 방식이다.

스태퍼드 병원의 조사가 이뤄진 후 영국 의료 서비스에 새로운 신조가 생겼다. 국립보건임상연구소의 지침에도 언급돼 있는데, 바로 '사람 중심의 보살핌'이다. 환자들을 위한 상부 조직인 내셔널 보이스(National Voice)는 '정책 그리고 사람 중심의 보살핌 2020(Policy and Person Centred Care 2020)'이라는 선언문을 발표했다. 선언문은 의료 관계자들이 의사결정을 내릴 때 협력을 통해 환자가 지속적인 관리를 받으면서도 독립성을 유지할 수 있고, 질 높은 삶을 사는 데 도움이 되는 방향을 우선으로 해야 한다고 명시하고 있다.

내셔널 보이스의 궁극적인 목표는 높은 수준의 공감대를 형성하며 의료 서비스를 제공하는 것이다.

"시스템이 아닌 사람을 우선순위에 두면 사람을 중심으로 하는 의료 서비스가 만들어진다."

또한 내셔널 보이스는 '나 선언문(I Statement)'을 독려하고 있다. 진료 대기 시간, 환자 침대 정리 등 중요하지만 효율성을 기준으로 규정되는 치료보다 환자가 원하는 것, 환자에게 좋은 것을 중요시하는 것이다. 위에서 필립이 언급했듯이 이런 의료 서비스를 실천하는 방법 중 하나는 '가정하지 않는 것'이다. 환자를 위해 결정내리지 말고 환자에게 필요한 것을 먼저 물어보라는 뜻이다.

사실 이런 내용들은 말로 하기는 쉽지만, 의료 종사자들이 직면하고 있는 거대한 문제와 어려움들을 결코 과소평가해서는 안 된다. 특히 인터넷이라는 힘을 활용할 수 있게 된 현대의 환자들은 정보도 많고 선택도 많다. 중요한 것은 환자 중심의 의료 서비스를 제공하기 위해 더 많은 대화를 나눠야 한다는 사실이다.

제7장

인종, 종교, 갈등 해소

오늘날에는 대다수 사회에서
인종차별주의가 곧장 비난받다 보니
미처 그것이 어디에서 왔는지, 어떻게 방지하는 것이
최선인지를 파악하지 못할 위험이 있다.
인종차별 본능은 모두에게 있다.

"도널드 트럼프는 미국 의원들이 상황을 파악할 때까지 미국에 들어오는 무슬림들을 철저하고 완전하게 차단할 것을 요구하고 있다."

_2015년 12월 대통령 후보 연설에 관련한 기사 중에서

"이 도시에 있는 수백 명의 로마인들은 악취 나는 존재들이다."

_2013년 장마리 르 펜(Jean-Marie Le Pen, 극우파 정당 국민전선의 설립자)의 연설 중에서

"얼마 전 밤기차를 탄 적이 있다. 기차가 그로브파크를 지날 무렵에야 비로소 영어가 들렸다. 정말 불편하지 않은가? 도대체 무슨 일이 일어나고 있는 건지 모르겠다."

_2014년 나이절 패라지(Nigel Farage, 영국 독립당 당대표)의 연설 중에서

위 3명의 백인 정치인은 공개적으로 외국인 혐오를 드러내는 이들이다. 세 번째 언급된 나이절 패라지가 어쩌면 그나마 덜 선동적이고 솔직한 사람인지도 모르겠다.

2016년 국민투표로 유럽연합에서 탈퇴한 영국의 경우, 브렉시트(Brexit)가 확정된 지 몇 시간 만에 케임브리지셔 헌팅턴에 "폴란드 쓰레기들은 너희 나라로 가라", "폴란드 해충은 이제 그만"이라고 적힌 전단

지가 거리에 뿌려졌다. 단순히 일반 병원에 폴란드인 외과 의사들이 많아서가 아니다. 영국인의 마음 한구석에 숨어 있던 낡은 인종차별주의가 드러난 것이다.

브렉시트 후 사람들은 수십 년 동안 용인되지 않았던 인종차별적 행동들을 공개적으로 해도 된다고 생각했던 것 같다. 흑인인 내 동료는 영국에서 나고 자랐는데도 길거리에서 "언제 너희 나라로 돌아가느냐"라는 질문을 들어야 했다. 세인트 마리 병원의 아시아인이자 영국 시민인 3명의 의사들에게 패딩턴 주민들은 차 안에서 "너희 나라로 돌아가라!"고 소리를 질렀다. 한 유치원 원장은 6세 흑인 아이에게 그들의 가족이 왜 괴롭힘을 당하는지를 설명해야 했다고 말했다. 한 운전자가 신호대기를 하고 있는데 한 무리의 사람들이 와서 "어떤 언어를 사용하느냐"고 묻기도 했다. 운전자가 "영어"라고 대답하자 무리는 "그럼 괜찮다"라고 말했다고 한다.

경찰은 혐오 범죄율이 브렉시트 투표가 끝난 주에 5배 가까이 치솟았다고 발표했고,[1] 영국의 두뇌 집단인 데모스(Demos)에는 외국인 혐오나 인종차별에 관한 글이 5,000건 이상 올라왔다.[2] 어쩌면 그다지 놀라운 일이 아닌지도 모른다. 또 다른 데모스 연구에 따르면 2012년에는 '평상시'에도 약 1만여 건의 인종차별적 글이 매일 올라왔으며, 이 중 500~2,000건은 특정 개인을 직접 겨냥한 글이었다.[3]

제1장에서 영장류 동물학자 프란스 드 발의 말을 인용해 낯선 존재를 대하는 방식에 있어서 인간은 점점 다른 동물들과 달라지고 있다고 말했다. 공감은 같은 종족에게는 충성심이 될 수 있지만, 다른 종족에게는 적대심이 될 수 있다. 심지어 아기들도 자신과 같은 종족이거나 같은 언어를 사용하는 사람을 더 선호한다는 사실도 살펴본 바 있다. 20세기 대학

살은 종족을 좋아하는 인간의 본능에 뿌리를 두고 있으며 극악무도한 극단주의자들이 그 정서를 교묘히 이용했을 때 일어났다.

오늘날에는 대다수 사회에서 인종차별주의가 곧장 비난받다 보니 미처 그것이 어디에서 왔는지, 어떻게 방지하는 것이 최선인지를 파악하지 못할 위험이 있다. 인종차별 본능은 모두에게 있다. 여섯 살 무렵 나와 친구들은 길거리에서 채소를 파는 집시들에게 모욕적인 말을 퍼부었다. 그때 우리를 사로잡은 것은 무엇일까? 당시 우리는 창문 밖을 내다보며 "더러운 집시야, 저리 가!" 하고 소리 지르곤 했다. 그 소리를 들은 어머니는 깜짝 놀라 쟁반에 차를 담아가지고 나가 그들에게 사과를 했다. 철 없던 나와 달리 내 유대인 친구들의 부모님은 감사하게도 금요일 저녁에 유대인의 안식일 의식인 '사바스(Sabbath)'에 초대해줬다. 친구들의 부모님은 이상한 유럽 억양을 사용하고, 낯선 음식을 먹고, 내가 다니던 미온적인 영국 성공회 교회와는 전혀 다른 방식으로 종교 의식을 치르는 분들이었다. 나는 그들의 모든 면이 이상했지만, 결국은 그들의 따뜻하고 열린 마음에 무장 해제됐다.

이 장에서는 부족주의가 단순히 인종이나 종교의 문제가 아니라 한 집단을 결속하는 '집단 정체성'의 가장 중요한 요소라는 사실을 살펴볼 것이다. 우리의 부족주의 행동을 분석하고 이를 극복할 수 있는 현명한 제안을 해줄 심리학자들과 사회학자들도 만나볼 것이다. 또한 전세계에서 일어나는 갈등을 해결하는 데 있어서 그들의 통찰력이 어떤 의미가 있는지도 들여다볼 것이다.

프란스 드 발은 집단 내 갈등뿐 아니라 집단과 집단 사이의 갈등을 해결하는 일이 얼마나 중요한지를 재차 강조했다. 그는 같은 무리의 침팬지들이 서로 싸운 후 키스하고 포옹하는 광경을 자주 볼 수 있었다. 하지만 그가 연구하던 동물원에서 침팬지 루이트가 동족에게 구타당하고 물려 죽은 사건을 목격하며 큰 통찰을 얻었다.

루이트의 비극적 종말은 평화가 얼마나 귀중한 가치인지를 깨닫게 해줬으며, 내 연구가 사회 결속에 집중하도록 도와줬다.[4]

〉 제도화된 인종차별 〈

1968년 4월 4일 마틴 루터 킹이 총에 맞아 암살당했다. 이 사건이 벌어진 날 저녁, 기자가 한 마을의 흑인 지도자에게 물었다.

"케네디 대통령이 암살당했을 때, 영부인은 우리를 하나로 결속시켜줬습니다. '당신네' 사람들은 누가 그런 일을 하게 됩니까?"

아이오와주 라이스빌의 초등학교 교사였던 제인 엘리엇(Jane Elliott)은 인터뷰를 보고 기자가 케네디와 영부인이 오직 백인만을 대표한다고 전제하는 것을 보고 큰 충격을 받았다. 교실에서 학생들은 〈미국에 신의 축복이 있기를(God Bless America)〉을 부르고, 톰 레러(Tom Lehrer)가 만든 〈National Brotherhood week〉의 가사를 배운다. 엘리엇은 학생들에게 모든 사람을 형제처럼 대하는 사고방식을 가르치기 위해 노력해왔다.

엘리엇은 바로 다음 날 8~9세 학생들을 대상으로 과감한 실험을 진행했다. 아이들을 대상으로 반복된 이 실험은 2년 후 ABC 방송사에서 '편견의 해부에 관한 실험'이라는 주제의 프로그램으로 만들어졌다. 지금도 유튜브에서 'The Eye of the Storm(폭풍의 눈)'을 검색하면 영상을 볼 수 있다.

실형 당일 학생들에게 형제처럼 여겨지지 않는 사람이 있냐고 물어본다. 그러자 학생들은 "흑인, 인디언"이라고 대답한다. 엘리엇은 학생들에게 묻는다.

"피부색에 따라 차별을 받으면 어떤 기분일 것 같아?"

그리고 학생들에게 자신이 다른 학생들과 다른 점을 말해보라고 말한다. 그러자 한 학생이 자신은 눈동자 색이 다르다고 말한다. 엘리엇은 하루 동안 학생들의 눈동자 색이 갈색인지 파란색인지에 따라 학생들을 다르게 대할 것이라고 말한다. 그러고는 "재밌겠지?" 하고 묻는다.

엘리엇은 갈색 눈동자인 한 학생에게 묻는다.

"예전에 아버지가 너를 걷어찼다고 투덜거린 적 있지? 그런데 너희 아버지는 갈색 눈동자더구나. 만약 파란 눈동자의 아버지였다면 아들을 걷어찼을까?"

그러고는 조지 워싱턴 대통령의 눈동자도 파란색이었다고 말한다. 그리고 학생들에게 멜라닌 색소가 높은 지능과 연관이 있다고 거짓말을 한다.

"파란 눈의 아이들은 더 똑똑하고, 청결하고, 문명화 됐단다."

순식간에 교실에 계급이 형성됐다. 엘리엇은 파란 눈의 아이들을 교실에서 좋은 자리에 앉게 하고, 쉬는 시간도 5분을 더 주었으며, 급수대도 독점적으로 이용하도록 해줬다. 그리고 가장 가혹한 조치로, 갈색 눈인 아이들에게는 특정 색이 들어간 스카프를 두르게 해서 쉽게 구분이 가도록 하겠다고 했다. 아이들은 처음에는 당황하고 주저했지만 이내 차별적인 분위기가 교실에 자리 잡았고, 아이들은 진심으로 차별적인 사고와 태도를 갖게 됐다. 교실의 규율을 어긴 갈색 눈 아이들은 눈동자 색이 갈색이기 때문에 더 심한 처벌을 받아야 한다는 주장이 나왔다. 우월한 계증인 파란 눈의 레이먼드는 이렇게 말했다.

"내가 갈색 눈 아이들보다 더 나은 사람인 것 같은 기분이 들어서, 기분이 좋았어요."

이 짧은 실험 이야기는 언론에 빠르게 알려졌고 제인 엘리엇은 당시 최고의 시청률을 자랑하던 프로그램인 〈조니 카슨 쇼(Johnny Carson Show)〉에 출연해 이 실험에 관해 이야기했다. 당시 시청자들의 반응은 뜨거웠다. 다음과 같은 편지를 보낸 이도 있었다.

어떻게 감히 백인 아이들에게 이렇게 잔인한 실험을 할 수 있습니까? 흑인 아이들은 그런 취급에 익숙하게 자랐지만 백인 아이들은 그런 취급을 받는 것을 절대 이해하지 못할 겁니다. 이 실험은 백인 아이들에게 가혹한 처사이며 아이들에게 심리적으로 큰 상처를 줄 겁니다.[5]

이 실험 이후 제인 엘리엇은 유명한 평등 운동가가 됐고, 이 실험을 바탕으로 한 프로그램을 진행했다. 실험은 많은 논란이 됐다. 앞서 편지를 쓴 사람처럼 실험에 분개했던 고지식하고 무식한 이들에게만 논란거리가 된 것은 아니었다. 몇몇 교육 전문가들은 이 실험의 타당성에 의문을 제기했다. 물론 엘리엇이라는 권위 있는 존재가 상황을 설정한 것이 막강한 영향력을 미치긴 했지만 아이들이 부족주의에 얼마나 빨리 빠지는지를 확인할 수 있는 실험이었다.

_____ **꺼지지 않는 차별의 불꽃**

'인종차별주의자들 중에 머릿속 전구가 켜지는 사람은 얼마나 될까? 없다. 그들은 모두 캄캄한 어둠속에 있다.'

'알파벳 N으로 시작해 R로 끝나는 단어는 무엇이 있을까? Neighbour. 이 단어를 흑인을 설명하는 데 사용할 수 있는가?'

오전 9시 30분, 나는 경찰과 함께 뉴욕에 있는 톨러런스 박물관 (Museum of Tolerance)에서 은퇴한 흑인 여성 경찰관의 이야기를 듣고 있다. 경찰관은 뉴욕의 공무원들에게 인종차별주의와 범죄 프로파일링에 관한 교육을 진행하고 있다. 로스앤젤레스에 있는 톨러런스 박물관은 홀로코스트 자료를 활용해 질서의 힘이 증오로 가득 찬 신념으로 사법 체계를 전복했을 때 어떤 일이 벌어지는가를 보여준다.

로스앤젤레스 카운티 미술관(Los Angeles County Museum of Art)은 1992년 LA 경찰청에서 이 프로그램을 시작했다. 4명의 백인 경찰이 운전하던 흑인 로드니 킹(Rodney King)에게 폭력을 행사하고도 무죄선고를 받아 일어난 LA 폭동 이후에 시작하게 된 것이다. 이 프로그램은 경찰공무원뿐 아니라 교도관과 다른 지자체 공무원들로 확산됐다. 지금까지 수만 명의 공무원들이 이 프로그램을 통해 교육받았다. 뉴욕, 워싱턴의 홀로코스트 추모박물관에서도 이런 프로그램이 실시되고 있다.

이 같은 교육은 인종차별주의와 부족주의에 대한 경고 이상의 의미를 지닌다. 예를 들어 백인들이 많이 사는 지역에서 백인 경찰관이 흑인 운전자의 차를 세울 때, 흑인 운전자가 느낄 수도 있는 두려움에 대해 교육한다. 한 경찰관은 이렇게 말했다.

"기존의 교육은 우리에게 총을 다루는 법만 가르쳤지 우리와 마주친 사람들과 어떻게 교감해야 하는지는 한 번도 가르치지 않았다."

1991년 당시 보스니아에는 무슬림 인구가 44퍼센트, 세르비아인 그리스정교회는 31퍼센트, 크로아티아인 가톨릭은 17퍼센트였다. 1870년

대부터 보스니아에는 두 차례 대전이 일어났을 때만 빼고는 여러 종교가 평화롭게 어우러졌었다. 그러다가 1991년 12월 소비에트 연방이 붕괴되고 유고슬라비아도 해체되며, 20세기 후반, 세 번째 위험한 사태가 촉발됐다. 무슬림 지도자가 이끌던 보스니아가 독립을 선언한 것이다. 소수 민족인 세르비아인들은 '대(大)세르비아'의 일부로 합병되길 원했다. 무장한 세력들이 생겼고 내전이 일어났다.

1995년 유엔이 안전지대로 선정한 세르브니차 지역에 세르비아군이 침공해 8,000명에 달하는 무슬림 사람들을 학살하면서 사태는 최고조에 달했다. 이때 벌어진 갈등과 내전으로 10만 명의 보스니아인이 사망했고, 20년 후 세르비아의 지도자 라도반 카라지치(Radovan Karadzic)는 전쟁 범죄자로 체포됐다.[6] 수많은 보스니아인들은 부족 간의 오래된 증오가 표면화되자 어제까지만 해도 이웃이던 사람들이 순식간에 적이 되는 현실에 충격을 받았다. 아르메니아나 르완다와 마찬가지로 사람들은 숨어야 했고, 친구나 이웃 또는 선생님이라고 여겼던 이들에 의해 잔혹한 고문을 당해야 했다.

가장 잔혹하고 가장 급속하게 확산된 홀로코스트의 재앙은 1944년 여름, 독일군이 나치에 의해 완전히 장악됐을 때 헝가리에서 일어난 일일 것이다. 당시 부다페스트에 거주하던 주민 4분의 1가량이 유대인이었고 유대인을 조상으로 둔 이들도 다수였다. 이들을 집단수용소로 강제 추방하는 작업이 본격적으로 시작됐다. 내 친구이자 미식가이며 음식 비평가인 에곤 로네이(Egon Ronay)는 당시 상황을 목격한 증인이었고, 그에게서 이야기를 들으며 나도 그때 상황을 어렴풋이 알게 됐다.

로네이는 2010년 런던에서 94세의 나이로 사망하기 전까지 자신의 삼촌에게 일어났던 일들을 내게 들려주곤 했다. 로네이는 가톨릭 집안에서 자랐지만 그의 아버지는 유대인 집안의 부유한 호텔리어였다. 어느 날 로네이 삼촌의 이웃이 그를 유대인이라고 신고했다. 그의 삼촌은 곧장 체포돼 기차에 실려 수용소로 이송됐다. 로네이는 삼촌네 집 정원에 묻혀 있던 금으로 된 담배 케이스를 파서 꺼내야 했다. 독일군 대령에게 뇌물을 줘서 삼촌을 꺼내기 위해서였다. 독일군 차에 숨어 수용소를 빠져 나온 그의 삼촌은 전쟁에서 살아남았다. 하지만 50년이 흐른 후에도 로네이는 반유대주의가 이웃과 친구들과의 관계에 독약처럼 스미고, 수많은 유대인들을 이별과 죽음으로 몰고 가기까지의 시간이 너무도 순식간이었다는 사실에 충격과 공포를 드러내곤 했다.

_____ 적대적인 매체 효과

1954년 오래된 라이벌인 다트머스대학교와 프린스턴대학교가 맞붙은 미식축구 경기는 유독 폭력적이었다. 몇몇 적극적인 연구원들은 두 대학의 학생들에게 경기 녹화 영상을 보여줬다. 처음에는 프린스턴 학생들에게 보여줬고, 그 다음에는 다트머스 학생들에게 보여줬다. 학생들은 심판이 상대팀보다 자신의 팀에게 불리한 판단을 내리는 경우가 많았다고 말했다. 연구자들은 개인적 가치관이나 강한 소속감에 기인한 당파심이 매우 보편적이라는 점을 지적했다. 이런 정서는 풋볼뿐 아니라 선거, 공산주의에도 적용될 수 있다.

1982년 스탠퍼드대학교의 연구팀도 비슷한 연구를 진행했다. (이스라엘군이 선동한) 레바논의 기독교 민병대가 팔레스타인 난민을 학살한 사브라−샤틸라 학살을 다룬 뉴스를 두 그룹의 학생들에게 보여줬다. 한 그룹은 친이스라엘 성향의 학생들이었고, 한 그룹은 친팔레스타인 성향의 학생들이었다. 뉴스는 공정한 시각에서 사건을 다룬 프로그램에서 선별했다. 두 집단 학생들은 뉴스가 각각 반대 진영의 편을 들어 편파 방송을 한다고 말했다. 연구자들은 이런 현상을 '적대적 매체 효과'라고 지칭했다. BBC 뉴스가 정치적으로 공정한지 아닌지를 두고 논쟁을 벌이는 사람들은 좌익과 우익이 동시에 불만을 제기할 때 공영기업으로써 제 역할을 제대로 하고 있다는 사실을 알게 될 것이다.

2012년 스탠퍼드대학교의 댄 카한(Dan Kahan)과 동료들은 매체와 관련된 종족 성향을 실험하기 위한 연구를 진행했다. 카한은 참가자들에게 캔자스 지역의 웨스트보로 교회(Westboro Church)에서 벌인 시위 영상을 보여줬다. 영상 속 무리는 자신들을 '원시 침례교인'이라고 자칭하는 이들로, 에이즈로 사망한 이들의 장례식과 게이인 스타가 TV 예능 프로그램에 나오는 것, 세간의 이목을 끈 동성애자 권리 소송들에 반대하는 시위를 벌였다.

그들은 "신은 호모를 증오한다" 또는 이와 비슷하게 동성애자를 비하하는 문구를 쓴 시위 피켓을 들고 있었다(심지어 그들은 철물점에서 시위를 벌였는데, 해당 철물점이 동성애에 매우 관대한 나라인 스웨덴에서 수입한 진공청소기를 팔았다는 것이 이유였다). 카한과 동료들은 두 그룹에게 동영상의 출처를 드러내지 않기 위해 상당히 포괄적이고 일반적인 시위 장면들만을 보여줬다. 두 그룹에게 주어진 역할은 동영상을 보고 시위를 벌이는 사람들이 자유 발언 권리를 제대로 실현하고 있는지, 불법적인 선을 넘지는 않았는지를 판단하는 것이었다.

한 그룹에게는 해당 동영상이 낙태 반대 시위 장면이라고 말했고, 또다른 그룹에게는 군대가 동성애자에게 '묻지도 구분하지도 않는' 관대한 정책을 펴는 것에 반대하는 시위 동영상이라고 말해줬다. 관찰 결과 시위대의 명분에 공감하지 않는 참가자 그룹이 시위대가 법을 위반하고 적정 수준을 지나쳤다고 평가하는 경우가 많았다. 동영상 속 시위는 두 가지로 해석될 소지가 있었다. 그리고 동영상을 시청한 실험 참가자들은 자신들이 늘 균형 잡힌 판단을 내린다고 믿었지만, 동영상을 볼 때는 기존에 가지고 있던 편견을 적용하는 모습을 보였다.[7]

적대적 매체 효과는 종족 편향이 행동으로 드러나는 것을 가장 잘 보여주는 현상이다.

2013년 하버드대학교 심리학과 교수인 조슈아 그린(Joshua Greene)은 《옳고 그름》을 출간했다. 이 책에서 저자는 부족들이 '편향된 공정성'에 지나치게 치우쳐 있어서 자신들이 믿는 정의를 왜곡시키면서까지 집단의 이익을 추구한다고 말했다. 또 그는 댄 카한의 연구를 인용하면서 부족의 신념은 편향되기 쉬우며 그렇게 편향된 신념이 문화적 '정체성의 상징'이 돼 영구히 존재하게 될 수도 있다고 말했다. 그린의 결론은 드 발의 의견과도 일맥상통한다.

우리의 도덕적 뇌는 집단 내에서(나 vs 우리) 협동하기에는 그 역할을 합리적으로 훌륭히 수행하지만, 집단과 집단(우리 vs 그들)에서는 그 역할을 그렇게 잘 수행하지 못한다. 생물학적 관점에서 보면 당연한 일이다. 우리의 뇌는 애초에 집단 내에서는 협동하고 집단끼리는 경쟁하도록 돼 있기 때문이다.[8]

철학과 종교는 집단과 집단, 부족과 부족, 국가와 국가 사이의 협동에 관한 논쟁을 구체적으로 정리하기 위해 오랜 기간 노력을 기울이고 있다. 조약이나 협정을 의미하는 단어 '팩트'는 라틴어 '팍툼(pactum)'에서

유래했으며, 어원상 평화를 의미하는 'pax'와 연관이 있다. 《구약성서》
에 등장하는 강간, 고문, 학살, 살육, 무차별 범죄 등에 관한 이야기는 대
중에게 호감을 주는 정서는 아니다. 어쩌면 《구약성서》에 나오는 이런
이야기는 3,000년 전 중동 지역의 부족 간 갈등을 정확하게 보여주고 있
는지도 모른다.[9]

《신약성서》는 대조적이다. 물론 《신약성서》 이야기들이 공원을 산책하
듯 마냥 쉬운 것은 아니지만, 〈마태오복음서〉의 "행복하여라, 평화를 이
루는 사람들(제5장 9절)"과 〈루카복음서〉에 나오는 "착한 사마리아인" 같
은 비유를 찾아볼 수 있다. 한 율법교사가 예수에게 물었다.

"누가 나의 이웃입니까?"

그러자 예수는 강도를 만나 부상을 입은 채 버려진 사람의 이야기를 들
려줬다. 길을 지나던 사제도, 레위인도, 강도를 만나 초주검이 되어 버려
진 사람을 그냥 지나쳤다. 불행을 겪은 사람과 직면했을 때 자신과 같은
부류의 사람이라도 그 상황에 개입하지 않고 지나쳤다는 말이다. 하지만
그곳을 지나던 사마리아인은 그를 보고 도와줬다. 예수는 물었다.

"너는 이 세 사람 가운데 누가 강도를 만난 사람에게 이웃이 돼줬다고
생각하느냐?"

율법학자는 "자비를 베푼 사람"이라고 대답했다. 그 대답을 들은 예수
가 율법학자에게 말했다.

"가서 너도 그렇게 하여라(〈루카복음서〉 10: 36−37)."

이 지혜 어린 가르침에도 불구하고 종교는 지난 2,000년 동안 인종과
국적 다음으로 가장 강력하게 부족을 구분하는 기준이 돼왔다. 또한 종
교는 관용과 포용보다 억압과 '내집단 의식(집단 내 공동체 의식이 강한 정
서_옮긴이)'의 도구가 돼왔다. 즉 우리는 선한 사마리아인보다 《구약성서》

에 나오는 부족중심의 인간이 되곤 한다는 의미다.

영국 시민 사회의 현대적이고 포괄적인 자유와 300만 무슬림의 신념 사이에서 발생한 갈등은 2016년 채널4 방송국에서 실시한 여론조사에서 극명하게 드러났다. 무슬림 교도 5명 중 1명 이상이 공동체에서 이슬람법이 영국법을 대체해야 한다고 대답했다. 3명 중 1명 이상의 사람들은 아내가 언제나 남편에게 순종해야 한다고 대답했다. 그리고 절반 이상이 동성애는 영국에서 불법으로 규정돼야 한다고 대답했다.[10] 하지만 우리는 2000년까지만 하더라도 영국 성공회에서 열린 결혼식에서 '복종'이라는 단어가 사용됐음을 명심해야 한다. 1967년까지만 해도 영국에서 동성애는 범죄였고, 동성애자의 결혼이 합법적으로 시행된 것은 불과 10년 전부터였다. 이 모든 조치는 다른 사람을 이해하려는 감수성, 즉 주류의 관점이라는 폭압에서 벗어나 부당함을 깨고, 부족 간 구분을 깨려는 노력에 따라 만들어졌다.

_____ **동성애 혐오**

1950년대만 하더라도 '남성 동성애자 괴롭히기'는 꽤 보편적인 사회 현상이었다. 청년들이 게이 또는 게이라고 의심되는 사람을 공개적인 장소에서 공격하는 일도 흔했다. 오늘날 '동성애자 괴롭히기'는 동성애에 가해지는 모든 괴롭힘을 의미하며, 이런 일이 가장 흔하게 벌어지는 장소는 학교다. 하지만 이런 편견은 '커밍아웃'이 나날이 확산되고 받아들여지고 있는 서구 사회에서 줄어들고 있는 추세다. 사춘기 이후, 이런 공격성의 원인은 강한 성욕 때문일 수 있다. 사춘기 이후 청소년들은 주로 반대의 성에 강하게 끌리며, 그들 중 대다수는 본능적으로 성적인 취향이 다르다는 이유로 소수자를 구분할 수도 있다.

문화는 태도를 규정하는 데 중요한 역할을 한다. 차별은 늘 특정 기준을 중심으로 존재해왔지만, 그 기준이 되는 추는 시대에 따라 다르게 움직이곤 한다. 고대 그리스인들은 여성과 여성 사이의 사랑은 물론 남성 간의 성적인 사랑도 인정했던 것으로 유명하다. 로마인들은 남성 간 동성애에는 관대했지만, 수동적인 상대자가 더 어린 사람과 노예일 때만 허용됐다. 2,000년 전 중국 사회에서도 동성애가 인정됐다. 이 부분에서 우리는 기독교가 오랜 세월 동성애를 억압해온 것에 고마워할 수도 있다. 《구약성서》에서는 인간의 본능이 아닌 '신의 명령'이라는 명분으로 동성애 차별을 명시했기 때문이다.

"어떤 남자가 여자와 동침하듯 남자와 동침하면, 그 둘은 역겨운 짓을 했으므로 사형을 받아야 한다. 그들은 자기들의 죗값으로 죽는 것이다 (《레위기》 20:13)."

퓨 리서치 센터(Pew Research Center)에서는 2013년 동성애에 대한 국가의 입장을 조사했다. 유럽의 대부분의 국가와 라틴아메리카, 북미 대부분은 동성애에 관대한 편이었다. 미국의 경우는 최근의 일이다. 매카시(MaCarthy) 시대에는 게이들이 공산주의자들과 은밀히 공모하는 세력이라는 거짓 믿음을 토대로 정부에서 게이들을 억압하던, 이른바 '라벤더 공포(Lavender Scare)' 시기가 있었다(라벤더는 동성애를 상징하는 꽃이다. 매카시즘의 정점에서 정부 조직에서 일하는 동성애자들을 다 몰아낸 사건을 지칭하는 말_옮긴이).

이 글을 쓸 당시에도 70여 개 국가에서 여전히 동성애를 불법으로 규정짓고 있으며, 사우디아라비아, 북부 나이지리아, 이란 같은 국가에서는 동성애를 하면 사형했다(1979년 혁명 이후 약 4,000여 명의 동성애자가 사형당했다). 이들 국가가 이슬람법을 해석하는 방식은 《구약성서》만큼이나 잔혹하고 가혹하다. 우리는 독일의 나치 역시 공감 능력이 결여된 사회의 산물이었으며, 그들이 동성애자를 유대인, 로마인, 장애인과 함께 강제 수용소에 가둬 죽였다는 사실을 잊지 말아야 한다.

서구 문화에서 레즈비언, 게이, 트랜스젠더에 관대한 문화가 발전한 것은 계몽주의의 영향이다. 1789년 프랑스 혁명 이후 볼테르(Voltaire)는 동성애 차별에 관한 논의를 처음으로 이야기했다. 제러미 벤담(Jeremy Bentham)은 동성애가 합의하에 이뤄지고, 누구에게도 해를 끼치지 않는다면 허용돼야 한다는 주장을 펼쳤다. 종교에 대한 케케묵은 악영향 때문에 영국에서 동성 결혼이 사회적으로 인식된 것은 비교적 최근의 일이다(영국 독립당의 한 의원이 서머셋에서 홍수가 일어난 것이 게이들의 결혼을 합법화한 것에 대한 신의 처벌이라고 말한 것이 고작 2014년이다).

지금 우리는 동성애 성향이 비자발적인 것이며 어머니의 자궁에 있을 때 호르몬의 영향으로 형성됐을 수도 있다는 사실을 잘 알고 있다. 유전자와 양육 환경 역시 동성애에 기여하는 요인으로 배제되지 않고 있다. 중요한 것은 동성애는 전체 인구의 10퍼센트 정도를 차지하며 자연적으로 발생하는 성향이라는 점이다. 현대 영화와 책은 동성애를 포용하는 태도를 넘어 축하하는 태도로까지 인식의 지평을 넓히고 있다.[11]

익숙하지 않은 관점을 이해하는 공감 능력은 동성애 혐오를 근절하도록 도와준다. 잠시만 시간을 내서 나와 다른 사람들이 지닌 감정의 타당성과 장점을 이해하려고 노력한다면, 그들의 애정이 직접적으로 향하는 곳에 있는 사람들을 미워하기는 어렵다.

이러한 인류의 진보는 주로 18세기 계몽주의 철학자들과 그들의 계보를 이은 이들 덕분이다. 제러미 벤담이 말한 최대 다수의 최대 행복, 존

로크가 주장한 교회와 정치와의 분리, 존 스튜어트 밀과 리차드 코브던(Richard Cobden)이 국가간 무역을 더욱 활성화해야 한다고 주장했던 것 모두 편협한 부족주의를 비판하고 있다. 계몽주의의 개념은 '미국 독립 선언'에 나오는 구절인 "생명, 자유, 행복을 추구할 권리"에서 영감을 얻었다. 토머스 제퍼슨(Thomas Jefferson)조차 성서의 도덕적 규정을 구체화하기 위해 (부활의 기적을 포함해) 모든 기적을 없앤 '제퍼슨 판'《신약성서》를 만들었다. 너무 흥분할 것 없다. 독립 선언문을 쓴 사람들 대부분은 노예의 소유주였다.

대학살과 두 차례의 전쟁이 있었던 20세기의 약탈의 역사와 오늘날까지도 끊이지 않는 갈등에도 불구하고 인류가 점차 발전하고 있다는 견해도 있다. 얼마 전 노스 노퍽 자치구의 공립학교 강연에 참석한 적이 있다. 강연자들이 열악한 환경의 아이들의 꿈을 키워주는 자선 활동이었다. 강의실에는 120여 명의 학생들이 앉아 있었다. 당시 프로그램은 2016년 영국의 EU 존속 여부를 묻는 국민투표 즈음에 개최돼 자연스럽게 '브렉시트'가 주제로 떠올랐다. 117명의 학생들은 영국이 EU에 남기를 바랐다. 내가 이유를 묻자 학생들은 EU가 1945년 이후 (불완전하긴 하지만) 대륙의 평화라는 입장을 고수해오는 모습이 보였다고 대답했다. 투표 결과만 놓고 본다면 나이든 유권자는 EU에서 벗어나길 원하는 사람이 많고, 젊은 유권자는 좀 더 이상적이다. EU로부터 고립되길 원하는 이유는 이민자들을 받아들이는 국경 개방 협정 때문인 경우가 많았다. 주거 문제와 의료보험 서비스 문제에 대한 우려 이면에는 이처럼 익숙한 본능이 깔려 있었다. 바로 부족주의였다.

냉소적인 사람은 유엔 헌장이 준수될 때보다 위반될 때 더 명예가 드높아진다고 생각할 수도 있다. 하지만 유엔 총회, 평화유지군, 국제 인도주의적 정책 등은 이전과 사뭇 다른 양상을 보여준다. 모든 정책들은 유엔이 창설된 직후 통과된 1948년 '세계 인권 선언'의 첫 3조항을 비중 있게 다루고 있다. 조항들은 이른바 '신계몽주의'를 잘 요약하고 있으며, 지금껏 작성된 모든 문서 가운데 부족주의를 가장 강력하게 비판하고 있다.

제1조 모든 인간은 태어날 때부터 자유로우며 존엄과 권리에 있어 동등하다. 인간은 천부적으로 이성과 양심을 부여받았으며 서로 형제애의 정신으로 행동해야 한다.

제2조 모든 사람은 인종, 피부색, 성, 언어, 종교, 정치적 또는 기타 견해, 민족적·사회적 출신, 재산, 출생 또는 기타 신분 같은 어떠한 종류의 차별 없이 이 선언에 규정된 모든 권리와 자유를 향유할 자격이 있다. 더 나아가 개인이 속한 국가 또는 영토가 독립국, 신탁통치지역, 비자치지역이거나 주권에 대한 여타의 제약을 받느냐에 관계없이 국가 또는 영토의 정치적, 법적 또는 국제적 지위에 근거하여 차별이 있어서는 안 된다.

제3조 모든 사람은 생명과 신체의 자유와 안전에 대한 권리를 가진다.

차별금지법 같은 영국의 국내법이나 인간의 권리를 선언하는 국제법들은 새로운 상호주의 질서를 수립하기 위해 그 역할을 수행하고 있다. 하지만 법만으로는 인간의 태도를 바꾸지 못한다. 태도가 바뀌려면 도덕성도 바뀌어야 한다. 우리는 그러한 변화가 옳으며, 보다 근원적인 본능이 변화해야 하고, 그러한 변화가 부족을 초월해야 한다는 사실을 믿어야 한다. 스티븐 핑커는 《우리 본성의 선한 천사》에서 이러한 변화가 어떻게 일어나고 있는지를 설명했다. 오늘날 인간은 과거에 비해 덜 잔인하게 살해당한다고 그는 말했다.

인간은 본래 선하지 않지만 (본래 악하지 않은 것과 마찬가지로) 폭력으로부터 멀어지고 협동과 이타심을 추구하는 동기들을 갖추고 있다. '공감'은(특히 감정 이입을 해서 걱정해주는 정서) 타인의 고통을 느끼게 하고 타인의 관심사와 우리 자신의 관심사가 통한다고 느끼게끔 해준다.[12]

모두 알고 있듯이 공감 본능은 부족을 토대로 한 행동을 더욱 강화시킬 수 있다. 하지만 스티븐 핑커의 말이 옳다면, 그 본능이 부족주의를 약화시키고 무너뜨릴 수도 있지 않을까? 그렇게 되게 하려면 어떻게 해야 할까?

〉 부족주의 너머 〈

메흐메트 제랄, 요세프 플라체크, 조피아 코삭, 가브리엘 문가니, 술라 카루힘비… 모두 제1장에서 만났던 이들이다. 살면서 크나큰 위험에 처했던 적이 있는, 20세기 자행된 대학살에서 목숨을 걸고 종족을 초월해 다른 이들에게 온정을 베풀었던 이들이다. 여기에 한 사람 더 보태자면, 보스니아 출신의 이슬람교도 네드렛 무지카노빅(Nedret Mujkanovic) 박사가 있다. 그는 보스니아의 세르비아인 군사들이 스레브레니차 지역의 임시 병원에서 적군과 똑같이 치료를 받고, 같은 음식을 먹고, 잠시나마 갈등 없이 지낼 수 있도록 했다.[13]

그리고 북아일랜드에서 당파끼리 서로 죽이던 시기에도 이렇게 극도의 특별한 용기는 존재했다. 시인 세이머스 히니(Seamus Heaney)는 저녁에 집으로 가던 노동자들에게 벌어진 일을 기록했다. 노동자들 대부분은 개신교도였고 소수의 몇 사람만 가톨릭 신자였다. 갑자기 복면을 쓴 남자들이 나타나 노동자들에게 총구를 겨누더니 가톨릭 신자는 앞으로 나오라고 말했다. 노동자들은 복면을 쓴 남자들이 가톨릭 신자를 노리는 개신교 무장단체라고 생각했다.

어둠이 내려앉은 겨울 저녁, 그는 옆에 있던 개신교 노동자가 자신의 손을 꽉 잡는 것을 느꼈다. 저들의 말에 응해서 앞으로 나가지 말라는 무언의 신호였다. 우리는 당신을 배신하지 않을 것이고 그 누구에게도 당신의 신념이나 정치적 성향을 밝힐 필요가 없다는 무언의 언어였다. 이런 노력이 무상하게 몇몇 사내들이 앞으로 나아갔다. 하지만 총구는 그의 관자놀이에 겨눠졌다. 총을 든 복면의 사내들은 뒤에 남은 사람들에게 총을 쏘았고 그도 총을 맞고 쓰러졌다. 그들은 개신교 테러리스트가 아니라 IRA(아일랜드 공화국군으로 가톨릭계 과격파 무장조직_옮긴이)였던 것 같다.[14]

종교적 분파를 넘어선 고귀한 연대의 몸짓은 개신교 노동자가 죽음의 순간에서 했던 마지막 행동이다. 그와 나머지 사람들은 무장한 이들의 총에 맞았고, 그가 가톨릭 신자를 도와줬다는 이야기만 남게 됐다. 이 이야기는 조너선 글로버(Jonathan Glover)의 《휴머니티》에서 '우리 자신을 해방시키는 능력' 장에 소개돼 있다. 글로버는 이 이야기를 중동에 인질로 잡혀 있던 브라이언 키넌(Brian Keenan)에게서 들었다.

북아일랜드의 노동자 계층이었던 브라이언 키넌은 포로로 잡혀 있던 영국의 중산층인 존 매카시(John McCarthy)와 같은 쇠사슬로 묶인 채 수개월을 보냈다. 키넌은 자신과 매카시가 함께 묶여 있는 동안 각자 알고 있던 이야기며 살아온 이야기를 스스럼없이 나눴다고 말했다. 하지만 저자인 글로버는 부족주의가 너무 깊어서 완전히 없애는 것은 불가능할지도 모른다고 생각한다. 그는 신경과학이 인간 내면 깊숙이 자리 잡은 본능을 보여주는 방식에 공감한다.

유일하게 현실적인 선택은 인간의 부족적 심리를 진실로 인정하는 것이다. 하지만 더 깊은 곳에는 오래되고 느린 전략이 있다. 어쩌면 우리는 부족적 충성심이 그보다 더 보편적인 정서인 인류애에 밀려나리라는 계몽주의적 희망을 버리지 않아도 된다. 인간의 심리에 관해 자의식을 더 크게 가진다는 말은 이런 단순한 노력들이 훨씬 더 복잡해진다는 의미일 수도 있다. 부족적 서사가 어떻게 형성됐는지를 면밀하고 깊게 이해하면 그 서사에 대한 무비판적 수용 자세는 서서히 무너질 수도 있다. 현대 사회의 다양한 국가들이 부족 국가와 어떻게 다른지를 이해한다면 오래된 서사에 사로잡혀 있던 사고방식도 느슨해질 수 있다. '대세르비아주의' 같은 이념은 비판적 관점으로 보면 도저히 존재할 수 없는 신화에 의존한다.[15]

수많은 사회심리학자들의 연구 덕분에 오늘날 우리는 좀 더 비판적 시각을 기를 수 있게 됐다. 40년 전 영국의 심리학자 헨리 타지펠(Henri Tajfel)은 인간이 부족적 행동을 얼마나 쉽게 저지르는지를 보여주는 실험을 했다. 부족적 갈등이라고 해서 이스라엘과 팔레스타인 갈등이나 투치족과 후투족의 갈등처럼 국가 간, 부족 간 갈등까지 갈 필요도 없다는 점을 여실히 보여주는 실험이었다.

타지펠은 브리스톨대학교에서 48명의 학생들에게 파울 클레(Paul Klee)와 바실리 칸딘스키(Wassily Kandinsky)의 그림을 슬라이드로 보여주면서 어느 그림을 더 좋아하는지 물었다. 연구팀은 그림 선호도에 따라 학생들을 클레 그룹과 칸딘스키 그룹으로 나눌 것이라고 말했다. 참가자가 선호하는 그림을 말하면 그룹을 배정해줬는데, 어느 화가의 그림인지는 밝히지 않았다. 학생들에게는 같은 화가를 동경하는 사람들끼리 한 그룹으로 배정했다고만 말했다. 하지만 사실 그룹 배정은 무작위로 이뤄졌다.

그런 다음 연구팀은 학생들에게 약간의 돈을 나눠준 뒤 필요한 사람에게 기부하도록 했다. 학생들은 서로 이름도 모른 채 오직 주어진 번호로만 상대를 파악할 수 있었음에도 불구하고 자신이 속한 그룹의 구성원들에게 돈을 더 많이 나눠줬다. 연구팀은 그룹 내 사람들을 선호하는 성향이 잠재적으로 문제를 야기할 수 있다고 판단했다. 어쩌면 몇몇 학생들은 클레는 천재이고, 칸딘스키는 사기꾼이라고 여기지 않았을까?

연구팀은 실험을 더 진행하기로 했다. 이번에는 학생들을 무작위로 X 그룹과 Y 그룹으로 나눴고, 나머지는 이전 실험과 동일하게 진행했다. 이번에도 그룹 사람들을 선호하는 '내집단' 편애 현상이 뚜렷하게 드러났다.

이 실험은 제인 엘리엇이 했던 파란 눈의 아이와 갈색 눈의 아이 실험과 맥락을 같이 한다. 충성심이나 분쟁이 없는 상태에서 단순한 분류화만으로도 그룹의 편견을 조성할 수 있다. 그리고 집단 내에 형성된 바로 그 충성심은 다른 집단을 향한 적대심이 될 수도 있다. 풋볼 경기장의 응원단들, 학교 운동장에서 무리를 지어 노는 아이들, 흑인 사회에서도 서아프리카인과 카리브인 사이의 마찰, 심지어 이 분야의 학계에서도 본성이냐 양육이냐를 둘러싼 갈등이 존재하고 분파가 나뉜다. 이들은 집단 내 일원으로써 행동한다.

그렇다면 이러한 연구 결과들이 갈등을 해소하는 데 어떻게 사용될 수 있을까? 1950년대 미국의 심리학자 고든 올포트(Gordon Allport)는 '접촉 가설(contact hypothesis)'을 제안했다. 네 가지 필요조건이 충족되면 다른 두 집단이 화합할 수 있다는 가설이다. 필요조건은 접촉 기간 동안 동등한 지위, 공동의 목표, 그룹 간 협동, 권위 있는 인물에 대한 인정이나 지지다.[16]

뒤에서 자세히 살펴보겠지만 이 가설이 만들어진 후, 갈등 해결 방법은 더 단순하며 네 가지 조건이 모두 충족되지 않아도 된다는 이론이 확립됐다. 물론 이 조건들은 갈등 해소에 도움이 된다. 예를 들어 대니얼 바렌보임(Daniel Barenboim)이 지휘를 맡고 있는 디반 오케스트라(Divan Orchestra)는 이스라엘 음악인뿐 아니라 팔레스타인 음악가들도 많이 포함돼 있으며, 다음의 원칙들을 준수한다. 원칙은 1999년 세계적으로 유명한 지휘자가 분명한 목표를 가지고 만든 평화안이다.

이 비극에서 벗어날 수 있는 유일한 길은 강제로라도 다른 사람과 이야기하도록 하는 것이다. 구성원들은 서로 공감 또는 연민의 감정을 가져야 한다. 내 생각에 공감은 단순히 상대방이 필요로 하는 것에 대한 심리적 이해가 아니라 도덕적인 의무다. 타인이 처한 어려움을 이해하려고 노력할 때에만 비로소 서로를 향해 더 나아갈 수 있다.[17]

_____ **집단 정체성**

마일스 휴스턴(Miles Hewstone)은 원래 헨리 타지펠 교수 밑에서 심리학 연구를 했다. 현재 휴스턴은 옥스퍼드대학교의 심리학 교수이며 그룹 갈등 연구를 위한 옥스퍼드 센터를 이끌고 있다.

가장 많이 논의돼온 휴스턴의 연구는 주로 초창기 내용들이다. 휴스턴은 올포트가 제안한 조건들 중에서 적대적 집단 사이에 성공적인 교류를 이끌어내는 데 필수적인 조건이 얼마나 되는지 알고 싶었다. 그래서 두 독일 사람이 영국 남성과 여성으로 구성된 집단을 만나도록 했다. 독일인 중 1명은 매우 전형적인 독일 사람이었다. 이름도 하인리히(Heinrich)였으며, 전문 엔지니어였고, 성격도 우리가 생각하는 독일 사람의 전형이었다. 다른 한 사람은 약간 괴짜 성향의 앤서니(Anthony)였고, 중국 문학 연구처럼 다소 어려운 분야에 관심이 있었다.

휴스턴은 실험 참가자들에게 하인리히와 앤서니와 함께 다양한 과제를 수행하도록 했다. 그런데 과제를 수행한 후 하인리히와 함께했던 참가자들은 독일 사람에 대한 일반적인 시각이 개선된 반면 앤서니와 함께했던 사람들은 독일인에 대한 편견이 바뀌지 않았다. 휴스턴은 접촉가설이 자신이 속한 집단이나 부족의 정체성이 유지될 때 가장 효과적이라고 결론 내렸다. 어떻게 보면 직관에 반하는 것 같지만 사람들은 개인이 속한 더 큰 집단보다는 한 개인을 통해 더 긍정적인 경험을 하는 경향이 있다.[18]

편견을 없애는 또 다른 방법은 '통합'과 '문화적 균질화'다. 인지행동과학자인 에밀 브루노는 통합과 문화적 균질화가 가장 덜 통합적인 사람들을 부정적인 방식으로 고립시킬 수 있다는 사실을 발견했다. 그는 유럽인들이 로마에 가지는 편견을 연구했다. 헝가리 밖에서는 로마인이 아닌 척 하는 로마인이 많았다. 그렇게 해야 인종차별을 당하지 않기 때문이었다.

2016년 런던에서 열린 '공감의 신경과학(Empathy Neuroscience)' 컨퍼런스에서 '평화의 씨앗(Seeds of Peace)'이라는 이름의 단체가 발표를 했다. 이 단체의 목표는 중동 지역의 평화 추구이며 진행하는 여러 프로젝트 중 하나는 갈등 지역에서 멀리 떨어진 미국에 평화의 캠프를 세우는 일이었다. 팔레스타인과 이스라엘 출신의 십대 청소년 95명이 다양한 나라에서 합류했고, 3주 동안 팀을 이뤄 소규모 집단으로 대화를 나누는 프로그램에 참여했다. 이스라엘에서 온 17세 소년은 머지않아 군대에 입대해야 하는 시기에 캠프에 참여해 "다른 편도 역시 같은 사람이라는 걸 깨달았어요. 얼굴과 성격이 있는 우리 같은 사람이요"라고 말했다.[19]

하지만 부족주의가 깊게 뿌리박힌 구성원에게 다른 부족의 관점을 이해하도록 설득할 때, 어떤 방식이 가장 좋은지에 관해서는 여러 가지 의견들이 있다. 공감의 두 가지 요소인 인지적 공감과 감정적 공감을 어떻게 조화시켜 균형을 맞출 것인가에 관한 논쟁도 있다. 2015년 심리학 교수 루스 펠드만(Ruth Feldman)은 공감에 대한 신경과학의 이해를 100명의 팔레스타인과 이스라엘 청소년 집단에 적용하고 싶었다.

펠드만 교수는 학생들을 여덟 그룹으로 나눠 이스라엘과 팔레스타인 두 문화의 유사성을 학습하게 한 뒤 각 국가의 역사와 갈등에 대한 개인적인 경험에 대해 이야기를 나누게 했다. 목표는 이러한 인지적 관점 수용이 서로를 더 잘 이해하는 계기를 마련해주는지를 확인하는 것이었다. 또한 연구 결과를 비교하기 위해 이런 간섭을 전혀 경험하지 않은 '통제 집단(실험 집단의 결과와 비교하기 위해 만든 실험을 하지 않은 집단_옮긴이)'도 준비했다. 대화를 나누는 과정에 참여했던 참가자들의 뇌는 대화를 나누기 전후에 각각 스캔해서 '다른 집단' 구성원들이 고통이나 괴로움을 표현할 때 감정 이입 반응을 보이는지 여부를 관찰했다. 호르몬 수치도 관찰했다. 옥시토신 수치도 기록했다.

처음 실험 결과는 기대에 미치지 못했다. 상대 집단에 대한 참가자들의 적대심이 줄어들지 않았으며, 상대방의 관점을 더 잘 이해한다든가 더 잘 알게 됐다는 징후도 없었다. 호르몬 수치도 별반 변화가 없었다. 하지만 감정적 공감 측면을 면밀히 조사하자 결과는 달랐다. 시선을 맞추고 '적'과 공존하면서 더 큰 사회적 편안함을 느꼈고, 비언어적 유대감의 징후가 나타나는 감정적 공감대는 더욱 커졌다.

펠드만은 내집단 구성원의 고통과 외집단 구성원의 고통에 대한 반응을 처음 확인한 후, 뇌의 감각운동 영역에서 외집단 구성원의 고통에 대한 반응이 억제되는 것을 관찰했다. 이 영역의 세포들은 공감 반응이 일어나는 초기에 활동이 정지됐다(이것이 제2장에서 언급했던 단절이다). 펠드만 교수가 내린 잠정적인 결론은 원초적이고 비언어적인 사회적 행동을 토대로 한 감정적 공감 능력이 보다 고차원적인 인지적 공감 과정에 비해 갈등 해소에 더욱 효과적인 방법일 수 있다는 것이다. 평화를 추구하는 프로그램은 복잡하고 어려운 역사 교육보다 인간 대 인간으로 상호교류를 하는 인간적인 측면을 강조할 때 가장 효과적일 수 있다.[20]

하지만 감정적 공감 못지않게 인지적 관점 수용의 중요성을 강조하는 사람들도 있다. 장 데서티는 "인지적 관점 수용은 사회적 능력과 사회적 이성과 연관이 있으며 집단의 편견을 줄이는 전략으로 활용될 수 있다"고 말했다.[21]

데서티는 2000년대 초반, 분쟁으로 어수선했던 스리랑카에서 진행된 연구를 인용했다. 당시 스리랑카의 소수 민족인 타밀족은 주류 민족인 신힐라족의 지배에 분개하고 있었다. 타밀족은 대부분 힌두교도였고 신힐라족은 주로 불교도였다. 이 피비린내 나는 내전은 2009년에 가서야 끝을 맺었으며, 약 6만 5,000명의 사람들이 죽고 1,000만 명의 사람들이 집을 잃었다. 노르웨이 정부에서는 18~21세 사이의 스리랑카인 40명을 위한 평화의 캠프를 세우는 일에 기부했다. 신할라족과 타밀족은 물론 많은 무슬림들도 동참했다. 4일 동안 강연과 평화의 워크숍, 창의적인 예술 작품 감상, 민속 마을 관광 등 다양한 행사들이 이어졌다. 남자 아이들이 커다란 기숙사를 함께 사용하고, 여학생들도 다른 기숙사에서 함께 머무는 강도 높은 사회화 활동도 진행됐다.

1년 후 이 학생들의 흥미로운 후속 과정도 진행됐다. 먼저 학생들에게 남아 있는 태도부터 조사했다. 검사 결과 이 캠프에 참가하지 않았던 학생들보다 참가했던 학생들이 외집단 구성원에 대해 더 크게 공감한다는 사실이 뚜렷하게 드러났다. 참가자들의 행동 평가도 이뤄졌다. 이 연구에서는 타지펠 박사가 선호하는 화가에 따라 참가자들을 두 집단으로 나눴을 때 적용한 방식과 같은 방식으로 진행했다. 참가자들을 두 집단으로 나누고 스리랑카의 전혀 다른 부족 출신의 가난한 아이들에게 기부를 하도록 한 것이다. 참가자들은 자신이 소속된 부족의 내집단 아이들보다 다른 두 외집단 아이들에게 40퍼센트가량 더 많이 기부했다. 관점 수용 프로그램의 장점이 명백하게 나타난, 매우 고무적인 결과였다. 공감 본능의 두 가지 요소의 조화가 이뤄질 때 일어나는 마법 같은 현상에 관한 연구들은 이외에도 많다.

공감은 집단 사이의 갈등을 해소하는 데 중요한 역할을 할 수 있다. 공감은 그룹과 그룹 사이의 상호작용, 협동, 공존 등을 통해 양보하고 합의에 도달하려는 의지를 확대시켜준다. 공감은 신뢰를 더욱 돈독하게 해줄지도 모른다.[22]

공감이 신뢰로 발전하는 데 필요한 중요한 요건이 있다. 미국평화협회

(United States Institute of Peace)에서 운영하는 프로그램에 참가했던 한 팔레스타인인은 프로그램 덕분에 상대 진영(이스라엘 사람)을 더 잘 이해하게 됐고 더욱 인간적으로 보게 됐다고 말했다. 그렇지만 이스라엘의 입장을 이해하고 나니 평화가 과연 가능할지 의구심이 든다고 말했다. 또 이스라엘 정부가 타협하지 않을 것이라고 믿었다.[23] 따라서 공감이 제한적인 요소라면 어떻게 효과를 발휘할 수 있는지에 대해 매우 진지하게 생각해봐야 한다.

두 미국인 학자가 평화 구축에 관한 515개의 연구를 검토하기로 결정했다. 이들이 조사하기로 한 연구에는 스리랑카와 중동에 관한 연구도 포함돼 있었으며, 어떤 요소들이 평화 구축에 가장 효과적인지를 살피는 것이 목표였다. 38개국, 25만 명을 아우르는 연구였다. 이 연구에서 편견을 줄이는 데 가장 중요한 세 가지 방식이 있다.

첫째, 다른 집단에 대한 지식을 넓혀 다른 집단 구성원들이 자신과 얼마나 비슷한 사람인지를 깨닫도록 한다. 둘째, 다른 집단 구성원들과 시간을 보낸 후 걱정과 우려를 감소시킨다. 셋째, 외집단 구성원들을 사람들의 관심 영역으로 끌어들이는 공감대(인지적 공감과 감정적 공감 모두)를 형성한다.

우려를 줄이고 공감대를 형성하면 세 가지 요소가 강화된다. 연구팀은 다음과 같이 결론 내렸다.

우리의 연구는 공감의 효과와 다양한 관점 수용, 즉 인지적 공감 차원을 보여주는 관점 수용과 밀접한 관련이 있는 효과를 분리할 정도로 충분히 이뤄지지는 않았다. 하지만 이 결과들은 공감과 관점 수용의 강력한 효과를 다룬 문헌들과 일치한다.[24]

갈등의 수렁에 빠진 이들끼리 친구가 되고 서로에게 영향을 미칠 수 있는 가장 좋은 방법을 꼼꼼히 분석하고 조사한 이런 연구는 단순히 학술적인 연구에만 그치지 않는다. 연구를 통해 얻은 통찰력은 중동에, 아프리카의 뿔이라 불리는 아프리카 북동부 지역에, 우크라이나에, 그 외 수많은 지역에 시급히 필요하다. 이들 분쟁 지역의 화해를 도모하는 것도 문제지만 효과적으로 화해를 도모하는 것 역시 또 다른 문제다.

_____ **중재자의 역할**

카눈법(Kanun governs)은 알바니아의 풍습인 혈투와 관련된 오래된 관습이다(누군가 살해되면 피해 가족은 살인자나 살인자의 가족 중 남자를 죽일 수 있는 권리를 부여받는다_옮긴이). 지난 25년 동안 가족끼리 원한 문제로 서로를 죽인 사례가 1만 2,000건이었다. 십대 소년이 암살을 저지르는 경우도 있는데, 가해 소년들 다수는 숨어서 깊은 우울증에 시달리며 고통받곤 한다. 공산주의 시대 정보기관에서 일했던 진 마르쿠(Gjin Marku)는 현재 알바니아의 전국화합위원회(Committee of Nationwide Reconciliation)를 운영하며 자원봉사를 하고 있다. 위원회는 피의 복수 사태를 종식시키기 위한 중재 역할을 한다. 마르쿠는 이렇게 말했다.

나는 신중하게 준비한다. 사건에서 사실만 추리고 내 자신이 비탄에 잠긴 그들 가족 구성원이 된 것처럼 그들의 입장에서 생각한다.[25]

매트 왈드만(Matt Waldman)과 그가 운영하는 국제 관계의 공감을 위한 센터(Center for empathy in International Affairs)는 세계 각지에서 개최된 컨퍼런스에 참가했던 전문가들을 모았다. 한자리에 모인 전문가들은

1990년대 코카서스산에서 있었던 평화에 관한 논의처럼 공감 능력이 중요했던 사례들에 대해 논의했다. 아르메니아 대표단은 아제르바이잔 사람들이 1915~1917년 아르메니아인 대학살에서 취했던 입장에 대해 사과하기를 바랐다. 하지만 터키인이 아닌 아제르바이잔 사람들은 왜 자신들이 사과해야 하는지 이해하지 못했다. 몇 년 동안 아르메니아인들은 아제르바이잔인 5분의 2가 악당 역할을 맡은 것이 부당하다고 생각해왔다. 한때 아제르바이잔은 아르메니아가 처한 상황에 어느 정도 동점심을 보이기도 했기에 평화적인 대화를 이어나갈 수도 있었다.[26]

중재자들은 본능적으로든 학습에 의한 것이든 높은 수준의 공감 능력이 있어야 중재에 성공한다. 중재자는 아무리 끔찍한 짓을 저지른 사람이라도 그 사람의 감정과 동기를 이해할 수 있어야 한다. 게다가 중재 팀은 팀원들 간에도 소통이 아주 잘 돼야 한다는 크나큰 압박을 받으며 일을 하는 경우가 많다.

왈드만도 아프가니스탄이나 시리아 등지에서 수많은 갈등 상황을 중재해왔다. 그는 중재자가 갈등을 겪고 있는 양쪽 당사자 중 어느 쪽으로도 치우치지 않고 판단하지 않는 마음을 엄격하게 유지하면서도 동시에 갈등 당사자들의 입장이 되기 위해 노력해야 한다고 말한다. 호주의 학자인 제임스 더피(James Duffy)는 갈등 당사자의 말을 들어주고 이해하기 위해서는 '중재자의 공감 능력'이 소통의 필수 기술이라고 생각한다. 하지만 더피 역시 왈드만과 마찬가지로 공감이 동정심이 되면 중재자의 중립성이 위태로워질 수도 있다고 경고한다.[27]

이 말은 인지적 공감이 좋은 중재의 비결이고 지나친 감정적 공감은 과도한 개입으로 이어져 결국 실수가 된다는 의미로 보일 수도 있다. 현재 중재는 국가 간 관계뿐 아니라 법과 가족정책에서도 중요한 역할을 맡고 있으며 중재자를 위한 교육 과정도 마련되고 있다. 영국의 효율적인 분쟁 해결을 위한 센터(Center for Effective Dispute Resolution) 역시 피스워크(Peacework)와 비슷한 일을 수행한다. 피스워크는 갈등 당사자들의 입장을 적극적으로 들어주기를 위한 구체적인 교육 과정을 마련해 두고 있다.

훗날 매트 왈드만은 중재자, 외교관, NGO 실무자 등 국제 기관에서 일하는 모든 이에게 공감 훈련이 제공되는 것을 보게 될지도 모른다. 그 역시 전세계가 공감 교육을 제공해야 한다고 믿는다.[28]

스티븐 핑커도 데서티가 주장한 관점 수용의 가치에 동의한다. 핑커는 사회심리학자 대니얼 뱃슨이 미국인 대학생들을 대상으로 진행한 실험에 관해 언급한다. 뱃슨은 관점 수용이 단순히 개인에 대한 감정 이입뿐 아니라 자신이 속한 집단에 대해서도 보다 넓게 이뤄지는지를 알고 싶었다. 그래서 두 참가자 집단에게 라디오 다큐멘터리를 듣게 했다. 다큐멘터리는 자동차 사고로 수혈을 받다가 에이즈에 감염된 한 젊은 여성에 관한 내용이었다. 한 집단 참가자들은 라디오 방송에 대한 객관적인 평가, 즉 해당 프로그램의 저널리즘 정신이 우수했는지 등을 묻는 질문을 받았다. 다른 집단은 에이즈에 감염된 희생자의 감정을 상상해보라는 질문을 받았다. 모든 질문을 마친 후 전세계 에이즈 환자들에게 보다 감정 이입을 한 쪽은 관점 수용을 했던 그룹이었다. 그들은 감정 이입 대상을 한 개인에게서 더 넓은 집단으로까지 확대했다. 이와 반대로 객관적인 평가를 했던 집단은 상대적으로 감정 이입을 덜 하는 편이었다.[29]

공감 본능에 대한 이해의 폭이 커질수록 갈등을 해결하고 친사회적인 행동을 독려하는 최고의 방법을 찾게 될 것이다. 우리는 공감이 갈등 해소를 개선했다는 사실을 보여주는 수많은 연구들을 봤다. 이러한 개선이 정확히 무엇에 의해 이뤄졌는지를 밝히는 데는 아직 어려움이 있다. 하지만 미래에는 이 모든 연구가 신계몽주의에 기여할 수 있을 것이다. 감정적 공감과 인지적 공감이 함께 조화를 이뤄 정의와 인권을 존중하는 방향으로 나아갈 때 최선의 결과가 나올 확률이 높기 때문이다.

경계 없는 공감

우리는 갈등 상황에서 충분한 정보를 갖춘 현명한 중재가 실질적인 차이를 만들 수 있다는 사실을 보여주는 연구 사례들을 살펴봤다. 하지만 우리 자신의 공감 본능은 어떻게 측정할 수 있을까? 이 문제에 대해 진지하게 고민하고 연구한 이들이 있다.

마일스 휴스톤은 영국의 한 도시에서 적대적인 관계에 있는 두 공동체를 화해시키기 위해 노력해온 교육 전문가를 연구하는 데 4년을 투자했다. 이 연구는 접촉 가설에 관한 대대적인 실험이었다.

2001년 5월 백인 십대 소년이 아시아인 소년 2명에게 벽돌을 던졌다. 이 일은 랭커셔의 올드햄에서 벌어졌다. 올드햄은 백인 구역과 아시아인 구역이 나뉜 지역이다. 벽돌을 맞은 아시아인 소년들이 반격하자 백인 소년은 인근 집으로 피신했다. 그렇게 시작된 마을 폭동은 3일 동안 지속됐다. 지역 신문에서는 아시아 갱단이 백인 소년을 공격하고 학교에 화염병을 던졌다는 기사를 내보냈다. 이 폭력적인 사태는 인근의 아시아인 거주 규모가 꽤 큰 브래드포드와 번리까지 확산됐다. 이 사건은 국가적 이슈가 됐으며 정부도 정치적 위기를 맞게 됐다.[30] 머지않아 비슷한 사건들이 일어났다. 최초의 사건이 일어났던 올드햄에서 70대 노인이 아시아인 청소년에게 폭행을 당하는 사건이 벌어지자 일간지 〈미러(Mirror)〉에서는 헤드라인을 "백인이라는 이유로 맞다"라고 썼고, 〈메일 온선데이(Mail on Sunday)〉는 "백인들이여, 조심하라"라고 실었다.

올드햄 인구의 80퍼센트는 백인이고, 20퍼센트는 파키스탄과 방글라데시인이다. 몇 년간 소수 집단은 올드햄의 한 구역에 모여 살았다. 정부는 두 기관에 사태 분석 조사를 의뢰했다. 캔틀 리포트(Cantle Report)는 백인 공동체와 아시아인 공동체가 '양극화된 삶'을 살고 있다고 밝혔고, 또 다른 기관인 리치 리포트(Ritchie Report)는 올드햄의 '주요 문제는 공동체 사회에 있는 인종차별 본성'이라고 했다.

2007년 이 사태에 대한 대응책으로 아시아계 학생들이 대부분인 브리즈힐학교와 백인 학생들이 주류인 카운트힐학교를 통합하는 계획이 제기됐다. 오래된 면직 공장이 있던 자리에 학교 건물을 짓기로 하고 공사가 시작되면서 새 학교 워터헤드 아카데미(Waterhead Academy)가 모습을 갖추기 시작했다. 2년에 걸쳐 학급을 구성하는 작업이 진행됐다. 마침내 2012년 가을, 새 학교가 문을 열었다. 모든 절차는 철저한 계획 하에 신중하게 진행됐다. 체육 활동은 남학생과 여학생이 따로 참여했고, 학교 식당은 무슬림을 위한 할랄 고기와 베이컨 샌드위치를 포함해 종교와 신념에 따라 선택할 수 있는 다양한 메뉴도 만들었다.

휴스턴과 동료들은 한때 반목했던 두 집단이 하나가 됐을 때 일어날 행동의 변화를 관찰했다. 관찰 자료에 따르면 식당에서 학생들은 같은 인종끼리 모여서 식사를 했다. 아주 천천히 긴장이 녹기 시작했다. 학교가 처음 문을 열었을 때는 백인과 아시아인이 친구인 경우는 2.5퍼센트에 불과했으나 1년 후에는 7.5퍼센트로 증가했고, 지금까지도 느리지만 서서히 증가 중이다. 학생들의 태도에 관한 세부적인 설문조사 자료를 보면 더욱 고무적이다. 조사에 따르면 두 집단 간 부정적인 감정은 해가 거듭될수록 매우 큰 폭으로 감소했다.

휴스턴은 〈가디언〉에 "뛸 듯이 기쁘다"고 말하면서 현재의 긍정적인 추세는 두 학교를 통합해서 생길 수도 있었던 적대감이나 철저한 실패의 가능성과 반드시 비교돼야 한다고 말했다. 휴스턴은 18세기 급진주의자 토머스 페인(Thomas Paine)의 말을 인용했다.

"한 번 계몽의 불이 들어온 마음은 두 번 다시 어두워지지 않는다."

워터헤드 아카데미에 쏠린 관심이 얼마나 갈지, 이 학교의 사례를 얼마나 많은 곳에서 따라서 실천할지는 다른 요소들에도 영향을 받는다. 두 학교는 경제적으로 빈곤한 환경의 학생들이 많았으며 마약 문제나 낮은 교육 수준을 포함한 여러 가지 문제점이 있었다. 이런 문제 중 상당수는 새로 생긴 학교에서도 나타나고 있으며 영국의 교육기준청은 이 문제로 압박을 받고 있다. 평균 이하의 학업 수준 때문에 '특별 조치'까지 취해야 했기 때문이다. 그럼에도 불구하고 휴스턴은 영국의 여러 도시에서 분열된 공동체를 통합하는 것이 막강한 전략임을 입증해 보이고 있다.[31]

_____ **종교 학교: 편들기와 맞서기**

종교 학교에서는 일반적인 교과과정도 가르치지만 자신들의 신념인 종교적 윤리와 형식도 가르친다. 대부분 정부 지원을 받는다. 종교 학교는 해당 종교를 믿는 지원자들에게 입학 우선순위를 줄 수 있으며, 종교적인 이유로 차별할 수 있도록 평등법에서도 제외된다(이슬람 종교 학교에서는 이와 같은 방식으로 성차별을 정당화하는 제도가 적용됐다). 놀랍게도 영국 학교의 3분의 1이 종교 학교다.[32]

이들 종교 학교의 존속을 두고 큰 논란이 있었다. 2015년 영국공공생활(British Public Life)의 '종교와 신념 위원회'는 18~34세 연령대보다 십대들 사이에서 종교적 차별이 더욱 심하다는 사실을 알게 됐다. 사회 여론도 이들 학교에 반대하는 방향으로 기울었다. 2012년 설문조사에서 응답자의 71퍼센트가 종교 학교의 독립적인 체계를 반대했고, 2년 후에는 58퍼센트가 종교 학교라는 개념 자체를 반대했다. 위원회는 종교적 윤리관은 유지하되 학교가 자의적으로 종교적인 선택을 할 권리는 폐지돼야 하며 다른 종교의 아이들을 통합할 수 있는 명확한 계획을 만들어야 한다고 권고했다. 이미 종교 학교가 지나치게 종교에 치중하고 일반적인 교과과정은 소홀히 하는지를 조사하는 전담 조사관이 있다. 미들랜즈 지역의 몇몇 이슬람 학교들은 도를 넘는 극단적인 윤리관 때문에 비난을 받아 문을 닫았다.[33]

현재의 시스템을 유지하며 종교 학교의 특권을 지키고 싶어 하는 사람들은 가장 먼저 높은 학업 수준을 언급하곤 한다. 영국 교육기준청에서 "종교를 기반으로 학생들을 선별했다 할지라도 이런 식으로 선택하다 보면 안정적인 환경에서 예의 바르게 자란 학생들이 모이기 마련이다"라고 언급했음에도 불구하고 말이다.[34] 캔터베리의 대주교는 종교 학교의 인기와 공공의 이익을 언급하며 종교 학교를 옹호했다.

많은 사람들이 종교 학교를 선택하는 것으로 보인다. 그들은 지역 사회에서 가장 빈곤한 이들인 경우가 많다. 우리는 수백 년 동안 종교인의 의무를 다해 사람을 사랑하고 섬겨왔다.[35]

종교 학교를 옹호하는 또 다른 이들은 선택의 자유를 근거로 든다. 이는 부모가 자녀를 사립학교에 보낼 자유를 옹호하는 것과 같은 맥락이다. 그들은 종교 학교는 편협하고 옹졸한 처사라고 주장한다.[36] 가장 눈에 띄는 관점은 제이미 마틴(Jamie Martin)이다. 전 교육부 특별자문위원이었던 그는 종교 학교가 다른 종교를 가르칠 필요가 없다는 점을 우려하며, 다른 공립학교들과 동일한 입학 규정, 교과과정, 평등법 등을 적용받아야 한다고 생각한다.

나는 교육부가 더 대담하기를 바란다. 여러 공동체를 통합하는 것이 모든 학교의 목표가 돼야 하고, 관용과 포용을 가르치는 교육을 받는 것이 모든 어린이들의 권리가 돼야 한다. 이는 영국뿐 아니라 전세계에서 고귀하게 여겨야 할 가치다. 이 가치는 극단주의와 맞서 싸우는 가장 중요한 무기다.[37]

어쩌면 오랜 세월 끊임없이 문제를 야기해온 적대감을 종식시키는 데 특히 중점을 둔 북아일랜드의 교육체계에 해답이 있는지도 모른다. 북아일랜드의 학교들은 의무적으로 한 학급에 다양한 종교의 아이들이 함께 섞이도록 하고 있다.

심리학자 에밀 브루노는 스물네 살 때 북아일랜드에서 개신교와 가톨릭 젊은이들을 위한 평화의 캠프에서 자원봉사 활동을 하면서 큰 영향을 받았다. 3주 동안 유대감과 협동심을 강화하는 활동을 한 후, 마지막 날 두 집단 사이에 최악의 싸움이 일어났다. 이 사건으로 브루노는 실질적으로 효과가 있는 중재법을 알아내기 위해서는 회의적인 태도, 엄중함, 증거가 대단히 중요하다는 사실을 깨달았다. 브루노는 돈을 받고 중재해주는 기관이나 사람의 경우 중재가 그저 직관적으로 보기 좋은 결과물에 불과하며, 중재의 10퍼센트는 효과적이고, 10퍼센트는 역효과를 내며, 80퍼센트는 쓸모없다고 생각했다. 그래서 브루노는 제대로 된 중재를 평가하려면 효과 없고 쓸모없는 90퍼센트는 버리고, 효과적인 10퍼센트만 남겨 효과를 최대치로 증대시켜야 한다고 말했다.[38]

그의 연구 상당 부분은 불균형 관계, 즉 어느 한쪽에 권력이 치우친 관계에서 갈등을 해소하는 최선의 방법을 찾는 것이다. 브루노는 백인과 멕시코계 미국인, 백인 헝가리인과 로마인, 팔레스타인과 이스라엘인들 사이의 관계를 각각 연구했다. 현재 그의 가장 큰 소망은 가장 효과적인 중재 방식을 어떻게 측정할 수 있는지를 찾아내서 갈등 해소에 실질적인 발전을 만들어내는 것이다.

2012년 브루노는 내집단과 외집단 사이의 '관점 수용(들어주기)'과 '관점 제공(말하기)'에 관해 매우 유익한 연구를 진행했다. 그는 각 집단에서 가장 효과적인 방법에 중대한 차이가 있음을 알게 됐다. 백인 미국인들은 멕시코계 미국인에 대해 관점 수용자, 즉 들어주는 역할을 했을 때 가장 긍정적인 효과가 있었다. 이스라엘 역시 관점 수용자일 때 팔레스타인 사람들을 대하는 태도가 가장 긍정적이었다. 반면, 멕시코와 팔레스타인 사람들이 반대 진영의 사람들을 대하며 가장 긍정적인 변화를 일으켰을 때는 그들이 관점 제공자가 됐을 때였다. 이는 억압받는다고 느끼는 집단의 경우 상대 집단에서 단순히 말을 경청해주기만 해도 상대에게 느끼는 관점이 상당히 개선될 수 있다는 점을 보여준다. 즉 공감하며 들어주기가 얼마나 큰 힘이 있는지를 보여주는 결과다.[39]

브루노는 부다페스트에 거주하는 백인 헝가리인과 로마인의 관계에 대한 연구에서 공감의 요령을 적용한다. 그는 백인 헝가리인 아이들이 로마인들을 더욱 긍정적인 태도로 대할 수 있도록 도와주는 모방 실험을 진행했다. 연구팀은 백인 헝가리 아이들에게 로마인 아이들이 등장하는 뮤직 비디오를 보여주며 그대로 따라해보라고 했다. 이 실험은 모방과 친사회적인 행동 사이의 명확한 연관 관계를 보여주는 연구를 토대로 한 것이다. 단순히 누군가를 따라하는 것만으로도 그 대상에게 감정 이입하고, 또는 감정 이입과 관련된 어떤 행동을 하고 싶어 하게 된다.[40] 이 실험은 인지적 공감과 감정적 공감을 둘러싸고 벌어진 논쟁을 떠오르게 한다. 모방은 감정적 공감에서 매우 결정적인 메커니즘이며, 브루노와 루스 펠트만의 중재에 관한 연구는 감정적 공감의 중요성을 다시금 일깨워 준다.

브루노의 연구는 인지적 공감의 중요성도 잘 보여준다. 그는 실험 참가자들에게 픽사(Pixar)의 단편 애니메이션 〈구름 조금(Partly Cloudy)〉을 보여주며 뇌 스캔을 했는데 매우 놀라운 결과를 얻었다. 〈구름 조금〉에는 캐릭터들이 신체적·감정적 고통을 겪는 장면들이 나온다. 이 두 가지 다른 고통을 볼 때 시청자 뇌의 두 영역이 뚜렷하게 활성화되는 것이 관찰된 것이다. 이 발견은 외집단 구성원의 신체적 고통은 단지 지켜보는 사람을 고통스럽게만 하지만, 이들의 감정적 고통은 감정 이입 또는 공감의 감정을 훨씬 더 많이 느끼게 한다는 내용의 다른 연구와도 일치한다.

한 연구에서는 브루노가 두 집단 참가자들에게 멜라니의 이야기를 들려줬다. 멜라니라는 이름의 여성이 어느 날 외출을 했는데 낯선 사람이 그녀에게 토를 했다는 짧은 이야기다. 이 이야기를 들은 두 집단의 반응은 달랐다. 이 이야기를 듣기 전 두 번째 집단 참가자들에게는 낯선 사람의 성격과 마음 상태에 관한 이야기를 들려줬다.

"그녀는 늘 건망증이 심하다.", "그날 그녀는 기분이 가라앉아 있었다.

이유는…."

이런 이야기를 들은 두 번째 집단 참가자들은 낯선 사람에게 공감대를 느꼈고 아픈 여성이라고 인식해서 연민을 갖게 됐다.⁴¹

브루노는 디지털 시대가 갈등 해소를 확대할 수 있는 최고의 기회를 제공한다고 생각한다. 그는 헝가리에서 인기 있는 TV 드라마가 로마인 등장인물을 긍정적으로 표현할 수도 있으며, 그 사람의 인종을 밝히기 전에 먼저 시청자와 유대감을 형성한 후 인종을 드러내는 방법도 적용할 수 있다고 본다. 이런 식으로 작지만 매우 효과적인 접근 방식이 2001년 스리랑카의 평화 캠프에서도 있었다. 가장 잔혹한 최악의 내전은 아직도 끝나지 않았다. 만약 언론에서 종족 간의 장벽을 허무는 데 도움이 되는 방송을 했더라면 상황은 크게 달라졌을까? 제8장에서는 라디오 드라마가 르완다에서 투치족과 후투족 사이에 평화를 조성하는 데 국가적인 도구가 된 사례를 살펴볼 것이다. 이 부분은 현재 브루노의 연구 주제이기도 하다. 하지만 앞에서도 살펴봤듯이 단순히 상대를 알아가는 과정에서도 적극적인 공감 능력이 확대되고 강화돼야 한다.

이 장에서 우리는 인종과 종교 간의 갈등으로 갈등을 빚고 있는 수많은 부족주의를 막기 위해 여러 방법을 궁리하는 독창적인 연구들을 다양하게 살펴보고 있다. 여기에 최종적으로 두 가지 중요한 점을 보태려 한다. 정치인들은 흔히 이런 말을 하곤 한다.

"우리는 테러리스트와는 대화하지 않는다."

하지만 조너선 파월(Jonathan Powell)은 평화를 조성하려면 늘 대화를 해야 한다고 주장한다. 그는 영국 블레어(Tony Blair) 정부를 위해 북아일랜드의 평화 조성에 힘쓴 인물이자 비정부단체인 '인터 미디에이트(Inter Mediate)'를 설립한 사람이다. 그는 저서에서 무장 단체 간의 갈등을 종식시키는 문제에 관해 노동당 총재인 휴 게이츠켈(Hugh Gaitskell)의 "모든 테러리스트들은 정부의 초대로 결국 도체스터에서 술을 마시게 된다"를 인용했다.[42]

두 번째로 말하고 싶은 점은, 평화는 오직 지적이고, 용감하고, 공감 능력이 있는 리더십을 가진 사람이 성취한다는 점이다. 넬슨 만델라(Nelson Mandela)는 인종차별을 종식시키기 위해 백인인 남아프리카공화국 대통령 프레데릭 빌렘 데 클레르크(F. W. de Klerk)와 협상을 해야 했다. 데 클레르크는 만델라를 두고 '남의 말을 경청해주는 사람'이라고 했다.[43] 조너선 글로버는 저서에서 "우리 스스로를 옭아맨 사슬을 끊는 능력을 추구해야 한다"고 말하면서 만델라의 높은 성취를 언급했다.

피의 복수라는 덫에서 벗어나는 유일한 길은 양측의 이야기가 어떻게 형성됐는지를 인지하는 것이다. 일이 어떻게 잘못됐는지를 파악하고 서로 존중하는 태도를 보여주는 것만이 갈등을 해소하는 유일한 방법이다. '아파르트헤이트(Apartheid, 남아프리카공화국의 백인우월주의에 근거한 인종차별 정책과 제도_옮긴이)'가 철폐된 후 넬슨 만델라는 백인 집단에게 모욕감을 주고 싶은 유혹을 억누름으로써 모두에게 복수의 악순환에서 벗어날 기회를 줬다. 상징성은 중요하다. 주민 모두가 백인인 스프링복스는 아파르트헤이트의 상징이다. 대통령이 된 넬슨 만델라가 스프링복스 지역 럭비 팀의 셔츠를 입었을 때 낡은 역사 위에 새로운 역사가 쓰이기 시작했다.[44]

제8장

공감의 기술

예술과 문화는

우리와 전혀 다른 사람을 이해하게 해준다.

우리는 상상력을 발휘해

'상대방의 마음 이론'을 만들어낸다.

이는 우리 뇌의 기능이자 잠재적으로

사회에 도움이 되는 기능이다.

어느 날, 줄리는 내 옆자리에 앉더니 책상 위에 튜브 모양으로 생긴 스마티스 초콜릿 통을 올려놓고는 말했다. "크리스토퍼, 이 안에 뭐가 들어 있게?" 난 대답했다. "스마티스." 그러자 줄리는 튜브 뚜껑을 열고 거꾸로 뒤집어 내용물을 쏟아냈다. 통 안에서는 빨간색 작은 연필이 나왔다. 줄리는 웃었다. 내가 말했다. "스마티스가 아니고, 연필이네." 줄리는 빨간 연필을 통 안에 다시 집어넣고 뚜껑을 덮었다. 그리고 말했다. "만약 너희 어머니가 지금 여기에 오셔서 우리가 이 통 안에 뭐가 들어 있을 것 같으냐고 물어보면, 어머니는 뭐라고 대답하실까?" 잠시 생각하다가 나는 대답했다. "연필."[1]

크리스토퍼는 큰 인기를 끈 《한밤중에 개에게 일어난 의문의 사건》의 주인공이다. 저자인 마크 해던은 크리스토퍼가 아스퍼거 증후군인지 아닌지를 의도적으로 언급하지 않는다. 소설에서 크리스토퍼는 수학을 아주 잘하지만 감정을 조절하지 못해 쩔쩔매며, 다른 사람의 마음을 헤아리거나 상대의 마음 상태를 짐작하는 일에 굉장히 서툴다.

크리스토퍼는 스마티스 초콜릿 통에 예상치 못하게 초콜릿이 아닌 연필이 들어 있다는 사실을 알게 되자, 다른 사람도 모두 그 안에 연필이 있다는 사실을 알 거라고 생각한다. 크리스토퍼는 심리학자들이 말하는 마음 이론(또는 인지적 공감)이 부족하다. 이는 1985년 샐린-앤 실험

(Selly-Anne test)으로 알아볼 수 있다. 샐리-앤 실험은 사이먼 배런 코 언, 알란 레질(Alan Leslie), 유타 프리스(Uta Frith) 등도 신뢰할 만한 지표 로 여겼다.

주인공 크리스토퍼는 마음의 질환으로 다른 사람의 감정을 헤아리는 능력이 부족하지만 다른 사람이 고통스러워하거나 우울해할 때 그 사실 을 알 수 있다. 본능적으로 알아차리는 것은 아니며 제대로 파악했는지 여부도 알 수 없다. 하지만 크리스토퍼 역시 자폐증 관련 질환을 앓는 다 른 많은 이와 마찬가지로 반려견을 걱정한다든지 하는 연민이나 동정심 을 보여주기도 한다.

_____ **아스퍼거의 역설**

존 애덤스(Jon Adams)는 왕립예술학회 회원이자 포츠머스대학교의 입 주 작가다. 그는 전문 일러스트레이터이기도 하고, 2016년 온라인에서 사용자가 콘텐츠를 만드는 방식을 토대로 한 영국의 지도 '데모크라시 스트리트(Democracy Street)'를 만들기도 했다. 여기까지만 봐도 그가 재 능이 뛰어난 사람임을 알 수 있다. 그는 무작위로 주어진 수많은 정보에 서 의미와 상징을 찾을 수 있다. 그는 어떤 일을 체계화하는 데 뛰어난 재능을 가졌으며, 사이먼 배런 코언 못지않은 권위자에게 아스퍼거 증 후군 진단을 받았다.

우리가 공감 능력이 없다는 것은 사실이 아닙니다. 음악은 저를 사로잡 았습니다. 저는 정의에 대해서도 아주 민감하지요. 우리도 느끼고, 우리 도 신경을 씁니다.[2]

여기에 아스퍼거의 역설이 있다. 인간의 감정을 파악하는 데 어려움을 겪는 사람이 아주 깊은 경험에서 우러나오는 창의적인 예술 작품을 창조하는 경우가 많다. 과거 특이한 행동으로 주목받았던 위대한 예술가들이 현대에 살았더라면 아스퍼거 진단을 받았을지도 모른다.

음악 분야에서는 브루크너, 바르톡, 사티, 말러, 베토벤, 리차드 스트라우스, 모차르트 등이 있다. 미술과 디자인 분야에는 찰스 레니 매킨토시, 미켈란젤로, 반 고흐, 앤디 워홀, 로리 등이 있다. 문학 분야에는 디킨슨, 카프카, 버나드 쇼, 제인 오스틴, 마크 트웨인, 버지니아 울프 등이 있다. 만약 이들이 정말 아스퍼거 증후군이었다면 대단히 특별한 작가 명단이 될 것이며, 자폐증에 관한 놀라운 사실을 보여주는 사례가 될 것이다. 이들은 인간관계에서 일어나는 상호작용을 이해하는 데는 몹시 서툴렀지만 스스로 인간의 조건에 관해 보다 깊게 성찰할 수 있었을 것이다. 존 애덤스는 말했다.

"우리는 비전형적으로 신경이 분화됐으며 이 사실이 알려져야 한다. 이는 감춰진 장애가 아니라 감춰진 능력이다. 우리는 예술 분야에 긍정적인 기여를 할 수 있다."

마크 해던 덕분에 주인공 크리스토퍼는 큰 사랑을 받았고, 그의 소설은 모든 연령대를 아우르며 감동을 줬다. 이 책은 500만 부 이상이 팔리면서 연극으로도 제작돼 2015년 런던의 웨스트앤드와 뉴욕의 브로드웨이에서 동시 상영됐다.[3] 해던의 책을 읽노라면 힘든 병을 앓으며 고통받는 한 소년에게 강한 동질감을 느끼게 된다. 해던은 역설적으로, 그리고 의기양양하게도 공감을 하지 못해 어려움을 겪는 주인공에게 독자들이 공감하도록 만든 것이다. 1990년대만 하더라도 자폐증이 어떤 질환인지

제대로 아는 사람은 드물었다.

《한밤중에 개에게 일어난 의문의 사건》은 많은 사람이 감성지능이 낮은 이들을 이해하는 데 큰 도움을 줬다. 좋은 책의 힘, 좋은 예술의 효력을 실제로 보여준 사례라 할 수 있다. 이 장에서는 본질적으로 예술과 문화가 인간의 조건에 미치는 영향에 관한 이야기를 들려줄 것이다. 이는 인간 사회에서 다른 사람과 더불어 살아가는 방식을 이해하는 데 도움을 줄 것이다. 예술과 문화에는 명백히 강력하고 긍정적인 힘이 있다. 한 비평가는 이렇게 말했다.

> 예술 작품은 인간의 마음과 마음을 이어주는 다리다. 또한 인간이 의미를 만들어내고 교환하는 가장 기본적인 수단이다.[4]

이는 모든 예술의 기능이다. 하지만 최근 몇몇 예술가들은 이 원칙을 좀 더 노골적으로 드러내기로 했다. 한 예술가 집단이 '공감미술관(Empathy Museum)'을 만들고, 이 공간을 '다른 사람의 눈을 통해 세상을 바라보도록 해주는 경험적 예술 공간'이라고 정의했다. "내 신발을 신고 1마일만 걸어봐(Walk a Mile in My Shoes)"라는 제목의 전시회도 이 미술관에서 개최됐으며 영국과 호주에서도 열렸다.

이 전시회의 창시자인 클레어 패티(Clare Patey)는 사람들과 인터뷰하면서 내용을 녹음하고 인터뷰 당사자의 신발을 빌렸다. 관람객은 헤드폰을 쓰고 인터뷰 주인공들의 인생 이야기를 듣는데, 이때 그 사람의 신발을 신고 실제로 걷는다. 신발의 주인공들은 결혼생활에 어려움을 겪고 있고 아주 차가운 물에서 수영하는 것만이 삶의 유일한 낙이라는 한 남자와 외로운 남자들에게 위안을 주기 위해 재정적 수입이 되는 일을 포기했다고 말하는 성노동자, 헤로인을 밀반입해 수감됐다가 교도소에서 수많은 예술 작품을 만들며 예술가가 된 화물자동차 운전사 등이었다. 한 관람객은 이렇게 말했다.

"걷는 동안 신고 있던 신발을 가만히 바라보고 있자니 신발 주인과 이상할 정도로 일체감이 들었습니다. 정말 강렬한 느낌이었죠."

이외에도 공감을 깊이 파고드는 예술 작품은 무수히 많다. 아르헨티나 출신의 마르셀로 발레이오(Marcelo Vallejo)는 포클랜드 전쟁에 참전했던 전직 군인이다. 발레이오는 마약에 중독됐으며 수차례 자살을 시도했다. 고통의 나날들을 보내며 영국에 대한 증오심도 커져서 자신의 아들에게 영어를 단 한마디도 사용하지 못하게 했다. 데이비드 잭슨(David Jackson)은 똑같은 포클랜드 전쟁에서 영국 편으로 참전했던 군인이다. 그는 전쟁 후 외상후스트레스 증후군과 우울증에 시달렸지만 훗날 심리학자가 됐다. 발레이오와 데이비드는 마주보고 앉아 전쟁이 자신들에게 어떤 영향을 미쳤는지를 이야기했다. 다소 아이러니일 수도 있지만, 발레이오는 데이비드에게 상담을 받으려면 얼마의 비용이 드는지 물었다.

"회당 50파운드입니다. 하지만 당신은 무료입니다."

데이비드가 대답했다. 두 사람의 만남은 관중들이 지켜보는 무대에서 진행됐다. 2016년 여름, 런던국제연극제(London International Festival of Theatre)에서 상영되는 공연의 일부였기 때문이다.

아르헨티나의 예술가 롤라 아리아스(Lola Arias)가 쓴 연극 〈마인필드(Minefield)〉는 영국인 노병 3명, 아르헨티나 노병 3명이 출연하는데, 공연을 위해 몇 달 간 연습을 해야 했다. 이전에는 적군이었던 이들이 만나 비틀즈의 노래를 부르고 밴드 공연을 하며 극적으로 교감 정서를 쌓았다. 관객들은 "카타르시스가 느껴지는 화해였다", "매우 특별한 공감의 효과다"라고 후기를 남겼다.[5] 이 연극은 전혀 다른 입장에 있던 사람들도 서로를 이해하게 한다는 명백한 목표가 있었으며, 관객은 물론 연극 참가자들에게도 모두 성공적이었다. 그러나 이런 공연 예술은 늘 단순한 재미 이상의 메시지를 전달해야 한다는 인식이 깔려 있다.

연민, 두려움이 공감으로

'좋은 예술에는 반드시 도덕 또는 윤리적 의식이 있어야 하는가'를 둘러싼 논쟁은 늘 존재했다. 그러나 이 논쟁의 결과를 오래 기다릴 필요는 없을 것 같다. 어떤 공연이 우리에게 울림을 주는지를 곧 알게 될 것이기 때문이다. 또한 어떤 공연이 우리와 주변 사람들 간에 유대감을 형성하고 정신을 고취시키는지도 알게 될 것이다.

대부분의 사람들은 부정적인 성향이 유대감 형성에 방해가 된다는 사실을 알고 있다. 2009년 출시된 게임 〈콜 오브 듀티(Call of Duty)〉는 테러리스트가 되어 충성심을 증명하기 위해 민간인에게 총을 쏘며 공항을 통과하는 미션을 수행해야 한다. 이런 설정은 오직 감성지능이 낮은 게임 디자이너만이 만들 수 있을 것이다. 마치 사회보다 개인을 더 중요시하는 니체의 '권력에의 의지'를 연상시킨다. 사람들은 냉담한 이기주의에서 자연스럽게 멀어지지만 이기주의에 열광하는 사람들은 그렇지 않다.

흔히 플라톤(Plato)을 인용할 때 "이상적인 사회에서 시인을 허용하지 않아야 한다"는 말을 자주 거론하는데, 엄밀히 말하면 이는 사실이 아니다. 플라톤은 보다 긍정적인 목적을 추구하는 사람들을 위해 단순히 광대 노릇만 하는 잘못된 부류의 시인들을 추방해야 한다고 말한 것이다.

좋은 언변, 좋은 조화, 좋은 우아함, 좋은 운율은 선량한 인격에 수반된다.[6]

일부 비평가들은 예술가뿐 아니라 비평가 역시 도덕성을 보여줘야 한다고 주장하기도 한다. 빅토리아 시대 영국의 비평가였던 존 러스킨(John Ruskin)은 비평가의 도덕성이 성찰과 상상력에 달려 있으며, 예술가의 도덕성은 선량한 인격에 달려 있다고 봤다. 그렇다면 "누구의 도덕성을 추구해야 하는가?" 하고 묻는 이도 있을 것이다. 플라톤에게는 '품위'가, 러스킨에게는 '신과 본성'이 필수였다고 보면 될 것 같다. 하지만 공감이라는 목표 자체로 긍정적인 특징이 있는 예술가의 작품은 관객이 다른 사람의 입장이 되어볼 수 있는 상상력만 발휘하면 된다. 시인 셸리(Shelley)도 상상력이면 충분하다고 말했다.

인격이 훌륭한 사람이라면 인간이라는 같은 종이 겪는 고통과 쾌락을 강렬하고도 포괄적으로 상상해야 하며, 그것을 자신의 감정으로 느껴야 한다. 선(善)의 훌륭한 도구는 상상력이다. 시는 그 명분에 따라 행동함으로써 효과를 조율한다.[7]

_____ **윌리엄 셰익스피어**

볼테르, 조지 버나드 쇼(George Bernard Shaw), 레프 톨스토이(Leo Tolstoy), 비트겐슈타인 등의 비평가는 셰익스피어의 연극에서 드러난 모호함과 도덕적 혼란을 비판했다. 하지만 셰익스피어의 작품은 영국이 세상에 준 가장 위대한 문화 선물로 남아 있다. 어째서 셰익스피어의 작품들은 그가 세상을 떠난 지 400년이 지난 지금까지도 80개국이 넘는 나라에서 상영되고 있을까? 그의 작품이 인간의 복잡함과 모순을 너무도 공감이 가도록 완벽하게 보여주기 때문이다. 나는 그처럼 완벽하게 인간의 모습을 보여준 극작가는 없다고 생각한다. 사극, 비극, 희극을 망라하는 셰익스피어의 작품 37편 중 10편을 살펴보고, 작품이 보여주는 보편적인 주제를 하나씩만 꼽아보도록 하겠다.

《끝이 좋으면 다 좋다》 일방적인 사랑

《뜻대로 하세요》 형제자매 간의 경쟁심

《코리올라누스》 권력의 오만함

《햄릿》 고뇌하는 청춘

《줄리어스 시저》 충성심과 배신

《리어왕》 세대 간 분노

《자에는 자로》 도덕심과 욕망

《베니스의 상인》 인종차별

《오셀로》 정신질환

《로미오와 줄리엣》 파벌 간의 불화

언급한 작품과 주제는 우리가 모두 잘 아는 내용이다. 그의 작품에는 사회와 인간관계의 복잡함이 잘 드러나 있다. 우리는 등장인물을 통해 동정과 두려움이라는 깊은 감정을 경험하게 된다.

아리스토텔레스(Aristoteles)는 비극을 '연민과 공포를 불러일으키는 것'이라고 정의했다. 연민과 공포는 갈등의 감정이 해소되는 카타르시스로 이어진다. 등장인물에게 느끼는 연민과 그들에게 곧 일어날지도 모르는 일에 대한 두려움. 이것이 극작가가 유발한 관객들의 공감 행위다. 아리스토텔레스는 현대의 신경과학자들이 입증한 것들을 이미 알고 있었던 것 같다. 두려움이 전혀 없거나 느끼지 않는 것은 인간적이지 않으며, 극단적인 경우에는 사이코패스가 되기도 한다는 사실을 말이다.

이러한 사실을 완벽하게 보여주는 것이 모차르트(Wolfgang Amadeus Mozart)가 로렌초 다 폰테(Lorenzo Da Ponte)의 대본을 바탕으로 작곡한 〈돈 조반니(Don Giovanni)〉다. 〈돈 조반니〉는 전설의 바람둥이 돈 주앙의 이야기를 바탕으로 만든 오페라다. 다들 알다시피 주인공은 속이고, 사기치고, 유혹하고, 사람을 죽이며, 지옥의 나락으로 떨어진다. 2막에서 돈 주앙은 이렇게 노래한다.

"겁쟁이라고 불리지는 않을 거야. 한 번도 겁낸 적은 없어."

로먼 크르즈나릭은 《공감하는 능력》에서 고대 그리스의 극작가 아이스킬로스(Aeschylus)가 아리스토텔레스보다 몇 백 년 전에 비극 〈페르시아인(The Persians)〉을 통해 속임수를 그려냈다고 말했다. 당시 페르시아인은 고대 그리스의 도시 국가들에게 가장 큰 적이었으며 결국 패배했다. 하지만 아이스킬로스는 승자가 아닌 페르시아인의 관점에서 이야기를 풀었다. 그는 관중을 향해 전장에서 남편을 잃은 적군의 아내들에게 감정 이입하기를 요구했다. 크르즈나릭은 이렇게 말했다.

> 그리스인들은 연극에 관중을 변화시킬 수 있는 힘이 있다고 믿었다. 그리스의 연극은 등장인물의 개인적인 고통과 도덕적 딜레마에 몰입해 관객들이 눈물을 흘리는 경험을 공동으로 체험할 수 있는 수단이었으며, 이는 시민들의 유대감 강화에도 도움이 됐다.[8]

20세기 후반부 들어 TV 드라마도 이와 비슷한 역할을 하고 있다. 사회적 이슈를 부각시키고, 수백만 시청자들을 드라마 주인공의 노예가 되게 만들었다. 드라마의 흡입력이 강해서 허구라는 사실을 종종 잊어버리는 시청자도 많으며, 등장인물의 생일에 카드를 보내고, 그들의 행동 하나하나에 진심에서 우러나온 위로나 분노를 보이기도 한다. 신문은 드라마의 공모자이자 조수 역할을 자처한다. 신문은 드라마에서 벌어진 위기 상황을 상세히 기사화한다. 드라마는 다른 분야에 비해 인기가 많음에도 불구하고 채널들이 흩어져 있어서 영향력은 적은 편이다. 그럼에도 수많은 사회적 이슈들이 드라마 〈코로네이션 스트리트(Coronation Street)〉, 〈에머데일(Emmerdale)〉, 〈이스트앤더스(EastEnders)〉, 〈홀리오크(Hollyoaks)〉 등 허구 사회의 공감 프리즘을 투과해 비춰지고 있다.

예술, 문화가 뇌에 미치는 영향

예술이 마음의 지평을 넓혀주고 타인을 이해하는 데 도움을 준다는 사실은 익히 알려진 평범한 상식이라고 말하는 이도 있을 것이다. 하지만 예술에 공감할 때 실제 우리의 뇌에서는 어떤 일이 벌어질까? 정말 공감이라는 감정이 사회에서 긍정적인 행동으로 변환될까? 사이먼 배런 코언의 관점에서 보면 공감은 '다른 사람의 감정, 생각을 파악하고 적절한 감정으로 상대방에게 반응'하도록 해준다.[9]

　제2장에서도 살펴봤듯이 신경과학자들은 우리가 다른 사람의 고통을 볼 때 뇌의 신경세포들이 자극을 받아 마치 우리 자신이 그런 고통을 느끼는 것처럼 반응한다는 사실을 증명하고 있다. 이 과정에서 뇌에서 일어나는 상호작용 중 일부는 옥시토신 같은 호르몬의 영향을 받는다. 그

래서 대부분의 사람들은 다른 사람의 감정을 인식하고 그들에게 공감하도록 돼 있다. 우리 뇌는 예술을 감상할 때 대단히 정교한 속임수를 사용하는데, 이 속임수는 바로 고통을 겪는 픽션의 인물을 상상하고 공감하는 능력을 길러준다. 이 특별한 기술은 어린아이들도 가능해서 너무도 당연시되기도 한다. 하지만 이 능력이 없는 이들도 있다.

'루이체 치매(Lewy Body Dementia, 뇌에 루이소체라고 불리는 단백질 집합체가 쌓여 신경전달을 방해해 인지기능을 떨어트리는 치매의 일종_옮긴이)'는 인지 기능에 심각한 손상을 초래한다. 루이체 치매를 앓는 사람들은 TV 쇼나 영화에서 진행되는 일들이 실제 상황이고 등장인물들이 자신의 집에 같이 살고 있다고 착각하는 경우가 많다. 이런 증상을 '환각'이라고 한다. 픽션의 본질인 환상은 의식적인 상상과 비교된다.

신경과학이 급속도로 발전하면서 나날이 더 많은 사실들이 새로 발견되고 있다. 화자와 청자가 이야기를 하고 들을 때 뇌의 같은 부위가 활성화된다는 사실을 입증한 연구자들도 있다. 어떤 연구에서는 언어 전개를 처리하는 뇌 영역에서 이야기를 들을 때 다양한 감정을 처리하는 일도 한다는 사실을 보여준다. 조너선 갓셜(Jonathan Gottschall)은 《스토리텔링 애니멀》에서 이렇게 말했다.

> 신경이 픽션의 자극에 반응해 지속적으로 발화하면 인생의 문제들을 노련하게 해결하는 신경 회로가 강화되고 정교해진다.[10]

진화생물학자 로버트 트리버즈(Robert Trivers)는 여기서 한 걸음 더 나아가 인류는 애초부터 협동을 해야 했기 때문에, 인간의 인지 능력과 언어 기술은 상호관계라는 더 큰 네트워크에 잘 대처하도록 특화돼 발달

됐다고 말한다(이 때문에 셰익스피어의 문학은 공감의 매개체가 될 수 있는 것이다). 마사 누스바움 교수에 따르면 이야기를 즐기는 것은 다른 사람이 필요로 하는 것에 반응하고, 도덕적 상호작용을 하는 데 필수 단계다. 누스바움 교수는 이야기에 몰입하는 것을 시민사회와 공동체 사회의 습관적 관행이라고 본다. 실제로 누스바움은 시카고법대의 교수이기도 하다. 그녀의 관심은 협조적이고 법을 준수하는 시민들과 함께 사회를 돌아가게 만드는 데 필요한 것들이다.

우리는 이야기를 듣거나 말할 때 인간적인 반응을 연습한다. 그래서 잠들기 전 부모가 아이에게 책을 읽어주는 행위는 단순히 사랑을 입증하거나, 든든한 부모의 모습을 확신시켜주거나, 편안하게 잠들 수 있도록 아늑한 기분을 선사하는 기능만 있는 것이 아니다. 이야기에 담긴 연민과 두려움을 공유함으로써 부모와 자녀 사이의 근본적인 공감대를 단련하는 행위다.

《이상한 나라의 엘리스》, 《피터팬》, 《곰돌이 푸》, 《패딩턴》, 《차를 마시러 온 호랑이(The Tiger Who Came to Tea)》 등은 세대는 달라도 이야기를 활용하는 목적은 같았던 책들이다. 매일 밤 부모와 이런 유대감을 누리지 못하는 불우한 처지의 어린이들을 생각해보라. 그리고 그 아이들이 공감 능력을 갖기란 얼마나 어렵고, 아이들의 삶과 주변 사람들에게 어떤 영향을 미칠지도 생각해보라. 글을 아예 읽지 못하는 최악의 상황이라면 어떨까?

우리 사회의 문맹은 단순히 기본적인 기술만 박탈당한 것이 아니라 스토리텔링이 주는 대단히 특별하고 긍정적인 자극에서도 배제당한 것이다. 미국 교도소 수감자의 60퍼센트가 기능적 문맹이라는 사실과 영국의 교도소 수감자 3분의 1의 독서 능력이 십대 수준이거나 그보다 못하다는 사실이 단순한 우연의 일치일까? 더욱 걱정되는 점은 미국의 작가 미셸 보바(Michele Borba)가 인용한 통계다. 보바는 미국에서 잠들기 전 아이에게 책을 읽어주는 부모가 줄어들고 있음을 보여주는 자료를 언급했다.

1999년 2~7세 아이들은 하루 평균 45분 정도 부모가 책을 읽어주는 것을 경험했다. 2013년에는 단 30분으로 줄었다.[11] 부모가 디지털 장비에 정신을 빼앗겨 자녀와 유대감을 나눌 귀중한 시간을 잃는 것이다. 이쯤 되면 '잠들기 전 책 읽어주는 시간을 지키기 위한 국민 약속'이라도 만들어야 하는 게 아닐까?

아직 만들어지지 않은 이 단체의 지역 지부를 만든 사람이 있다. 바로 제인 데이비스(Jane Davis)다. 데이비스는 리버풀에 독서 단체 '더 리더'를 설립했다. 더 리더는 지자체와 협력해 환경이 어려운 아이들에게 책을 낭독해주는 일을 하고 있다. 지금까지 훈련받은 자원봉사자들이 70명의 아이들 집을 방문했다. 아이들 중 대다수는 이전에 누군가 책을 읽어주는 경험을 한 번도 한 적이 없었다. 이 일에 관해 어느 복지사는 이렇게 말했다.

더 리더 활동 후 뭔가 바뀌었습니다. 얼마 전 저희 부장님이 묻더군요. "그 단체는 뭐하는 곳이에요?" 저도 더 리더가 무슨 일을 하는지는 정확히 모르지만 어쨌든 효과가 있다는 건 분명합니다![12]

실제로 이 프로그램에 참여했던 참가자들은 공격성이 줄어들고 학교 출석률이 높아지는 등 행동 측면에서 개선되는 모습을 보였다. 그렇다면 부모가 아닌 다른 사람이 해주는 일대일 양육 중에서 독서가 행동 개선에 미치는 영향은 얼마나 될까? 그것이 중요한 문제일까? 다음은 10세 데이지의 말이다.

> 조이스 선생님과 책을 읽을 때면 아주 행복해요. 어떤 때는 조이스 선생님이 책을 읽는 동안 눈을 감고 있어요. 그러면 기분이 아주 편안해져요. 등에 베개를 대고, 천천히 숨을 내쉬고 들이마시면, 나쁜 기억들은 다 나가고 좋은 기억들만 들어오는 기분이 들죠.[13]

데이지의 말이 우리에게 주는 큰 교훈은 누구에게나 공감 능력이 있지만 그것을 단련할 학습 기회가 필요하다는 점이다. 예술은 그런 점에서 우리에게 도움이 된다. 진화생물학자와 신경과학자도 이제는 뇌를 훈련해 공감 능력을 더 키울 수 있다는 가능성을 믿는다. 예술은 정신을 수련하는 도장에 일종의 기구를 제공하는 셈이다. 아이들은 어릴 때부터 이 귀중한 선물을 받아야 마땅하다. 제3장에서 봤듯이 유아기는 뇌가 형성되고 공감 기능이 만들어지는 중요한 시기다. 과학자들과 학자들도 이 사실을 자주 인용하곤 한다. 인지심리학자이자 소설가인 키스 오틀리(Keith Oatley)는 이렇게 말했다.

> 픽션이라는 상상의 세계로 들어가는 과정에서 공감 능력과 타인의 관점을 이해하는 능력이 길러진다.[14]

또한 캐나다의 소설가 마거릿 애트우드(Margaret Atwood)도 이렇게 말했다.

사람들을 정말로 감동시키는 것은 이야기다. 이야기는 지적인 행위도, 단순한 외침도 아니다. 그렇다고 그저 순수한 감정도 아니다. 이야기는 인간으로서 존재하는 우리에게 있는 그 두 가지를 혼합한 것이다.[15]

〉 공감 능력에 예술이 더해졌을 때 〈

예술의 힘을 주장하면서도 한편 이런 의문이 들기도 한다. 예술이 단순히 우리에게 만족스러운 감정적 경험만 주는 걸까? 또는 예술이 우리의 미래 행동 방식을 정말 바꿔주는 걸까? 우리는 앞서 사이먼 배런 코언이 인지적 공감과 감정적 공감의 차이점에 관해 언급한 내용을 살펴봤다. 또한 우리는 《오셀로》의 등장인물인 이아고에 관해서도 이야기했다. 이아고는 인지적으로는 똑똑하지만 그 능력을 타인의 약점을 이용하기 위한 파괴적인 수단으로 사용했다. 여기에 리처드 3세가 한 말을 보탤 수 있다.[16]

"양심은 겁쟁이들이나 사용하는 단어다."

소설 속 인물들에게는 감정적 공감 능력, 즉 친사회적인 성향을 이끌어내는 능력이 명백히 결여돼 있다. 교육이론가 켄 로빈슨(Ken Robinson)은 말했다.

공감이 적용된 연민은 공감 능력에 달린 날개라고 할 수 있다. 무언가에 공감해서 그것과 관련된 어떤 일을 하는 것은 별개의 문제다. 연민은 공동체에 속한 우리를 하나로 묶어주는 문화 접착제다.[17]

전후문학 비평가인 레이먼드 윌리엄스(Raymond Williams)는 문학이 우리의 행동방식을 바꿔줄 수 있는지에 큰 관심이 있었다. 그는 찰스 디킨스(Charles Dickens) 같은 19세기 소설가들이 도시 사회에 일어난 산업화의 잔학성을 드러냈다고 말했다. 그러나 그들이 더 잘 조직된 사회를 제안함으로써 악을 인식하기를 꺼려하는 표현 방식은 비판했다. 그는 당시의 소설들에 대해 '연민이 행동으로 바뀐 것이 아니라 오히려 위축시켰다'고 생각했다.[18]

현대 사회의 언론 매체도 상황은 비슷하다. 뉴스를 통해 대참사를 당한 사람들을 보면서 그들에게 공감할지는 몰라도 개인적으로 그들을 위해 할 수 있는 것이 없다고 생각해 무력함을 느낀다. 더 최악은, 그러한 사건들이 반복되면서 그런 일들에 공감하는 데 피로감이나 번아웃 증상을 느낄 수도 있다는 사실이다. 우리는 공감을 언제든 껐다 켰다 하며, 단절시킬 수 있다는 사실을 알고 있다. 그리고 자선에 대한 영국 대중의 지속적이고 일반적인 반응은 공감 스위치를 얼마나 빠르게 다시 켜서 작동시킬 수 있는지를 잘 보여준다. 이런 현상이 일어나는 이유는 보통 뉴스에서 보다 광범위한 현상을 보여주기 위해 우리가 감정 이입할 수 있도록 개인을 선택해 그의 이야기를 보여주기 때문이다.

그러므로 호소력이 강하고 매우 신중하게 만들어지는 예술과 문화의 서사는 머나먼 곳의 이야기를 짤막하게 전달하는 뉴스 기사보다 훨씬 더 강력하게 마음을 사로잡는다. 윌리엄스의 우려에도 불구하고, 예술과 문화는 정서에서 행동을 이끌어낼 수 있다. 실제로 몇몇 고전 작품들은 우리 사회를 바꾸는 데 도움이 됐다.

1862년 찰스 킹즐리(Charles Kingsley)는 〈맥밀란매거진(Macmillan's Magazine)〉에 《물의 아이들》의 첫 연재를 실었다. 이듬해 이 연재는 책으로 출간됐고, 이내 고전의 반열에 올랐다. 이 책은 초현실적인 이야기며 힘들게 굴뚝 청소를 하며 살아가는 톰이 주인공이다. 이렇게 아동의 노동을 착취하는 것이 빅토리아 시대 초중반만 해도 허용됐다. 훗날 톰이 신비로운 물의 생명체로 변하면서 톰의 도덕관이 비로소 시작된다. 이 책은 아동 노동이라는 악행에 맞서는 책으로 상당히 큰 영향을 미쳤고, 아동 노동 착취를 불법으로 규정하는 정치적 운동에도 큰 여파를 미쳤다.

그 결과 1864년 굴뚝청소부 규제법이 국회에서 통과됐고, 이후 1875년 굴뚝청소부법이 제정됐다. 이 두 가지는 1878년 공장법으로 통합됐고, 이후 아동 노동이 완전히 근절됐다. 영국 사회가 킹즐리의 동화에 나오는 물속 요정 '남에게바라는만큼너도하라 부인'에게 교훈을 얻은 듯 보인다. "남에게 대접 받고 싶은 만큼 남을 대접하라"는 타인에게 연민을 가지라는 의미의 성서 격언으로, '황금률의 법칙'으로 익히 알려진 말이다. 이는 문학의 힘을 잘 보여주는 사례다.

〈캐시 컴 홈(Cathy Come Home)〉은 지난 세기 영국 사회에 가장 큰 반향을 일으킨 TV 드라마로 꼽힌다. 이 드라마는 홈리스 가족이 겪는 고난을 보여준다. 원작자인 제레미 샌포드(Jeremy Sandford)는 캐시와 캐시의 남편 랙의 이야기를 그렸다. 랙은 부상을 입어 직장을 잃고 이후 집에 집행 관리인들이 찾아와 아이들까지 모두 퇴거시켰다. 가족은 불법으로 조성된 홈리스 촌에 가게 되고, 결국 캐시와 아이들은 사회보장 서비스에 의해 강제로 헤어지게 된다. 캔 로치(Ken Loach)는 이 드라마를 생생한 다큐멘터리 형식으로 제작했다. 1966년 BBC에서 방송된 이 드라마를 1,200만 명이 봤고 시청자들은 캐시가 처한 곤경에 깊이 감정 이입해서 홈리스 문제가 국가적인 논쟁이 됐다. 그 결과 이듬해 자선단체 크라이시스(Crisis)가 만들어졌고, 또 새로운 자선단체인 셸터(Shelter)까지 생겨나기에 이르렀다.

〈캐시 컴 홈〉은 BBC에서 비용을 지원해 제작했다. 제작 비용은 다시 영국 시청자들에게 TV 수신료 형태로 부과됐다. 이러한 자금 조달 방식은 공동체 의식에 투자하기로 한 사회의 결정이었다. '공영 방송'이라는 개념은 1920년대 영국에서 '교육, 정보, 오락'을 추구하며 야심차게 만들어졌다.

영국 공영방송의 초석을 다진 로드 리스(Lord Reith)는 어쩌면 여기에 '공감'을 더했을지도 모른다. 1950년대 라디오 드라마와 코미디, 이후 TV가 대량으로 생산되면서 BBC가 만든 뉴스, 다큐멘터리, 드라마나 영화 같은 픽션, 스포츠 등을 통해 그 개념이 성취됐기 때문이다. BBC에서 만든 프로그램들은 모두 우리에 관한 것이었으며, 시민으로서 우리가 어떻게 사고하고 상호작용하는지에 관한 것들이었다. 오늘날에도 예전과 같은 방식으로 자금을 조달하고 운영하는 BBC는 미디어가 넘쳐나는 디지털 시대에서도 소임을 다하고 있다.

BBC는 지금도 우리의 문화를 규정하고 국가적 담론의 장을 만드는 프로그램을 만드는 데 연간 15억 파운드를 투자한다. 방송에서 다뤄진 주제들, 이를테면 건강, 이민자, 인종차별 같은 주제들은 정치적 논쟁으로 이어지는 경우가 많다. 여기에 ITV와 채널4처럼 상당히 큰 규모의 방송사와 스카이, 넷플릭스, 아마존 같은 형태의 미디어도 더해지고 있다. 무수한 뉴스, 다큐멘터리, 오락 방송 등은 우리 사회의 담론을 풍부하게 하고 우리의 공감 능력을 한껏 높여준다.

현대에는 인종차별이 대단히 중대한 사회적 문제다. 앞부분에서 프란스 드 발 교수가 인종차별 문제를 언급했던 부분을 기억할 것이다.

우리는 적을 미워하고, 잘 알지 못하는 사람을 무시하며, 우리와 다른 생김새의 사람을 역겨워하며 진화해왔다. 인간들은 공동체 내에서는 대체로 협동적이지만 낯선 이들에게는 전혀 다른 동물이 된다.[19]

해리엇 비처 스토(Harriet Beecher Stowe)가 쓴 《엉클 톰스 캐빈》은 19세기 미국에서 성서 다음으로 많이 팔린 책이다. 《엉클 톰스 캐빈》은 1851년 6월부터 노예제 폐지론자들의 잡지인 〈내셔널애러(National Era)〉에 연재되던 소설이었다. 감상적인 부분이 많긴 해도 노예를 소유가 아닌 인간으로 본 최초의 책 중 하나다. 이 소설은 수백만 독자들의 가슴을 울렸다. 역사가들은 이 소설이 미국에서 노예제도를 폐지하는 사법정의를 구현하는 데 영향을 미쳤다고 평가한다. 이 책은 남북전쟁 당시 노예제 폐지를 찬성하는 북부의 명분을 만드는 데 도움을 주었고, 에이브러햄 링컨(Abraham Lincoln)이 노예제 폐지를 주장하면서 마침내 북부의 승리를 뒷받침하고 이끌어낸 원동력이 됐다. 하지만 노예제 폐지가 흑인 박해의 종식으로 이어지지는 않았다.

20세기 가장 영향력 있는 책들 중 《앵무새 죽이기》가 있다. 이 책은 퓰리처상을 받으며 영화로도 제작됐고, 오늘날까지 대부분의 학교에서 교육 자료로 활용되고 있다. 저자 하퍼 리(Harper Lee)는 1930년대를 살면서 보고 겪은 인종차별주의를 폭로하기 위해 픽션이라는 수단을 선택했다. 주인공으로 나오는 정직한 변호사 애티커스 핀치는 '인종차별주의에 맞선 영웅'으로 묘사된다. 지금도 이 책은 모든 인종을 위한 정의를 옹호하는 중요한 역할을 하고 있다.

2015년 노년의 하퍼 리가 출간한 후속편 《파수꾼》에 일부 독자들은 실망하기도 했다. 《파수꾼》에서는 젊은 청년인 진 루이스 핀치의 시선으로 본 인종차별적 편견을 보여준다. 하지만 이는 우리의 내면에 인종차별적 본능이 있다는 사실을 반영하는 데 불과하다. 많은 이들이 소설 속 사건이 주인공을 더욱 인간답고, 신뢰할 수 있으며, 고결한 사람으로 만든다고 주장한다. 이처럼 등장인물을 복잡하게 처리하는 것은 전형적인 셰익스피어식 인물 설정으로, 단순하고 평면적인 감정선을 초월한다.

최근 영국의 인두 루배싱엄(Indhu Rubasingham)도 이 부분을 추구하고 있다. 그는 1820~1830년대까지 유럽에서 활동했던 미국의 흑인 배우, 이러 알드리지(Ira Aldridge)의 이야기에서 영감을 얻었다. 루배싱엄은 롤리타 차크라바티(Lolita Chakrabarti)에게 알드리지의 삶을 극본으로 써달라고 부탁했다. 2012년 이 극본은 〈레드 벨벳(Red Velvet)〉이라는 작품이 됐고, 에드리언 레스터(Adrian Lester)가 알드리지 역을 맡았다.

이 연극의 핵심 사건은 알드리지가 유명한 비극 배우 에드먼드 킨(Edmund Kean)으로부터 오셀로 역할을 부탁받으면서 일어난다. 줄곧 백인 배우가 해오던 흑인 주인공 역할을 흑인 배우가 하게 된 것이다. 연극이 상영되자 대중들은 분노했다. 연극이 상영된 지 1주일 만에 주최측은 관중에게 머리 숙여 사과해야 했고, 알드리지를 연극에서 퇴출해야 했다. 이 이야기에서 알드리지의 개인적인 성격이 그가 겪는 어려움에 얼마나 큰 영향을 미쳤는지에 관해서는 명확하게 드러나지 않는다. 하지만 이 연극은 알드리지가 또 다른 공연장에서 유럽인 역할을 연기하기 위해 백인 분장을 하는 장면으로 마무리된다. 인상적이고도 잔인한 결말이다. 알드리지는 흑인이지만 흑인 역할을 맡을 수 없었고, 오직 백인처럼 분장해야만 연기를 할 수 있었다. 인두 루배싱엄은 이렇게 말했다.

내가 그 사람의 이름조차 알지 못했다는 사실이 믿기지 않더군요. 누가 역사를 지배하고, 그 역사는 누구의 관점일까요? 무대에 오르도록 허락한 사람은 누구일까요? 그건 정말 중요한 문제입니다.[20]

이 연극을 본 흑인과 백인 관중 모두 흥분했다. 이후 연극은 많은 상을 휩쓸었으며 런던의 웨스트앤드의 극장에서도 상영됐다. 연극은 루배싱엄이 바랐던 모든 것, 아니 그 이상을 이뤘다.

극장은 강력하다. 관객이 등장인물과 정서적으로 교감하기 때문이다. 다른 사람의 입장이 되어보지 않으면, 다른 사람의 관점을 이해해보지 않으면, 결코 사회를 바꿀 수 없다.[21]

거리 공연은 실내 무대에서 상영되는 연극보다 훨씬 더 강력한 영향을 미친다. 생생한 현장감으로 몰입도가 높아지기 때문이다.

2016년 여름, 터너상(Turner Prize)을 수상한 예술가 제레미 델러(Jeremy Deller)는 솜 전투 100주년을 기리기 위해 아주 특별한 공연을 계획했다. 솜 전투 당시의 군복을 입은 젊은 남자들이 행진하며 30곳의 공공장소를 점령하는 것이었다. 런던의 워털루 역에서 군복 차림의 배우들이 침묵하며 서 있자 역을 오가던 시민들이 왜 그곳에 서 있는지 물었다. 질문을 받은 배우들은 여전히 침묵한 채 조끼에서 카드 한 장을 꺼내 시민에게 전달했다. 카드에는 임페리얼 전쟁박물관에 기록된 솜 전투 참전 군인의 이름과 계급, 사망 날짜가 적혀 있었다. 시민들은 카드를 보고 눈물을 흘렸다. 그들은 끔찍한 통계 수치에 묻힌 한 개인의 비극을 이해하고 그 사람에게 감정 이입했던 것이다.

에든버러대학교에 다니던 스무 살의 토머스 에이켄헤드(Thomas Aikenhead)는 영국에서 '신성모독죄'로 처형된 마지막 사람이다. 1696년 그는 "신학은 터무니없고 비상식적인 광기이며, 철학자들의 도덕적 교리를 여기저기 누더기처럼 끼워 맞추고, 시적인 허구와 과장된 망상을 더한 학문"이라고 발언해 재판에서 교수형을 선고받았다. 그를 구할 수 있는 방법은 오직 스코틀랜드교회가 중재하는 것뿐이었다. 교회는 어떻게 반응했을까? 그들은 이 땅에 만연한 불경함과 신성모독을 제압하기 위해 사형을 집행해야 한다고 강력하게 주장했다. 역사가 토머스 배빙턴 매콜리(Thomas Babington Macaulay)는 사형 집행에 참관했던 성직자들에게 "살인자"라고 부르며, 그들이 "에이켄헤드가 했던 어떤 말과 행동보다 더욱 심하게 신성모독을 함으로써 기도하는 자들이 있는 천국을 모욕했다"고 말했다.[22]

2016년 공연 업체 '톨드 바이 이디어트(Told by Idiot, 셰익스피어가 말한 "인생은 바보가 지껄이는 이야기와 같다"는 표현에서 만든 이름_옮긴이)'는 토머스 에이켄헤드의 이야기를 다룬 뮤지컬 〈나는 토머스다(I Am Thomas)〉를 상영했다. 톨드 바이 이디어트는 누구나 다가갈 수 있는 보편적인 이야기를 보여주는 공연을 하겠다고 선언했다. 어느 봄날 저녁, 런던의 이스트앤드에 있는 뮤직홀에서 공언했던 대로 혁명적인 뮤지컬을 상영했다. 하지만 그것이 전부가 아니었다.

배우는 여자 3명과 남자 5명이었는데, 그중 2명은 흑인이었다. 공연이 진행되는 동안 배우들이 토머스 역을 번갈아가며 맡았다. 신랄한 유머를 보여주는 교수형 장면이 나오자 관중들은 모두 연극에 푹 빠졌고, 그런 관중의 모습을 보자 배우가 바뀌었다는 사실을 알아차리는 사람이 있을지 의문이 들었다. 하지만 이는 이 시대의 긍정적 징표였다. 극작가와 감독은 이렇게 말했다.

"모두가 이 이야기를 공유할 수 있고, 모두가 이 이야기를 대변할 수 있습니다. 남자든, 여자든, 흑인이든, 백인이든, 청년 토머스 에이켄헤드의 죽음을 자신만의 관점으로 바라볼 수 있습니다."

그날 밤 관중은 이런 방식으로 잠재의식의 부족주의 경계를 허물고, 보다 인간적인 이해를 할 수 있었다.

이것이 예술의 역할이다. 2016년 AHRC 보고서 "예술과 문화의 가치 이해(Understanding the Value of Arts and Culture)"는 예술의 중요한 역할을 알려주는 전세계의 증거들을 소개하면서 다음과 같은 결론을 지었다.

"문화 참여와 관련된 확장된 경험은 다양한 방식으로 발현될 수 있다. 자신에 대한 더 나은 이해, 자신의 삶을 다른 관점에서 성찰하는 능력, 타인에 대한 동정심이 아닌 차이를 이해함으로써 생기는 공감의 확장, 인간의 경험과 문화의 다양성에 대한 감각 등으로 나타난다."

이 책에서 예술과 문화가 강력한 공감을 바탕으로 인간을 사로잡는 방식을 살펴봤다. 예술과 문화는 우리와 전혀 다른 사람을 이해하게 해준다. 우리는 상상력을 발휘해 '상대방의 마음 이론'을 만들어낸다. 이는 사람들에게 있는 뇌의 기능이며, 잠재적으로 사회에 도움이 되는 기능이다. 다만 인지 기능을 넘어서야 발동될 수 있다. 그렇게 되기 위해서는 적극적이고 긍정적 행동을 해야 하는데, 예술이 바로 그런 행동을 촉진할 수 있다. 실제로 다양한 형태의 예술을 통해 긍정적인 결과를 얻었다는 사실을 입증하는 학계 연구 자료들이 있다.

공감적 예술의
긍정적 힘을 입증하는 증거들

: **문학** :

키스 오틀리와 동료들은 〈예술로 마음이 움직인다는 것(On Being Moved By Art)〉이라는 논문을 발표했다. 이들은 사람들이 꾸준히 소설을 읽으면 공감 능력이 활발해지며 타인의 감정을 더 잘 파악하게 된다고 정의했다.[23] 오틀리는 등장인물을 파악하려는 의도가 우리의 공감 능력이 뚜렷하게 드러나는 행위라고 주장하며, 문학이 공감 능력을 단련하는 '안전한 공간'을 제공해준다고 생각한다. 또한 오틀리는 이런 현상이 보편적이라고 말한다. 인도의 시를 읽으면 마음속에 가상의 인물이 떠오른다. 산스크리트어로 이러한 현상을 '드바니(dhvani)'라고 하는데, 암시 또는 음조라는 의미다. 드바니는 '라사스(rasas, 인도 미학 특유의 감성이자 문학적 공감 정서_옮긴이)'를 불러일으킨다.[24]

2013년 〈사이언스익스프레스(Science Express)〉에 새로운 연구가 실렸다. 연구자들은 86명의 실험 참가자를 대상으로 각각의 공감 수준을 측정했다. 그 다음 참가자들에게 인기 있는 소설과 비소설을 읽도록 했다. 이후 다시 공감 수준을 측정해보니 소설이 단기적으로나마 훨씬 더 복잡하고 정교한 방식으로 독서하는 이들의 마음 이론을 확장시켰다는 사실을 확인했다. 제2장에서 살펴본 조지 엘리엇처럼 소설은 인간의 감정 깊은 곳을 탐구하고픈 열망을 자극한다. 의학 학술지 〈란셋(Lancet)〉에서도 이러한 내용을 지지했다. 이 학술지에서 여러 의사들은 모호함과 불확실성을 포용해야 한다고 주장했다.

책은 다른 사람, 다른 시대를 다양하게 경험하게 해줌으로써 세상을 다른 관점으로 볼 기회를 제공한다. 깊은 독서는 양질의 치료를 제공하는 데 있어서 기본이 되는 관찰력과 분석력, 성찰력을 기르는 데 도움을 준다.[25]

2016년 여름 예일대학교 연구팀은 50세 이상 남녀 수천 명의 건강과 독서 습관을 11년 동안 관찰하며 철저히 분석한 연구 자료를 발표했다. 이 연구팀은 하루의 독서 시간이 긴 사람일수록 평균적으로 약 2년가량 더 오래 산다는 사실을 발견했다. 연구팀은 독서가 뇌를 계속 활동하게 하고 공감 능력, 사회적 지각, 감성지능 같은 기능을 더욱 정교하게 만들기 때문이라고 추론했다. 이는 정서적 활동이 스트레스를 억제해 수명을 연장할 수도 있다는 이전의 다른 연구들과도 맥을 함께 한다.[26] 그러므로 매일의 독서 습관은 의사를 떨게 할 수도 있다.

：공연：

2014년 아칸소대학교 연구팀은 기초 교양을 배제한 수업 시간표의 편협을 우려해 670명의 학생들을 대상으로 실험을 진행했다. 그리고 〈라이브 공연장에서 배우기(Learning from Live Theatre)〉라는 제목의 논문을 발표했다. 참가자 절반은 〈햄릿〉이나 〈크리스마스 캐럴〉 공연을 의무적으로 봤고, 나머지 절반은 아무 공연도 보지 않았다. 공연을 보기 전후의 학생들을 실험한 결과 공연을 관람한 학생들의 관대함이 더욱 커졌고, 다른 사람의 마음을 파악하는 능력도 증가했다.

셰익스피어 스쿨 페스티벌(Shakespeare Schools Festival)은 매년 초등, 중등, 특수학교 학생들이 제대로 된 공연장에서 셰익스피어의 연극을 30분가량 공연하도록 장려한다. 교사 10명 중 7명은 학생들이 공연에 참가하는 것이 또래 친구들과 어른에 대한 공감 능력을 더욱 길러주는 데 도움이 됐다고 평가했다.[27] 예를 들지 않더라도, 우리는 상식적으로 이런 종류의 공동체 활동이 자신감을 길러주고, 수줍음을 감소시켜주며, 개인과 개인을 이어준다는 사실을 잘 알고 있다. 물론 셰익스피어가 전해주는 인간의 조건에 관한 귀중한 통찰력은 덤이다.

: 춤 :

2016년 케네스 사프(Kenneth Tharp)가 댄스 아카데미 플레이스(Place)를 맡기 전까지 이 아카데미는 런던에 있었다. 전문 댄서인 케네스 사프는 배우들에게 주위 모든 것들을 어떻게 춤과 연관 지을 수 있는지를 직접 보여준다. 관객은 무대에서 춤을 추는 배우에게 시각적 감동을 받으며 유대감을 쌓는 법을 배운다. 사프의 경험은 예술인문연구회가 지원하는 4개의 대학에서 합동으로 진행한 흥미로운 연구 결과에서도 입증된다. 문학 분야의 전문가인 디 레이놀즈(Dee Reynolds)와 댄서인 매튜 리즌(Matthew Reason)은 2012년 이 프로젝트에 관한 책을 출간했다. 책에서 두 사람은 공연장을 찾은 관중이 '춤을 추는 공연가'에게 공감할 수 있다고 설명했다. 이러한 '운동감각적 공감'은 단순한 정신적 공감을 넘어 댄서의 움직임을 자신이 경험하는 듯한 느낌을 준다.[28]

: 음악 :

2012년 학술지 〈음악의 심리학(Psychology of Music)〉은 케임브리지대학교에서 진행한 연구를 소개했다. 연구팀은 8~11세 연령의 여학생과 남학생 50명을 선발해 두 그룹으로 나눴다. 한 그룹은 뮤지컬을 관람했고, 다른 그룹은 공동체 활동을 했다. 그 다음 50명의 학생들에게 몇몇 영화 장면들을 보여주고 학생들의 공감 능력을 파악하기 위해 반응을 질문했다. 연구팀은 음악을 통한 그룹 간 상호작용이 다른 사람을 정서적으로 더욱 잘 이해하게 해준다고 결론 내렸다. 자신이 직접 체험하는 음악이 아니라 해도 마찬가지였다. 단순히 1주일에 1시간씩 뮤지컬을 관람하는 것만으로도 장기적으로 아이들의 감정적 공감 능력을 길러줬다. 합창단에서 합창을 하거나 관현악단에 소속돼 연주를 해본 경험이 있는 사람이라면 그것이 얼마나 멋진 경험이 될 수 있는지 충분히 알 것이다. BBC에서는 합창단 지휘자인 개러스 말론(Gareth Malone)을 소개하면서 합창의 영향으로 삶이 바뀐 많은 이들의 모습들을 보여줬다. 케임브리지 대학교의 연구는 이를 인간관계의 관점에서 바라봤다.[29]

_____ **음악적 취향**

데이비드 그린버그(David Greenberg)는 심리학자이면서 재즈 색소폰 연주자다. 그는 여러 명의 위대한 재즈 연주자들과 이야기를 나누며 연주자들이 관중의 마음을 움직이는 방식에 호기심을 갖게 됐다. 그린버그는 연주자들이 어떤 음악이 관중의 정서적 반응을 이끌어내는지를 직관적으로 파악하는지 궁금했다. 또한 그린버그는 어째서 같은 음악을 듣고 사람마다 다르게 반응하는지도 궁금했다.

2015년 그는 페이스북 사용자들을 설득해 감성지능을 측정한 다음 그들이 각기 다른 노래에 어떤 감정이 드는지 답변을 작성하도록 했다. 감성지능이 높은 사람들(E 타입)은 R&B나 소프트락처럼 부드러운 음악을 선호하는 경향이 있었다. 제2장에서 살펴본 바와 같이 체계화를 좋아하고 감성지능이 낮은 사람들(S 타입)은 비트가 강한 하드록 음악을 선호했다. E 타입 사람들이 주로 부정적인 감정과 감정의 깊이가 있는, 활기 없는 음악을 선호한 반면, S 타입 사람들은 긍정적인 감정과 지적인 깊이가 있는, 활기찬 음악을 좋아했다. 물론 모두가 천편일률적으로 동일한 부류의 음악을 좋아한 것은 아니며 균형이 있는 사람(B 타입)들의 경우 양쪽 장르의 음악을 두루 좋아하기도 했다.[30]

음악이 감정에 영향을 미친다는 사실은 우리도 잘 알고 있다. 슬픈 음악은 기쁨의 눈물이나 슬픔의 눈물을 흘릴 때 또는 성관계 후 분비되는 호르몬인 프로락틴을 생성한다. 프로락틴이 분비되면 차분해지고 위안받는 기분이 든다. 그런데 한 연구팀이 심장절개수술을 받고 회복한 환자들을 대상으로 조사한 결과 옥시토신도 일부 역할을 하는 것으로 나타났다. 차분한 음악을 들을 때 옥시토신 수치도 증가한 것이다.

최근 그린버그는 새로운 프로젝트를 시작했다. 10만 명의 사람들에게 일상생활에서 음악을 활용하고 음악에 영향을 받는 사례를 쓰도록 하는 방식으로 자료를 모았다. 프로젝트의 목표는 음악이 공감 능력 같은 개인의 특징을 어떻게 달라지게 하는지 알아내는 것이었다. 그린버그가 알고 싶었던 부분은 음악에서 공감 능력 수준을 증가시키는 소리의 특징과 감정적 특징은 무엇이며, 이렇게 증가한 공감 능력이 얼마나 지속되는가 하는 것이었다. 이 물음에 답을 찾기 위해 그린버그는 음악, 대화, 공감대가 어떻게 집단의 유대감을 증가시키고 상호 이해를 증대시키는지를 파악하기 위해 팔레스타인 사람과 이스라엘 사람으로 구성된 오케스트라를 관찰했다.[31]

: 예술 :

2007년 미국의 역사가와 이탈리아의 신경과학자가 공동으로 '미술이 어떻게 공감 능력을 일깨우는가'를 주제로 논문을 발표했다. 두 사람은 상대적으로 새로운 학문 분야이자 예술 작품에 담긴 감정과 움직임을 경험하게 해주는 거울신경의 발견에 바탕을 두고 '신경미학'을 연구했다. 두 학자는 미켈란젤로의 고상한 조각상 〈죄수들(Prisoners)〉과 전쟁의 참상을 참혹하게 나타낸 프란시스코 고야(Francisco Goya)의 동판화 연작 〈전쟁의 참화(Los Desastres de la Guerra)〉를 본 사람들의 일반적인 반응을 언급했다. 이 작품을 본 사람들은 작품 속에 드러난 감정적 표현, 움직임, 심지어 드러나지 않은 함축적 움직임까지도 자연스럽게 흉내 냈다.[32] 자동적인 공감 반응은 이제 알아가는 단계의 분야이며, '예술의 힘'이라는 말에 새로운 의미를 부여하고 있다.

: 미술관과 박물관 :

뉴어크 인근의 시골 마을 노팅엄셔에는 국립홀로코스트센터(National Holocaust Centre)가 있다. 이 박물관은 원래 스미스 일가가 자택에 직접 만든 것에서 시작해 점차 규모가 커져 현대의 박물관이 됐다. 현재 연간 2만 여명의 관람객이 찾고 있으며, 〈더저니(The Journey)〉가 선정한 '가장 인기 있는 박물관'으로 꼽히기도 했다. 이곳에서 아이들과 어른들은 레오의 삶 속으로 들어갈 수 있다. 레오는 유대인에 대한 편견과 배척이 날로 증가하던 1930년대 독일에서 고통스럽게 살던 유대인 학생이었다. 레오는 학교에서 친구들에게도 따돌림을 당했다. 결국 레오는 '킨더트랜스포트(Kindertransport, 제2차 대전이 일어나기 전, 9개월 동안 유대인 어린이들을 위해 조직된 구조 활동_옮긴이)'를 통해 독일을 벗어나 영국으로 갔다. 앞에서도 살펴봤듯이 홀로코스트는 공감 없는 사회에서 어떤 끔찍한 일들이 벌어질 수 있는지를 보여준다. 홀로코스트는 인간의 권리, 인종차별, 약자나 소수자 학대 등에 관해 무거운 교훈을 준다.

2012~2015년 사이에 국립홀로코스트센터는 수업의 일환으로 센터를 방문하는 학교 프로그램을 만들었다. '인 아워 핸즈(In Our Hands)'라는 이름의 프로그램은 매우 긍정적인 평가를 받았으며, 특히 최근 이민자들이 늘어난 지역에 큰 영향을 미쳤다. 센터에서 발표한 보고서에 따르면 이 프로그램은 학생들이 홀로코스트와 현대 가족의 일상과 학생들이 지역사회에서 경험하고 있는 변화 사이에 의미 있는 관계를 맺는 데 도움을 줬다. 결론적으로 말하자면 이 프로그램은 아이들과 청소년들이 자신과 다른 사람을 바라보고 대하는 태도에 긍정적인 영향을 미쳤다. 프로그램에 참가한 학생들은 다음과 같은 반응을 보였다.[33]

"입는 옷도 다르고, 먹는 음식도 다르지만, 그 아이들도 우리와 똑같은 어린이예요.", "사람마다 저마다 살아온 이야기가 있다는 걸 알게 됐어요. 그 사람의 개인사에서 교훈을 얻을 수도 있고, 역사를 존중해야 한다는 사실도 깨달았어요.", "다른 사람들도 우리와 다르지 않았어요. 사는 지역과 생각이 다를 뿐, 그들도 우리와 같은 사람이더라고요."

: TV :

앞서 드라마 〈캐시 컴 홈〉이 1960년대 사회에 미친 파장을 살펴본 바 있다. 1984년 BBC 뉴스에서 마이클 버크(Michael Buerk)가 보도한 에티오피아의 기근 문제는 어마어마한 동정 여론을 불러일으켰고 큰 자선 기금 모금으로 이어졌다. 특히 런던과 필라델피아에서 열린 밴드 에이드 공연과 라이브 에이드 공연이 큰 영향을 미쳤다. TV 뉴스는 경제나 건강 소식을 보도할 때조차도 개인에게 어떤 영향을 미칠지가 고려되며, 시청자의 지성은 물론 감정에 더 크게 호소할 수 있는 방법으로 방송된다. 물론 사람의 얼굴이 클로즈업된 화면 역시 우리의 공감대를 이끌어낸다.

1980년대 이후 시각 매체가 디지털화되면서 수백 개의 위성 채널과 유튜브, 페이스북 같은 동영상 매체도 생겨났지만, 그래도 여전히 TV는 대중을 사로잡는 가장 강력한 매체다. 인기 있는 드라마 한 편이 사회 문제를 부각시켜 수백만 시청자들의 공감대를 형성할 수 있다. 2011년 ITV에서 방영한 드라마 〈코로네이션 스트리트(Coronation Street)〉에서는 주인공 카를라가 약혼자 프랭크에게 강간당하는 내용이 나온다. 흔히 강간이라고 하면 모르는 사람에게 당하는 것이라고 생각하는 경우가 많다. 하지만 실제 강간 가해자의 90퍼센트는 아는 사람이다. 영국의 국가 상담 기관인 레이프 크라이시스(Rape Crisis)에 따르면 자신의 말에 귀를 잘 기울여준다고 믿었던 지인이 강간범으로 돌변했다며 전화를 걸어오는 사례가 800퍼센트 증가했다.[34]

2015년 ITV에서 방영한 드라마 〈에머데일(Emmerdale)〉에서는 바이카 지역에 사는 애슐리가 혈관성 치매 진단을 받는 이야기가 그려진다. 애슐리는 자신의 결혼식 날조차 잊어버렸다. 알츠하이머연합(Alzheimer's Society)은 드라마에서 이런 이야기를 보여줌으로써 100만 명이 치매로 고통받고 있는 영국에서 더욱 많은 사람들이 치매를 이해하는 데 도움이 됐다고 말했다.[35]

흔히 말하는 '리얼리티 방송'은 출연자를 특정 상황에 몰아넣고 반응과 결과를 지켜보는 형식을 추구하며 사회와 관계를 반영하는 드라마의 뒤를 잇고 있다. 이런 쇼들은 매우 다양한 형식으로 확산됐는데, 그중 하나가 〈빅 브라더(Big Brother)〉다.

인기 있는 리얼리티 쇼인 〈빅브라더〉는 시청자에게 놀라움을 안겨줬다. 네덜란드 방송에서 아주 단순한 형태로 처음 선보인 이 프로그램은 12명의 출연자가 두세 달 동안 함께 살면서 24시간 카메라의 감시를 받아야 한다. 그리고 투표를 통해 그 집에서 퇴거할 사람을 한 명씩 뽑는다. 하지만 결정하는 것은 시청자들이다. 요즘에는 그다지 주목받지 못하는 형식의 프로그램이지만, 여전히 여러 국가의 방송에서 사용된다.

세기가 바뀌면서, 내가 영국판 〈빅 브라더〉를 제작했을 때, 시청자들의 사랑도 많이 받았지만 미움도 많이 받았고 무수한 논쟁을 불러일으키기도 했다. 애정 문제나 이따금 공격적인 성격을 드러내는 출연자들을 둘러싸고 사생활과 취향에 관한 뜨거운 논쟁이 불붙었다. 논쟁을 보고 있자면 이 방송이 말라위에서 법률적으로 곤욕을 치렀던 일, 바레인의 어느 파트와(Fatwa, 이슬람법의 해석 및 적용에 관해 권위 있는 법학자가 제시하는 의견_옮긴이)가 했던 말, 멕시코의 광고 보이콧 운동, 독일에서 일시적으로 방송이 금지됐던 사실 등이 떠오른다. 이 인기 높은 상업적 경쟁 프로그램 덕분에 제작사와 방송사는 큰돈을 벌었다.

하지만 이 같은 야단법석 이면에 다른 의미가 숨겨져 있었다. 2000년 영국에서 첫 방송이 시작되자 한 공립학교 참가자인 닉 베이트먼(Nick Bateman)이 참가자 중 1명을 퇴거시키는 투표에서 부정행위를 한 것이 발각됐다. 그의 부정행위를 고발한 사람은 읽고 쓰기 능력이 다소 떨어지는, 리버풀 지역의 건설 노동자인 크레이그 필립스(Craig Phillips)였다. 수백만 명의 시청자들이 각본 없는 드라마에 사로잡혔고, 신문들은 앞다퉈 이 이야기를 기사화했다. 닉은 순식간에 국민 악당이 됐고, 필립스는 국민 영웅이 돼 프로그램의 최종 우승자가 됐다.

여기서 분명하게 알 수 있는 사실은 수많은 시청자가 이 프로그램을 보면서 공감 능력이 있고 진정성이 있는 출연자에게 투표를 한다는 것이다. 필립스는 리더십과 공정한 마음을 가진 사람으로 부상했다. 그리고 그에 걸맞은 보상을 받았다. 이후 영국과 전세계에서 방영된 후속편에서도 영웅들이 나타났다. 그들의 성품은 겉으로 보이는 전형성을 깨며 장점으로 부각됐다. 그리고 팬들은 그들에게 강하게 공감했다.

크레이그 필립스의 뒤를 이은 2위 참가자는 동성애자 여성인 안나 놀란(Anna Nolan)이었고, 그 다음해 우승자는 동성애자 남성인 브라이언 다울링(Brian Dowling)이었다. 동성애의 혼인관계가 합법화되기 한참 전 동성애를 혐오하던 정서가 지배적이던 때, 이 TV 프로그램은 동성애자들도 이성애자들과 다르지 않은 똑같은 사람이며, 심지어 더 호의적인 경우도 많다는 사실을 보여줬다. 게이인 출연자가 가톨릭 정서가 짙은 라틴 아메리카에서 득표를 했을 때는 더욱 극적인 감동이 있었다. 라틴 아메리카에서 동성애는 대다수 국민 정서에 맞지 않는 불편한 것이었기 때문이다.

2003년 콜롬비아에서도 이 쇼를 시작했고, 한 게이 참가자가 여성 참가자들의 화장과 머리스타일 연출을 도와주고, 빨래도 도맡아 하면서 '보르보히타(Burbujita)'라는 별명을 얻었다. 보르보히타는 '작은 거품'이라는 의미다. 어느 날 밤, 그 게이 청년이 방송 카메라 앞에서 남자친구에게 프러포즈를 하고 승낙을 받았을 때(당시 프러포즈를 받은 남자친구는 엉엉 울면서 승낙했다) 콜롬비아 국민들은 이 장면이 게이 해방을 위한 중요한 첫걸음이 됐다고 믿었다. 성적인 편견을 넘어 모두가 그 장면을 보며 인간적인 측면에 크게 감정 이입했다.

2004년 영국의 한 출연자는 성전환수술을 받은 나디아 알마다(Nadia

Almada)였다. 알마다는 여성으로 인정받고 싶어 했고, 마침내 바람을 이뤘다. 영국 시청자들이 알마다를 여성으로 받아들였을 때 알마다는 압도적 우승자가 됐다. 많은 시청자가 알마다와 같은 처지의 사람들을 처음으로 이해하게 됐고, 그들이 극복해야 할 어려움에 강하게 공감했다. 2년 후에는 피트 베네트(Pete Bennett)가 우승자가 됐다. 그는 투렛 증후군(Tourette syndrome)을 앓았다. 베네트의 우승은 어쩌면 가장 놀라운 우승 사례인지도 모른다. 시청자들은 느닷없이 규칙적으로 욕설을 분출하는 사람을 프로그램을 통해 봤고, 이내 질병 이면에 있는 그의 모습이 사악한 것이 아님을 인정했다. 물론 누군가는 이런 쇼를 질색할 수도 있고, 쇼의 상업적 근간을 싫어할 수도 있지만, 어쨌든 이런 프로그램이 그에 상응할 만한 결과를 낸다는 점은 분명하다.

：라디오：

우리는 많은 연구 자료를 통해 인간의 타고난 공감 본능이 가족이나 인종, 스포츠 팀 등 그룹에 소속돼 있을 때 훨씬 더 강해진다는 사실을 확인했다. 그리고 한편으로는 다른 사람들과 맞닥뜨렸을 때 적대감이 공감을 대체할 수 있다는 사실도 살펴봤다. 예술은 우리 마음의 경계 너머에 있는 상상력과 공감 능력을 강화시키는 힘이 있다. 1920년대에는 라디오가 이런 역할을 했다. 라디오는 '최고의 장면을 지닌 매체'로 묘사됐다. 이는 라디오가 사람들에게 상상력을 불러일으키기 때문이다. 라디오를 통해 장면이나 인물을 머릿속으로 그리는 특유의 과정을 거치게 된다. 이런 특징 또는 자극은 상상력에 공감 능력을 불러일으킨다. 라디오4의 드라마 〈아처스(The Archers)〉가 1950년에 시작해 지금까지 인기를 누리는 것도 이 때문이다. 최근 라디오에서 가장 영향력 있는 줄거리는 결혼

생활에서 일어나는 폭력이다.

다음은 더욱 설득력 있는 사례다. 1994년 르완다의 후투족은 투치족 70퍼센트를 죽였다. 50만 명이 넘는 사람들을 학살한 것이다. 가장 잔혹한 학살의 촉매제 역할을 했던 것이 바로 선동적인 라디오 방송이었다. 하지만 이 나라를 치유하기 위해 가장 큰 노력을 기울인 것도 역시 가장 강력한 힘이 있던 라디오 드라마 〈무세케웨야(Musekeweya)〉였다. 무세케웨야는 '새로운 새벽'이라는 뜻이다.

2004년부터 방송된 이 드라마의 청취율은 85퍼센트까지 올랐다. 솔직한 이야기가 새로운 르완다 건설에 크게 기여했다고 믿는 이들이 많으며, 2012년 연구에서는 인간의 이야기가 조화의 분위기를 조장하는 데 있어서 사실적인 말하기를 기반으로 하는 프로그램보다 훨씬 더 강력한 효과가 있다고 발표했다.[36]

: 영화 :

영화가 공감대를 형성하게 해준다는 사실은 널리 알려져 있기 때문에 교육 단체에서는 아예 최고의 영화들을 뽑아 관람을 장려하기도 한다. 미국에서는 비영리단체인 커먼센스 미디어(Common Sense Media)가 추천 영화 목록을 발표하고 있다. 교육 운동 단체인 아쇼카(Ashoka)는 웹사이트 〈Start.Empathy.org〉를 설립해 가장 공감이 되는 영화를 설문으로 진행했고, 2015년에는 〈앵무새 죽이기〉가 1위로 꼽혔다. 앰퍼시 라이브러리(Empathy Libratysms) 역시 로먼 크르즈나릭이 관리하는 온라인 사이트에서 사람들에게 가장 좋아하는 영화 목록을 묻는다. 많은 이들이 믿는 영화의 힘을 증명하기 위한 구체적인 증거들이 계속해서 등장하고 있다.

2012년 〈사이언티픽월드(Scientific World)〉는 "사회 신경과학의 렌즈를 통해 본 인간의 공감"이라는 제목의 기사를 실었다. 기사에 따르면 당시 히트를 친 영화 〈헝거 게임(The Hunger Games)〉을 본 관람객들은 영화를 보고 나오면서 생각의 과정이 바뀌었다고 한다. 영화가 어려운 윤리적 선택을 내리기 위해 공감 능력을 확장시켜 준 것이다.[37]

〈와이어드〉는 텔아비브대학교의 신경과학자 탈마 핸들러(Talma Hendler)의 연구 내용을 게재했다. 핸들러는 실험 참가자들이 심리 스릴러 영화 〈블랙 스완((Black Swan)〉을 시청하는 동안 그들의 뇌를 스캔했는데 매우 흥미로운 결과가 나왔다. 영화의 주인공 니나는 발레리나로 또 다른 발레리나와 끔찍한 경쟁 관계에 휘말리는 인물이다. 영화 속 무시무시한 장면에서 니나는 검정색 깃털로 된 백조 의상을 입고 있는데 등에서 실제로 날개가 돋는 환각을 본다. 이 장면을 본 사람들의 뇌 스캔 영상에서는 조현병과 유사한 패턴의 뇌 활동이 감지됐다. 핸들러는 수잔 서랜든(Susan Sarandon)이 주연을 맡은 영화 〈스텝맘(Stepmom)〉을 사람들에게 보여주고, 마찬가지로 영화를 보는 동안 사람들의 뇌를 스캔했다. 수잔 서랜든이 아들에게 자신이 암으로 죽을 것이라고 설명해주는 장면에서 핸들러는 뇌 스캔 영상이 명확하게 공감의 패턴을 나타낸다는 사실을 발견했다.[38]

: 사진 :

1971년 6월 8일 베트남의 공군 비행기가 도망치는 마을 주민들을 급습했다. 그들을 적군인 베트콩으로 오인한 조종사는 네이팜탄을 떨어뜨려 주민들을 산 채로 불태웠다. 심각한 화상을 입은 킴 푹(Kim Phuc)은 심한 고통에 옷을 찢고 소리를 지르며 마을길을 달렸다. 바로 그곳에 〈AP연합) 사진기자 닉 유티(Nick Ut)가 있었다. 닉이 찍은 사진에는 고통에 괴로워하며 벌거벗은 채 달리는 소녀의 모습이 담겼고, 그 소녀는 전쟁 사진 역사상 가장 유명한 인물이 됐다. 이 사진은 퓰리처상을 받았고 닉슨 대통령이 있던 백악관에 무수한 논쟁을 불러일으켰다. 이 사진은 반전운동에 큰 힘을 실어주고, 베트남 내전의 종식을 촉구하는 결정적인 사진으로 인정받았다. 수백만 명의 사람들이 킴 푹이 겪은 고통과 괴로움을 알았기 때문이다.

2015년 9월 3일 일간지들은 터키 해변에 떠밀려온 세 살가량의 남자 아기 아일란 쿠르디(Alan Kurdi)의 시신 사진을 내보냈다. 쿠르디는 곱슬머리에 가벼운 옷차림을 한 누군가의 아이였다. 하지만 아이는 혼자 해변에서 죽었다. 쿠르디와 그의 형, 어머니 모두 황폐한 시리아를 벗어나 안전한 유럽으로 피신하던 중 익사했다. 이 사진이 발표된 후 더 이상 난민들을 수용해서는 안 된다고 주장하던 영국의 여러 단체들이 몇 시간 만에 시리아 난민을 받아들여야 한다는 쪽으로 입장을 바꿨다. 그리고 난민을 수용하지 않겠다던 영국 정부의 입장도 다음 날 극적으로 바뀌었다. 이 두 장의 사진이 지닌 힘이 바로 공감의 힘이다.

：게임：

많은 언론들이 비디오 게임과 컴퓨터 게임의 반사회적인 본질에 관해 언급하고 있다. 어느 집의 부모인들 십대 아이들이 침실에서 제2차 대전을 재현하고 제3차 대전을 시작하느라 끊임없이 울려대는 디지털 총소리를 듣고 혀를 끌끌 차지 않겠는가? 이런 게임들이 아이들의 행동에 미칠 수도 있는 해악을 입증하는 포괄적인 증거를 찾기는 어렵다. 온라인 게임에서 플레이어들 간에 일종의 협동이 이뤄지는 것은 분명하다. 게임 상 같은 그룹 플레이어들과는 공감대가 형성되고 경쟁 그룹에는 적대감이 생긴다. 이는 당연한 일이다. 미국에서 이뤄진 연구에서는 앞서 언급했던 〈콜 오브 듀티〉 같은 게임의 적대적인 행위가 반사회적인 행동에 대한 죄책감을 갖게 함으로써 도덕적 잣대를 강화하기도 한다는 사실을 발견했다.[39] 그러나 배심원단은 이 연구 결과에 손을 들어주지 않았다.

반대로 친사회적인 게임도 있다. 이런 부류의 게임은 공감대, 인간관계 기술, 조화로운 사회 구축 등을 강조한다. 일렉트로닉 아츠(Electronic Arts)에서 만든 〈심즈(The Sims)〉는 가상의 인물을 만들어 집에 있도록 한 다음 기분이나 만족감 등을 관찰하고, 더 좋은 기분을 느끼게 해주기 위해 이런저런 지시를 한다. 이 게임의 이전 버전은 〈심시티(Simcity)〉로 안정적인 도시를 구축하고 시민들의 행복을 유지해주는 게임이다. 〈심시티〉가 전세계적으로 큰 성공을 거두면서 수많은 경쟁사들이 비슷한 게임을 만들어냈고 매우 인기 있는 장르가 됐다.

〈하베스트 문(Harvest Moon)〉은 플레이어들이 농사를 짓고, 동물과 교감하고, 우정을 쌓고, 보상을 받는 게임이다. 〈애니멀 크로싱(Animal Crossing)〉은 경제를 운영하고 지역 사회를 구축하는 게임으로, 판매하고 구매할 물건을 찾고, 새로운 거주자들이 조직 사회에 잘 동화될 수 있도록 돕는 게임이다. 〈도모다치 라이프(Tomodachi Life)〉는 '개미 사육 상자' 게임이라고도 하는데, 섬에 주민들을 만들어 생활을 관리하는 게임이다. 〈모히칸의 퀘스트(Magician's Quest)〉는 가상의 해리포터 시나리오를 토대로 한다. 플레이어가 마법학교의 신입생이 돼 학교 친구들, 선생님들과 퀘스트를 완수하면서 조직에서 필요한 사람이 되는 게임이다.

친사회적인 게임은 사람들에게 어떤 영향을 미칠까? 이런 게임이 우리의 공감 능력을 높이고 반사회적인 성향을 감소시킬 수 있을까? 독일의

학자 토비아스 그레이트메이어(Tobias Greitemeyer)와 실비아 오스왈드 (Silvia Osswald)가 2010년 두 개의 연구를 발표하며 해답을 내놓았다. 두 학자는 약 60여 명의 학생들을 대상으로 절반의 학생들에게는 친사회적 인 게임을, 나머지 절반의 학생들에게는 (친사회적인 성향도 반사회적인 성 향도 아닌) '중립적 게임'을 하게 했다. 그리고 학생들에게 유명 인사들의 불행한 이야기를 다룬 글을 읽게 한 다음 반응을 관찰했다. 연구팀은 이 실험 결과가 단기적인 반응이라는 사실을 인정하지만 흥미롭게도 친사 회적인 게임을 했던 학생들이 다른 사람의 불행에 더욱 크게 공감했으며 반사회적인 감정은 줄어들었다.[40]

스위스의 심리학자들이 진행한 또 다른 연구에서는 실제와 가상을 동 시에 경험하는 게임의 측면을 분석했다. 심리학자들은 피비린내 나는 외과 수술을 해야 하지만 생명을 구할 수 있다는 내용인 〈트라우마 센터 (Trauma Center)〉 게임이 현실 세계에서 다른 사람을 돕는 성향을 길러준 다는 사실을 발견했다.[41] 몇몇 연구들도 친사회적인 게임이 긍정적 효과 가 있음을 입증하는 연구 결과를 내놓고 있다.[42] 최근 미국의 한 연구는 플레이어 간에 협동하는 게임, 즉 같은 편끼리 협동해서 상대 팀과 맞서 는 플레이어들은 타인에게 도움이 되는 행동이 매우 가치 있고 보편적인 일이라고 인식한다는 점에서 유익하다는 사실을 보여주기도 했다.[43]

예술과 문화를 통한 공감 교육

"공감 능력을 기르는 예술과 문화의 힘"이라는 말은 예술과 문화가 모든 연령대를 위한 교육과 훈련의 근간이 돼야 한다는 의미다. 하지만 현실은 예술이 학교 교육에서 소외되고 있고, 지극히 소수의 사람들만 전문가의 교육을 받는 특혜를 누리고 있다.

영국의 공립학교들은 문해 능력과 수리의 기초를 쌓는 데 큰 노력을 쏟아붓고 있다. 흔히 말하는 STEM 분야, 즉 과학, 기술, 엔지니어링, 수학을 크게 강조하는 것이 오늘날 영국 교육의 현실이다. 최근 영국의 학교 수행평가지표인 EBACC에는 시각예술과 행위예술이 빠져 있다. 예술 교육은 원래 기초 교육에 포함돼 있었다. 현재 일부 학교에서는 아예 미술실 문을 닫은 곳도 있고 음악 교육은 균형이 잡히지 않았다. 예술 과목을 배우기 위해서는 학교가 아닌 특별한 협회에 의존해야 한다. 교육부에서 지원하는 뮤직허브(Music Hubs)가 큰 역할을 하고 있다.

영국의 중등 교육 자격 검정 시험인 GCSEs에서는 예술을 시험 과목으로 채택하는 비율이 매년 감소하고 있다(하지만 사립학교를 다니는 상위 7퍼센트의 학생들은 여전히 풍요롭고 질 높은 예술 교육을 받고 있다). 미국의 경우도 마찬가지다. 미국 46개 주에서 채택한 전국공통교과과정(Common Core State Standards Initiative)은 중등 교육에서 소설의 비중을 줄일 것을 요구하고 있다. 이는 예술과 시민 사회에 대한 공격이라고 할 수 있다. 상상력을 고갈시키고 인간관계를 메마르게 하는 정책이다.

다른 대안을 찾아야 한다. 제4장에서 살펴봤듯이 영국 초등학교에서 공감 능력 교육을 시도하는 교육자들이 있다. 아쇼카는 학생들에게 공감 능력과 팀워크, 리더십, 적극성 등을 길러줘야 한다고 주장한다. 아쇼카는 학교 연합 네트워크를 만들었으며, 영국의 30개 학교가 포함돼 있다. 적절한 시점에 이 모든 방안들은 효과를 평가받게 될 것이다. 연합 네트워크에 동참한 스피니(Spinney) 초등학교는 '팀워크와 공동체'를 일곱 가지 가치관 중 하나로 정했으며, 레이첼 스네이프(Rachel Snape) 교장은 예술 교육에 큰 비중을 두고, 시인이나 화가에게 수업에 참가해달라는 요청을 자주 한다.

협동과 상호 의존하는 풍조는 창의적인 활동을 많이 할 때 생긴다. 우리는 예술가들과 힘을 합해 '케임브리지 호기심과 상상력(Cambridge Curiosity and Imagination)'을 만들었다. 아이들은 마음껏 아이디어를 내고 아이디어를 더 크게 키울 수 있다. 이것은 변혁이다. 물론 공감 능력도 생긴다. 이 공감 능력은 진정으로 중요한 것에서 흘러나온 연민이다.[44]

예술 교육이 순수한 교과과정을 초월해 큰 장점이 있다는 증거가 날로 늘고 있다. 최근 영국예술위원회에서 검토한 자료에 따르면 흥미로운 연구 사례들이 매우 많다. 미국에서는 일반 학생들보다 예술 교육을 두 배이상 받은 학생이 자원봉사에 참여하는 비율이 훨씬 높았으며, 젊은 시절부터 자원봉사 활동을 하는 경우도 20퍼센트가 더 높았다.[45] 영국에서 10~15세 학생들을 대상으로 진행한 또 다른 연구에서는 '문화적 자본(문화 활동에 몰두하는 것을 의미)'을 쌓은 학생들이 자원봉사에 참여하는 비율이 높다는 사실을 밝혀냈다.[46] 연구들은 개인이 사회와 본질적으로 연결되고 있음을 보여준다.

의사나 간호사처럼 사람들을 대하고 보살피는 전문직에 종사하는 사람들이 공감 능력이 결여돼 있으면 큰 문제가 된다. 수잔 펠로퀸(Suzanne Peloquin)은 예술이 의료 종사자들의 공감 능력을 훈련할 수 있는 잠재력이 있는지를 연구했고, 결론은 일치했다.

공감은 내면의 자아가 성장해야 생긴다. 공감 능력을 가지고 싶은 사람은 동료의식 또는 우정을 일깨우는 경험을 추구해야 한다. 예술가와 철학자들은 예술을 통해 가능하다고 말한다.[47]

미국의 조지워싱턴의과대학은 8년 동안 인문학 프로그램을 운영하고 있으며, 프로그램에는 예술사, 시, 소설 등이 포함된다. 컬럼비아대학교의 의과대학원은 이야기 치료(Narrative Medicine) 과정을 운영하고 있다. 리타 샤론(Rita Charon) 교수가 의사들도 환자들이 이야기하는 것을 이해하고 공감해야 한다는 사실을 깨달았기 때문이다. 문학은 이야기 훈련에 매우 적합하며, 샤론 교수는 문학이 의료 전문가들의 공감 능력과 성찰 능력을 높이는 데 어떻게 도움이 되는지에 관해 강의하고 있다.

클리블랜드 클리닉(Cleveland Clinic)에서 진행한 연구는 창의적인 글쓰기 훈련을 받은 의사가 그렇지 않은 의사에 비해 공감 능력이 얼마나 더 뛰어난지를 잘 보여준다. 이 연구는 성찰 능력과 이야기 기술이 의사라는 직업에 필요한 정서적 감응과 자기 인식 능력을 높여준다고 말했다.[48] 또한 2명의 브라질 의사들은 의대생들에게 공감 능력을 효과적으로 가르치기 위해 〈너스 배티(Nurse Betty)〉, 〈블러드 다이아몬드(Blood Diamond)〉, 〈아미스타드(Amistad)〉 같은 영화를 활용한다.

예술과 인문학, 이 둘은 인간의 조건을 폭넓게 이해해주기 때문에 교육 과정에 포함될 때 매우 유용한 자원이 될 수 있으며 의사들에게 인도주의적 관점을 길러주는 데도 도움이 된다.[49]

아시아인권위원회(AHRC)의 '예술과 문화의 가치 이해'에 관한 헌장은 '자신과 타인을 성찰하는 능력이 공감의 중요한 근간'이라고 말한다. 성찰하는 능력은 영국종합의료협회(GMC)의 규정에도 부합한다.

"예술 참여는 형식적인 훈련 체계의 대안이 아니라 유동적인 치료 환경에서 더욱 중요한 역할을 할 수 있다."

이 장은 《한밤중에 개에게 일어난 의문의 사건》의 주인공 크리스토퍼 이야기에서 시작됐다. 크리스토퍼는 타인에게 잘 공감하지 못한다. 다른 사람의 입장에서 생각하는 능력이 부족하기 때문이다. 저자 마크 해던도 사실은 이전에 예술을 멀리했다.

나는 소설을 좋아하지 않았다. 소설은 일어나지 않은 일들에 대한 거짓말이고, 그 이야기들이 나를 겁먹게 하고 두렵게 만들었기 때문이다.[50]

다행스럽게도 소설이 우리의 상상력에 미치는 영향은 정서를 풍요롭게 만들고, 영감을 주며, 열정을 제공한다. 레프 톨스토이는 스토리텔링이 시작에 불과하다는 사실을 잘 알고 있었다.

예술이 성취해야 할 과업은 형제애와 이웃에 대한 사랑의 감정을 만드는 것인데, 한때 인류의 관습적 정서이자 본능이었던 그런 감정은 이제 오직 사회 최고 구성원들만이 향유하는 것이 돼버렸다.[51]

모든 세대가 예술과 문화에 더 깊이 몰두한다면 우리는 자신을 물론 타인의 감정을 이해하고 다른 사람이 필요로 하는 것을 잘 아는 더 나은 시민 사회를 만들 수 있을 것이다. 이것이 인간다운 사회다.

제9장

공감 선언

공감 본능은 진정으로 대중의 영역으로 들어왔다.

하지만 보다 나은 시민 사회를 만들기 위해

공감 본능을 잘 이용할 수 있을까?

만약 그렇게 한다면 우리의 미래, 30년 후는 어떻게 달라질까?

이제는 공감의 과학이 정책을 주도하고

필요한 정보를 제공해야 한다.

"저는 크리스가 어떤 심정일지 크게 공감합니다."

_로이 호지슨(Roy Hodgson)이 경쟁 풋볼 팀의 승리를 보고 한 말

"신경과학은 태어나서 첫 1년의 중요성을 보여줍니다."

_데이비드 캐머런의 2006년 연설 중에서

"그는 공감 능력이 결여된 사람입니다."

_2016년 미국 민주당 전당대회에서 도널드 트럼프에게 쏟아진 비판 중에서[1]

국가대표 풋볼 매니저, 국가의 총리, 미국 대통령 선거까지 다양한 환경에서 공감 본능이 매우 중요하게 언급됐다. 2016년 여름 나는 책상에 앉아 온라인 검색을 하다가 "악마를 위한 공감(〈뉴요커〉의 TV 리뷰 기사)", "자본의 편에서 공감을 들먹이는 행위를 경계하라(환경에 관한 〈가디언〉의 기사)", "쥐는 다른 쥐에게 공감한다(과학 보고서)", "기업들이 새로운 전략을 시도한다(〈월스트리트저널〉의 기사)", "도리의 귀여움을 찾아서, 짜증나는 공감 놀이(온라인의 영화 리뷰)" 같은 글을 보며 바깥에 존재하던 개념이 보편적인 의식으로 들어오고 있음을 확인했다.

나는 이 책의 서문에서 버락 오바마의 연설을 인용했는데, 사실 '공감'

이라는 단어의 사용 빈도가 급증한 것은 1940년대부터다. 이 용어는 1962년 대중심리학 용어인 '의지력'을 능가했고, 1980년대 '자기통제'라는 단어의 사용 빈도도 훌쩍 뛰어넘었다.[2] 주도적인 사상가들이 가족 정책, 교육, 건강, 예술 등 모든 분야가 사회 공동체에서 생겨나는 공감을 발견하고, 이에 관해 다시 한번 생각해야 한다고 주장하고 있다.

공감 본능은 진정으로 대중의 영역으로 들어왔다. 하지만 보다 나은 시민 사회를 만들기 위해 공감 본능을 잘 이용할 수 있을까? 만약 그렇게 한다면 우리의 미래, 30년 후는 어떻게 달라질까? 이제는 공감의 과학이 정책을 주도하고 필요한 정보를 제공해야 한다. 그러므로 공감 헌장은 두 가지 부분으로 나뉜다.

첫째, 보다 공감대가 크게 형성되는 미래를 위한 야심찬 비전을 만들어야 한다. 둘째, 목표 지점에 도달하기 위한 점진적인 첫 번째 단계들을 정의해야 한다.

 공감 헌장

하나. 공감 회로에 관한 뇌 지도를 지속적으로 만들어나간다.
하나. 모든 아이의 공감 회로를 제대로 활용할 수 있도록 맞춤식 교육과 문화를 준비한다.
하나. 모든 학생의 감성지능을 살펴보고 키울 수 있는 교육을 준비한다.
하나. 공감에 어려움을 겪는 사람, 특히 어린아이와 청소년을 위한 특별한 지원 체계를 마련한다.
하나. 아동을 보호하고 부모를 교육할 수 있는 온라인 체계를 만든다.

하나. 공감 능력 훈련을 받고, 이 과정을 충실히 이행한 의사, 간호사, 간병인을 배출한다.

하나. 사람과 사회를 위협하는 존재로만 평가되는 수감자들의 재활에 전념하는 사법 체계를 마련한다.

하나. 편견을 억누르고 다양한 집단을 통합하는 지속가능한 프로그램을 개발한다.

하나. 타인의 관점을 이해하는 데 도움을 주는 예술과 대중문화를 장려한다.

하나. 인공지능 시대가 시작되는 시점에 공감 본능과 인간 정신의 우월함을 재확인한다.

1. 공감 회로를 위한 지속적인 탐구와 연구

인간의 유전자 지도와 비슷한 점이 있지만 뇌 지도에는 한계가 있다. 뇌는 무한히 복잡해서 1,000억 개의 신경세포들과 100조 개의 시냅스가 끊임없이 상호작용을 한다.

2015년 미국 정부와 기업이 브레인 이니셔티브(BRAIN Initiative)에 기금을 조성하기 시작했다. 이 단체의 설립 의도는 최신 기술을 집결시켜 알츠하이머, 간질, 조현병, 우울증, 자폐증 같은 질병의 주요 원인을 파악하는 것이다. 그 결과는 공감과 관련된 질병을 예방하고 치유하는 데 중대한 영향을 미칠 것이며, 건강한 뇌가 공감 능력과 어떤 관련이 있는지를 밝히는 데 빛을 발할 것이다. 브레인 이니셔티브와 기타 유사 프로젝트들이 공감이라는 의미 있는 주제에 집중한다는 점은 대단히 중요하다. 에밀 브루노는 이렇게 말했다.

우리는 여전히 공감과 관련된 다른 분야들, 이를테면 누군가의 주장이 타당한지를 판단하거나 다른 사람의 정신적·감정적 상태에 감정 이입하는 행위에 관해서도 특정 뇌 영역이 활성화되는지를 파악하고, 이와 관련한 뇌 지도를 작성해야 한다. 또한 우리는 신경 신호가 어떻게 실제 행위로 연결되는지도 밝혀내야 한다. 어째서 타인의 감정을 이해하는 것이 그 사람의 행복을 바라는 행위로 항상 이어지지는 않는 걸까? 어째서 다른 집단에 공감하는 것이 개인에게 공감하는 것보다 훨씬 더 어려운 걸까?[3]

어느 시대든 진보는 늘 이뤄진다. 예를 들어 2016년 여름, 과학자들은 가장 포괄적인 뇌 지도를 만들었다. 210명의 건강한 젊은 지원자들을 대상으로 이야기를 듣고, 수학 문제를 풀고, 마음을 차분하게 하는 활동을 하는 동안 fMRI를 촬영한 것이다. 과학자들은 촬영 결과로 나온 이미지 중 기능, 구조, 연결성을 나타내는 수천 개의 이미지들을 조합해 이미 알려진 83개의 뇌 영역 외에 97개의 새로운 뇌 영역을 발견했다. 옥스퍼드 대학교의 신경과학과 교수인 티모시 베렌스(Timothy Behrens)는 "새로 발견한 뇌 지도는 인간이 뇌에 대해 생각하는 방식을 근본적으로 바꾸는 데 주도적 역할을 할 것이며, 앞으로 수년간 인간의 뇌 활동을 설명하는 기초가 될 것"이라고 말했다.[4] 유전자 지식의 급속한 발전 역시 '마음 지도'에서 중요한 역할을 할 것이다.

이는 인류의 이익을 위해 아낌없는 자금과 전세계적인 협조와 전파가 필요한 대단히 중요한 연구다.

2. 아이들을 위한 일대일 양육
모든 부모는 아이와의 친밀한 접촉, 눈 맞춤, 잠들기 전 책 읽어주기 같은 행위가 헤아릴 수 없이 귀중한 가치가 있다는 사실을 명심해야 한다. 또한 부모는 아이의 건강과 정서 발달이 모바일 장치들의 방해로 망가지고 있다는 사실을 잊지 말아야 한다. 아이들을 돌보는 지침서에는 공감의 과학에 관련된 최신 지침들이 반드시 포함돼야 한다. 현재 영국에서 적용하고 있는 '영유아 초기 단계 프로파일(The Early Years Foundation Stage Profile)'에도 공감 본능과 이에 따른 행동 원칙들이 반드시 반영돼야 한다.

어려움을 겪는 가족 프로그램은 제한된 자원을 도움이 가장 절실한 이들에게 분배하기 위해 노력하고 있다. 이 프로그램과 후속 프로그램들은 부모 못지않게 아이들에게도 충분한 지원을 해주도록 설계돼야 한다. 성인 한 명이 아이와 일대일 양육을 진행하면, 아이는 평생 동안 다른 사람에게 배런 코언이 말한 '내면의 황금 단지(양육자가 결정적으로 중요한 시기에 아이에게 애정과 관심을 쏟으면 아이의 마음속에 귀중한 정서가 자리 잡는다는 개념_옮긴이)'를 나눠주며 살게 된다.

따라서 우리가 내릴 수 있는 명확한 결론은 모든 아이에게 적절한 양육이 필요하며, 위험에 처한 아이들은 아이의 발달 과정에 도움을 줄 수 있는 성인이 지정돼 지속적으로 필요한 도움을 줘야 한다는 사실이다. 위험에 처한 아이들은 법적으로 '독립된 멘토'를 가질 권리를 가지고 있지만, 막상 실행은 제대로 이뤄지고 있지 않다. 우리는 이 통계 수치를 명심해야 한다.

"교도소 재소자 4명 중 1명은 한때 보호시설에 있던 이들이다."

3. 감성지능 교육

성, 요리, 민주주의에 참여하는 법 등 모든 교육을 주도하는 사람들은 늘 감성지능 교육이 학교에서 이뤄져야 한다고 주장한다. 여기에 각 사회적 목표들이 더해지면서 과도한 규율과 제한된 자원에 중압감을 느끼는 교사들의 신음소리가 터져나온다. 하지만 공감 능력이 진정으로 요구하는 것은 학교에서 이미 하고 있는 일을 좀 더 명확히 하라는 것이다. 홀로코스트는 의무 교과과정이 됐지만, 대다수 학생들은 학교를 졸업할 때까지도 홀로코스트나 다른 끔찍한 대학살을 제대로 이해하지 못한다(홀로코스트 교육을 위한 칼리지런던센터는 수천 명의 교사들에게 이 문제에 관해 도움을 주고 있다).[5]

보다 넓은 의미의 공감을 유익하게 다루고 있는 곳은 '개인, 사회, 건강, 경제 교육 단체(Personal, Social, Health and Economic Education, PSHE)'다. 영국의 교육기준청은 이미 각 학교의 사회적·도덕적·정신적·문화적 발달 사항을 평가했다. 이는 성가신 의무 사항을 더하지 않고도 공감 교육 실천을 촉진시키는 기회다.

공감연구소와 공감의 뿌리가 개발한 학급 실천 방안도 최소한의 비용으로 실행될 수 있다. 만약 교사들이 이 프로그램에서 학습한 내용을 학생들에게 되돌려준다면 사회적으로 엄청나게 유익한 영향력을 미칠 수 있을 것이다.

4. 공감에 어려움을 겪는 이들을 위한 특별한 도움

자폐증이나 사이코패스 또는 외상 후 스트레스 증후군 등을 앓는 아이들을 위한 제대로 된 진단이 있어야 한다는 주장이 강하게 제기되고 있다. 그렇다면 사회적 기능을 중재하고 바로 잡아주는 방안이 처방될 것이다. 일부에서는 한창 어린 나이의 아이들이 자칫 잠재적인 범죄자로 낙인찍힐지도 모르며, 아이들의 권리를 침해할 수도 있다는 우려도 있다. 내가 말하려는 것은 명백하게 도움이 필요한 아이들이다. 이런 아이들이 제대로 된 사회생활을 하지 못하게 내버려두는 것보다 초창기에 도움을 주는 편이 더 나은 방법이지 않겠는가? 여러 사례가 보여주듯이 자폐증이 있는 아이들이나 성인들도 상대의 표정을 파악하는 방법을 충분히 배울 수 있다. 효과적인 치료의 영역에서 공감의 과학을 적용하는 것은 이제 막 첫걸음을 내디뎠을 뿐이다.

5. 아이들을 보호하고 어른을 교육하는 온라인

기술은 우리에게 수많은 이로운 점을 제공해주지만, 근본적으로 큰 과제를 안겨주기도 한다. 우리가 새로운 디지털 시대로 접어든 지는 불과 몇 년이다. 기술의 반사회적인 성향에 대응하기 위한 친사회적인 전략이 하루 빨리 도입돼야 한다. 문자로만 의사소통하는 것보다 페이스타임 같은 영상 통화 앱을 활용해 소통하면 인간관계에 필요한 공감 본능의 중요한 요소를 되찾는 데 큰 도움이 된다.

포르노, 혐오 범죄, 사이버 폭력, 행동의 과격화 등이 급증하는 요즘 상황에 대처할 수 있는 공감 교육이 확대돼야 하며, 인터넷 사용자와 가족을 보호하기 위한 더 나은 방법들이 강구돼야 한다. 포르노에 일부 제한을 두는 원칙이 몇몇 소수의 인터넷 서비스 공급업자들에게만 국한될 것이 아니라 모든 사용자에게 적용되도록 확대해야 한다.

우리는 인종차별주의를 두고 벌어지는 천박한 정치적 담론과 끔찍하고 노골적인 표현들을 목도하고 있다. 경찰은 이러한 디지털 폭력의 쓰나미에 대처할 만한 훈련이나 자원을 받지 못하고 있다. 예방이 치료보다 우선이며 이 지점에서 교육이 관여해야 한다. 하지만 이를 실행하려면 무자비하고 거친 세상에 맞설 치안 유지 활동과 적극적인 추진이 필수적이다. 결국 목표를 달성하려면 관련법의 합리화와 현대화가 무엇보다 우선순위가 돼야 한다.

그러나 현대 사회에서 지적인 태도로 의사소통을 하려면 집이나 직장의 모든 관계를 잘 파악하고 있어야 한다. 우리는 가족들과 마주보고 이야기할 수 있는데 왜 군이 문자로 이야기할까? 업무 공간은 사무 공간과 개인 공간을 분리해서 설계해야 할까? 분명한 답은 냉랭하게 이메일을 주고받는 것보다 얼굴을 보고 이야기하는 편이 훨씬 낫다는 것이다. 더나을 뿐 아니라 그에 따른 문제도 훨씬 더 신속하게 해결된다.

6. 공감하는 의료 서비스

양질의 의료 서비스는 '환자 중심의 돌봄'이라는 원칙에 집중할 때 시작된다. 그러나 늘 예산 부족과 긴장으로 압박에 짓눌린 의료 체계에서 쉽지 않은 선택이다. 하지만 내셔널 보이스에서 말하듯이 공감 있는 양질의 의료 서비스를 제공하려면 의사의 전문 기술뿐 아니라 의사결정 과정에서 환자를 우선순위에 두는 관행이 포함돼야 한다.

NHS 영국방송의 국장 사이먼 스티븐스(Simon Stevens)는 2014년 출간한 《향후 5년 전망(Five years Forward View)》에서 "환자 치료가 훨씬 더 잘 관리돼야 하며 의료 서비스와 사회보장 서비스를 조화시키는 데 도움이 되는 투자를 해야 한다"고 주장했다. 스티븐스는 자원에 한계가 있다는 점을 강조하며 예방이 핵심이라고 말했다.

앞서 살펴봤듯이 공감 본능은 중요한 의료처치를 수행할 때는 물론 정신 건강과 관련된 건강을 유지할 때도 대단히 중요한 역할을 한다. 인지적 공감과 감정적 공감이 제대로 균형을 맞추는 일이 중요하다는 점을 강조하기 위해 의료 수업 및 훈련에서 이미 변화가 진행 중이다. 의료 돌봄의 지속성 개선부터 이야기 들어주기, 슈워츠 라운즈처럼 혁신적인 프로그램 등이 환자에게 양질의 의료 서비스를 제공할 수 있도록 돕는다.

환자를 관리하는 사람을 선별하는 데 있어서는 아직 논쟁이 있다. 이 분야에서는 새로운 감성지능을 개발하고 공감 테스트를 거쳐야 할 것이다.[6] 공감 테스트를 통해 젊은 의사들과 감성지능이 낮은 의사들이 병리학자 또는 최첨단 기술을 활용하는 외과의사가 되는 데 도움을 줄 수 있을 것이다. 사회복지사의 경우에도 공감 테스트를 통해 어떤 종류의 훈련이 얼마나 많이 필요한지를 결정하는 데 도움이 될 것이다.

7. 재활에 전념하는 사법정의 체계

규율을 중요시하는 사람에게조차 교도소가 재앙이라는 인식이 확산되고 있다. 물론 가장 중요한 것은 '사회의 보호'다. 상습적 범행이 지속적으로 높은 비율로 일어난다는 것은 최근 우리 사회의 시스템이 처참히 실패하고 있음을 의미한다. 감금은 오직 범죄자가 시민에게 위험을 가하는 곳에서만 필요하다. 그런 범죄자에게는 양질의 문해 교육과 수리, 예술, 드라마, 음악 훈련을 제공해야 한다. 시민 모두를 위해 범죄자들은 보호 관찰 서비스를 통한 유대감 쌓기 과정을 밟아야 한다. 필요한 추가 자금은 교도소가 줄어드는 것으로 보상받을 것이다.

이 책에서 우리는 유죄 선고를 받은 이들을 위한 후속조치가 뒤따르는 판결 제도, 회복적 사법 기관의 확산, 예술 치료의 적용 등 유익한 아이디어를 살펴봤다. 지난 2세기 동안 우리의 사법 체계를 지배해온 인과응보에 맞서는 급진적인 변화가 필요하다. 이런 변화를 위해서는 과학적 토대 또한 늘 강력하게 수반돼야 한다.

8. 편견을 없애고 통합 독려하기

인간이 본질적으로 갖고 있는 편견은 교육과 긍정적인 경험을 통해 극복될 수 있다. 10만 년 전 호모 사피엔스가 그랬고, 1만 년 전 그들이 세상의 끝에 도달했을 때도 그랬다. 선조들은 환경에 적응하는 데 도움이 되는 특질을 지니는 방향으로 진화했다. 햇빛의 세기에 따라 피부색이 달라지고, 소를 가축으로 기르는 사회에서는 우유에 관대해졌다.

반면 우리를 인간으로 묶어주는 특징들, 이를테면 언어 능력, 인지 능력, 창의력, 공감 능력 등은 하나도 변하지 않았다. 이 같은 진실에 관한 지식은 모든 사람들에게 지속적으로 주입돼야 한다. 20년째 지속되고 있는 '인종차별에는 레드카드를(Racism the Red Card)' 운동은 풋볼 경기장의 문화를 보란 듯이 바꿨다. 영국 정부는 혐오 범죄를 막기 위한 계획을 구상 중이다. 이런 일들을 수행하려면 인간의 본질에 관해 끊임없이 각성하고 깊게 이해해야만 부족주의를 초월한 지점에 도달할 수 있다.

또한 제인 엘리엇이 진행했던 '파란 눈과 갈색 눈' 수업처럼 인종차별에 반대하는 교육과 소수 민족에게 공감대를 형성할 수 있는 영화나 책을 교육에 포함해야 한다. 종교는 사람들을 뭉치게 하지만 분열되게도 한다. 종교적 관용을 믿는 우리는 특정 신념을 추구하는 학교에도 관용을 베풀어야 한다. 무엇보다도 우리는 법을 적절하게 적용해야 한다.

영국 학교에서는 학생들에게 하나의 신념만을 강요할 수 없다. 종교 교육이 단 하나의 종교적 신념에만 초점을 두어서도 안 된다. 학생들이 학교를 졸업할 때는 적어도 다른 종교와 다른 문화가 어떻게 구성되고 운영되는지에 관한 기본 지식을 가지고 있어야 한다. 이러한 교육 원칙은 이해와 관용을 폭넓게 길러준다. 다른 집단과 사회에서 유대감을 쌓을 수 있는 활동이 보다 적극적으로 이뤄져야 한다. 내셔널 시티즌 서비스가 확산돼 더 많은 청소년들과 갈등 지역들이 혜택을 받을 수 있어야 한다. 그보다 앞서 가장 효과적인 전략이 채택되도록 철저한 평가와 검증이 이뤄져야 한다.

이 책에서 디지털 시대에 관해 비판적인 의견을 많이 제시했지만, 온라인에서 날로 과열되고 있는 인종차별주의에 맞설 친사회적인 수단을 개발하고 배포할 큰 기회는 아직 남아 있다.

9. 친사회적인 예술과 대중문화

과학과 기술이 주도적인 역할을 하고 유튜브가 광범위하게 퍼진 이 시대에 문화적 공적 자금을 조성하고, 시스템을 갖추고, 다채널 공영방송을 만들고, 예술 교육에 집중하자는 주장에 효율성을 의심하는 이들이 있을 것이다. 하지만 이런 전통적인 방법들이야말로 친사회적인 수단들이며 디지털 디스토피아의 시대에 간절히 필요한 요소들이다. 그러므로 국가 및 지자체, 복권사업부, 각종 재단과 신탁, 기업과 박애정신이 투철한 개인들에게서 예술 공적 자금을 확보하고 유지하는 것이 대단히 중요하다. 또한 방송사들은 공익 방송들을 꾸준히 만들어야 할 책임이 있다.

이 책에서 우리는 공감 능력을 길러주는 예술을 집과 학교, 의과대학, 요양소, 교도소, 갈등 지역 등에 배치하는 것이 대단히 효과적이며, 인간을 인간답게 해주는 방법임을 살펴봤다. 예술은 문제 예방과 치유의 힘을 가지고 있으며, 사회적·문화적·경제적으로 긍정적인 역할을 한다. 하지만 오늘날 학교에서 예술 관련 교육은 교양 과목 정도에 인색하게 배치하고 있다. 영국의 EBACC도 친사회적인 과목들을 배제하고 있다. 이는 명백한 실수다. 모든 아이에게서 창의적인 불꽃이 튀어야 하며, 불꽃은 아이들과 아이들을 이어줘야 한다.

10. 인공지능과 인간의 정신

우리는 인공지능이 인류에게 엄청난 의미가 있을 것이라고 진지하게 생각하기 시작했다. 의심할 여지없이 뛰어난 실용성 측면에서 봐도 그렇고, 인간성 측면에서 봐도 그렇다. 스티븐 호킹, 스티브 워즈니악(Steve Wozniak), 노엄 촘스키(Noam Chomskym)가 유엔에 자동화 무기를 금지해달라는 서한을 제출했을 때 우리는 바짝 주의를 기울였어야 했다. 공격 기능을 갖춘 드론과 기술의 무분별한 확장 등 인공지능의 위험성을 인지한 세 사람은 인공지능의 무기화가 생물학적 무기, 화학적 무기와 마찬가지로 금지돼야 한다고 주장했다.

이와 반대로 엘론 머스크는 비영리 연구 기업인 오픈AI(OpenAI)를 설립했다. 설립 목표는 '인류 전체에 가장 이익이 되는 방식으로 디지털 지능을 발전'시키는 것이다. 의료 과학 분야와 마찬가지로 인공지능 분야의 윤리 규정에 관한 합의가 시급하다. 닉 보스트롬은 인공지능의 가능성 못지않게 무엇이 바람직한가에 관한 전략적 분석이 다양하게 많이 이뤄져야 한다고 주장한다. 인공지능 연구자들은 안전을 약속하고 '공동의 목표'를 선언해야 한다. 또 정부나 투자자들이 요구하는 긍정적인 결과를 반드시 규정해야 한다. 이는 기술력 성장과 그 기술을 관리하는 지혜 사이의 경쟁으로 묘사되곤 한다. 보스트롬은 "우리가 직면한 부분적인 문제는 인류애를 지키는 일"이라고 말했다.[7]

인공지능을 적용한 분야들이 급속하게 뿌리를 내리고 있는 이 시대에 공감 본능의 중요성은 어느 시대보다 더 크게 대두되고 있다. 대학교에서는 공감 관련 학위를 만들고, 사회적 정서 기술을 직무기술서에 넣고, 공감 능력과 이해력을 갖춘 리더를 찾아야 한다(이런 능력을 갖춘 리더는 여성이 더 많다). 설령 우리가 공감의 과학을 완벽하게 운용해서 가정과 학교, 직장, 의료보험 개혁, 범죄 정의 체계, 예술과 문화의 확산 등 모든 분야에 적용한다고 해도, 쉽게 말해 공감 헌장이 실현된다 해도, 인공지능은 모든 것을 무효로 만들 잠재력을 가지고 있다.

거리에서 마주친 이들에게 어떨 때 공감을 느끼느냐고 물어본다면, 아마 많은 사람이 따뜻하고 감상적인 개념들을 이야기할 것이다. 공감 본능에 대한 관심이 나날이 커지는 것을 의심하는 학자들도 있다. 그들은 명백한 감정의 형성 과정을 불신하고 있다. 하지만 우리는 이 책에서 공감 본능이 과학에 토대를 두고 있으며, 인간이 갖춘 대단히 특별한 자원이자 강력한 힘이라는 사실을 살펴봤다. 우리는 공감 본능을 가정, 학교, 직장, 공공장소 등 갈등이 폭발하는 곳 어디에든 혁신적인 방식으로 적용하는 방법들을 개발하고 있다. 이제 아이디어를 현실화할 때다. 우리는 이 일을 앞장서서 이끌어줄 공공정책이 필요하다. 공감 본능을 이해하고 적절히 사용함으로써 우리는 보다 나은 사회로 나아갈 수 있다.

우선 네드 피넌트 리아(Ned Pennant-Rea)에게 감사의 인사를 전한다. 이 책의 무수한 자료를 찾는 데 도움을 줬으며 정교한 편집 기술로 내 글을 다듬어준 소중하고도 중요한 친구다. 존 머레이 출판사의 로랜드 필립스(Roland Philipps)와 베키 웰시(Becky Walsh)에게도 감사한다. 두 사람은 이 책을 넓은 관점에서 조망하며 몇 가지 귀중한 힌트를 알려줬다. 편집자 캐롤라인 웨스트모어(Caroline Westmore)에게도 고맙다. 이 프로젝트를 지지해준 차트웰 스피커스(Chartwell Speakers)의 알렉스 힉맨(Alex Hickman)과 케이트 베이커(Kate Barker)에게도 감사의 말을 보낸다. 그리고 나의 에이전트인 다이앤 뱅크스(Diane Banks)의 수고에도 깊은 감사를 표한다.

마지막으로 내 아내이자 내셔널 보이스의 회장인 힐러리 뉴이스(Hilary Newiss)에게 진심으로 고마운 마음을 전한다. 아내는 내가 글을 쓰는 주말마다 라디오도 켜지 않으며 배려해줬다.

다음은 우리 연구에 귀중한 도움을 준 이들이다. 존 애덤스, 케임브리지대학교의 사이먼 배런 코언과 힐러리 크레민, 셰필드할램대학교의 데이비드 베스트, MIT의 에밀 브루노, 로스 버넷(Ross Burnett), 교도소장 피터 클라크, 더 리더의 제인 데이비스, 벨라 이어코트(Bella Eacott), 콜드 앙상블, 레슬리 가렛, 데니스 페레이라 그레이 경, 데이비드 그린버

그, 사샤 그림스(Sacha Grimes), 영국예술위원회의 최고책임자 데런 헨리(Darren Henley), 직업 친구 집의 스티브 호지킨, 데릭 졸리프, 로먼 크르즈나릭, 이언 리빙스톤(Ian Livingstone), 공감연구소의 미란다 맥키어니, 국립홀로코스트센터의 직원 여러분, 피츠윌리엄 박물관의 닉키 패드필드(Nicky Padfield), 대니얼 라이젤(Daniel Reisel), 마이크 리차드 경, 켄 로빈슨 경, 닉 로스, 인두 루배싱엄, 리엄 사벡(Liam Sabec), 레 스네이프(Rae Snape), 홀로코스트 추모 재단의 나탈리 타만(Nathalie Taman), 더 플레이스(the Place)의 케네스 타프(Kenneth Tharp), 디아나 반 부렌, 매트 왈드만, ITV의 존 위스튼(John Whiston)까지. 정말 진심으로 감사의 마음을 표한다.

피터 바잘게트

공감, 그 이후

타인의 마음으로 가는 길은 멀다. 9월의 어느 햇살 좋은 날, 아름다운 해변에 빨간 티셔츠를 입은 아이가 있다. 내가 전혀 알지 못하는 그 아이의 마음으로 가는 길은 지구 한 바퀴보다 더 멀 수 있다. 하지만 아이의 상황을 인지하고 한 걸음 더 나아가 마음으로 경험한다면, 그 길은 훨씬 더 가까워진다. 그것이 공감이다. 이 책에서 말하는 공감이란 타인의 감정을 경험하고 이해하는 것이다.

다시 해변으로 돌아가, 빨간 티셔츠를 입은 아이의 경험을 들여다본다. 아이는 종이배처럼 얇고 위태로운 배를 타고 다른 난민들과 함께 지중해를 건너고 있었다. 조국에서의 삶은 망망대해를 표류하는 남루한 배보다 훨씬 더 위태로웠다. 배는 빽빽하게 탑승한 난민을 감당하지 못한 채 지중해 한복판에서 전복됐다. 아이와 아이의 어머니, 아이의 형은 아무런 자비도 누리지 못하고 바다에 빠져 죽었다. 아이의 몸은 터키의 한 해변으로 떠밀려왔다. 해변에서 뛰어놀다가 막 잠이 든 것 같은 평온한 모습이었다. 이 아이의 이름은 아일란 쿠르디다.

아이의 모습이 담긴 무참한 사진은 많은 이들의 마음을 열었다. 지구 반대편에 있던 사람도 아이의 경험으로 걸어 들어갔다. 더 깊숙이 들어

간 이들은 아이의 가족, 아이의 민족이 처한 운명에 공감했고, 난민 문제 해결에 적극적으로 나섰다.

이 책에서 주지하다시피 공감의 스펙트럼은 넓다. 너무 가슴이 아플까 봐 사진을 외면한 이도 있을 것이고, 인터넷으로 사진을 보며 누군가의 고통을 흥밋거리로 소비한 이도 있을 것이고, 눈물 흘린 이도 있을 것이다. 더 나아가 사진 너머에 있는 인간의 야만성과 이기심, 잔혹성이 살해한 또 다른 무수한 주검들을 본 이도 있을 것이다.

이 책은 이러한 모든 공감의 과정을 과학적으로 분석하고, 체계적으로 연구해, 합리적으로 적용하는 데 초점을 두고 있다. 수전 손택(Susan Sontag)의 말대로 "이런 사진들이 자아낸 연민과 메스꺼움으로 마음이 심란해진 나머지, 그밖에 다른 어떤 사진들이 나에게 보여지지 않는지, 즉 그밖에 어떤 잔학 행위들과 어떤 주검들을 보지 못하고 있는지 물어보기를 회피해서는 안 된다." 또한 단순히 "스펙터클한 소비"로 그쳐서도 안 된다. 그래서 바잘게트는 공감의 본질을 들여다보고 그것이 사회적으로 순기능할 수 있는 방법들을 제시하고 있다.

누군가에게 공감할 때 우리 뇌의 공감 회로가 작동한다. 뇌의 편도체와 전대상피질, 내측 전전두엽피질, 측두정엽 등에서 온갖 화학작용이 일어나고, 약 1,000억 개의 신경 세포와 약 100조 개가 넘는 시냅스가 섬광처럼 번뜩이며 누군가의 경험을 간접적으로 경험하고 이해한다. 정확히 어떤 작용이 어떤 종류의 공감을 어느 정도의 깊이로 만들어내는지는 아직 연구 중이다.

다만 이런 작용이 일어날 때 우리는 '나'에서 걸어 나와 '타인'의 감정과 시선으로 세상을 경험한다. 태생적으로 공감 회로가 작동하지 않는 이도 있고, 잘못된 양육과 교육으로 왜곡되는 경우도 있다. 어느 경우든 적극적인 배려와 교육이 필요하다. 이 회로가 작동하지 않을 경우 일어날 수 있는 가장 끔찍한 일은 전쟁과 홀로코스트일 것이다. 책에서는 공감의 부재가 개인의 불행을 넘어 인류의 비극으로까지 번진 사례들을 깊이 들여다보고 있다. 프랑스의 사상가 시몬느 베이유(Simone Weil)는 "폭력을 당하게 되면 그 사람은 숨을 쉬는 생생한 인간에서 사물로 변형되어 버린다"고 말했다. 사물화된 인간에게는 무한히 냉정하고 잔인할 수 있다. 한 인간을 사물로 보지 않기 위해 우리는 공감 스위치를 켜서 공감 회로를 작동시켜야 한다. 공감 회로를 얼마나 깊고 넓게, 그리고 적극적으로 활용하는 데 공감 교육과 제도가 관여한다. 피터 바잘게트는 학교와 교정시설, 의료계, 인터넷은 물론, 예술, 대중매체, 문화 등 사회 전반에 체계적인 공감 교육이 필요하다고 주장한다. 물론 사회가 처한 상황에 따라 그 깊이와 수준은 달라질 것이다.

인터넷의 경우 인류가 한 번도 경험하지 않은 소통의 세상이다. 다른 사람과의 교류가 무한히 넓어지면서 사이버 폭력이나 포르노, 온갖 차별과 혐오의 문제들도 더욱 센 강도와 잦은 빈도로 드러나고 있다.

의료 분야 문제도 있다. 우리나라에서도 중증외상센터의 이국종 교수가 의료계의 열악한 환경과 의료 종사자들이 처한 극도의 압박과 스트레스 상황을 언급한 바 있다. 그가 말한 중증외상센터의 현실은 처참하고 피로했다. 그 암담한 현실에서 의사들은 환자들과 마찬가지로 사투를 벌이고 있었다. 바잘게트는 의사와 간호사, 요양보호사, 기타 의료 종사자들의 현실에 주목하며, 스트레스와 그로 인한 번아웃 상태가 결국 이들의 공감 회로를 닫고 환자에게 냉담해지게 만든다고 말한다. 그의 지적이 전적으로 옳지 않을 수도 있다. 하지만 전적으로 틀리다고도 할 수 없다. 육체의 피로만으로도 버거운 상황에서 정서적 피로감을 더할 공감의 스위치를 켜기란 쉽지 않기 때문이다.

바잘게트는 이러한 문제를 해결하기 위해 의료 환경 개선과 의료 종사자 및 예비자들을 대상으로 한 체계적인 공감 교육이 필요하다고 말한다. 예산이나 행정 제도 등 의료계에 얽혀 있는 구조적인 문제들과 공감교육의 필요성에서 우선순위는 사회가 처한 현실에 따라 다를 수 있지만, 분명한 사실은 공감 교육이 악순환의 고리를 막는 데 어느 정도 기여한다는 점이다.

교정시설 문제도 논쟁이 되곤 한다. 대다수 사람들은 사회에 큰 해악을 끼친 범죄자가 교정시설에서 수위 높은 처벌을 받기를 원한다. 하지만 바잘게트는 처벌보다 갱생을 목표로 환경을 구축해야 재범률을 낮출 수 있다고 주장한다. 갱생 위주의 다양한 재소자 교육 프로그램을 실시해 수감자가 출소했을 때 사회에 건강하게 적응하고 또다시 범죄를 저지르지 않도록 하는 것이 궁극적으로 시민과 사회에 이익이라고 말한다.

이외에도 그는 인종차별, 종교 갈등, 부족주의, 혐오 등의 사회 문제들을 성찰하며 이들 분야에 공감 능력이 미칠 수 있는 영향을 검증하고 예측한다.

이국종 교수의 인터뷰에서 기억에 진하게 남은 것은 담담한 말투로 그가 했던 말이다.

"어차피 사람들은 잊을 겁니다."

수전 손택이 말한 '스펙터클한 소비'와 같은 맥락이다. 공감의 결핍은 양육과 교육, 배려와 제도로 공백이 채워져야 한다. 그렇다면 그 이후, 공감 회로가 작동한 이후는 어떻게 되어야 하는가? 잊지 않으려면, 단순히 소비에만 그치지 않으려면 어떻게 해야 하는가? 이는 공감 못지않게, 어쩌면 공감보다 더 중요한 문제다. 이 문제에 사회가 '공감'하고 적극적인 방법들을 찾아야 한다. 그렇지 않으면 우리는 무수한 타인의 고통을 가볍게 공감하고는, 이내 잊을 것이다. 더 잔혹하게는 그 고통들을 '사물화'할지도 모른다.

이 책에서 저자가 집요하리만치 철저하게 대안을 제시하는 것도 이런 이유다. 그의 대안들은 우리 사회의 현실과 맞지 않는 부분도 있고 당장 도입해야 할 만큼 현실적이고 좋은 부분도 있다. 확실한 것은 이 책을 읽고 나면 분명 공감 그 이후를 깊이 고민하게 된다는 점이다. 그가 주장한 공감 교육과 다양한 대안이 제2의, 제3의 쿠르디가 타국의 해변에서 차가운 주검이 되지 않도록 해준다면 그것만으로도 충분한 가치가 있을 것이다.

박여진

서문

1. MRI의 초기 역사는 다음 사이트를 참조할 것. http://www.economist.
   com/node/2246166, 2016년 3월 18일 확인. http://science.
   howstuffworks.com/fmri2.htm, 2016년 3월 18일 확인.

2. https://www.youtube.com/watch?v=4md_A059JRc, 2016년 9월 19일
   확인.

3. '연민'의 정의는 옥스퍼드 영어 사전 설명 중 3c의 의미다. '타인의 고통이
   나 슬픔에 영향을 받은 상태나 특징; 동정이나 연민을 느끼는 것.' http://
   www.oed.com/view/Entry/196271?rskey=fl7bJg&result=1#eid, 2016
   년 9월 21일 확인.

4. '공감'의 정의는 옥스퍼드 영어사전 설명 중 2b의 의미다. '타인의 감정, 경험,
   기타 상태를 이해하고 파악하는 능력.' http://www.oed.com/view/Entry
   /61284?redirectedFrom=empathy#eid, 2016년 9월 21일 확인.

5. '본능'의 정의는 여러 사전 중 다음에서 인용. http://dictionary.cambridge.
   org and http://www.merriam-webster.com

제1장: 공감 없는 사회

1. De Waal, 'The Evolution of Empathy', in Keltner et al. (eds), *The
   Compassionate Instinct*, p. 23. 다음도 참조할 것. http://greatergood.
   berkeley.edu/article/item/the_evolution_of_empathy, 2016년 1월 5일
   확인.

2. Hitler, *Mein Kampf*, p. 324.

3. Goldhagen, *Worse Than War*. 다음에서 인용. Pinker, *The Better Angels
   of Our Nature*, p. 394.

4. Pinker, *The Better Angels of Our Nature*, p. 390.

5. http://www.welt.de/geschichte/himmler/article124223862/Insight—into—the—orderly—world—of—a—mass—murderer.html, 2016년 3월 20일 확인.

6. Longerich, *Holocaust*, p. 123.

7. Binet, *HHhH*, ch. 108.

8. Blum, *V Was for Victory*, p. 71.

9. Gilbert, *The Righteous*, p. 144.

10. 상동, pp. 184~185.

11. 상동, p. 524.

12. https://www.gov.uk/government/uploads/system/uploads/attachment_data/file/398645/Holocaust_Commission_Report_Britains_promise_to_remember.pdf, 2016년 3월 25일 확인.

13. 2016년 Holocaust Memorial Foundation의 비디오 자료를 참조함. 공개되지 않은 자료.

14. Baron—Cohen, *Zero Degrees of Empathy*, pp. 198~199.

15. Pinker, *The Better Angels of Our Nature*, p. 398.

16. Sebag Montefiore, Stalin, Chapter 20.

17. Hughes, *The Holocaust and the Revival of Psychological History*, p. 16.

18. Pinker, *The Better Angels of Our Nature*, p. 672.

19. 사례를 보려면 위의 책 pp. 1~26을 참조할 것.

20. 아르메니아 대학살에 관한 자료는 주로 제7장에서 언급한 Rogan의 *The Fall of the Ottomans*을 참조.

21. Grigoris Balakian, Armenian *Golgotha*.

22. Peter Balakian, *The Burning Tigress*, p. 282.

23. Chabot et al., *Mass Media and the Genocide of the Armenians*, p.

150.

24. Marchand and Perrier, *Turkey and the Armenian Ghost,* p. 194.

25. Pinker, *The Better Angels of Our Nature,* pp. 702~706; D. Batson, 'Is Empathic Emotion a Source of Altruistic Motivation?', *Journal of Personality and Social Psychology* 40(2), 1981, pp. 290~302. doi: 10.1037/0022-3514.40.2.290.

26. https://m.youtube.com/watch?v=74yn2srU5G4, 2016년 3월 23일 확인.

27. McGilchrist, *The Master and His Emissary,* p. 147.

28. Oliner and Oliner, *The Altruistic Personality.*

29. Gasore, *My Day to Die,* p. 32.

30. http://research.calvin.edu/german-propaganda-archive/goeb56. htm, 2016년 7월 10일 확인.

31. http://www.rwandafile.com/rtlm/rtlm0002.html, 2016년 3월 26일 확인.

32. De Waal, *Age of Empathy,* p. 21.

33. 상동, p. 8.

34. 다음을 인용. J. Decety and J. Cowell, 'Empathy, Justice, and Moral Behavior', *AJOB Neuroscience* 6(3), 2015, pp. 3~14. doi: 10.1080/21507740.2015.1047055.

35. 상동.

36. J. Decety and J. Cowell, 'Friends or Foes: Is Empathy Necessary for Moral Behavior?', *Perspectives on Psychological Science* 9(5), 2014, pp. 525~537. doi: 10.1177/1745691614545130.

37. Nussbaum, *Political Emotions,* p. 156.

38. Sen, *Identity and Violence,* p. 2.

39. http://www.newyorker.com/science/maria-konnikova/the-real-

lesson—of—the—stanford—prison—experiment, 2016년 3월 19일 확인.

40. R. Willer, K. Kuwabara and W. Macy, 'The False Enforcement of Unpopular Norms', *American Journal of Sociology* 115(2), 2009, pp. 451~490.

41. Browning, *Ordinary Men,* p. 36.

42. Pinker, *The Better Angels of Our Nature,* p. 694.

43. J. Decety and J. Cowell, 'Friends or Foes: Is Empathy Necessary for Moral Behavior?', *Perspectives on Psychological Science* 9(5), 2014, pp. 525~537. doi: 10.1177/1745691614545130.

44. http://www.nytimes.com/2015/03/22/magazine/the—brains—empathy—gap.html?_r=0, 2016년 3월 3일 확인.

제2장: 공감의 과학

1. Baron—Cohen, *Zero Degrees of Empathy,* p. 103.

2. A. Sagi and M. Hoffman, 'Empathic Distress in the Newborn', *Developmental Psychology* 12(2), 1976, pp. 175-6. Cited in de Waal, *Age of Empathy,* p. 67.

3. I. Norscia et al., '*She More than He*: Gender Bias Supports the Empathic Nature of Yawn Contagion in *Homo sapiens*', *Royal Society Open Science* 3, 2016, 150459. doi: 10.1098/rsos.150459.

4. P. Ferández—Berrocal et al., 'Gender Differences in Emotional Intelligence: The Mediating Effect of Age', *Behavioral Psychology* 20(1), 2012, pp. 77~89.

5. https://www.theguardian.com/business/2015/mar/06/johns—davids—and—ians—outnumber—female—chief—executives—in—ftse—100, 2016년 7월 18일 확인.

6. Darwin, *The Expression of the Emotions in Man and Animals,* p. 306.

7. Darwin, *The Descent of Man and Selection in Relation to Sex*, p. 97.

8. Ridley, *The Origins of Virtue*, p. 249.

9. Townshend, *Darwin's Dogs*, p. 100.

10. 그는 Wolfgang Kohler였다. 다음도 참조할 것. de Waal, *The Age of Empathy*, p. 60.

11. 상동, p. 75.

12. 상동, p. 61.

13. 상동, p. 62.

14. 상동, p. 61.

15. 상동, p. 62.

16. 상동, pp. 133~135.

17. 상동, pp. 121~122.

18. 상동, p. 107.

19. 상동, pp. 172~174.

20. 상동, p. 187.

21. 상동, pp. 208~209.

22. 상동, pp. 140~142.

23. 상동, p. 157·

24. https://www.technologyreview.com/s/421480/the-evolutionary-origin-of-laughter/, 2016년 9월 22일 확인.

25. F. Marineli et al., 'Mary Mallon (1869-1938) and the History of Typhoid Fever', *Annals of Gastroenterology: Quarterly Publication of the Hellenic Society of Gastroenterology* 26(2), 2013, pp. 132~134.

26. Skloot, *The Immortal Life of Henrietta Lacks*.

27. Baron-Cohen, *Zero Degrees of Empathy*, pp. 21~22; Pinker, *The Better Angels of Our Nature*, pp. 605~609; http://www.smithsonianmag.com/history/phineas-gage-neurosciences-

most—famous—patient—11390067/, 2016년 5월 6일 확인.

28. Smith, *Theory of Moral Sentiments*, p. 14.

29. De Waal, *Age of Empathy*, pp. 65~67.

30. G. Rizzolatti and M. Fabbri—Destro, 'Mirror Neurons: From Discovery to Autism', *Experimental Brain Research* 200(3-4), 2010, pp. 223~237. doi:10.1007/S00221—009—2002—3.

31. J. Kilner and R. Lemon, 'What We Know Currently about Mirror Neurons', *Current Biology* 23(23), 2013. doi: 10.1016/j.cub.2013.10.051; Rizzolatti, *Mirrors in the Brain; Iacobini, Mirroring People; Hickok, The Myth of Mirror Neurons*.

32. Rizzolatti, *Mirrors in the Brain*, p. xii.

33. 상동.

34. McGilchrist, *The Master and His Emissary*, p. 58.

35. https://www.theguardian.com/science/2013/jan/04/barack—obama—empathy—deficit, 2016년 3월 29일 확인.

36. https://www.mpg.de/research/supramarginal—gyrus—empathy, 2016년 3월 30일 확인.

37. Baron—Cohen, *Zero Degrees of Empathy*, pp. 19~28.

38. 깔끔하고 생생하게 책 내용을 요약한 영상자료: https://www.youtube.com/watch?v=dFs9WO2B8uI, 2016년 7월 18일 확인.

39. Spindle neurons: *de Waal, Age of Empathy*, p. 138; http://www.smithsonianmag.com/science—nature/brain—cells—for—socializing—133855450/, 2016년 5월 2일 확인.

40. Pinker, *The Better Angels of Our Nature*, p. 699.

41. Baron—Cohen, *Zero Degrees of Empathy*, p. 27.

42. T. Horikawa et al., 'Neural Decoding of Visual Imagery during Sleep', *Science* 340(6132), 2013, pp. 639~642. doi:

10.1126/ science.1234330. 다음을 참조. http://www.theverge.com/2013/6/19/4445684/brain--scan-fmri-identify-emotion, 2016년 4월 3일 확인; 다음 사이트도 참조. http://www.npr.org/sections/health-shots/2013/04/04/176224026/researchers-use-brain-scans-to-reveal-hidden-dreamscape, 2016년 4월 3일 확인.

43. http://www.hss.cmu.edu/pressreleases/pressreleases/mindreading.html, 2016년 4월 3일 확인.

44. K. Kassam et al., 'Identifying Emotions on the Basis of Neural Activation', *PLoS ONE* 8(6), 2013: e66032. doi: http://dx.doi.org/10.1371/journal.pone.0066032.

45. 더 자세한 내용을 알려면 다음을 참조할 것. Ockelford, *In the Key of Genius*.

46. http://www.psychiatrictimes.com/autism/autism-and-schizophrenia, 2016년 7월 22일 확인.

47. http://www.hscic.gov.uk/catalogue/PUB05061/esti-prev-auti-ext-07-psyc-morb-surv-rep.pdf, 2016년 7월 22일 확인.

48. 케임브리지에서 Baron-Cohen과의 인터뷰, 2016년 6월 22일.

49. http://www.bbc.co.uk/news/magazine-35350880, 2016년 7월 24일 확인.

50. A. Carré et al., 'The Basic Empathy Scale in Adults: Factor Structure of a Revised Form', *Psychological Assessment* 25(3), 2013, pp. 679~691. doi: 10.1037/a0032297.

51. H. Takahasi et al., 'When Your Gain Is My Pain and Your Pain Is My Gain: Neural Correlates of Envy and Schadenfreude', *Science* 323(5916), 2009, pp. 937~939. doi: 10.1126/science.1165604. 다음을 인용함. Pinker, *The Better Angels of Our Nature*, pp. 663~664.

52. Baron-Cohen, *Zero Degrees of Empathy*, pp. 55~57.

53. A. Marsh et al., 'Accurate Identification of Fear Facial Expressions Predicts Prosocial Behaviour', Emotion (*Washington*, D.C.) 7(1), 2007, pp. 239~251.

54. R. Blair, 'Neurobiological Basis of Psychopathy', *British Journal of Psychiatry* 182(1), 2003, pp. 5~7. doi:10.1192/bjp.182.1.5.

55. Shakespeare, *Othello*, Act 1, scene 1, lines 59~60. Greenblatt et al. (eds), *The Norton Shakespeare*, p. 2101.

56. 더 자세한 내용은 다음을 참조할 것. http://quoteinvestigator. com/2010/05/21/death-statistic/, 2016년 7월 19일 확인.

57. Pinker, *The Better Angels of Our Nature*, p. 714.

58. Goodman, *Consequences of Compassion*. 다음을 인용. https:// bostonreview.net/forum/paul-bloom-against-empathy, 2016년 3월 2일 확인.

59. Mill, 'The Utility of Religion', *Three Essays on Religion*.

60. 다음 글을 인용. Boyd, *On the Origin of Stories*, p. 134.

61. 'Song of Myself', https://www.poetryfoundation.org/poems-and-poets/poems/detail/45477, 2016년 8월 5일 확인.

62. Smith, *Theory of Moral Sentiments*, p. 14.

63. 상동, p. 373.

64. Hume, *Treatise of Human Nature*, p. 576.

65. Nussbaum, *Political Emotions*, p. 150.

66. Russell, *History of Western Philosophy*, pp. 738~739.

67. G. Eliot, 'The Natural History of German Life', *Westminster Review*, 1856년 7월.

68. 이 편지는 John Bray에게 보낸 편지이며 편지 내용은 다음을 인용했음. Willey, *Nineteenth Century Studies*, p. 244.

69. Eliot, *Middlemarch*, p. 301.

70. 상동, p. 10.

71. 상동, p. 279.

72. 상동, p. 194.

73. Keltner et al. (eds), *The Compassionate Instinct*, p. 15.

제3장: 타고난 공감 능력과 양육된 공감 능력

1. https://www.theguardian.com/commentisfree/2014/iun/03/how-i-discovered-i-have-the-brain-of-a-psychopath, 2016년 5월 4일 확인.

2. The ballet was Agnes de Mille's *Fall River Legend*, which premiered in New York in 1948. 이 조잡한 시는 다음을 인용. http://www.history.com/this-day-in-history/borden-parents-found-dead, 2016년 9월 19일 확인.

3. https://www.theguardian.com/commentisfree/2014/iun/03/how-i-discovered-i-have-the-brain-of-a-psychopath, 2016년 5월 4일 확인.

4. Cross and Livingstone (eds), *The Oxford Dictionary of the Christian Church*, 2005. 'Original sin', 다음을 인용함 https://en.wikipedia.org/wiki/Original_sin#cite_note-53, 2016년 5월 14일 확인.

5. Tappert, *The Book of Concord*, p. 29. 다음을 인용. https://en.wikipedia.org/wiki/Original_sin#cite_note-53, 2016년 5월 14일 확인.

6. Locke, *Some Thoughts Concerning Education*, Section 217. http://www.bartleby.com/37/1/22.html, 2016년 5월 13일 확인.

7. http://www.bl.uk/romantics-and-victorians/articles/perceptions-of-childhood, 2016년 7월 21일 확인.

8. Ridley, *Nature via Nurture*, Prologue.

9. Baron-Cohen, *Zero Degrees of Empathy*, pp. 102~103.

10. Pinker, *The Better Angels of Our Nature*, p. 534.

11. T. Polderman et al., 'Meta-Analysis of the Heritability of Human Traits Based on Fifty Years of Twin Studies', *Nature Genetics* 47, 2015, pp. 702~709. doi: 10.1038/ng.3285.

12. Music, *Nurturing Natures*, Chapter 19.

13. Shakespeare, *Julius Caesar*, Act 1, scene 2, lines 140-1. Greenblatt et al. (eds), *The Norton Shakespeare*, p. 1538.

14. Twin studies: Pinker, *The Better Angels of Our Nature*, pp. 742~744; http://www.ted.com/talks/steven_pinker_chalks_it_up_to_the_blank_slate?language=en#t-287271, 2016년 7월 20일 확인.

15. MAOA gene: Baron-Cohen, *Zero Degrees of Empathy*, pp. 89~91; Ridley, *Nature via Nurture*, pp. 267~269; Pinker, *The Better Angels of Our Nature*, pp. 746~749.

16. Baron-Cohen, *Zero Degrees of Empathy*, p. 36.

17. 상동, p. 97; and S. Baron-Cohen et al., 'Genetic Variation in GABRB3 is Associated with Asperger Syndrome and Multiple Endophenotypes Relevant to Autism', *Molecular Autism* 4(48), 2013. doi: 10.1186/2040-2392-4-48.

18. http://www.cam.ac.uk/research/news/study-confirms-a-gene-linked-to-asperger-syndrome-and-empathy, 2016년 7월 19일 확인.

19. Baron-Cohen, *Zero Degrees of Empathy*, p. 93.

20. S. Lutchmaya et al., 'Foetal Testosterone and Eye Contact in 12-Month-Old Infants', *Infant Behavior and Development* 25, 2002, pp. 327~335. doi: 10.1186/2040-2392-1-11. S. Lutchmaya and S. Baron-Cohen, 'Foetal Testosterone and Vocabulary Size in 18- and 24-Month-Old Infants', *Infant Behavior and Development* 24, 2002, pp. 418~424. doi: 10.1186/2040-2392-1-11.

21. http://graphics.wsj.com/image-grid/what-to-expect-

in-2016/1666/steven-pinker-on-new-advances-in-behavioral-
genetics, 2016년 7월 20일 확인.

22. Ridley, *Nature via Nurture*, p. 168.

23. 상동, p. 180.

24. 상동, and de Waal, *Age of Empathy*, pp. 11~13.

25. Dawkins, *The Oxford Book of Modern Science Writing*, p. 26.

26. Eagleman, *The Brain*, Chapter 1; also see Nelson, *Romania's Abandoned Children*.

27. Ridley, *Nature via Nurture*, pp. 182~183.

28. 상동, pp. 189~190.

29. 상동, pp. 192~194.

30. Eagleman, *The Brain*, Chapter 1.

31. McGilchrist, *The Master and His Emissary*, pp. 87~88.

32. Baron-Cohen, *Zero Degrees of Empathy*, pp. 48~50.

33. https://www.ucl.ac.uk/news/news-articles/1112/111205-maltreated-children-fMRI-study, 2016년 7월 20일 확인.

34. Baron-Cohen, *Zero Degrees of Empathy*, pp. 48~50.

35. Mukherjee, *The Gene*, p. 459.

36. G. H. Brody et al., 'Prevention Effects Moderate the Association of 5-HTTLPR and Youth Risk Behavior Initiation: Gene × Environment Hypotheses Tested via a Randomized Prevention Design', *Child Development* 80(3), 2009, pp. 645~661. doi: 10.1017/S0954579414001266. And G. H. Brody et al, 'Differential Susceptibility to Prevention: GABAergic, dopaminergic, and multilocus effects', *Journal of Child Psychology and Psychiatry* 54(8), 2013, pp. 863~871.

37. https://thepsychologist.bps.org.uk/volume-27/edition-2/

interview−marinus−van−ijzendoorn, 2016년 9월 19일 확인.

38. S. Light and C. Zahn−Waxler, 'Nature and Forms of Empathy in the First Years of Life', in Decety (ed.), *Empathy*, p. 109.

39. Hoffman, *Empathy and Moral Development*, pp. 64~86.

40. Leach, *Your Baby and Child from Birth to Age Five*; Faber and Mazlish, *How to Talk So Kids Will Listen and Listen So Kids Will Talk*; Hilton, *The Great Ormond Street New Baby and Childcare Book*; Gopnik, Meltzoff and Kuhl, *How Babies Think*; Murray and Andrews, *The Social Baby*; Gerhardt, *Why Love Matters*; Sunderland, *The Science of Parenting*; Fernyhough, *The Baby in the Mirror*; Halsey, *Baby Development*; Janis−Norton, *Calmer Easier Happier Parenting*; Lathey, *Small Talk*; Murray, *The Psychology of Babies*; Clegg, *The Blissful Toddler Expert*; Callahan, *The Science of Mom*; Christakis, *The Importance of Being Little*.

41. http://developingchild.harvard.edu/science/deep−dives/lifelong−health/, 2016년 7월 25일 확인.

42. http://developingchild.harvard.edu/science/key−concepts/serve−and−return/, 2016년 7월 25일 확인.

43. Janis−Norton, *Calmer Easier Happier Parenting*, Chapter 5.

44. http://developingchild.harvard.edu/science/key−concepts/toxic−stress/, 2016년 7월 25일 확인.

45. Baron−Cohen, *Zero Degrees of Empathy*, p. 51.

46. Schweinhart et al., *Lifetime Effects: The High/Scope Perry Preschool Study through Age 40*.

47. M. Fort, A. Ichino, et al., *Cognitive and Non-Cognitive Costs of Daycare 0−2 for Girls*, 2016. 다음 사이트에서 확인할 수 있음. http://ftp.iza.org/dp9756.pdf, 2016년 9월 19일 확인.

48. https://www.google.co.uk/url?sa=t&rct=j&q=&esrc=s&source
=web&cd=1&ved=0ahUKEwioqJup3I7OAhUrIcAKHYlJB7cQFg
gcMAA&url=http%3A%2F%2Fresearchbriefings.files.parliament.
uk%2Fdocuments%2FCBP−7257%2FCBP−7257.pdf&usg=AFQjCNE
Jkeg3Faz1M4diUwSvIdwFNfEpow&sig2=−3fj5r9XE6iUHO3lW5mol
w&bvm=bv.127984354.d.ZGg, 2016년 7월 25일 확인.

49. https://www.theguardian.com/society/2015/nov/11/troubled−
family−programme−government−success−council−figures, 2016년
7월 25일 확인.

50. http://www.bbc.co.uk/news/uk−politics−37010486, 2016년 8월 9
일 확인.

51. https://www.gov.uk/government/speeches/prime−ministers−
speech−on−life−chances, 2016년 7월 25일 확인.

52. Finnish education: Christakis, *The Importance of Being Little,* pp.
102−6; http://www.nytimes.com/2011/12/13/education/from−
finland−an−intriguing−school−reform−model.html, 2016년 7월 25
일 확인.

53. http://babylaughter.net/, 2016년 7월 25일 확인.

54. Hilton, *More Human,* Chapter 6.

55. https://www.gov.uk/government/speeches/prime−ministers−
speech−on−life−chances, 2016년 7월 25일 확인.

제4장: 디지털 디스토피아

1. https://techcrunch.com/2015/09/15/the−sorry−button/, 2016년 6월
28일 확인.

2. https://research.facebook.com/publications/once−more−with−
feeling−supportive−responses−to−social−sharing−on−facebook,

2016년 7월 14일 확인.

3. http://www.bbc.co.uk/news/technology-36321169, 2016년 7월 11일
확인.

4. http://www.nytimes.com/2014/09/11/fashion/steve-jobs-apple-
was-a-low-tech-parent.html?_r=0), 2015년 7월 16일 확인.

5. Christakis, *The Importance of Being Little*, p. 174.

6. Borba draws on V. Rideout et al., *Generation M2: Media in the Lives
of 8- to 18-Year-Olds*, 2010. 다음 사이트에서 확인할 수 있음. http://
files.eric.ed.gov/fulltext/ED527859.pdf, 2016년 9월 20일 확인.

7. Borba, *UnSelfie*, Chapter 1.

8. https://www2.highlights.com/newsroom/national-survey-reveals-
62-kids-think-parents-are-too-distracted-listen, 2016년 7월 25일
확인.

9. J. Radesky et al., 'Patterns of Mobile Device Use by Caregivers and
Children during Meals in Fast Food Restaurants', *Pediatrics* 133, 2014,
e843-9. doi: 10.1542/peds.2013-3703. 다음을 인용. http://well.
blogs.nytimes.com/2014/03/10/parents-wired-to-distraction, 2016
년 7월 25일 확인.

10. http://www.telegraph.co.uk/news/worldnews/asia/
southkorea/10138403/Surge-in-digital-dementia.html, 2016년 7월
20일 확인.

11. 상동.

12. http://www.pewinternet.org/2014/10/22/online-harassment/,
2016년 6월 15일 확인.

13. https://www.theguardian.com/commentisfree/2016/apr/11/
the-guardian-view-on-online-abuse-building-the-web-
we-want, 2016년 7월 12일 확인; https://www.theguardian.com/

technology/2016/apr/12/the—dark—side—of—guardian—comments,
2016년 7월 12일 확인.

14. https://www.theguardian.com/technology/2016/jun/18/vile—
online—abuse—against—women—mps—needs—to—be—challenged—
now, 2016년 6월 21일 확인.

15. http://www.bbc.co.uk/newsjuk—36042718, 2016년 6월 21일 확인.

16. http://edition.cnn.com/2010/LIVING/10/07/hope.witsells.story/,
2016년 6월 20일 확인.

17. https://www.theguardian.com/world/2010/sep/30/tyler—clementi—
gay—student—suicide, 2016년 6월 28일 확인.

18. http://www.bbc.co.uk/news/uk—36746763, 2016년 7월 12일 확인.

19. http://www.bbc.co.uk/news/uk—36042718, 2016년 6월 21일 확인.

20. https://www.theguardian.com/technology/2016/may/08/they—
I—know—they—were—victims—revenge—porn—helpline—sees—
alarming—rise?CMP=Share_iOSApp_Other, 2016년 6월 21일 확인.

21. http://www.nbcsandiego.com/news/local/Kevin—Bollaert—
Revenge—Porn—Sentencing—San—Diego—298603981.html, 2016년 6
월 17일 확인.

22. https://www.theguardian.com/uk—news/2016/jun/11/revenge—
porn—threats—crime—england—wales?cmP=Share_iOSApp_Other,
2016년 7월 14일 확인.

23. https://www.quilliamfoundation.org/wp/wp—content/uploads/
publications/free/white—paper—youth—led—pathways—from—
extremism.pdf, 2016년 6월 2일 확인.

24. https://www.theguardian.com/education/2016/jan/19/nicky—
morgan—islamist—extremists—grooming—tactics—paedophiles, 2016
년 7월 13일 확인.

25. http://www.independent.co.uk/life−style/gadgets−and−tech/
news/porn−site−age−verification−laws−could−force−users−to−
register−credit−cards−a7035666.html, 2016년 7월 8일 확인.

26. http://www.childrenscommissioner.gov.uk/sites/default/files/
publications/MDX%20NSPCC%20OCC%20pornography%20
report%20June%202016.pdf, 2016년 7월 5일 확인. http://www.
childrenscommissioner.gov.uk/news/children−may−become−
%E2%80%98desensitised%E2%80%99−damaging−impact−online−
porn, 2016년 7월 18일 확인.

27. https://www.barnardos.org.uk/now_i_know_it_was_wrong.pdf,
2016년 7월 20일 확인.

28. http://www.ibtimes.co.uk/online−porn−leads−increase−child−
sex−abuse−by−children−1569862, 2016년 7월 25일 확인.

29. M. Klaassen and J. Peter, 'Gender (In)equality in Internet
Pornography: A Content Analysis of Popular Pornographic Internet
Videos', *Journal of Sex Research* 52(7), 2015, pp. 721~735. doi:
10.1080/00224499.2014.976781.

30. McDermid, *Forensics,* pp. 210~214.

31. http://www.theguardian.com/lifeandstyle/2010/jul/02/gail−dines−
pornography, 2016년 7월 2일 확인.

32. https://www.psychologytoday.com/blog/women−who−
stray/201402/common−sense−about−the−effects−pornography,
2016년 7월 2일 확인.

33. S. Kühn and J. Gallinat, 'Brain Structure and Functional Connectivity
Associated with Pornography Consumption', *JAMA Psychiatry,* 71(7),
2014, pp. 827~834.

34. V. Voon et al., 'Neural Correlates of Sexual Cue Reactivity in

Individuals with and without Compulsive Sexual Behaviours', *PLoS ONE* 9(7), 2014, e102419. doi: 10.1371/journal.pone.0102419. S. Kühn and J. Gallinat, 'Brain Structure and Functional Connectivity Associated with Pornography Consumption: The Brain on Porn', *JAMA Psychiatry* 71(7), 2014, pp. 827~834. doi: 10.1001/jamapsychiatry.2014.93.

35. http://www.childrenscommissioner.gov.uk/sites/default/files/publications/Basically_porn_is_everywhere_cyp_version.pdf, 2016년 6월 1일 확인.

36. https://www.b-eat.co.uk/about-beat/media-centre/information-and-statistics-about-eating-disorders, 2016년 6월 4일 확인.

37. https://www.theguardian.com/society/2015/jun/25/eating-disorders-rise-children-blamed-celebrity-bodies-advertising, 2016년 6월 4일 확인.

38. S. Livingstone et al., 'Risks and Safety on the Internet: The Perspective of European Children', 2011. doi: http://eprints.lse.ac.uk/33731/. Cited in Bartlett, *The Dark Net*, p. 193.

39. http://www.ucs.ac.uk/Faculties-and-Centres/Faculty-of-Arts,-Business-and-Applied-Social-Science/Department-of-Children,-Young-People-and-Education/Virtually%20Anorexic.pdf, 2016년 6월 6일 확인.

40. Baron-Cohen, *Zero Degrees of Empathy*, p. 106.

41. https://www.washingtonpost.com/news/wonk/wp/2016/06/13/the-four-cryptic-words-donald-trump-cant-stop-saying/, 2016년 7월 27일 확인.

42. https://www.ted.com/talks/chris_milk_how_virtual_reality_can_create_the_ultimate_empathy_machine?language=en, 2016년 7월 9

일 확인.

43. 상동.

44. Hilton, *More Human*, Chapter 10.

45. https://www.theguardian.com/uk-news/2016/jun/11/revenge-porn-threats-crime-england-wales?cmP=Share_iOSApp_Other, 2016년 7월 15일 확인.

46. http://www.bbc.co.uk/news/uk-36042718, 2016년 7월 15일 확인.

47. https://www.theguardian.com/uk-news/2016/mar/04/online-abuse-existing-laws-too-fragmented-and-I-serve-victims-says-police-chief, 2016년 7월 15일 확인.

48. https://app.ft.com/cms/s/1a392244-055e-11e6-9b51-0fb5e65703ce.html?sectionid=companies, 2016년 7월 16일 확인.

49. http://www.nytimes.com/2015/12/24/technology/personaltech/for-parental-controls-iphones-beat-androids.html?_r=0, 2016년 7월 17일 확인.

50. http://www.wired.co.uk/article/porn-websites-age-verification-queens-speech, 2016년 7월 17일 확인.

51. https://www.gov.uk/government/publications/child-safety-online-a-practical-guide-for-providers-of-social-media-and-interactive-services/child-safety-online-a-practical-guide-for-providers-of-social-media-and-interactive-services, 2016년 7월 18일 확인.

52. http://webarchive.nationalarchives.gov.uk/+/http:/www.homeoffice.gov.uk/documents/sexualisation-of-young-people.pdf, 2016년 7월 18일 확인.

53. http://www.huffingtonpost.com/cris-rowan/10-reasons-why-handheld-devices-should-be-banned_b_4899218.html, 2016년 7

월 19일 확인.

54. K. Schonert—Reichl et al., 'Promoting Children's Prosocial Behaviors in School: Impact of the "Roots of Empathy" Program on the Social and Emotional Competence of School—Aged Children', *School Mental Health* 4(1), 2012, pp. 1~21. doi: 10.1007/s12310—011—9064—7.

55. http://www.rootsofempathy.org/about—us/, 2016년 7월 8일 확인.

56. Borba, *UnSelfie*, Epilogue.

57. https://www.cs.kent.ac.uk/events/2015/AISB2015/proceedings/hri/15—Becker—embodimentemotionand.pdf, 2016년 7월 6일 확인. https://www.researchgate.net/publication/228848453_iCat_the_affective_chess_player, 2016년 7월 6일 확인.

58. N. Luke and R. Banerjee, 'Differentiated Associations between Childhood Maltreatment Experiences and Social Understanding: A Meta—Analysis and Systematic Review', *Developmental Review* 33(1), 2013, pp. 1~28.

59. Bombèr and Hughes, *Settling Troubled Pupils to Learn,* Chapter 6.

60. 교육 심리학자인 Sacha Grimes와 전화 통화, 2016년 2월 26일.

61. Netley Marsh 방문, 2016년 4월 25일.

62. Beck 방문, 2016년 5월 3일.

63. http://www.independent.co.uk/news/uk/politics/teenage—volunteers—show—true—grit—at—the—national—citizen—service—8793020.html, 2016년 7월 7일 확인.

64. Lyndon Johnson이 1965년 설립한 Head Start와 다르다. 웹사이트는 다음과 같다. http://www.the—challenge.org/our—programmes/headstart, 2016년 9월 20일 확인.

65. http://www.theatlantic.com/business/archive/2014/09/should—

the-laborer-fear-machines/380476/, 2016년 7월 8일 확인.

66. http://www.ft.com/cms/s/0/46d12e7c-4948-11e6-b387-64ab0a67014c.html, 2016년 7월 20일 확인.

67. http://www.theatlantic.com/magazine/archive/2015/07/world-without-work/395294/, 2016년 7월 25일 확인.

68. http://www.pewinternet.org/2014/08/06/future-of-jobs/, 2016년 7월 27일 확인.

69. https://www.theguardian.com/society/2015/nov/29/five-ways-work-will-change-future-of-workplace-ai-cloud-retirement-remote, 2016년 7월 27일 확인.

70. http://www.theaustralian.com.au/business/in-depth/perpetual/work-may-change-but-empathy-jobs-will-endure/news-story/f70b6d729e5136357af45f952ab80886, 2016년 7월 27일 확인.

71. http://www.theatlantic.com/magazine/archive/2015/07/world-without-work/395294/, 2016년 7월 26일 확인.

72. https://www.theguardian.com/technology/2016/mar/15/killer-robots-driverless-cars-alphago-and-the-social-impact-artificial-intelligence, 2016년 7월 27일 확인.

73. http://www.pewinternet.org/2014/08/06/future-of-jobs/, 2016년 7월 27일 확인.

74. http://www.ft.com/cms/s/0/46d12e7c-4948-11e6-b387-64ab0a67014c.html, 2016년 7월 27일 확인.

제5장: 죄와벌

1. http://www.campbellcollaboration.org/artman2/uploads/1/Parent_training_programs_3P_UK_User_Abstract.pdf, 2016년 6월 12일 확인.

2. Ross, *Crime*, Chapter 17.

3. D. Jolliffe and D. Farrington, 'Empathy and Offending: A Systematic Review and Meta—Analysis', *Aggression and Violent Behavior* 9(5), 2003, pp. 441~476.

4. M. van Langen et al., 'The Relation between Empathy and Offending: A Meta—Analysis', *Aggression and Violent Behavior* 19(2), 2014, pp. 179~189.

5. D. Vachon et al., 'The (Non)Relation between Empathy and Aggression: Surprising Results from a Meta—Analysis', *Psychological Bulletin* 140(3), 2013, pp. 751~753. doi: 10.1037/ a0035236.

6. Darrick Jolliffe와 대화, 2016년 3월 21일.

7. 상동.

8. Inside: Artists and Writers in Reading Prison, curated by Artangel, 2016년 10~11월.

9. Hari, *Chasing the Scream*, Chapter 18; Alexander, *The Globalisation of Addiction*.

10. http://www.centreforsocialjustice.org.uk/UserStorage/pdf/Pdfll/ o2oreports/CS]J3090_Drugs_in_Prison.pdf, 2016년 6월 10일 확인.

11. https://www.theguardian.com/society/2016/may/oi/synthetic— cannabis—having—a—devastating—impact—in—uk—prisons, 2016년 6월 9일 확인.

12. 이메일 교환. 2016년 7월 26일.

13. http://www.york.ac.uk/media/healthsciences/images/researchf mharg/projects/scoping%20and%20feasibility%20report%20with%20 full%20appendices%2031.3.14.pdf, 11 May 2016년 5월 11일 확인.

14. This and the previous four stats are from David Cameron's speech on prison reform, 8 February 2016. https://www.gov.uk/government/ speeches/prison—reform—prime—ministers—speech, May 2016년 5

월 13일 확인.

15. https://www.gov.uk/government/uploads/system/uploads/attachment_data/file/543284/safety-in-custody-bulletin.pdf, 2016년 7월 18일 확인.

16. http://www.centreforsocialjustice.org.uk/UserStorage/pdf/Pdf%20reports/CSJJ3090_Drugs_in_Prison.pdf, 2016년 5월 15일 확인.

17. 상동.

18. Von Hirsch et al., *Criminal Deterrence and Sentence Severity*.

19. http://www.ncsc.org/~/media/Microsites/Files/CSI/Additional%20Learning%20Materials/Handout%20P3%20Judicial%20Paper.ashx, 2016년 8월 2일 확인.

20. Norwegian prisons: http://www.theguardian.com/society/2013/feb/25/norwegian-prison-inmates-treated-like-people, 2016년 5월 3일 확인; http://uk.businessinsider.com/why-norways-prison-system-is-so-successful-2014-12?r=US&IR=T, 2016년 5월 3일 확인.

21. https://www.theguardian.com/commentisfree/2014/dec/08/ban-books-prisoners-ministry-of-justice-mark-haddon, 2016년 7월 24일 확인.

22. https://www.gov.uk/government/uploads/system/uploads/attachment_data/file/524013/education-review-report.pdf, 2016년 7월 22일 확인.

23. https://www.gov.uk/government/speeches/prison-reform-prime-ministers-speech, 2016년 5월 18일 확인.

24. https://www.gov.uk/government/uploads/system/uploads/attachment_data/flle/448854/portland-fmi.pdf, 2016년 6월 4일 확인.

25. https://www.ted.com/talks/daniel_reisel_the_neuroscience_of_

restorativejustice?language=en, 2016년 6월 3일 확인.

26. Reisel과 인터뷰, 2016년 4월 22일. 다음도 참조할 것. Reisel, 'Towards a Neuroscience of Morality', in Gavrielides (ed.), *The Psychology of Restorative Justice*, pp. 59~60.

27. https://www.bostonglobe.com/lifestyle/2016/04/18/trackingrisks—and—rewards—transcranial—magnetic—stimulation/VrMoJhlpWgMPDXe2sbyFpi/story.html, 2016년 5월 19일 확인.

28. http://www.telegraph.co.uk/news/uknews/law—and—order/11455089/What—happens—when—victims—of—crime—meet—theirtormentors.html, 2016년 5월 22일 확인.

29. http://hopehawaii.net/assets/state—of—the—art—of—hope—probation—w—c.pdf, 2016년 5월 10일 확인.

30. http://www.nuffieldfoundation.org/sites/default/files/files/FDAC_May2014_FinalReport_V2.pdf, 2016년 5월 9일 확인. 다음을 인용. http://www.economist.com/news/britain/21692920—government—once—again—tries—make—courts—more—caring—smart—justice, 2016년 5월 7일 확인.

31. http://www.economist.com/news/britain/21692920—government—once—again—tries—make—courts—more—caring—smart—justice, 2016년 5월 7일.

32. B. Hölzel et al., 'Mindfulness Practice Leads to Increases in Regional Brain Gray Matter Density', *Psychiatry Research* 191(1), 2011, pp. 36~43. doi: 10.1016/j.pscychresns. 2010.08.006

33. Ross, *Crime*, Chapter 18.

34. https://www.theguardian.com/commentisfree/2015/dec/17/mental—health—prison—segregation—units—prisoners, 2016년 5월 10일 확인.

35. James, *Redeemable*, p. 340.

36. 상동, p. 298.

37. http://www.ahrc.ac.uk/documents/publications/cultural—value—project—final—report/, 2016년 5월 14일.

38. https://www.gov.uk/government/uploads/system/uploads/attachment_data/file/524013/education—review—report.pdf, 2016년 7월 27일.

39. https://irenetaylortrust.com/changing—lives/evaluations/, 2016년 5월 29일 확인.

40. Jane Davis와 이메일을 주고받음. 2016년 6월 13일.

41. http://www.cresc.ac.uk/sites/default/files/The%20Academy%20a%20Report%20on%20Outcomes%20for%20Participants.pdf, 2016년 5월 27일 확인.

42. M. van Poortvliet et al. 'Trial and Error: Children and young people in trouble with the law, A guide for charities and funders', New Philanthropy Capital, 2010. 다음 웹사이트에서 확인 가능. http://www.thinknpc.org/publications/trial—and—error/trial—and—error—2/?post—parent=5204, 2016년 9월 20일 확인.

43. L. Cheliotis and A. Jordanoska, 'The Arts of Desistance: Assessing the Role of Arts—Based Programmes in Reducing Reoffending', *Howard Journal of Crime and Justice* 55, 2016, pp. 25~41. doi:10.1111/hojo.12154.

44. https://www.artsincriminaljustice.org.uk/leading—world—arts—and—criminal—justice—international—context, 2016년 5월 27일 확인.

45. P.C. Giordano et al., 'Gender, Crime, and Desistance: Toward a Theory of Cognitive Transformation', *American Journal of Sociology*, 107(4), 2002, pp. 990~1064.

46. 다음을 인용함 http://www.artsevidence.org.uk/media/uploads/
    evaluation-downloads/mc-inspiring-change-april-2011.pdf,
    2016년 5월 24일 확인.

47. http://www.bbc.co.uk/news/uk-34571936, 2016년 5월 22일 확인.

48. http://www.telegraph.co.uk/news/uknews/law-and-
    order/11455089/ What-happens-when-victims-of-crime-meet-
    their-tormentors.html, 2016년 5월 22일 확인.

49. 상동.

50. 상동.

51. http://www.bbc.co.uk/news/uk-england-bristol-22024927, 2016
    년 5월 23일 확인.

52. http://www.telegraph.co.uk/news/uknews/law-and-
    order/11455089/What-happens-when-victims-of-crime-meet-
    their-tormentors.html, 2016년 5월 22일 확인.

53. https://www.theguardian.com/society/2014/sep/17/restorative-
    justice-young-offenders-crime, 2016년 5월 22일 확인.

54. 상동.

55. https://www.restorativejustice.org.uk/sites/default/ftles/ftles/
    Briefmg.pdf, 2016년 5월 21일 확인.

56. https://www.restorativejustice.org.uk/standards-and-quality, 2016
    년 5월 22일 확인.

57. http://jobsfriendshouses.org.uk/wp-content/uploads/2016/os/
    JobsFriendsHouses_ExecSummary_FirstYearEvaluation.pdf, 2016년
    5월 11일. http://jobsfriendshouses.org.uk/our-mission/, 2016년 5월
    11일 확인.

58. http://www.scopic.ac.uk/StudiesSPooCS.html#spoocs_desistance,
    2016년 5월 13일 확인.

59. Krznaric과 스카이프 영상통화, 2016년 4월 21일.

제6장: 아플 때나 건강할 때나

1. http://www.cqc.org.uk/sites/default/files/20160608_ip15_statistical_ release.pdf, 2016년 8월 2일 확인.

2. http://www.telegraph.co.uk/news/health/heal−our−hospitals/ 9782537/Stafford−Hospital−scandal−the−battle−by−campaigner− to−shine−light−on−failings.html, 2016년 6월 5일. http://www.bbc. eo.uk/news/health−21252393, 2016년 5월 20일.

3. https://www.gov.uk/government/uploads/system/uploads/ attachment_data/file/279124/0947.Pdf, 2016년 5월 4일.

4. Gray와 이메일 교환, 2016년 5월 5일.

5. Richards와 인터뷰, 2016년 4월 7일.

6. B. Lown et al., 'An Agenda for Improving Compassionate Care: A Survey Shows About Half of Patients Say Such Care Is Missing', Health Affairs 30(9), 2011, pp.1772~1778. doi: 10.1377/hlthaff.2011.0539. 다음을 인용. http://greatergood.berkeley.edu/article/item/should_we_ train_doctors_for_empathy, 2016년 4월 6일 확인.

7. K. Pollak et al., 'Oncologist Communication about Emotion during Visits with Patients with Advanced Cancer', *American Society of Clinical Oncology* 25(36), 2007, pp. 5748~5752. doi: 10.1200/ JCO.2007.12.4180. 다음을 인용. http://greatergood.berkeley.edu/ article/item/should_we_train_doctors_for_empathy, 2016년 4월 6일 확인.

8. M. Neumann et al., 'Empathy Decline and Its Reasons: A Systematic Review of Studies with Medical Students and Residents', *Academic Medicine* 86(8), 2011, pp. 996~1009. doi: 10.1097/

ACM.0b013e318221e615.

9· M. Hojat et al., 'The Devil Is in the Third Year: A Longitudinal Study of Erosion of Empathy in Medical School', *Academic Medicine* 84(9), 2009, pp. 1182~1191. doi: 10.1097/ACM.0b013e3181b17e55.

10. http://greatergood.berkeley.edu/article/item/should_we_train_doctors_for_empathy, 2016년 4월 6일 확인.

11. Steve Hilton, *More Human*, Chapter 3.

12. http://www.thetimes.co.uk/article/ill−fed−unwashed−abandoned−and−they−call−it−care−hidden−cameras−expose−poor−home−care−for−elderly−396q9pzgz, 2016년 5월 20일 확인.

13. http://www.barnet−today.co.uk/article.cfm?id=110400&headline=Haringey%20home%20care%20scandal:council%20axes%20firm%27s%20contract&sectionIs=news&searchyear=2016, 2016년 5월 13일 확인.

14. Steve Hilton, *More Human*, Chapter 3.

15. http://www.cqc.org.uk/sites/default/ftles/20151013_cqc_state_of_care_summary_web.pdf, 2016년 4월 7일 확인.

16. http://www.ombudsman.org.uk/_data/assets/pdf_file/0005/36698/A_report_of_investigations_into_unsafe_discharge_from_hospital.pdf, 2016년 6월 8일 확인.

17· http://greatergood.berkeley.edu/article/item/should_we_train_doctors_for_empathy, 2016년 4월 6일 확인.

18. M. Hojat et al., 'Physicians' Empathy and Clinical Outcomes for Diabetic Patients, *Academic Medicine* 86(3), 2011, pp. 359~364. doi: 10.1097/ACM.0b013e3182086fe1.

19. H. Reiss, 'Empathy in Medicine: A Neurobiological Perspective', *Journal of the American Medical Association* 304(14), 2010, pp.

1604~1605. doi: 10.1001/jama.2010.1455.

20. S. Kim and S. Kaplowitz, 'The Effects of Physician Empathy on Patient Satisfaction and Compliance', *Evaluation and the Health Professions* 27(3), 2004, pp. 237~251. 다음을 인용함 http://greatergood.berkeley.edu/article/item/should_we_train_doctors_for_empathy, 2016년 4월 6일 확인.

21. D. Rakel et al., 'Perception of Empathy in the Therapeutic Encounter: Effects on the Common Cold', *Patient Education and Counseling* 85(3), 2011, pp. 390~397. doi: 10.1016/j.pec.2011.01.009. 다음을 인용. http://greatergood.berkeley.edu/article/item/should_we_train_doctors_for_empathy, 2016년 4월 6일 확인.

22. S. Steinhausen et al., 'Physician Empathy and Subjective Evaluation of Medical Treatment Outcome in Trauma Surgery Patients', *Patient Education and Counseling* 95(1), 2014, pp. 53~60.

23. S. Del Canale et al., 'The Relationship between Physician Empathy and Disease Complications: An Empirical Study of Primary Care Physicians and Their Diabetic Patients in Parma, Italy', *Academic Medicine* 87(9), 2012, pp. 1243~1249.

24. F. Derksen et al., 'Effectiveness of Empathy in General Practice: A Systematic Review', *British Journal of General Practice* 63(606), 2013, e76~e84. doi: 0.3399/bjgp13X660814.

25. D. P. Gray et al., 'Towards a Theory of Continuity of Care', *Journal of the Royal Society of Medicine* 96(4), 2003, pp. 160~166.

26. Gray와 이메일 주고받음. 2016년 5월 5일.

27. E. Gleichgerrcht and J. Decety, 'Empathy in Clinical Practice: How Individual Dispositions, Gender, and Experience Moderate Empathic Concern, Burnout, and Emotional Distress in Physicians',

PLoS One 8(4), 2013, e61526. doi: 10.1371/journal.pone.0061526. 다음을 인용. http://greatergood.berkeley.edu/article/item/should_ we_train_doctors_for_empathy, 2016년 4월 6일 확인.

28. http://greatergood.berkeley.edu/article/item/should_we_train_ doctors_for_empathy, 2016년 4월 6일 확인.

29. M. Hojat et al., 'The Devil Is in the Third Year: A Longitudinal Study of Erosion of Empathy in Medical School', *Academic Medicine* 84(9), 2009, pp. 1182~1191. doi: 10.1097/ACM.0b013e3181b17e55. 다음 을 인용. http://greatergood.berkeley.edu/article/item/should_we_ train_doctors_for_empathy, 2016년 4월 6일 확인.

30. 상동.

31. 상동.

32. Ballatt and Campling, *Intelligent Kindness*, Chapter 4.

33. http://greatergood.berkeley.edu/article/item/should_we_train_ doctors_for_empathy, 2016년 4월 6일 확인.

34. H. Riess and J. Kelley, 'Empathy Training for Resident Physicians: A Randomized Controlled Trial of a Neuroscience Informed Curriculum', *Journal of General International Medicine* 27(10), 2012, pp. 1280~1286. doi: 10.1007/S11606−012−2063−Z. 다음을 인 용. http://greatergood.berkeley.edu/article/item/should_we_train_ doctors_for_empathy, 2016년 4월 6일 확인.

35. Circle of Care: launch event in London, 17 May 2016; meeting with Bella Eacott of Clod Ensemble, 2016년 6월 3일.

36. https://www.pointofcarefoundation.org.uk/wp−content/ uploads/2014/01/POCF_FINAL−inc−references.pdf, 2016년 4월 10 일 확인.

37. Ballatt and Campling, *Intelligent Kindness*, Chapter 3.

38. Richards와 인터뷰, 2016년 4월 7일.

39. S. Bernstein and G. D'Onofrio, 'A Promising Approach for Emergency Departments to Care for Patients with Substance Use and Behavioral Disorders', *Health Affairs* 32(12), 2013, pp. 2122~2128. doi: 10.1377/hlthaff.2013.0664.

40. https://www.pointofcarefoundation.org.uk/wp-content/uploads/2014/01/POCF_FINAL-inc-references.pdf, 2016년 4월 10일 확인.

41. D. Hirsh et al., 'Into the Future: Patient-Centredness Endures in Longitudinal Integrated Clerkship Graduates', *Medical Education* 48(6), 2014, pp. 572~582.

42. Ballatt and Campling, *Intelligent Kindness*, Chapter 3.

43. http://www.institute.nhs.uk/quality_and_value/productivity_series/productive_ward.htrnl, 2016년 4월 8일 확인.

44. https://www.rcn.org.uk/-/rnedia/royal-college-of-nursing/docurnents/policies-and-briefmgs/scotland/publications/sco-a-positive-choice.pdf, 2016년 4월 6일 확인.

45. https://www.gov.uk/governrnent/uploads/systern/uploads/attachrnent_data/ftle/236212/Cavendish_Review.pdf, 2016년 4월 9일 확인.

46. http://www.skillsforcare.org.uk/Docurnents/Learning-anddeveloprnent/Care-Certificate/The-Care-Certificate-Standards.pdf, 2016년 4월 10일 확인.

47. https://www.nice.org.uk/guidance/ng21/resources/horne-caredelivering-personal-care-and-practical-support-to-older-people-living-in-their-own-hornes-1837326858181, 2016년 4월 9일 확인.

48. Lesley Garrett과 전화 인터뷰, 2016년 6월 17일.

제7장: 인종, 종교, 갈등 해소

1. http://news.npcc.police.uk/releases/sara-thornton-blog-unity-and-respect-needed-not-hate-crime-30-june-2016, 2016년 7월 20일 확인.

2. http://www.demos.co.uk/wp-content/uploads/2016/07/From-Brussels-to-Brexit_-Islamophobia-Xenophobia-Racism-and-Reports-of-Hateful-Incidents-on-Twitter-Research-Prepared-for-Channel-4-Dispatches-%E2%80%98Racist-Britain%E2%80%99-.pdf, 2016년 7월 20일 확인.

3. http://www.demos.co.uk/flles/DEMOS_Anti-social_Media.pdf?1391774638, 2016년 7월 20일 확인.

4. De Waal, *Age of Empathy*, p. 44.

5. Jane Elliott: http://www.smithsonianmag.com/history/lesson-of-a-lifetime-72754306/?page=2, 2016년 7월 20일 확인. https://en.wikipedia.org/wiki/Jane_Elliott, 2016년 7월 20일 확인.

6. Srebrenica: Malcolm, Bosnia; http://www.icty.org/x/cases/krstic/tjug/en/oio8o2_Krstic_summary_en.pdf, 2016년 5월 11일 확인. https://www.theguardian.com/world/2016/mar/24/radovan-karadzic-criminally-responsible-for-genocide-atsrebenica, 2016년 4월 3일 확인.

7. D. M. Kahan et al., 'They Saw a Protest: Cognitive Illiberalism and the Speech-Conduct Distinction', *Stanford Law Review* 64, 2012, p. 851. 다음을 인용. Greene, Moral Tribes, p. 90.

8. Greene, *Moral Tribes*, p.148.

9· Pinker, *The Better Angels of Our Nature*, pp. 7~21.

10. http://www.channel4.com/info/press/news/q-survey-and-documentary-teveals-what-british-muslirtls-really-think, 2016년 6월 15일 확인.

11. Homosexuality: Pinker, *The Better Angels of Our Nature*, pp. 534~548.

12. 상동, p. xxiv.

13. Fink, *War Hospital*, pp. 74~79.

14. Glover, *Humanity*, p.151.

15. 상동, p. 150.

16. Allport, *The Nature of Prejudice*; H. Tajfel et al., 'Social Categorization and Intergroup Behaviour', *European Journal of Social Psychology* 1(2), 1971, pp. 149~178. doi: 10.1002/ejsp.2420010202; Pinker, *The Better Angels of Our Nature*, pp. 630-1; http://www.theguardian.com/news/2015/nov/05/integrated-school-waterford-academy-oldham, 2016년 5월 4일 확인.

17. http://www.bbc.co.uk/culture/story/20140822-music-uniting-arabs-and-israelis, 2016년 6월 16일 확인.

18. https://www.theguardian.com/news/2015/nov/05/integrated-school-waterford-academy-oldham, 2016년 5월 4일 확인.

19. http://europe.newsweek.com/israeli-palestinian-teens-lead-example-peaceful-dialogue-263312, 2016년 5월 8일 확인.

20. R. Feldman, "Attenuated Brain Response to Pain of the Other in Israeli and Palestinian Youth", talk at the conference "Empathy Neuroscience: Relevance to Conflict Resolution", British Academy, London, 2016년 3월.

21. J. Decety and J. Cowell, 'Friends or Foes: Is Empathy Necessary for Moral Behavior?', *Perspectives on Psychological Science* 9(5), 2014,

pp. 525~537. doi: 10.1177/1745691614545130.

22. D. Malhotra and S. Liyanaga, 'Long-Term Effects of Peace Workshops in Protracted Conflicts', *Journal of Conflict Resolution* 49, 2005, pp. 908~924. doi: 10.1177/0022002705281153.

23. http://www.huffingtonpost.com/2012/06/11/perspective-taking-sympathy-conflict_n_1587447.html, 2016년 6월 14일 확인.

24. T. Pettigrew and L. Tropp, 'How Does Intergroup Contact Reduce Prejudice? Meta-Analytic Tests of Three Mediators', *European Journal of Social Psychology* 38(6), 2008, pp. 922~934.

25. http://www.ft.com/cms/s/O/5a3b661c-fC45-11e5-b5f5-070dca6doaod.html, 2016년 7월 8일 확인.

26. http://www.centerforempathy.org/wp-content/uploads/2016/o6/CEIA-Empathy-:-in-Conflict-Resolution.pdf, 2016년 7월 10일 확인.

27. J. Duffy, 'Empathy, Neutrality and Emotional Intelligence: A Balancing Act for the Emotional Einstein', *Queensland University of Technology Law and Justice Journal* 10(1), 2010, pp. 44~61.

28. 상동, and Skype conversation with Waldman, 2016년 4월 22일.

29. Quoted in Pinker, *The Better Angels of Our Nature*, pp. 708~710.

30. https://www.theguardian.com/news/2015/nov/05/integrated-school-waterford-academy-oldham, 2016년 9월 21일 확인.

31. 상동, 2016년 5월 4일 확인.

32. https://www.theguardian.com/commentisfree/2015/dec/06/faith-british-schools-hope, 2016년 5월 8일 확인.

33. 상동. http://accordcoalition.org.uk/2012/11/12/nearly-three-quarters-of-the-british-public-disagrees-with-religious-selection-in-admissions-at-state-funded-schools/, 2016년 5월 8일 확인.

34. http://www.telegraph.co.uk/education/2016/03/14/primary-school-tables-faith-schools-dominating-rankings/, 2016년 5월 8일 확인.

35. http://www.bbc.co.uk/news/uk-27273053, 2016년 5월 8일 확인.

36. http://www.spectator.co.uk/2014/03/sorry-campaining-mums-its-faith-that-makes-faith-schools-work/, 2016년 5월 10일 확인.

37. https://www.theguardian.com/education/2016/jan/26/end-favours-faith-schools-religion-communities, 2016년 5월 10일 확인.

38. Emile Bruneau와 스카이프 영상통화. 2016년 2월 3일. 다음 사이트도 참조. http://www.nytimes.com/2015/03/22/magazine/the-brains-empathy-gap.html?_r=o, 2016년 4월 5일 확인.

39. E. Bruneau et al., 'The Benefits of Being Heard: Perspective Taking and "Perspective-Giving" in the Context of Intergroup Conflict', *Journal of Experimental Social Psychology* 48, 2012, pp. 855-66.

40. R. B. van Baaren et al., 'Mimicry and Prosocial Behavior', *Psychological Science* 15(1), 2004, pp. 71~74.

41. Bruneau와 스카이프 영상통화, 2016년 2월 3일.

42. Powell, *Talking to Terrorists*, p. 1.

43. 상동, p. 224.

44· Glover, *Humanity*, p. 150.

제8장: 공감의 기술

1. Haddon, *The Curious Incident of the Dog in the Night-Time*, Chapter 163.

2. Jon Adams와 전화 인터뷰, 2016년 4월 28일.

3. http://www.penguinrandomhouse.com/books/73405/the-curious-incident-of-the-dog-in-the-night-time-by-mark-

haddon/9781101911617/, 2016년 8월 3일 확인.

4. 다음을 인용. Booth, *The Company We Keep*.

5. http://www.standard.co.uk/goingout/theatre/minefield—theatre—review—work—of—extraordinary—compassion—makes—courageous—statement—a3264491.html, 2016년 6월 13일 확인.

6. Plato, *The Republic*, Book 3 (400d). https://tavaana.org/sites/default/files/Burnyeat99.Pdf, 2016년 8월 1일 확인.

7· Shelley, *A Defence of Poetry*, p. 34.

8. Krznaric, *Empathy*, p. 138.

9. Baron—Cohen, *The Essential Difference*, p. 2.

10. Gottschall, *The Storytelling Animal*, p. 67.

11. Borba, *UnSelfie*, Chapter 4.

12. Jane Davis와 이메일 주고받음, 2016년 6월 13일.

13. 상동.

14. Oatley, *Such Stuff as Dreams*, p. 1.

15. https://www.youtube.com/watch?v=T2FsnPzgZJw, 2016년 8월 3일 확인.

16. Shakespeare, *Richard III*, Act 5, scene 6, line 49. Greenblatt et al. (eds), *The Norton Shakespeare*, p. 593.

17. https://www.youtube.com/watch?v=mWlpo7xi6MI, 2016년 6월 10일 확인.

18. Williams, *Culture and Society 1780-1950*, p. 119.

19. Keltner et al. (eds), *The Compassionate Instinct*, p. 23.

20. Rubasingham과 인터뷰, 2016년 8월.

21. 상동.

22. https://en.wikipedia.org/wiki/Thomas_Aikenhead, 2016년 7월 20일 확인.

23. K. Oatley et al., 'On Being Moved by Art: How Reading Fiction Transforms the Self', *Creativity Research Journal* 21(1), 2009, pp. 24~29. doi: http://dx.doi.org/10.1080/10400410802633392.

24. http://greatergood.berkeley.edu/article/item/a_feeling_for_fiction, 2016년 6월 1일 확인.

25. G. Weston, *Lancet*, 2015년 1월 10일, p. 385.

26. A. Bavishi et al., 'A Chapter a Day: Association of Book Reading with Longevity', *Social Science & Medicine* 164, 2016, pp. 44~48. 다음을 인용함 http://www.thetimes.co.uk/article/173f539e-5a84-11e6-8ed5-6667a5bfca5c, 2016년 8월 5일 확인.

27. SSF 개발 매니저인 Ellie Grace와 이메일 주고받음. 2016년 4월 28일.

28. Reynolds and Reason, *Kinesthetic Empathy in Creative and Cultural Practices.*

29. T. C. Rabinowitch et al., 'Long-Term Musical Group Interaction Has a Positive Influence on Empathy in Children', *Psychology of Music* 41(4), 2013, PP. 484~498. doi:10.1177/0305735612440609.

30. D. Greenberg et al., 'Musical Preferences Are Linked to Cognitive Styles', *PLoS One* 10(7), 2015, e0131151. doi:10.1371/journal. pone.0131151.

31. Greenberg와 인터뷰, 2016년 6월 22일. 이메일 주고받음, 2016년 6월 30일.

32. D. Freedberg and V. Gallese, 'Motion, Emotion and Empathy in Esthetic Experience', *Trends in Cognitive Sciences* 11(5), pp. 197~203.

33. National Holocaust Museum에서 보고서를 발표하기 전에 이메일 교환.

34. http://www.bbc.co.uk/news/entertainment-arts-17140662, 2016년 8월 3일 확인.

35. https://www.alzheimers.org.uk/site/scripts/news_article. php?newsID=2498, 2016년 8월 3일 확인.

36. Elizabeth Levy Paluck, 'Media as an Instrument for Reconstructing Communities Following Conflict', in Jonas and Morton (eds), *Restoring Civil Societies*, pp. 290~292. 라디오에 관한 자료를 보려면 다음 사이트를 참조할 것. http://www.loveradio-rwanda.org/episode/x/onair/intro, 2016년 8월 3일 확인.

37. J. Decety and C. Lamm, 'Human Empathy through the Lens of Social Neuroscience', *Scientific World* 20(6), 2006, pp. 1146~1163.

38. http://www.wired.com/2014/09/cinema-science-empathizing-with-characters/, 2016년 7월 16일 확인.

39. M. Grizzard et al., 'Being Bad in a Video Game Can Make Us More Morally Sensitive', *Cyberpsychology Behaviour and Social Networking* 17(8), 2014, pp. 499~504. doi: 10.1089/cyber.2013.0658.

40. T. Greitemeyer and S. Osswald, 'Effects of Prosocial Video Games on Prosocial Behavior', *Journal of Personality and Social Psychology* 98(2), 2010, pp. 211~221. doi: 10.1037/a0016997.

41. http://archiv.ub.uni-marburg.de/diss/z2013/0404/Pdf/evg.pdf, 2016년 7월 15일 확인.

42. D. Gentile et al., 'The Effects of Prosocial Video Games on Prosocial Behaviors: International Evidence from Correlational, Longitudinal, and Experimental Studies', *Personality and Social Psychology Bulletin* 35(6), 2009, pp. 752~763. doi: 10.1177/0146167209333045.

43. J. Velez et al., 'Violent Video Games and Reciprocity: The Attenuating Effects of Cooperative Game Play on Subsequent Aggression', *Communication Research*, 2014, doi: 10.1177/0093650214552519. 다음을 인용. https://www.sciencedaily.com/releases/2015/

05/150508105656.htm, 2016년 7월 15일 확인.

44. Rachel Snape와 전화 인터뷰, 2015년 8월.

45. Catterall, *Doing Well and Doing Good by Doing Art*.

46. M. Bennett and M. Parameshwaran, *What Factors Predict Volunteering among Youths in the UK?*, 2013. 다음 온라인 사이트 에서도 확인 가능. http://www.birmingham.ac.uk/generic/tsrc/documents/tsrc/working-papers/briefing-paper-102.pdf, 2016년 9월 20일 확인.

47. S. Peloquin, 'Art: An Occupation with Promise for Developing Empathy', *American Journal of Occupational Therapy* 50(8), 1996, pp. 655~661.

48. A. Misra-Herbert et al., 'Improving Empathy of Physicians through Guided Reflective Writing', *International Journal of Medical Education* 3, 2012, pp. 71~77.

49. P. G. Blasco and G. Moreto, 'Teaching Empathy through Movies: Reaching Learners' Affective Domain in Medical Education', *Journal of Education and Learning* 1(1), 2012, pp.22~34. doi: http://dx.doi.org/10.5539/jel.v1n1p22.

50. Haddon, *The Curious Incident of the Dog in the Night-Time*, Chapter 37.

51. Tolstoy, *What is Art?* (1897년 초판인쇄). https://archive.org/stream/whatisartootolsuoft/whatisartootolsuoft_djvu.txt, 2016년 7월 23일 확인.

제9장: 공감 선언

1. http://townhall.com/tipsheet/mattvespa/2016/07/31/father-of-muslim-soldier-trump-is-incapable-of-empathy-n2200390, 2016

년 8월 1일 확인.

2. J. B. Michel et al., 'Quantitative Analysis of Culture Using Millions of Digitized Books', *Science* 331(6014), 2011, pp. 176~182. doi: 10.1126/science.1199644. 다음을 인용. Pinker, *The Better Angels of Our Nature*, p. 692.

3. http://www.nytimes.com/2015/03/22/magazine/the-brains-empathy-gap.html?_r=0 2016년 3월 3일 확인.

4. https://www.theguardian.com/science/2016/jul/20/updated-map-of-the-human-brain-hailed-as-a-scientific-tour-deforce?cmP=Share_iOSApp_Other. 2016년 7월 21일 확인.

5. http://www.ucl.ac.uk/ioe/research/featured-research/holocaust-students-know-understand. 2016년 7월 26일 확인.

6. Baron-Cohen과 인터뷰, 2016년 6월 22일.

7. Bostrom, *Superintelligence*, p. 320.

참고
문헌

- Alexander, Bruce, *The Globalization of Addiction: A Study in Poverty of the Spirit*, Oxford: Oxford University Press, 2008.

- Allport, Gordon, *The Nature of Prejudice*, Cambridge, MA: Addison–Wesley, 1954.

- Balakian, Grigoris, *Armenian Golgotha: A Memoir of the Armenian Genocide, 1915–1918* (trans. Aris Sevag), New York: Alfred A. Knopf, 2009.

- Balakian, Peter, *The Burning Tigress: The Armenian Genocide and America's Response*, New York: Harper Collins, 2003.

- Ballatt, John, and Campling, Penelope, *Intelligent Kindness: Reforming the Culture of Healthcare*, London: RCPsych Publications, 2011.

- Barnes, Julian, *A History of the World in 10½ Chapters*, London: Jonathan Cape, 1989.

- Baron–Cohen, Simon, *Mindblindness: An Essay on Autism and Theory of Mind*, Cambridge, MA: MIT Press, 1995.

- Baron–Cohen, Simon, *Zero Degrees of Empathy: A New Theory of Human Cruelty*, London: Allen Lane, 2011.

- Baron–Cohen, Simon, *The Essential Difference: Men, Women and the Extreme Male Brain*, London: Penguin, 2012(first published 2003).

- Bartlett, Jamie, *The Dark Net: Inside the Digital Underworld*, London: William Heinemann, 2014.

- Binet, Laurent, *HHhH* (trans. Sam Taylor), New York: Farrar, Straus & Giroux, 2012.

- Bloom, Paul, *Just Babies: The Origins of Good and Evil*, New York: Crown Publishers, 2013.

- Blum, John Morton. *V Was for Victory: Politics and American Culture during World War II*, New York: Harcourt Brace Jovanovich, 1976.

- Bombèr, Louise, and Hughes, Daniel, *Settling Troubled Pupils to Learn: Why Relationships Matter in School*, Duffield: Worth Publishing, 2013.

- Booth, Wayne, *The Company We Keep: An Ethics of Fiction*, Berkeley, CA: University of California Press, 1988.

- Borba, Michele, *UnSelfie: Why Empathetic Kids Succeed in Our All-About-Me World*, New York and London: Touchstone, 2016.

- Bostrom, Nick, *Superintelligence*, Oxford: Oxford University Press, 2014.

- Boyd, Brian, *On the Origin of Stories*, Cambridge, MA: Harvard University Press, 2009.

- Broadwood, Jo, *Arts and Kindness*, Canterbury: People United Publishing, 2012.

- Browning, Christopher, *Ordinary Men: Reserve Police Battalion 101 and the Final Solution in Poland*, New York: HarperCollins, 1992.

- Callahan, Alice Green, *The Science of Mom: A Research-Based Guide to Your Baby's First Year*, Baltimore, MD: Johns Hopkins University Press, 2015.

- Carroll, Robert, and Prickett, Stephen (eds), *The Bible: Authorized King James Version with Apocrypha*, Oxford: Oxford University Press, 1997.

- Catterall, James, *Doing Well and Doing Good by Doing Art: The Effects of Education in the Visual and Performing Arts on the Achievements and Values of Young Adults*, London: I—Group Books, 2009.

- Chabot, Joceline, Godin, Richard, Kappler, Stefanie, and Kasparian, Sylvia, *Mass Media and the Genocide of the Armenian*s, Basingstoke: Palgrave Macmillan, 2016.

- Christakis, Erika, *The Importance of Being Little: What Preschoolers Really Need from Grownups*, New York: Viking, 2016.

- Clegg, Lisa, *The Blissful Toddler Expert: The Complete Guide to Calm Parenting and Happy Toddlers,* London: Vermilion, 2015.

- Cross, F. L., and Livingstone, E. A. (eds), *The Oxford Dictionary of the Christian Church* (3rd rev. edn), Oxford: Oxford University Press, 2005

- Darwin, Charles, *The Descent of Man and Selection in Relation to Sex*, Princeton, NJ: Princeton University Press, 1981.

- Darwin, Charles, *The Expression of the Emotions in Man and Animals* (ed. Paul Ekman), Oxford: Oxford University Press, 1998.

- Dawkins, Richard, *The Oxford Book of Modern Science Writing*, Oxford: Oxford University Press, 2008.

- Decety, Jean (ed.), *Empathy: From Bench to Bedside.* Cambridge, MA: MIT Press, 2012.

- Decety, Jean, and Ickes, William (eds), *The Social Neuroscience of Empathy*, Cambridge, MA: MIT Press, 2009.

- de Waal, Frans, *The Age of Empathy: Nature's Lessons for a Kinder Society*, London: Souvenir Press, 2011.

- Eagleman, David, *The Brain: The Story of You,* Edinburgh: Canongate, 2015.

- Eliot, George, *Middlemarch*, London: Penguin Classics, 1994.

- Faber, Adele, and Mazlish, Elaine, *How to Talk So Kids Will Listen and Listen So Kids Will Talk*, London: Piccadilly Press, 2013(first published

1982).

- Fallon, James, *The Psychopath Inside: A Neuroscientist's Personal Journey into the Dark Side of the Brain,* New York: Current, 2013.

- Fernyhough, Charles, *The Baby in the Mirror: Looking in on a Child's World from Birth to Three,* London: Granta, 2008.

- Fink, Sherry, *War Hospital: A True Story of Surgery and Survival,* New York: PublicAffairs, 2003.

- Gasore, Serge, *My Day to Die: Running for My Love,* Bloomington, IN: Archway, 2014.

- Gavrielides, Theo (ed.), *The Psychology of Restorative Justice: Managing the Power Within,* Farnham: Ashgate, 2015.

- Gerhardt, Sue, *Why Love Matters: How Affection Shapes a Baby's Brain,* Abingdon: Taylor & Francis, 2003.

- Gilbert, Martin, *The Righteous: The Unsung Heroes of the Holocaust,* London: Black Swan, 2011.

- Glover, Jonathan, *Humanity: A Moral History of the Twentieth Century* (2nd edn), New Haven, CT: Yale University Press, 2012.

- Goldhagen, David, *Worse Than War: Genocide, Eliminationism and the Ongoing Assault on Humanity,* New York: PublicAffairs, 2009.

- Goodman, Charles, *Consequences of Compassion: An Interpretation and Defense of Buddhist Ethics,* Oxford: Oxford University Press, 2009.

- Gopnik, Alison, Meltzoff, Andrew, and Kuhl, Patricia, *How Babies Think: The Science of Childhood,* London: Weidenfeld & Nicolson, 1999.

- Gottschall, Jonathan, *The Storytelling Animal: How Stories Make Us Human,* Boston, MA: Houghton Mifflin Harcourt, 2013.

- Greenblatt, Stephen et al. (eds), *The Norton Shakespeare*, New York: W. W. Norton, 1997.

- Greene, Joshua, *Moral Tribes: Emotion, Reason and the Gap between Us and Them*, London: Atlantic Books, 2013.

- Greenhalgh, Trisha, and Hurwitz, Brian, *Narrative Based Medicine: Dialogue and Discourse in Clinical Practice*, London: BMJ, 1999.

- Haddon, Mark, *The Curious Incident of the Dog in the Night-Time*, London: Jonathan Cape, 2003.

- Halsey, Claire, *Baby Development: Everything You Need to Know*, New York: Dorling Kindersley, 2012.

- Hari, Johann, *Chasing the Scream: The First and Last Days of the War on Drugs*, London: Bloomsbury, 2015.

- Hickok, Gregory, *The Myth of Mirror Neurons: The Real Neuroscience of Communication and Cognition*, New York: W. W. Norton, 2014.

- Hilton, Steve, *More Human: Designing a World Where People Come First*, London: W. H. Allen, 2015.

- Hilton, Tess, *The Great Ormond Street New Baby and Childcare Book: The Essential Guide for Parents of Children Aged 0–5*, London: Vermilion, 2004.

- Hitler, Adolf, *Mein Kampf* (trans. Ralph Manheim), Boston, MA: Houghton Mifflin, 1943.

- Hoffman, Martin, *Empathy and Moral Development: Implications for Caring and Justice*, Cambridge, MA: Cambridge University Press, 2000.

- Hughes, Judith, *The Holocaust and the Revival of Psychological History*, New York: Cambridge University Press, 2015.

- Hume, David, *A Treatise of Human Nature*, Oxford: Clarendon

Press, 1978.

- Iacobini, Marco, *Mirroring People: The Science of Empathy and How We Connect with Others*, New York: Farrar, Straus & Giroux, 2008.

- James, Erwin, *Redeemable: A Memoir of Darkness and Hope*, London: Bloomsbury, 2016.

- Janis–Norton, Noël, *Calmer Easier Happier Parenting: Simple Skills to Transform Your Child*, London: Hodder & Stoughton, 2012.

- Jonas, Kai, and Morton, Thomas (eds), *Restoring Civil Societies: The Psychology of Intervention and Engagement Following Crisis*, Hoboken, NJ: Wiley–Blackwell, 2012.

- Keltner, Dacher, Marsh, Jason, and Smith, Jeremy Adam (eds), *The Compassionate Instinct: The Science of Human Goodness*, New York: W. W. Norton, 2010.

- Keltner, Dacher, Marsh, Jason, and Smith, Jeremy Adam (eds), *The Power Paradox: How We Gain and Lose Influence*, New York: Penguin, 2016.

- Kershaw, Ian, *Hitler: A Biography*, New York: W. W. Norton, 2008.

- Krznaric, Roman, *Empathy: Why It Matters, and How to Get It*, London: Rider Books, 2015.

- Lathey, Nicola, *Small Talk: Simple Ways to Boost Your Child's Speech and Language Development from Birth*, London: Macmillan, 2013.

- Leach, Penelope, *Your Baby and Child from Birth to Age Five*, New York: Alfred A. Knopf, 1978.

- Levine, Laura E., and Munsch, Joyce, *Child Development from Infancy to Adolescence: An Active Learning Approach*, SAGE Publications, 2015.

- Longerich, Peter, *Holocaust: The Nazi Persecution and Murder of the*

Jews, Oxford: Oxford University Press, 2010.

- McCabe, Viki, *Coming to Our Senses: Perceiving Complexity to Avoid Catastrophes*, Oxford: Oxford University Press, 2014.

- McDermid, Val, Forensics: *The Anatomy of Crime*, London: Profile, 2014.

- McGilchrist, Iain, *The Master and His Emissary: The Divided Brain and the Making of the Western World*, New Haven, CT: Yale University Press, 2009.

- Malcolm, Noel, *Bosnia: A Short History*, London: Macmillan, 1994.

- Marchand, Laure, and Perrier, Guillaume, *Turkey and the Armenian Ghost: On the Trail of the Genocide* (trans. Debbie Blythe), Montreal: McGill–Queen's University Press, 2015.

- Mill, John Stuart, *Three Essays on Religion*, New York: Greenwood Press, 1969.

- Mukherjee, Siddhartha, *The Gene: An Intimate History*, London: The Bodley Head, 2016.

- Murray, Lynne, *The Psychology of Babies: How Relationships Support Development from Birth to Two*, London: Robinson, 2014.

- Murray, Lynne, and Andrews, Liz, *The Social Baby: Understanding Babies' Communication from Birth*, Richmond, Surrey: CP Publishing, 2000.

- Music, Graham, *Nurturing Natures: Attachment and Children's Emotional, Sociocultural and Brain Development*, Hove: Psychology Press, 2011.

- Nelson, Charles, *Romania's Abandoned Children: Deprivation, Brain Development, and the Struggle for Recovery*, Cambridge, MA: Harvard University Press, 2015.

- Nussbaum, Martha, *Political Emotions: Why Love Matters for Justice,* London: The Belknap Press of Harvard University Press, 2013.

- Oatley, Keith, *Such Stuff as Dreams: The Psychology of Fiction,* Oxford: Wiley–Blackwell, 2011.

- Ockelford, Adam, *In the Key of Genius: The Extraordinary Life of Derek Paravicini,* London: Hutchinson, 2007.

- Oliner, Pearl, and Oliner, Samuel, *The Altruistic Personality: Rescuers of Jews in Nazi Europe,* New York: Free Press, 1988.

- Panksepp, Jaak, *Affective Neuroscience: The Foundations of Human and Animal Emotions,* New York: Oxford University Press, 1998.

- Pavlovich, Kathryn, and Keiko, Krahnke, *Organising through Empathy,* Abingdon: Routledge, 2013.

- Pinker, Steven, *The Better Angels of Our Nature: A History of Violence and Humanity,* London: Penguin, 2012.

- Powell, Jonathan, *Talking to Terrorists: How to End Armed Conflicts,* London: Bodley Head, 2014.

- Prunier, Gérard, *The Rwanda Crisis: History of a Genocide,* London: Hurst, 2008.

- Reynolds, Dee, and Reason, Matthew, *Kinesthetic Empathy in Creative and Cultural Practices,* Bristol: Intellect, 2012.

- Ridley, Matt, *The Origins of Virtue,* London: Viking, 1996.

- Ridley, Matt, *Nature via Nurture: Genes, Experience and What Makes Us Human,* New York: HarperCollins, 2003.

- Rifkin, Jeremy, *The Empathic Civilisation: The Race to Global Consciousness in a World in Crisis,* London: Polity, 2009.

- Rizzolatti, Giacomo, *Mirrors in the Brain: How Our Minds Share Actions, Emotions, and Experience,* Oxford: Oxford University Press,

2008.

- Roberts, Julian, *Criminal Justice: A Very Short Introduction,* Oxford: Oxford University Press, 2015.

- Rogan, Eugene, *The Fall of the Ottomans: The Great War in the Middle East,* New York: Basic Books, 2015.

- Ross, Nick, *Crime: How to Solve It and Why So Much of What We're Told Is Wrong,* London: Biteback Publishing, 2013.

- Russell, Bertrand, *A History of Western Philosophy, and Its Connection with Political and Social Circumstances from the Earliest Times to the Present Day,* New York: Simon & Schuster, 1945.

- Sands, Philippe, *East West Street: On the Origins of 'Genocide' and 'Crimes against Humanity',* London: Weidenfeld & Nicolson, 2016.

- Schweinhart, Lawrence, Montie, Jeanne, et al., *Lifetime Effects: The High/Scope Perry Preschool Study through Age 40,* Ypsilanti, MI: High/Scope Press, 2005.

- Sebag Montefiore, Simon, *Stalin: The Court of the Red Tsar,* London: Weidenfeld & Nicolson, 2003.

- Sen, Amartya, *Identity and Violence: The Illusion of Destiny,* New York: W. W. Norton, 2006.

- Shelley, Percy Bysshe, *A Defence of Poetry,* Indianopolis, IN: Bobbs-Merrill, 1904.

- Short, Philip, *Pol Pot: The History of a Nightmare,* London: John Murray, 2004.

- Sidanius, Jim, and Pratto, Felicia, *Social Dominance: An Intergroup Theory of Social Hierarchy and Oppression,* Cambridge: Cambridge University Press, 1999.

- Silberman, Steve, *Neurotribes: The Legacy of Autism and the Future of Neurodiversity,* New York: Avery, 2015.

- Singer, Peter, *The Most Good That You Can Do: How Effective Altruism Is Changing Ideas about Living Ethically,* New Haven, CT: Yale University Press, 2015.
- Skloot, Rebecca, *The Immortal Life of Henrietta Lacks,* New York: Crown Publishers, 2010.
- Smith, Adam, *The Theory of Moral Sentiments,* London: Penguin Classics, 2010.
- Sunderland, Margot, *The Science of Parenting: Practical Guidance on Sleep, Crying, Play, and Building Emotional Well-Being for Life,* London: Dorling Kindersley, 2007.
- Tajfel, Henri, *Human Groups and Social Categories,* New York: Cambridge University Press, 1981.
- Tappert, Theodore, *The Book of Concord: The Confessions of the Evangelical Lutheran Church,* Philadelphia, PA: Fortress Press, 1959.
- Thompson, Evan, and Camlin, Alex, *Waking, Dreaming, Being: New Light on the Self and Consciousness from Neuroscience, Meditation, and Philosophy,* New York: Columbia University Press, 2015.
- Townshend, Emma, *Darwin's Dogs: How Darwin's Pets Helped Form a World-Changing Theory of Evolution,* London: Frances Lincoln, 2009.
- Trevor-Roper, Hugh, *The Last Days of Hitler,* New York: Macmillan, 1947.
- von Hirsch, Andrew, Bottoms, Anthony, Burney, Elizabeth, and Wikstrom, P.-O., *Criminal Deterrence and Sentence Severity: An Analysis of Recent Research,* Oxford: Hart, 1999.
- Weizman, Eyal, *The Least of All Possible Evils: Humanitarian Violence*

from Arendt to Gaza, London: Verso, 2011.

- Willey, Basil, *Nineteenth-Century Studies: Coleridge to Matthew Arnold*, Cambridge: Cambridge University Press, 1980.
- Williams, Raymond, *Culture and Society 1780–1950*, London: Penguin, 1971.
- Zunshine, Lisa, *Why We Read Fiction: Theory of Mind and the Novel*, Columbus, OH: Ohio State University Press, 2006.

찾아보기

더 나은 인간
더 좋은 사회를 위한

공감 선언

초판 1쇄 발행 2019년 3월 14일
초판 2쇄 발행 2019년 4월 11일

지은이 피터 바잘게트
옮긴이 박여진
펴낸이 정용수

사업총괄 장충상 본부장 홍서진
편집주간 조민호 편집장 유승현
책임편집 조문채 편집 김은혜 이미순 진다영
디자인 엔드디자인
영업·마케팅 윤석오 우지영
제작 김동명
관리 윤지연

펴낸곳 ㈜예문아카이브
출판등록 2016년 8월 8일 제2016-000240호
주소 서울시 마포구 동교로18길 10 2층(서교동 465-4)
문의전화 02-2038-3372 주문전화 031-955-0550 팩스 031-955-0660
이메일 archive.rights@gmail.com 홈페이지 ymarchive.com
블로그 blog.naver.com/yeamoonsa3 페이스북 facebook.com/yeamoonsa

한국어판 출판권 ⓒ ㈜예문아카이브, 2019
ISBN 979-11-6386-018-1 03300